Du même auteur chez Marabout :

- *Tout se joue avant 6 ans* (N° 3115).

- *Aimer sans tout permettre* (N° 3101).

Dr Fitzhugh Dodson

LE PÈRE ET SON ENFANT

Traduit de l'américain
par Yvon Geffray
Cet ouvrage a été publié
pour la première fois aux Etats-Unis
par Nash Publishing, à Los Angeles,
sous le titre :
How to Father

SOMMAIRE

REMERCIEMENTS

Tout comme à l'occasion de mon premier livre, *Tout se joue avant six ans* *, je suis frappé par le fait qu'un livre est le fruit de la pensée et du travail d'un grand nombre de personnes et je tiens à exprimer ma gratitude particulière à tous ceux qui, de quelque manière, ont contribué à sa rédaction.

Je remercie les milliers de psychologues et spécialistes du monde entier qui ont étudié le comportement des enfants et de leurs parents et dont les travaux cliniques et expérimentaux m'ont fourni les matériaux de ce livre. J'ai une dette particulière à l'égard du Dr. Arnold Gesell, du Dr. Frances Ilg, du Dr. Louise Bates Ames et de ceux qui participent à leurs études du développement de l'enfant.

Je sais qu'on a reproché au Dr. Gesell d'avoir travaillé sur un échantillon relativement réduit d'enfants des classes moyennes du secteur de New Haven, Connecticut. Les critiques font remarquer qu'il est difficile de généraliser ses conclusions et de les appliquer à des enfants de milieu rural dans le Mississippi ou dans le ghetto de Harlem.

S'il est vrai qu'en d'autres régions et dans des classes sociales différentes le développement des enfants peut différer sensiblement des découvertes du Dr. Gesell, il reste que dans bien des cas les courbes d'âges tirées de ses observations méticuleuses

* Coll. « Réponses », R. Laffont éd., 1972.

s'appliquent parfaitement à des enfants de milieux très divers. Ainsi, j'ai contrôlé qu'en partant des travaux de Gesell sur les enfants de 4 ans, j'étais en mesure de prévoir avec une précision suffisante comment se comporteraient des enfants noirs âgés de 4 ans dans une école de Californie.

En fait les études de Gesell représentent des années d'un énorme travail empirique, sans lequel nous serions tous beaucoup plus ignorants de la croissance et du développement de l'enfant.

Ces travaux m'ont été un auxiliaire inestimable dans mes contacts médicaux avec les enfants et les parents, et le lecteur attentif sentira combien je leur ai emprunté. Cependant, j'ai tenté de les mettre au goût du jour en indiquant à quel point les enfants d'aujourd'hui avaient évolué depuis que Gesell les avait étudiés.

Je suis reconnaissant aussi aux enfants et à leurs parents qui m'ont beaucoup appris au cours de vingt années de carrière médicale.

Mais, comme le révèle ma dédicace, c'est sans doute auprès de mes propres enfants, Robin, Randy et Rusty, que j'ai appris le plus de choses sur le métier de père.

Trois personnes m'ont été d'une aide particulièrement précieuse pour la rédaction de ce livre. Tout d'abord, Jeanne Harris, mon éditeur, qui, par son art de réduire une phrase de vingt-six mots en une phrase de dix-sept mots, mérite la reconnaissance de tous les lecteurs. Ensuite, Richard Gardner, M. D., qui non content d'écrire la préface m'a énormément aidé en relisant soigneusement le manuscrit et en en discutant certains détails avec moi.

Je désire exprimer aussi ma sincère reconnaissance à tous ceux qui ont permis que la matière brute du manuscrit original devienne un livre. A Lee Morris, ma secrétaire, dont les services vont bien au delà de la conscience professionnelle, à Bill McLaughlin, Jim Burns, M. D., et Scott Putnam, qui ont lu le manuscrit original et apporté d'utiles suggestions, à Carol McMullen et Harold Guttormsen qui m'ont aidé à réaliser la bibliographie de livres d'enfants de l'appendice C. A Miriam Sherman qui m'a généreusement apporté son temps et sa compétence dans la préparation de la liste de disques à l'appendice D.

Enfin, à Sylvia Cross, mon directeur littéraire aux éditions Nash, qui m'a aidé bien souvent selon mes besoins (et selon les cas) comme directeur, oncle d'Amérique et presque thérapeute, j'adresse mes remerciements sincères.

J'exprime ma sincère reconnaissance à toutes ces personnes sans lesquelles je n'aurais pas écrit ce livre.

Fitzhugh Dodson
Redondo Beach, Californie
Printemps 1973

A mes enfants

Robin, Randy et Rusty

qui m'ont appris tant de choses sur l'art d'être père

PRÉFACE

J'ai écrit ce livre à l'intention de plusieurs catégories d'individus. Tout d'abord les pères de famille mariés. Psychologiquement, c'est de leur point de vue que ce livre est écrit. Mais les pères divorcés, auxquels est consacré un chapitre de ce livre, ne sont pas oubliés. Ils ont besoin, tout autant que les pères mariés, de connaître les étapes psychologiques du développement de l'enfant.

Et même si ce livre est écrit du point de vue du père, les mères devraient y trouver leur profit. Mon précédent ouvrage Tout se joue avant six ans *était surtout écrit du point de vue de la mère et se limitait aux cinq premières années de la vie. Et bien que ce livre-ci, comme* Tout se joue avant six ans, *commence à la naissance de l'enfant, il insiste sur les étapes psychologiques de son développement de 6 à 21 ans. Si vous êtes par exemple la maman d'un enfant de 7 ans, vous avez, tout autant que votre mari, besoin de renseignements valables sur cette étape de son développement.*

Et à cause du fossé qui sépare de nos jours les générations des parents de celles des adolescents, j'ai consacré un grand nombre de pages à l'adolescence dans toute sa durée. Les mères comme les pères doivent lire ces pages.

J'ai rajeuni l'appendice en cinq parties de Tout se joue avant six ans *et je l'ai complété jusqu'à l'adolescence, tout en y ajoutant les nouveaux livres, jouets et disques (à l'intention des enfants d'âge préscolaire) qui sont sortis depuis cette date.*

Ne considérez donc pas que ce livre est destiné uniquement aux pères de famille mariés. Pères mariés, pères divorcés, mères mariées, mères divorcées, c'est pour vous tous que je l'ai écrit. J'espère que vous le trouverez utile.

AVANT-PROPOS

Nous vivons à une époque où plus qu'au cours des générations précédentes le rôle du père dans l'éducation des enfants commence à être senti comme vital. Non seulement les femmes s'étaient toujours vu refuser toute chance dans les domaines traditionnellement masculins, mais les hommes de leur côté étaient entretenus dans la croyance qu'il était peu viril et même dangereux pour leurs prérogatives masculines de se mêler de trop près d'élever leurs enfants.

Malgré les progrès accomplis pour donner aux femmes le rôle qui leur est dû hors du foyer, on met peu l'accent sur les changements qui devront intervenir dans l'attitude et le rôle de l'homme s'il doit trouver son épanouissement aussi dans le milieu familial. Ce livre, le premier à ma connaissance qui soit écrit spécialement à l'intention du père de famille élevant ses enfants (car presque inconsciemment les auteurs de manuels de ce genre ont toujours à l'esprit la mère de famille), doit combler une lacune qui existe depuis trop longtemps.

Le Dr. Dodson a conscience du fait que les parents, quel que soit leur sexe, n'ont pas la science innée. La puberté fait de nous des êtres capables d'avoir des enfants sans nous apprendre pour autant comment les élever.

Dans notre société, les petites filles en voulant imiter leur mère apprennent beaucoup plus à élever les enfants que ne le font les garçons. Il est donc nécessaire pour un livre comme celui-ci de compenser ce manque regrettable dans l'éducation empirique du garçon. On peut espérer que pour les générations futures, lorsque les pères prendront une part plus active à l'éducation de leurs enfants, les enseignements complémentaires du présent ouvrage seront moins nécessaires. J'imagine mal cependant le temps où aucun complément d'information ne sera plus nécessaire, car le besoin d'imiter les parents ne saurait à lui tout seul fournir à l'enfant tout ce qu'il devra savoir lorsqu'il devra élever ses propres enfants.

Par ailleurs, le Dr. Dodson fait justement remarquer que pour atteindre son but l'instruction la plus valable ne doit jamais être dissociée de l'amour fondamental des parents pour leur enfant (compte tenu bien sûr des moments d'irritation et de déception). Ce livre ne peut remplacer l'amour, mais il peut aider beaucoup un père qui aime ses enfants à les élever mieux et à en faire des adultes plus harmonieux.

Bien que ce livre ait été écrit à l'origine pour le père de famille marié, le Dr. Dodson ne laisse pas de côté le rôle primordial de la mère et même si elle n'est pas souvent citée, elle n'en demeure pas moins présente, contribuant de façon essentielle à l'éducation de l'enfant. Les pères divorcés ou veufs, sur qui retombe l'entière responsabilité d'élever leurs enfants, trouveront aussi dans ce livre une mine de renseignements sur leur développement normal. Un père peut se trouver embarrassé, au moment de décider s'il doit intervenir pour modifier un comportement particulier, s'il ignore dans quelle mesure il s'agit d'une attitude normale ou anormale. Bien des lecteurs seront rassurés en apprenant que le développement habituel d'un enfant est caractérisé par des périodes de comportement imprévisible et d'hostilité injustifiée prenant souvent l'aspect le plus bizarre.

Mais le Dr. Dodson ne se contente pas de rassurer le père en lui révélant que l'illogisme de son enfant est inévitable, qu'il faut l'accepter et attendre qu'il disparaisse. Il explique la logique sous-jacente de l'illogisme apparent de l'enfant et fait des propositions spécifiques fondées sur la compréhension de ce fait. Cet aspect du livre m'a paru particulièrement valable et utile.

Tout au long de l'ouvrage, le Dr. Dodson insiste sur l'importance de comprendre de l'intérieur les pensées et les sentiments intimes de l'enfant et d'essayer de l'aider à exprimer verbalement ses réactions. Cette « communion » des parents est essentielle à un bon développement psychologique.

Le Dr. Dodson a aussi très bien compris qu'il ne suffit pas toujours, même si c'est très utile, d'encourager un enfant à exprimer ses sentiments. Souvent, on doit l'encourager à faire quelque chose avec ces sentiments exprimés, quelque chose qui provoque un changement ou une atténuation du problème à l'origine des mauvais sentiments qu'on veut supprimer.

Ce livre n'est pas purement théorique. Il est illustré de nombreux exemples tirés de la vie personnelle du Dr. Dodson, de sa famille et de sa grande expérience médicale. Les anecdotes présentées d'une manière sympathique et directe en rendent la lecture plus aisée. L'exposé sur le comportement de l'adolescent, en particulier sur la sexualité et la pratique de la drogue, remarquable, arrive particulièrement à point.

Le Dr. Dodson aborde une foule d'autres sujets qui retiendront l'attention des pères. J'ai été très frappé par le passage où il traite des enfants « gâtés », de la différence entre « corriger » et « battre », de l'importance de la maternelle, de ce qu'on nomme « période de latence », de l'expérience vitale du temps seul et en groupe, de la non-interdiction de regarder la télévision et de ce qu'il nomme pour la discipline le principe des « conséquences naturelles ».

Je ne connais aucun livre sur les enfants qui comporte des appendices aussi utiles. Les parents, les professeurs, les conseillers d'éducation, les psychologues et tous ceux qui sont au contact des enfants y trouveront une mine de renseignements sur les livres, les disques et les jouets pour les enfants de tous les âges.

Je terminerai par un avertissement. Il y a tant de renseignements dans ce livre que le père risquera de le trouver accablant. Il se sentira peut-être coupable de négliger son enfant s'il ne fait pas tout, ou presque tout, ce qu'il trouvera ici. Tel n'est pas, j'en suis sûr, le but du Dr. Dodson. Il souhaite plutôt que son lecteur sache que dans ce livre beaucoup de choses peuvent être intéressantes ou utiles pour lui, et que la meilleure chose qu'il puisse faire est de le lire, puis d'être heureux avec ses enfants sans arrière-pensée.

Il souhaiterait que les pères mettent en pratique ce qu'ils auront appris dans le cours normal des relations parents-enfants. Il serait heureux que l'attitude des pères soit : « Je suis heureux d'avoir lu ce livre et de savoir qu'il est ici pour m'en servir au besoin. »

Richard A. GARDNER M. D.
Assistant en psychiatrie infantile
à la faculté de médecine
et de chirurgie à l'université
Columbia, New York

1

L'ART D'ÊTRE PÈRE

Ma première expérience dans ce domaine se situe de nombreuses années avant que je ne sois vraiment devenu père moi-même.

J'étais moniteur dans un camp d'été pour garçons en Virginie-Occidentale et c'est là que je me trouvai confronté à de jeunes enfants. J'étais responsable de dix garçons actifs, pleins d'énergie, entre 5 et 7 ans. Aucun enseignement préalable ne m'avait préparé à cette sorte de paternité.

Je ne connaissais rien à la psychologie enfantine. Si l'on m'avait demandé de décrire les différences que présentent un garçon de 5 ou 6 ans et un enfant de 7 ans, j'aurais complètement échoué. La psychologie de la discipline de l'enfant était aussi lointaine pour moi que la planète Mars.

Pendant les premières semaines de ce camp, ma seule initiative intelligente fut d'emmener les garçons faire une longue, très longue promenade chaque après-midi. Comme l'air vif et l'exercice les fatiguaient j'étais sûr qu'ils s'endormiraient rapidement le soir venu !

Ces quelques semaines où je me sentis complètement inadapté me poussèrent à courir à la bibliothèque de l'université de Virginie-Occidentale. Je me mis à lire avec frénésie les traités de psychologie de l'enfant. Cela fut d'un secours extraordinaire pour me permettre de comprendre le comportement des garçons et d'y faire face.

Malheureusement, la plupart des jeunes parents n'en savent pas davantage que moi quand je débutai comme moniteur. Mon impression clinique est que les mères et les pères débutent dans une ignorance aussi complète des bébés et des jeunes enfants. Les mères apprennent par la suite de façon empirique. Les pères n'ont même pas cette chance.

Et le drame est là. La paternité devrait être considérée comme une expérience pleinement gratifiante. Peu de choses sont aussi enrichissantes sur le plan sentimental que la satisfaction qu'un homme peut ressentir à bien guider ses enfants, depuis leur naissance, à travers les étapes variées de leur développement, jusqu'à ce qu'ils puissent se débrouiller seuls.

Mais un enfant est un être complexe. A peu près 10 milliards de cellules sont logées dans sa tête. C'est un groupe d'unités infiniment plus complexes que ce qu'on peut trouver dans l'ordinateur le plus compliqué.

Comment un père pourrait-il trouver de la joie et des satisfactions sur le plan sentimental en guidant cet être humain si complexe si personne ne lui donne de conseils ? La société n'apprend pas aux hommes à être pères avant de le devenir et il n'y a pas d'apprentissage par la suite.

A notre époque qui évolue si rapidement, il est encore plus difficile pour un père de définir son rôle et de le remplir correctement. Pensez à ce qu'était le rôle du père il y a vingt-cinq ans et à ce qu'il est aujourd'hui. A cette époque, les rôles féminins et masculins et ceux de père et de mère étaient délimités très clairement. De nos jours, le rôle social de l'homme et de la femme et leur rôle au niveau familial subissent des changements considérables. Personne ne peut dire ce que seront ces rôles quand ils se seront stabilisés. Le Mouvement pour la libération de la femme (M.L.F.) n'est qu'un symptôme des grands bouleversements de notre société.

Il y a vingt-cinq ans, les pères préparaient leurs fils à une vie adulte semblable à la leur. Notre culture se transforme à une telle vitesse que cela n'est plus vrai.

Les sociologues nous apprennent que sur 100 enfants que vous voyez jouer dans une cour de récréation, 50 exerceront des métiers qui n'existent même pas aujourd'hui ! Les pères de famille ne peuvent donc préparer leurs enfants à une vie adulte semblable à la leur car la société aura alors beaucoup trop changé.

Prenons les devoirs à la maison comme exemple de l'évolution de la culture. Il y a vingt-cinq ans, un père pouvait aider sans mal ses enfants à faire leurs devoirs. Les écoles enseignaient encore les mêmes concepts essentiels que ceux qu'il avait appris. Les programmes scolaires, tout comme la culture, demeuraient assez stables. Mais grâce à l' « explosion de l'information », au rythme rapide auquel nous acquérons des connaissances nouvelles sur notre monde, les programmes d'aujourd'hui changent constamment. Il y a les « mathématiques modernes », l' « anglais moderne » et les « sciences nouvelles ». Et ce n'est que le début des matières nouvelles qui seront enseignées dans nos écoles. Aujourd'hui le père a besoin d'aller suivre un cours de recyclage en maths modernes pour pouvoir aider son enfant en sixième !

Il est beaucoup plus difficile de guider un adolescent ou une adolescente de nos jours. A cette époque, le père et la mère étaient encore respectés en tant qu'autorité, comme le maître d'école, les fonctionnaires et les agents de police. De nos jours les adolescents doutent que l'âge soit une justification suffisante à un poste d'autorité. Leur cri de guerre est : « Ne croyez personne au delà de 30 ans. » Il faut donc pour le père une base plus stable que celle de l'âge pour avoir des relations avec des adolescents.

Ceux-ci sont exposés à des dangers potentiels qui n'existaient pas auparavant. Le problème majeur est probablement celui de la drogue. Les pères doivent admettre que leurs enfants adolescents sont quotidiennement exposés à la culture contemporaine de la drogue. Ils doivent leur apprendre à faire face au choix étonnant des expériences nouvelles que nous connaîtrons dans les années à venir.

Remplir son rôle de père par ces temps troublés n'est pas une tâche facile surtout sans formation préalable.

Vous pouvez, bien sûr, agir comme beaucoup de pères, empiriquement. Mais il est de meilleurs moyens, et c'est le propos de ce livre.

Personne ne naît bon père. C'est une question de patience, d'étude et d'amour. C'est aussi une question de connaissance. Il est important que vous appreniez tout ce que vous pouvez sur deux sujets essentiels : la psychologie de l'enfant et les méthodes d'enseignement.

Tout père, consciemment ou non, agit comme un psychologue de l'enfant. Pour le guider sagement, il faut qu'il puisse comprendre sa psychologie si différente selon l'âge.

L'information sur les méthodes d'enseignement est essentielle car les parents sont les principaux professeurs. Avant que votre enfant entre à l'école, vous êtes, vous et votre femme, ses premiers maîtres. Même par la suite, c'est à la maison qu'il reçoit les « leçons » les plus durables et les plus valables.

La recherche scientifique a permis d'accumuler une somme de connaissances sur la psychologie de l'enfant et les méthodes d'enseignement couronnées de succès, et un bon père se doit d'avoir des connaissances dans ce domaine.

De toute évidence, ce livre n'augmentera pas l'amour que vous éprouvez pour votre enfant. Si vous ne l'aimiez pas, vous ne vous donneriez pas la peine de lire ces lignes.

Mais il faut faire la différence entre l'amour qu'on porte à son enfant et les connaissances qui permettent de le guider avec amour.

Arrêtons-nous un instant pour dire quelques mots du sentiment de culpabilité des parents. Trop de livres ont pour effet de le susciter. Ce n'est pas ce que je souhaite faire ici.

Le sentiment de culpabilité ne vous rendra pas meilleurs parents. Aucun parent ne mérite d'être blâmé. Nous devons être sûrs que nous faisons de notre mieux pour élever nos enfants. Si nous tenons compte du fait que la plupart d'entre nous n'ont reçu aucune formation spéciale, je trouve que nous faisons du beau travail !

Nous acquérons toute connaissance nouvelle, que ce soit jouer au bridge, au golf ou piloter un avion, en commettant d'abord des erreurs, des milliers d'erreurs, et en en tirant la leçon. Vous ne vous sentez pas coupable parce que vous ne jouez pas au golf comme un professionnel après votre troisième leçon. Vous n'avez pas davantage besoin de vous sentir en faute si vous apprenez à être bon père en commettant des erreurs. J'en ai personnellement commis des milliers en éduquant mes trois enfants et j'ai écrit ce livre pour que vous puissiez au moins éviter les miennes !

J'ai essayé de remplir ce livre (et l'appendice) de suggestions pour enrichir et approfondir les liens qui vous unissent et pour vous permettre d'apprécier davantage la joie d'être père.

J'ai décrit un grand nombre d'activités possibles pour que vous ayez un plus grand choix. Vous serez seulement tentés par certaines d'entre elles. Mais aucun père ne pourrait faire tout ce que j'ai mentionné dans ce livre, ne vous sentez donc pas en faute. Et rappelez-vous qu'être bon père se détermine davantage par la qualité de votre présence que par le temps que vous consacrez à votre enfant.

Dans *Le guide des pères* nous suivons un enfant imaginaire dans son développement depuis les premiers mois jusqu'à l'adolescence en vous montrant comment vous pouvez le guider à chaque stade de son développement psychologique. Le comportement des filles et des garçons étant très différent, nous étudierons successivement votre rôle de père vis-à-vis de l'un et de l'autre.

Dans un souci de clarté, je décrirai l'évolution du développement chez un seul enfant. (Mais, de temps en temps, je parlerai des frères et des sœurs et de leur influence sur le reste de la famille.) S'il vous arrive d'être le père de quatre ou cinq enfants vous devrez faire l'adaptation au fur et à mesure de votre lecture.

Dans mon étude de cet enfant hypothétique, il serait fastidieux d'écrire « il ou elle selon le cas ». Pour plus de facilité, je me référerai à « il » ; si vous avez une petite fille, à vous de transformer.

Les pères aussi attendent les enfants !

La paternité commence au moment où votre femme est sûre d'être enceinte. Durant les neuf mois qui précèdent la naissance du bébé, votre femme va subir de nombreux changements physiologiques. Ils entraînent des changements psychologiques énormes. Elle peut devenir boudeuse, illogique ou tout à coup exigeante. Il se peut qu'elle fonde en larmes à propos de ce qui vous paraît sans importance. Son comportement peut vous surprendre. Il est important que vous compreniez que *tout cela est parfaitement normal pour une femme enceinte.*

Vous devez vous montrer aussi compréhensif devant les changements psychologiques qui assaillent votre femme pendant ses règles que pendant sa grossesse.

Cette compréhension est particulièrement décisive pour ceux dont les femmes sont enceintes quelques mois après leur mariage. Un jeune mari pense parfois : « Est-ce que c'est cela le mariage ? Si c'est cela, ça n'en vaut pas la peine ! » Il oublie que sa femme a eu peu de possibilités de découvrir comment elle agirait en tant qu'épouse. Elle agit seulement en tant que *femme enceinte.*

Essayez d'être tolérant et compréhensif. Si vous êtes capable de prêter une oreille attentive à ses ennuis et à ses soucis, cela l'aidera beaucoup.

Avant de discuter de votre rôle de père durant cette première étape du développement de votre bébé, il faut préciser deux points : bien que ce livre vous informe de l'aspect psychologique de la paternité, il y a également l'aspect pratique, savoir tenir un bébé ou le changer, par exemple. Pour cela inscrivez-vous à un cours de la Croix-Rouge.

Il y a aussi certains aspects qui concernent à la fois le père et la mère. Par exemple, si un bébé est nourri au biberon, il peut l'être indifféremment par son père ou sa mère en fonction de leurs moments de liberté.

Mon livre précédent, *Tout se joue avant six ans*, traitait des problèmes des parents pendant les cinq premières années de la vie de l'enfant. La plus grande partie s'appliquait aux pères comme aux mères. Plutôt que de me répéter, je me référerai de temps en temps à des chapitres de ce livre.

Mais il est d'autres points où le rôle féminin de la mère diffère du rôle masculin du père. Les deux sexes ne sont pas interchangeables. Un enfant, en grandissant, a besoin d'un modèle de conduite féminine et d'un modèle de conduite masculine.

Un seul des parents ne peut absolument pas jouer les deux rôles. Dans certains cas, les rôles du père et de la mère peuvent se confondre, mais d'autres ne peuvent appartenir qu'au père, quelle que soit l'efficacité de la mère.

Etudions maintenant la première étape du développement psychologique de votre enfant : la première enfance.

2

LA PREMIÈRE ENFANCE

« Félicitations, Mr. Jones, c'est une fille. »

Ces mots qui marquent le début de la paternité n'auront pas le même sens pour tous les hommes. L'un sera transporté de joie en les entendant, l'autre éprouvera de l'inquiétude, se demandant s'il saura être un bon père. L'un aimera les enfants et sera prêt à faire une foule de choses avec eux. L'autre ne sera pas spécialement attiré par eux et n'aura pas l'intention de leur consacrer beaucoup de temps. Pour tel couple cette naissance aura été prévue et attendue depuis plusieurs années, pour tel autre cette grossesse n'est qu'un accident qu'il accepte difficilement.

Les réactions d'un homme apprenant qu'il va être père pour la première fois sont déterminées par la façon dont il a vécu sa propre enfance et par ses rapports avec son père et sa mère. Ainsi la paternité prend pour chaque homme un sens non seulement différent, mais de plus conscient et inconscient. En d'autres termes, nos propres réactions en face de la paternité sont imprévisibles. C'est pourquoi j'insisterai sur un exemple typique.

Quand la mère et l'enfant reviennent de l'hôpital la situation est définitivement changée. Auparavant, la femme donnait sans partage son amour et ses soins à son mari qui la voit maintenant consacrer le plus clair de son temps au nouveau venu. Et tout à coup, il lui semble qu'il n'est plus le mari de sa femme ni le père de son enfant. Sentimentalement, il se trouve reporté dans sa propre enfance. Sa femme lui apparaît comme sa mère et le bébé comme un petit frère ou une petite sœur, sans qu'il s'en rende compte, puisque cela se passe dans son subconscient.

Quoi qu'il en soit, le comportement du père s'en trouve changé. Il tend à considérer son enfant comme son rival et reproche à sa femme de consacrer trop de temps au bébé. Ils en viennent à se disputer pour des choses insignifiantes. La jeune femme stupéfaite se demande ce qui, tout à coup, ne va plus entre eux.

Un jeune avocat, dont le premier enfant était une fille, avait vécu heureux avec sa femme plusieurs années avant l'arrivée du bébé. Mais après sa naissance, leur union devint orageuse et ils vinrent me consulter à ce sujet. L'avocat découvrit ainsi que la naissance de sa fille avait réveillé dans son subconscient des sentiments profondément refoulés d'hostilité au moment de la naissance de sa jeune sœur. Il la haïssait parce qu'il sentait que ses parents la préféraient à lui. Cette découverte lui permit de voir en sa petite fille seulement son enfant et non plus la réincarnation ou le substitut de sa propre sœur.

Si donc vous êtes contrarié par l'attention que votre femme accorde à votre bébé, ou si vous avez du mal à vous y intéresser vraiment, cherchez si sa naissance n'a pas pu réveiller dans votre subconscient les sentiments que vous avez éprouvés, enfant, à la naissance d'un frère ou d'une sœur. Presque toujours ces sentiments sont cachés parce qu'ils sont inadmissibles pour les adultes dont l'amour nous est nécessaire.

Par ailleurs, beaucoup de pères s'écartent des jeunes enfants parce que, au fond d'eux-mêmes, ils pensent qu'il n'est pas viril de tenir un bébé dans ses bras. Ce qui est faux bien sûr, car en fait, plus un homme est sûr de lui, plus il doit se sentir à l'aise avec un tout-petit et plus il est capable de le tenir et de jouer avec lui sans la moindre gêne. Il est normal de se sentir gêné lorsqu'on découvre quelque chose de nouveau et bien des pères ne connaissent rien des bébés. Nous sommes tous maladroits quand nous essayons pour la première fois de faire de la bicyclette ou de jouer du piano. Il en est de même pour tenir un bébé. Nous sommes maladroits au début, mais nous apprenons très vite à le tenir avec aisance et sans fatigue.

Evitez l'erreur que commettent trop de pères. N'attendez pas que votre enfant soit grand pour vous mêler à sa vie. Faites-le dès sa naissance. Il est absolument impossible de s'attacher profondément à un enfant avec qui on n'a pas eu de contacts physiques étroits, qu'on n'a jamais tenu dans ses bras, à qui on n'a jamais donné son biberon ni son bain.

« Se mêler à sa vie » signifie accomplir une foule de tâches journalières telles que donner le biberon, changer les couches, donner un bain, etc.

Mais non, monsieur, tranquillisez-vous, ne vous révoltez pas. Je ne vous propose pas de prendre la relève de votre femme sitôt rentré de votre travail ! Il faut seulement pouvoir vous occuper de temps en temps de votre enfant, très naturellement.

Cela ne vous prendra pas beaucoup de temps, surtout au début, du fait que les nouveau-nés dorment presque tout le temps, mais le peu que vous ferez pour vous occuper du bébé favorisera énormément la formation de rapports affectifs étroits entre lui et vous. Mais n'attendez pas que l'enfant sache parler ou marcher. Commencez tout de suite avec ce tout-petit qui est devant vous. Prenez-le, donnez-lui son biberon, tenez-le, parlez-lui sans crainte, vous ne lui ferez pas de mal !

Il est indispensable de commencer le plus tôt possible *parce que les cinq premières années de la vie sont les plus importantes.* A 6 ans les grands traits de sa personnalité sont formés, ce qui détermine dans une large mesure quel genre d'adolescence il aura, comment il réussira dans sa vie d'adulte, quel genre de femme il épousera, et si son mariage sera heureux et durable.

Ces cinq premières années sont décisives autant pour le développement affectif que pour le développement intellectuel. A 4 ans un enfant a acquis environ 50 pour cent de son intelligence, qu'il complétera de 30 pour cent supplémentaires à 8 ans et de 20 pour cent à 17 ans.

J'irai encore plus loin en précisant que la première année, celle de la première enfance, est la plus importante de ces cinq années décisives. Comment cela ? Parce que le facteur essentiel dans la formation de la personnalité profonde de l'individu est le concept de soi, lequel se bâtit presque entièrement dans la première enfance.

Pour un enfant, le concept de soi est comme la carte mentale qu'il a de lui-même et qui détermine s'il a confiance en lui ou doute de lui, s'il est ouvert ou renfermé, s'il s'affirme ou se retranche craintivement. Le concept de soi de votre enfant ressemble à une paire de lunettes teintées à travers lesquelles il regarde le monde.

Le concept de soi de votre enfant est la seule chose vraiment importante qu'il faille comprendre chez lui.

Aucun enfant ne vient au monde avec un concept de soi. Il l'apprend de son père et de sa mère et, dans une moindre mesure, de ses frères et sœurs ; mais il commence à l'acquérir dès la naissance, au stade de la première enfance.

Ce stade se prolonge jusqu'à ce que votre enfant sache marcher, ce qui marque le début de la seconde étape. La première enfance correspond en gros à la première année : l'enfant y apprend son attitude fondamentale à l'égard de la vie.

Il y forme du point de vue du bébé qu'il est, sa philosophie de la vie, ses sentiments profonds devant le fait de vivre. C'est là qu'il acquiert un sentiment fondamental de confiance et de bonheur, ou au contraire de méfiance et de malheur.

Vous devez aider votre bébé à acquérir un sentiment fondamental de confiance en lui-même et dans le monde qui l'entoure. A ce sujet, l'atmosphère que vous et votre femme créerez autour de lui est déterminante. L'atmosphère qui entoure le bébé aux premiers jours de la vie crée les premières lentilles, façonne la première optique de ces lunettes du concept de soi à travers lesquelles il voit le monde. Si les besoins fondamentaux de votre bébé sont satisfaits alors il acquerra un sentiment de confiance et d'optimisme et pourra développer au maximum ses dons et ses possibilités.

Les besoins affectifs fondamentaux

Commençons par les besoins affectifs : la plupart sont d'ailleurs en même temps des besoins physiques tels que la faim, le besoin de chaleur, de sommeil, l'envie d'uriner et d'aller à la selle, le besoin de caresses physiques et d'un contact étroit avec le père et la mère.

1. *La faim.* Probablement le besoin le plus important. Que votre enfant soit nourri au sein ou au biberon, arrangez-vous pour y participer : si votre femme allaite, proposez de donner de temps en temps un biberon complémentaire. Si l'enfant est nourri au biberon, vous pourrez le donner aussi bien que votre femme.

Au début vous vous sentirez maladroit pour le tenir dans vos bras et lui donner le biberon, mais bientôt vous vous sentirez très à l'aise. C'est vraiment en tenant votre bébé dans vos bras que vous sentirez naître en vous un sentiment puissant d'amour paternel. On peut dire que si beaucoup de pères n'ont pas de sentiments très profonds envers leurs enfants, c'est bien parce qu'ils ne leur ont pas donné le biberon une seule fois.

J'espère que vous et votre femme avez décidé de donner à boire à votre enfant chaque fois qu'il le demandera plutôt qu'en suivant un horaire précis. Donner le biberon suivant les besoins de l'enfant veut dire que vous respectez sa véritable individualité qui commence dès la naissance. Chaque bébé est unique et sa faim est réglée selon son rythme propre. Tout rythme imposé de l'extérieur, tout horaire strict est nécessairement faux car non seulement votre bébé est différent de tous les autres, mais sa faim peut même varier d'un jour à l'autre. Respectez l'individualité de votre enfant. Que ses cris soient pour vous le signal de sa faim. Alors il se dira : « Ce monde est un endroit où il fait bon vivre car dès que je lui fais savoir que j'ai faim, on me donne à manger. Je sais que tout va bien se passer pour moi et ce qui m'entoure. »

2. *Le besoin de chaleur.* Il n'est pas nécessaire de nous étendre sur la question parce que presque tous les parents pourvoient largement à ce besoin.

3. *Le besoin de sommeil.* Votre bébé y pourvoit lui-même : il dort tant qu'il en a besoin et se réveille dès qu'il a assez dormi.

Malheureusement les horaires de sommeil de votre bébé sont absolument différents de ceux des adultes, et votre sommeil sera terriblement perturbé pendant ce stade de la première enfance. Certains sont plus accommodants que d'autres et se mettent très tôt à « faire leur nuit » complète, alors que d'autres, hélas ! mettent des mois avant d'y parvenir.

A moins d'avoir plus de chance que la plupart des parents, votre bébé se réveillera en pleurant au milieu de la nuit. Et non pas parce qu'il aura faim, car il refusera le sein ou le biberon. Ses cris peuvent provenir de coliques ou d'un mal d'estomac et vous ne pourrez pas arrêter ses cris en le dorlotant. Il est là, criant à en perdre le souffle et vous et votre femme feriez n'importe quoi pour qu'il s'arrête et que vous puissiez vous recoucher.

En de telles occasions, vous découvrez que la civilisation n'est qu'un mince vernis qui cache nos instincts primitifs et sauvages. Vous serez peut-être tout à coup furieux contre lui, vous aurez peut-être envie de le secouer violemment ou de le battre ou de lui crier : « Tais-toi ! tu ne sais donc pas qu'il faut que je dorme pour être à peu près présentable au travail demain matin ? » Beaucoup de parents se sentent coupables d'éprouver de tels sentiments parce que personne ne leur en a parlé auparavant. Restez calmes. Soyez les bienvenus au club des parents. Ce que vous éprouvez est tout à fait normal. Attention : j'ai bien dit *éprouvez*. Si vous perdez le contrôle de vous-même au point de frapper votre bébé, il vous faut consulter un médecin. Car s'il est normal d'être fâché et irrité dans de telles situations, vous devez pouvoir contrôler vos actes.

4. *Le besoin d'uriner et d'aller à la selle*. Vous n'aurez aucun problème à ce sujet pendant la première enfance si vous ne commettez pas l'erreur d'essayer de « rendre le bébé propre » pendant la première année de sa vie : avant 2 ans, le développement neuro-musculaire des sphincters n'est pas assez avancé pour qu'on puisse habituer l'enfant à être propre. Attendez donc jusqu'à 2 ans pour cela.

5. *Le besoin d'être dorloté*. C'est par le contact physique que l'enfant sait qu'il est aimé : quand on le tient blotti, qu'on le berce, qu'on lui parle et qu'on lui chante des chansons.

Généralement lorsque votre bébé pleure c'est qu'il a faim. Mais il peut aussi pleurer parce qu'il se sent seul et veut qu'on le prenne. Ne soyez jamais indifférents à ses pleurs, car c'est le seul langage dont il dispose. Un enfant plus âgé peut vous dire qu'il s'ennuie ou a peur ou veut qu'on reste avec lui. Mais votre bébé ne peut vous le dire qu'en pleurant.

Je voudrais ici parler de ce qui ressemble à un tabou pour bien des parents : la peur de « gâter » leur enfant s'ils prêtent trop attention à lui. Ils craignent qu'à trop s'occuper d'un bébé ils n'en fassent plus tard un enfant gâté. Et de ce fait ils restreignent leurs soins.

C'est là une crainte non fondée. Il est impossible de « gâter » un bébé de moins d'un an. Jouez avec lui, serrez-le, cajolez-le, parlez-lui et chantez-lui des chansons autant que vous voudrez ; vous ne risquez pas de le gâter !

Ces gestes font naître chez votre enfant le sentiment profond et durable d'être aimé et favorisent du même coup la formation d'un concept de soi robuste et confiant. Ce que vous pouvez faire de mieux pour un tout-petit est de satisfaire ses besoins essentiels avec le moins de frustrations possible. Son sentiment du moi est trop fragile et trop nouveau pour lui permettre d'y faire face. La vie qui commence pour lui se chargera bien de les lui fournir.

Ainsi l'idée même de « trop gâter » ne devrait jamais s'appliquer à la première enfance. Un enfant de 8 ans qui ne cesse de faire des caprices et pleure de toutes ses forces lorsqu'il n'obtient pas satisfaction, qui ne peut supporter qu'on lui dise « non » et se comporte comme si le monde n'existait que pour le satisfaire pourrait justement être traité d' « enfant gâté ». Un tel comportement serait infantile à 8 ans mais tout à fait normal chez un tout-petit. Il faut garder aux tout-petits le droit d'être infantiles tout en exigeant des plus âgés qu'ils agissent avec la maturité correspondant à leur âge et à leur stade de développement.

Comme je l'ai dit, c'est seulement par les caresses et le contact physique qu'un bébé sait qu'on l'aime. Mais la façon de dorloter peut prendre des formes extrêmement différentes. Chantez donc ou jouez à votre façon, et sentez-vous à l'aise en le faisant. Si un nombre assez grand de pères se mettent à s'amuser avec leur bébé, nous pourrons bientôt oublier le

« tabou de la douceur » que beaucoup d'hommes ressentent. A des circonstances différentes doivent correspondre des sentiments différents. Il faut parfois qu'un homme soit dur et agressif, parfois aussi qu'il soit doux et gentil. En jouant avec son bébé, un père peut trouver l'occasion d'extérioriser l'aspect tendre de sa personnalité.

6. *Le besoin de rapports puissants avec le père et la mère.* D'habitude, les liens sont naturellement plus puissants avec la mère du fait qu'elle est presque toujours avec l'enfant. Mais celui-ci a besoin aussi de s'attacher profondément à vous, son père. Celui qui ne le fait pas prive son enfant et se prive lui-même de quelque chose d'essentiel. Bien sûr, n'allez pas vous dire : « Aujourd'hui je m'en vais créer des liens puissants avec mon bébé. » Mais si, comme j'ai dit plus haut, vous donnez de temps en temps le biberon, si vous jouez avec votre bébé, si vous le dorlotez, le changez et lui donnez son bain, vous créerez à coup sûr des liens étroits entre vous.

Les besoins intellectuels fondamentaux

On pensait jadis que chaque enfant naissait avec un coefficient d'intelligence qui se développerait en grandissant. Des travaux récents ont prouvé qu'il n'en était rien. Vous saurez que chaque bébé naît avec son potentiel d'intelligence. Ce peut être celui d'un génie ou celui d'un individu moyen. Mais ce que les études les plus nouvelles ont prouvé c'est que, dans *une grande mesure, ce potentiel maximal d'intelligence ne sera atteint qu'en fonction des stimulations sensorielles qu'il recevra dans les cinq premières années de sa vie.*

En tant que père, vous jouez un rôle essentiel. Ainsi, évitez de le changer ou de le baigner en silence. Parlez-lui ! chantez ! Tout petit, il ne vous répondra pas mais pourtant son cerveau enregistrera cette stimulation qui favorisera son développement intellectuel. Consultez le livre du Dr. Ira Gordon *L'éducation du bébé par le jeu* (*cf.* appendice E), qui est un guide très utile pour les parents. Mais il ne faut pas que le jeu soit pour vous une obligation ennuyeuse. Parlez-lui, câlinez-le, quand vous en avez envie. C'est ainsi que vous en profitez et lui aussi.

Quand votre bébé grandira et pourra attraper des objets, donnez-lui ce qu'il peut manier, porter à sa bouche et sucer sans danger (voyez l'appendice A qui décrit les jouets valables à cet âge). Ce peut être des objets usuels tels que des bouteilles ou des assiettes de plastique, des sacs de papier, des ustensiles de cuisine, ou de la cellophane à faire crisser. Puisqu'il mettra tout dans sa bouche, veillez à ce qu'aucun objet ne soit assez petit pour l'étouffer.

Vous pouvez aussi suspendre des trapèzes, des mobiles ou autres jouets capables de stimuler ses sensations, au-dessus de son berceau, ou les attacher par une grosse ficelle pour qu'il puisse les attraper et les toucher.

L'enseignement par le jeu

A quoi servent toutes ces stimulations sensorielles ? Elles donnent à votre bébé le désir d'en savoir plus sur le monde qui l'entoure. Elles font naître un besoin intellectuel, à son niveau, d'explorer et de comprendre son environnement. Comme Piaget le remarque si bien : « Plus l'enfant voit et entend, plus il a envie de voir et d'entendre. »

Plus vous aurez de notion sur cet âge et plus vous aurez des contacts étroits avec votre bébé. Deux livres peuvent vous aider tout particulièrement. L'un est mon livre précédent, *Tout se joue avant six ans*. L'autre est *Le bébé et l'enfant dans la culture contemporaine* des Drs Arnold Gesell et Frances Ilg. Tous deux partent du nouveau-né et décrivent l'évolution de son développement jusqu'à 6 ans.

Suivez les progrès de votre bébé en lisant les chapitres qui le concernent. Vous le comprendrez plus aisément si vous savez ce qui différencie un bébé de 6 mois et un de 9 mois. Et il faut bien reconnaître que peu de pères en sont capables.

Quand votre bébé aura atteint 9 mois, beaucoup de changements se seront produits. Vous pouvez alors jouer un rôle très important. Vous pouvez l'aider à « étiqueter » ce qui l'entoure. C'est une tâche bien facile. Il vous suffit de dire des mots isolés qui identifient les objets qui l'environnent. Vous pouvez jouer à cela n'importe où et n'importe quand. Tendez-lui une cuiller et dites « cuiller ». Quand vous lui donnez un bain, battez l'eau et dites « eau ». Quand vous voyez une voiture, montrez-la et dites « voiture ».

A ce stade, votre bébé se contentera d'enregistrer ce que vous dites. Il répétera le mot quand il aura atteint un stade beaucoup plus tardif dans le développement du langage.

Résumons ce qui caractérise la petite enfance, première étape du développement.

Qu'est-ce que votre bébé a retenu de cette première année de sa vie ?

On lui a donné à manger chaque fois qu'il manifestait sa faim, il a appris qu'il pouvait se fier profondément à ce qui l'entourait pour répondre à ses besoins physiques.

S'il a été dorloté à la fois par son père et sa mère, il a appris qu'on l'aimait de toute évidence. Si son père et sa mère ont répondu à ses pleurs comme à des messages urgents, il a appris à être confiant.

Si, grâce aux nombreux contacts qu'il a eus avec son père et sa mère, il a créé des liens sentimentaux satisfaisants, il est prêt à créer les mêmes avec les individus qu'il rencontrera par la suite.

Si son père et sa mère lui ont offert des stimulations sensorielles et intellectuelles, il trouvera que le monde est fascinant et merveilleux, et non pas une prison sinistre.

Si votre bébé a connu dans sa première année toutes ces expériences, il éprouvera une confiance profonde envers lui-même et le monde. Ce sentiment de confiance crée la première lentille de son concept de soi. Il lui donnera une base aussi solide que possible pour le stade suivant de son développement : les premiers pas.

Si, en tant que père, vous avez suivi mes conseils, votre bébé n'est plus un étranger pour vous, Vous vous sentez très proche de lui. Il est devenu vraiment *votre bébé bien à vous* et vous êtes vraiment son père. C'est ainsi que ce devrait être.

3

LES PREMIERS PAS

Voici votre enfant prêt à franchir une nouvelle étape. Nous pouvons définir ce stade par une seule phrase : c'est l'âge de l'exploitation. Aucun savant ne manifeste autant d'enthousiasme que votre petit diable quand il explore la maison et le jardin.

Votre rôle de père sera beaucoup plus aisé que celui de votre femme. Toute la journée il lui faut faire face à ce besoin d'explorer et elle se lamentera en répétant qu'il « touche à tout ». Vous, vous n'aurez à subir son instinct d'explorateur qu'à petites doses. Et si vous vous résignez à ne pas faire autre chose en vous occupant de lui, vous verrez que c'est un âge délicieux.

Après avoir acquis confiance ou méfiance à propos de ce qui l'entoure, votre enfant va maintenant apprendre à avoir confiance en lui ou à douter de lui. Et il a besoin de votre aide pour cela.

S'il est libre d'explorer, il pourra acquérir cette confiance en lui. Il apprendra à faire marcher ses muscles longs et courts ; à marcher, courir, grimper, sauter, à jouer avec des voitures et des camions, avec des poupées et des animaux en peluche, à jouer avec le sable, la terre et l'eau, à jouer et à avoir des rapports sociaux avec vous et sa mère, à babiller, à utiliser de nouveaux sons, à jouer avec des livres et à vous les faire lire.

Si vous l'encouragez dans ce sens, alors il sera confiant en lui-même. Ce sentiment ajoutera une lentille à l'optique de son concept de soi. Il pensera : « Je suis quelqu'un. Je peux essayer de faire ce que je n'avais jamais tenté. C'est bien amusant et papa et maman m'approuvent. »

Malheureusement, il n'en est pas ainsi dans bien des foyers. Ce sont ceux où les parents n'adaptent pas leur environnement d'adultes à l'enfant. Ils laissent des objets de valeur à sa portée et s'attendent à ce qu'il n'y touche pas. Ils lui donnent une tape sur la main et disent « non » chaque fois qu'il prend un objet d'adulte, inconscients de saper sa confiance en lui. Ils font naître le doute et en même temps ils tarissent sa curiosité, moteur principal de sa découverte du monde.

Ainsi traité, votre « jeune marcheur » va penser : « Je suis méchant. Ça n'est pas gentil de vouloir essayer de découvrir ce qu'il y a de nouveau dans le monde qui m'entoure. J'ai envie de toucher les choses et de les manipuler, mais maman et papa disent : “ Non, ne touche pas ” chaque fois que j'essaie. Je pense que mes désirs sont mauvais et que je dois être bien méchant de les éprouver. »

J'espère que vous avez choisi d'adapter votre maison ou votre jardin à votre enfant, plutôt que de l'obliger à s'adapter à un environnement complètement adulte. Il faut qu'il puisse explorer votre maison ou votre jardin librement sans courir le risque de se blesser ou de casser un objet de valeur. Retirez donc tout les objets qui peuvent se casser ou rangez-les hors de portée. Vous pourrez les remettre à leur place (progressivement) quand votre enfant sera plus grand et que sa maturité lui permettra de mieux contrôler ses élans.

Il lui faut donc une maison où il ne puisse rien casser mais aussi sans danger pour lui. Les experts de la sécurité estiment que 50 à 90 pour cent de tous les accidents graves ou mortels chez les jeunes enfants pourraient être évités si les parents prenaient toutes les précautions nécessaires.

Trois pages entières sont consacrées à la manière de rendre une maison sûre et accessible aux enfants dans mon précédent livre *Tout se joue avant six ans* *. Je vous suggère de vous y reporter et de les relire attentivement.

Les Anglais appellent le jeune marcheur « bébé qui court partout » (« *runabout baby* »). Le terme est assez juste car s'il est capable de courir partout, il demeure avant tout un bébé dans ses jugements et sa discrimination. Il faut donc le surveiller d'un œil vigilant. Par exemple, ne l'emmenez pas dans le garage où vous rangez vos outils pour commencer un travail qui vous absorbe au point d'en oublier ce qu'il est en train de faire ; dans ce cas il est peut-être déjà en train de mettre en route la perceuse ou la scie circulaire.

Mais supposons que vous ayez rendu votre maison inoffensive, entièrement accessible. Vous avez en particulier retiré les beaux objets fragiles appartenant au monde des adultes. Il vous faut maintenant aller encore plus loin et introduire chez vous d'autres objets, des jouets, des jeux, qui stimuleront le développement de votre jeune marcheur et contribueront à bâtir sa confiance en soi.

Vous trouverez à l'appendice A une liste des jouets recommandés pour cet âge, liste que je vous conseille de lire avec soin. Votre enfant possède une énergie physique considérable. Pour la dépenser et aussi pour développer ses petits muscles et ses grands muscles, il lui faut des jouets et des jeux. Il a aussi besoin que vous jouiez avec lui ou que vous soyez auprès de lui lorsqu'il joue dans le bac à sable, grimpe à l'échelle du parc ou dévale le toboggan.

---

* Ed. Robert Laffont, p. 87 et suiv.

Il sera enchanté si vous l'emmenez au square ou au parc jouer et grimper sur les agrès réservés aux petits. J'ai sans doute l'air de penser que vous n'avez rien d'autre à faire que de jouer avec votre enfant. Mais, pour parler de manière plus réaliste, c'est seulement si vous le faites qu'il pourra vraiment s'amuser.

Il est un point sur lequel votre rôle de père est indispensable. D'habitude les mères ont tendance à protéger leur enfant qui court, qui joue et qui grimpe. Et c'est bien ainsi. Mais certaines d'entre elles ont tendance à être trop protectrices, ce qui est moins souhaitable. Par exemple, beaucoup de mamans interdisent à leur jeune marcheur de grimper sur les bancs des jardins ou sur certains agrès des parcs de jeux.

Je me rappelle que mon fils aîné, à 11 mois, grimpa tout en haut d'un escabeau à six marches. Ma femme (qui d'ordinaire n'est pas trop protectrice) restait auprès de l'escabeau, folle d'inquiétude. Je lui dis : « Ne t'inquiète pas, il va très bien se débrouiller, et je suis là pour le rattraper s'il tombe. »

Aussi parfaite que soit une mère, elle n'a jamais été petit garçon et dans bien des cas seul un homme peut comprendre le tempérament agressif et aventureux d'un petit mâle.

Voilà une des raisons parmi tant d'autres pour lesquelles un enfant a besoin à la fois de son père et de sa mère pour parvenir à l'âge adulte. En général, les pères ont tendance à être moins conscients des accidents qui peuvent arriver aux jeunes enfants. Et les mères, beaucoup plus sur leurs gardes en ce domaine, ont tendance à se montrer trop protectrices. Un enfant, en particulier un garçon, élevé par une mère trop protectrice et par un père trop absorbé dans son travail pour s'occuper de lui, va perdre de ce fait beaucoup de sa confiance en soi.

Cette confiance en soi, votre jeune marcheur a besoin d'activités physiques vigoureuses pour l'acquérir, mais aussi de jeux plus intellectuels.

Les livres doivent dès maintenant entrer dans ses jeux. Pour un enfant de cet âge, un livre n'apparaît pas comme une histoire suivie avec un début et une fin. C'est avant tout une chose qui comporte des images d'objets et de personnes, avec des mots indiquant ce qu'ils sont. Un livre est la version imprimée du jeu d'étiquetage de l'environnement que vous jouez déjà avec lui. Dès lors, vous comprenez que pour un tout petit un catalogue de jouets, de timbres, un catalogue de vente par correspondance ou un magazine illustré sont tous des « livres » qui vous permettent de montrer l'objet ou la personne tout en prononçant son nom à haute voix. Vous pouvez déjà feuilleter ensemble un dictionnaire en images comme *Le livre des mots en images* (Les Deux Coqs d'or) ou *Images et mots* (Larousse).

Quelques poèmes bien choisis et lus à haute voix stimuleront le développement du langage et le prépareront à apprécier plus tard la poésie. C'est aussi le bon moment pour instaurer un « rite » du coucher comprenant encore, dans la grande majorité des cas, la lecture d'une histoire. Puisque la mère reste toute la journée au contact de l'enfant, il est souhaitable que le père lise une histoire quand il se couche.

Les parents aimeraient bien que leurs enfants éprouvent un besoin inné et naturel d'aller se coucher à l'heure appropriée. Malheureusement, il n'en est rien. Cependant l'opération devient plus facile si l'enfant sait qu'il peut compter pour cela sur un rite plaisant. Sinon, il a l'impression d'être relégué dans une pièce obscure pendant que le reste de la famille passe une soirée agréable.

Faites commencer le cérémonial environ une demi-heure avant l'heure du coucher en faisant prendre un bain à l'enfant. En plus de la propreté, il y trouvera l'occasion de se détendre en jouant dans l'eau avec ses bateaux et autres jouets pour le bain.

Ensuite, papa lira une ou deux histoires, puis le bordera dans son lit et l'embrassera pour lui souhaiter une bonne nuit. (A ce moment sa mère viendra elle aussi participer au rite.) Cette habitude prise entre 1 et 2 ans, peut se prolonger jusqu'à 7 ou 8 ans. Cet instant privilégié crée entre vous et votre enfant des rapports chaleureux et intimes qui seront pour lui d'une importance capitale. N'allez pas conclure de tout cela que lorsqu'un enfant sait lire il a « passé l'âge » qu'on lui fasse la lecture. Absolument pas, car le fait que vous lui fassiez la lecture n'est pas un simple jeu intellectuel ; c'est une source de soutien et de réconfort affectif. Il vous dira lui-même s'il n'en a plus envie. Mais n'y comptez pas trop avant 9 ou 10 ans.

Avec les années le moment de lecture avec papa pourra devenir le moment de la conversation et des propos intimes sur divers sujets. Soyez donc attentif et disponible si vous sentez qu'une question le préoccupe.

Si vous avez plusieurs enfants, n'essayez pas de leur faire la lecture en commun. D'habitude, cela se termine assez mal. Arrangez-vous pour le faire séparément. Car au fond de lui-même, tout enfant rêve de ne pas avoir de frères ni de sœurs pour ne pas avoir à partager maman et papa. C'est pour cela qu'il apprécie qu'on lui fasse la lecture pour lui tout seul.

La lecture est une façon de jouer à « étiqueter l'environnement ». Vous pouvez le faire n'importe quand, n'importe où. Montrez des objets et des gens et nommez-les. Cela aidera puissamment à développer le langage de votre enfant.

Voilà donc les deux aspects essentiels de ce travail : développement du langage passif (c'est-à-dire la compréhension des mots) et langage actif (c'est-à-dire l'expression). La phase passive dominera à cet âge. Mais bientôt l'enfant commencera à s'exprimer par des phrases d'un seul mot. A 18 mois, il peut avoir un vocabulaire de 3 ou 4 mots ou de 100 mots. Sa richesse et son étendue dépendront beaucoup de la façon dont vous aurez joué et parlé avec lui pendant ces premières années.

Discipline

Quand votre enfant était tout bébé, vous n'aviez pas à vous occuper de discipline. Maintenant qu'il marche, le problème surgit inévitablement.

Dissipons tout de suite un malentendu fondamental au sujet de la discipline. Nombre de gens confondent ces mots « discipline » et « punition ». C'est une grave erreur. La punition est un acte négatif que nous faisons subir à notre enfant comme résultat d'une de ses actions. Cela peut aller de la gronderie à la fessée. C'est une méthode très inefficace, comme je le démontrerai au chapitre 5. Assez curieusement, en effet, la punition a pour effet d'enseigner à l'enfant une conduite complètement opposée à celle que nous souhaitons. Beaucoup de parents ont recours à la punition, tout simplement parce que personne ne leur a jamais enseigné d'autres moyens.

La discipline devrait être pensée en tant que moyen « d'apprendre ». Elle vient du mot « disciple ». Lorsque nous « disciplinons » un enfant, nous essayons d'en faire notre « disciple » à nous, parents.

Tous les parents essayent d'enseigner à leurs enfants un type de comportement souhaitable et d'éviter le contraire. Il s'agit donc d'enseigner, pour les parents et d'apprendre, pour l'enfant.

Des études psychologiques nous apprennent quelles méthodes réussissent ou échouent.

Si vous observez des parents à la tâche, vous vous apercevez que ces méthodes sont très limitées.

Elles consistent essentiellement à dire à l'enfant ce qu'il doit ou ne doit pas faire puis à lui donner une fessée s'il n'obéit pas. J'observais récemment une famille dans la salle d'attente d'un aéroport. L'enfant avait 18 mois environ. Le père disait : « Ne grimpe pas sur cette chaise ! Tu veux une fessée ? » Cela dit, il semblait que le père eût épuisé son répertoire.

Examinons de plus près quelles méthodes sont valables avec des enfants de cet âge (et des enfants plus âgés également).

Tout d'abord, le « contrôle de l'environnement ». Si le monde de votre enfant est adapté à ses besoins, vous n'aurez pas à le submerger d'interdits. Quand votre petit se trouve sur un terrain de jeux, vous n'avez pas besoin de lui défendre quoi que ce soit, parce que l'environnement est adapté à ses besoins. Pourquoi ne pas en faire autant pour votre maison et votre jardin ? Vous supprimerez alors les causes de nombreux problèmes de discipline. Vous aurez utilisé ce que j'appelle le « contrôle de l'environnement ».

Vous ne pouvez, bien sûr, supprimer tous les interdits. Il y a le feu, les fours brûlants, les poêles. Que vos défenses ne soient pas vagues ou générales : votre enfant ne saurait pas ce que vous voulez qu'il évite. Dites : « Non, le feu brûle » ou : « Ne touche pas le couteau, il coupe. »

La seconde méthode consiste à distraire l'enfant. Là, nous pouvons nous appuyer sur un des caractères propres à cet âge. Un enfant qui commence à marcher possède une faculté d'attention assez courte et on peut le distraire aisément. Vous jouez le rôle d'un magicien : « Regarde ici ! Viens voir la jolie chose que j'ai à te montrer ! (Et quitte cette prise où tu voulais enfiler ton doigt !) »

La troisième méthode consiste à encourager et récompenser. Les spécialistes en psychologie animale ont fait des milliers d'expériences qui nous éclairent dans ce domaine. Prenons l'exemple du dauphin qu'on veut faire sauter à travers un cerceau de flammes. On ne lui dira pas de sauter, on ne le frappera pas s'il ne reçoit pas le message. On aura uniquement recours à l'encouragement.

LE PÈRE ET SON ENFANT

Nous savons que les animaux et les êtres humains dont la conduite est encouragée ou récompensée ont tendance à recommencer. Une fois que vous aurez admis ce principe essentiel, vous pourrez faire faire ou éviter par votre enfant ce que vous voudrez.

Revenons à l'exemple du dauphin et du cerceau. Le dauphin nage dans le bassin. Il y a un cerceau dans l'eau. Quand il nage dans l'autre direction, rien ne se produit. Mais quand il nage à travers le cerceau, il est récompensé ou encouragé par un poisson. Bien vite, dès qu'on mettra le cerceau dans l'eau, le dauphin passera à travers pour gagner sa récompense : le poisson. Quand ce comportement sera bien assimilé, on lèvera le cerveau hors de l'eau. Maïs alors il n'aura pas de poisson. Tôt ou tard, il va sauter à travers le cerceau et on le récompensera alors par un poisson. Cette étape franchie, on enflammera le cerceau. Le dauphin ne sautera peut-être pas tout de suite maïs il finira par le faire et il aura sa récompense.

On avait pour but de forcer le dauphin à agir d'une certaine façon. On le lui a appris non pas par des menaces, ni des gronderies ou des coups, mais en encourageant chaque étape vers le but souhaité.

Les enfants sont, à cet égard, très semblables. C'est la nourriture qui encourage le dauphin. Elle peut aussi encourager l'enfant, mais les compliments et l'affection sont un encouragement bien meilleur et qui fait moins grossir.

L'erreur est précisément que les parents prêtent peu d'attention à leur enfant quand il agit bien. Il ne nous ennuie pas, nous avons donc tendance à l'ignorer. Mais s'il agit mal, il attire notre attention immédiatement. Les parents ne comprennent pas qu'un intérêt négatif vaut mieux pour un enfant que pas d'intérêt du tout. Et de cette façon les parents, inconsciemment, encouragent un comportement qu'ils ne souhaitent pas.

Prenons l'exemple du père qui emmène son petit garçon de

4 ans dans un magasin de quincaillerie. Le petit garçon est ravi. Voilà que le père rencontre un ami dans le magasin et commence une longue conversation. Le petit garçon demande gentiment à son père de lui acheter un marteau et une scie. Le père, absorbé, ne prête pas attention. Le petit garçon renouvelle sa demande un peu plus fort. Le père répond : « Attends un peu », en le repoussant. Le petit garçon trépigne, se suspend au pantalon de son père, et se met à pleurer. « Je veux un marteau et une scie. Il me faut un marteau et une scie. » Son père fait enfin attention à lui et il est bien sûr complètement inconscient d'avoir encouragé son fils à pleurer et à trépigner pour demander ce qu'il veut.

Que faire ? Prenez le temps d'encourager la bonne conduite au lieu de l'ignorer. Récompensez votre enfant par des compliments et des câlins quand vous jugez qu'il se conduit bien.

Ces trois méthodes de discipline devraient suffire pour un enfant de cet âge. Malheureusement, beaucoup de parents ont souvent recours à une seule méthode : la fessée. Je dis « malheureusement » car les parents, sauf dans des cas extrêmes, ne devraient pas en avoir besoin.

Si votre enfant s'entête à traverser la rue en courant, par exemple, vous n'avez peut-être pas d'autre choix que de lui donner une tape sur les fesses. Mais ayez recours aux méthodes citées plus haut de préférence.

Réservez la fessée à plus tard. Ce devrait être un dernier recours, car chaque fois que vous frappez votre enfant vous lui apprenez à vous détester et à vous craindre. Dans la mesure où les sentiments négatifs détruisent les liens positifs, il est peu sage de les enseigner plus qu'il n'est nécessaire.

Si vous voyez que vous perdez patience si souvent que vous donnez de fréquentes fessées à votre enfant, vous avez besoin de l'aide d'un professionnel pour vous aider à résoudre vos propres probèmes affectifs.

La sexualité

Je vais aborder maintenant un sujet qui sensibilise beaucoup de parents : le sexe.

« Comment ? me direz-vous, un enfant de cet âge n'est certainement pas préoccupé par ces questions. » Vous avez raison. Un enfant de cet âge n'y songe généralement pas. Il ne fait aucune différence entre ses organes sexuels, ses orteils ou ses oreilles. La triste vérité est que beaucoup de parents apprennent à leur enfant à penser négativement à leur sexe en le leur faisant considérer comme quelque chose de « sale » et différent des autres organes. Comment éviter cela ?

Apprenez d'abord à votre petit à nommer ses organes sexuels et d'élimination de la même façon que vous lui apprenez à nommer les autres parties de son corps. Apprenez-lui à dire « pénis », « rectum » et « vagin », comme vous lui apprenez à dire « l'épaule », le « pouce » et le « coude ». Sinon, il sentira qu'ils ont quelque chose de « mal », de « tabou » et donc de « fascinant ».

Deuxièmement, quand le bébé prend son bain et qu'il joue avec ses oreilles ou ses pieds, nous ne faisons aucun commentaire. S'il découvre son pénis et qu'il joue avec, vous devez faire exactement la même chose : l'ignorer. C'est seulement si nous réagissons comme s'il s'agissait d'une mauvaise action que nous lui apprenons à avoir un intérêt morbide. Nous lui apprenons à associer ses organes sexuels à la honte et à la culpabilité. Nos petits n'auront de problèmes sexuels que si nous leur en créons.

Reprenons, si vous le voulez bien, les caractéristiques de cette période.

C'est l'âge de l'exploration. Votre enfant, infatigable, explorera le monde qui l'entoure, ce qu'il peut faire avec son corps. Il explore les sons, les mots et les schémas du langage. Il explore les livres qu'il se fait lire par ses parents, en jouant avec les rythmes et les sons et en écoutant de la musique.

Si on le laisse libre, il deviendra sûr de lui et cette confiance sera une seconde *lentille de son concept de soi.* S'il se heurte à des défenses ou à des fessées, il doutera de lui, ce qui ruinera plus tard son esprit d'initiative.

Vous pouvez l'aider et aider votre femme. Pour elle, il y a un choix à faire : ou sa maison sera impeccable et votre bébé hésitant, ou sa maison sera périodiquement un champ de bataille et votre enfant sera sûr de lui.

Vous pouvez l'aider en acceptant que son ménage ne soit pas parfait. Si vous donnez à votre enfant le droit d'explorer, cela veut dire que vous donnez à votre femme le droit d'avoir une maison moins bien tenue.

4

LA PREMIÈRE ADOLESCENCE — DE 2 À 3 ANS

L'âge des premiers pas est délicieux. Un père veut vraiment prendre plaisir à jouer avec un bébé de cet âge. L'étape suivante est loin d'être aussi idyllique. S'il ne comprend pas vraiment les problèmes qui se posent alors et leur pourquoi, un père aura de quoi être exaspéré par le comportement de son enfant.

J'appelle ce stade « la première adolescence ». On y trouve de nombreuses similitudes avec la vraie adolescence (celle que j'appelle « la seconde adolescence »). Quelques mots sur cette « seconde adolescence » pourront peut-être éclairer les pères sur la « première ».

L'adolescence est une période transitoire entre l'enfance et l'âge adulte. Avant de devenir adolescent, l'enfant a établi un équilibre psychologique assez satisfaisant vis-à-vis de lui-même et on peut avoir des rapports assez agréables avec lui. Mais pour devenir adulte, il lui faut briser cet équilibre et ces normes de comportement qui lui convenaient si bien quand il était enfant. Nous avons alors affaire à un individu complètement différent : l'adolescent. Il est rebelle, négativiste, de contact difficile. Il ne sait pas ce qu'il veut mais sait très nettement ce qu'il ne veut pas et refuse précisément tout ce que nous lui demandons de faire. Il manifeste seulement le désir de contrecarrer nos vœux et nos désirs de parents.

L'adolescent recherche le sens de sa propre identité positive. Mais ce premier pas vers cette identité de soi positive et le sens du moi est une identité négative, la négation des désirs de ses parents. Ces années d'adolescence correspondent à une période transitoire, agitée de grands remous, d'efforts et d'élans affectifs.

Le père qui est inconscient du caractère transitoire de cet âge et du fait que *l'identité de soi négative doit précéder une identité positive*, connaîtra une période difficile. Il ne pourra comprendre que la rupture de l'équilibre des schémas du comportement de l'enfance est une étape positive dans la formation de l'adolescent. Il pensera que son enfant tourne mal et qu'il ferait mieux de le réprimer sévèrement. Ce qui ne ferait bien sûr qu'aggraver la situation.

Le père d'un enfant de 2 ans doit également comprendre que l'année entre 2 et 3 ans est une période transitoire très proche de l'adolescence. « La première adolescence » est le passage de l'âge de bébé (le jeune marcheur, vous vous le rappelez, est un « bébé qui court partout ») à celui d'enfant. Le premier adolescent est aussi rebelle et négatif que le second. Son mot préféré est « non ». Il sait même rarement ce qu'il veut. Si vous lui offrez du lait, il veut un jus de fruit et inversement. C'est monsieur Oui et Non. Il peut être absolument odieux. En tant que père, réjouissez-vous de ne pas avoir, comme votre femme, à le supporter toute la journée. Elle aura besoin d'un peu de compréhension et de réconfort de votre part quand elle aura fini de le surveiller pendant huit ou neuf heures épuisantes.

Il faut absolument vous rendre compte que la rupture de son charmant équilibre enfantin et le commencement de cette phase négative de la première adolescence constituent un pas décisif dans son développement psychologique. Tout serait beaucoup plus facile pour les parents si le développement des enfants s'effectuait en douceur et régulièrement avec le temps. Malheureusement il n'en est rien. En général, les périodes d'équilibre psychologique sont suivies de périodes de déséquilibre, particulièrement au cours des premières années.

De toute évidence, ce que j'appelle la première adolescence (en gros du second au troisième anniversaire) est une période de déséquilibre. Puis, entre 3 et 4 ans, survient une période d'équilibre, suivie de 4 à 5 ans par une autre période de déséquilibre. Il suffit pour le retenir de se rappeler que les âges indiqués par des nombres impairs (3 ans et 5 ans) sont des années d'équilibre et que les nombres pairs (2 et 4) marquent au contraire des périodes de déséquilibre. Sachez que ces distinctions ne sont qu'approximatives et ne s'appliqueront pas exactement à votre enfant. Mais quand votre jeune marcheur vers 2 ans (ou un peu plus tôt s'il est précoce) se mettra tout à coup à dire non et à vous tenir tête, vous vous rendez compte qu'il entre dans la phase de la première adolescence.

Qu'apprendra-t-il à ce stade ?

Quelle lentille va-t-il ajouter au système optique de son concept de soi ? Essentiellement l'identité de soi par opposition au conformisme du groupe social. (Remarquons que c'est exactement, sous une forme plus puérile, le même palier d'évolution qu'il franchira de nouveau entre 13 et 19 ans.)

Ce que votre enfant doit apprendre à accomplir pendant cette période, c'est d'acquérir une conscience solide de soi et de sa personnalité. Mais il doit en même temps apprendre à se conformer à ce que la société (c'est-à-dire ses parents) attend de lui.

Vous risquez de commettre deux sortes d'erreurs.

D'abord, vous pouvez exiger de lui beaucoup trop de contrôle de soi et un conformisme beaucoup trop strict. Selon les réactions de votre enfant à des exigences excessives, il sera soit passif et timide ou bien il résistera farouchement et toute cette période ne sera qu'une lutte pénible et incessante.

Mais vous pouvez aussi hésiter à diriger votre enfant comme il le faudrait. Vous cédez chaque fois qu'il réclame quelque chose ; quand il refuse d'obéir aux règles raisonnables que vous avez établies, vous changez ces règles afin qu'elles lui conviennent. Il s'avère bientôt que c'est votre enfant qui dirige la famille et non pas vous. Ce genre d'enfant n'assimile aucune vraie leçon de conformisme durant cette période. Il connaîtra des moments difficiles plus tard à l'école quand il comprendra que le maître et ses camarades attendent de lui qu'il se plie à un certain nombre des règles.

Il n'est certes pas facile à un père de savoir quelles règles imposer et comment les faire respecter par un enfant de cet âge. Notre premier adolescent oscille d'un extrême à l'autre. Il clamera la plupart du temps : « Je veux faire ça tout seul ! » puis à d'autres moments, il exigera que vous le lui fassiez. Il hésite entre son désir d'indépendance et son désir de s'accrocher à sa dépendance de bébé.

Le meilleur conseil que je puisse vous donner est sans doute de rester assez souple dans vos principes et dans les limites que vous fixez. C'est une erreur d'être trop strict sur la manière de s'habiller, l'heure du bain, etc. Les règles fixes sont inapplicables à cet âge si plein de sentiments et d'élans contradictoires.

Lorsque mon fils Randy avait cet âge, sa sœur aînée lui demanda s'il voulait venir, après une séance de marionnettes, goûter avec ses camarades de classe. Il commença par refuser, puis il dit : « Attendez un peu, j'y vais. » Au moment de monter dans la voiture qui allait les emmener, il se retourna et dit : « Non, je ne veux pas y aller. » La maîtresse et les autres enfants allaient partir lorsqu'il s'écria : « Attendez-moi, j'y vais ! » On rouvrit la porte de la voiture. Il hésita un instant, puis dit : « Non, je n'y vais pas. » C'est à ce moment que j'intervins en disant : « C'est fini maintenant, Randy, je sais que tu as envie d'aller à ce goûter et que tu seras ennuyé s'ils partent sans toi. Monte dans la voiture, tu y vas. » Malgré ses cris, je le mis de force dans la voiture et il partit avec les autres.

Cet incident est typique de ce stade de développement, et les parents avisés sauront se montrer souples, mais qu'on me comprenne bien. Il est indispensable que les parents aient des principes et des limites précises qui peuvent s'appliquer dès l'âge de 3 ans et rester valables ensuite. Mais à ce stade de développement sachez atténuer ces règles strictes par une forte dose de souplesse.

La discipline pendant la première adolescence

Quelques-uns des principes de discipline que nous avons exposés dans le dernier chapitre continuent d'être valables et le resteront tout au long de l'enfance. Le principe de distraction sous une forme plus évoluée peut encore être mis en pratique de temps en temps, mais l'enfant n'est plus aussi facilement distrait que pendant la période précédente, et après la première adolescence ce principe n'est plus guère valable.

Mais il en est un nouveau qu'il faut commencer à appliquer et qui consiste à faire la distinction entre les sentiments de votre enfant et ses actes.

Par actes j'entends le comportement extérieur tel que traverser la rue en courant, frapper un autre enfant, prendre ou partager un jouet.

Par sentiments, j'entends les émotions internes telles que la peur ou la colère, l'amour ou l'intérêt passionné.

Pourquoi est-il donc si important pour vous en tant que père, de faire cette distinction entre sentiments et actes ? Parce qu'un enfant peut apprendre à contrôler ses actes, mais *ne peut absolument pas contrôler ses sentiments.* Comme les pensées, les sentiments se présentent spontanément à son esprit ; il ne peut ni les changer ni les chasser à volonté.

Cette distinction entre les sentiments et les actes est un principe qui demeure essentiel jusqu'au seuil de l'âge adulte.

Prenons par exemple la colère. Un enfant ne peut s'empêcher d'être en colère, il est incapable de contrôler ce sentiment. Ce qu'il peut apprendre à contrôler, ce sont les actes qui expriment cette colère d'une manière asociale comme le fait de frapper un autre enfant ou de lui lancer du sable.

En tant que père, votre premier devoir est de l'aider à fixer des limites raisonnables à ses actes.

Mais quelles sont-elles pour un enfant de 2 ans ? Vous trouverez sûrement des conseils précieux dans les chapitres qui s'y rapportent dans *Tout se joue avant six ans* et *Le bébé et l'enfant dans la culture contemporaine* de Gesell et Ilg. Ils vous apprendront ce qu'un enfant de cet âge *peut* et *ne peut pas* faire.

Malheureusement nous apprenons souvent tout cela à nos dépens en élevant notre premier enfant. Sans expérience préalable, nous attendons de lui une maturité dont il n'est pas capable. Généralement, nous voudrions qu'il se donne des limites et qu'il obéisse comme un enfant de 4 ans. C'est seulement lorsqu'il aura dépassé le stade de la « première adolescence » que nous saurons ce qu'on peut raisonnablement attendre de cet âge. Ce qui nous servira pour notre second enfant.

Commencez par admettre qu'en fait vous attendez de votre petit de 2 ans la maturité d'un enfant de 4 ans. Essayez donc de calmer vos exigences. Vous pouvez aussi vous demander quel minimum de règles et d'interdits vous devez lui imposer.

Il n'y a pas de liste spécifique. Chaque famille a un style de vie différent et une personnalité propre. Certains sont assez indulgents et n'imposent qu'un nombre limité de règles ; d'autres sont plus stricts. Ceux-ci éprouveraient un grand malaise si leurs enfants faisaient ce que d'autres leur laissent faire.

Personnellement, je ne crois pas que ces règles importent beaucoup, pourvu qu'elles soient raisonnables et cohérentes et que vous puissiez les justifier. Si votre femme et vous êtes d'accord sur ces limites, cela vous sera d'une grande aide, et si vous arrivez à les faire respecter, vous aurez beaucoup de chance.

En gros, je crois que la plupart des parents sont assez raisonnables dans les limites qu'ils imposent aux actes de leurs enfants. Mais ils réussissent beaucoup moins quand il s'agit des sentiments.

Si vous voulez que vos enfants soient équilibrés psychologiquement, avec un concept de soi solide, il faut qu'ils puissent s'exprimer librement. Malheureusement, peu de parents le permettent.

Imaginons le cas d'un père qui emmène son fils jouer au parc. Quand il est temps de rentrer à la maison, l'enfant va dire : « Non, je ne veux pas rentrer. D'abord tu es méchant ! » Que va faire le père ? Très probablement, il réagira avec irritation et répondra : « Tu n'as pas honte de me parler de cette façon ! »

Pourquoi est-ce une erreur d'empêcher l'enfant d'exprimer ses sentiments négatifs de colère ? D'abord, rappelez-vous que pas plus que les adultes, le petit garçon ne peut contrôler sa hargne ; elle lui vient à l'esprit sans crier gare et elle existe, autorisée ou non. Mais c'est seulement lorsqu'un enfant peut exprimer sans crainte ses sentiments négatifs et s'en défouler qu'il peut aussi exprimer ses sentiments positifs. Sinon, il les refrénera de crainte de laisser voir ceux qui sont interdits. Les sentiments d'amour et d'affection ne pourront surgir tant que la colère et l'hostilité ne seront pas libérées.

Pourquoi donc empêcher nos enfants d'exprimer ces sentiments négatifs ? Cela vient probablement de ce que nous n'avions pas le droit de le faire quand nous étions enfants. Et c'est ainsi que nous leur transmettons ces mêmes inhibitions psychologiques.

Nous devons refréner les actions asociales (frapper, lancer du sable, voler, etc.) mais non ces sentiments asociaux. Si les parents ne commettent pas l'erreur de les en empêcher, les enfants s'exprimeront librement. S'ils leur apprennent à les refréner et à les ressentir en silence, ils risquent de connaître toutes sortes de problèmes.

Les sentiments refoulés sont à l'origine de graves troubles psychologiques. Les adultes qui ont ces problèmes, apprennent par la psychothérapie à les exprimer correctement. Un homme qui souffre d'un ulcère et qui apprend à se libérer de ce sentiment refoulé qui causait cet ulcère le voit généralement disparaître. Apprenez à vos enfants à s'exprimer quand ils sont jeunes et cela augmentera leurs chances d'être des adultes doués d'un bon équilibre mental.

Ils ont besoin non seulement de dire ce qu'ils pensent mais aussi de savoir que leurs parents les comprennent. Que pouvez-vous faire pour cela, en tant que père ?

Vous pouvez bien sûr dire : « Je sais ce que tu ressens. Je le sentais de la même façon à ton âge. » Mais c'est une méthode facile, superficielle et peu convaincante. Il y a une meilleure façon de faire savoir combien vous comprenez ce que votre enfant ressent. Un psychologue, le Dr. Carl Rogers découvrit, il y a de nombreuses années, ce qu'il appela technique de la réflexion affective, ou « feed-back ».

La technique du feed-back

Voici en quoi elle consiste. Vous prouvez à votre enfant que vous comprenez vraiment ce qu'il ressent en traduisant ses sentiments dans votre propre langage et en les lui réfléchissant comme avec un miroir. C'est très facile à cet âge, vous pouvez souvent utiliser exactement les mêmes mots que ceux qu'il utilise pour s'exprimer.

Ainsi, votre fils de 2 ans vient vous trouver en pleurant parce que son frère, de 4 ans, lui a jeté du sable à la figure. Vous pouvez réfléchir ses sentiments avec ses propres termes. Avec le ton indigné qui convient, vous direz : « Il t'a lancé du sable ! » Ou bien : « Tu es furieux parce que Tommy t'a envoyé du sable. » Ou : « Cela t'a mis en colère parce que Tommy t'a lancé du sable. » Vous traduisez ses sentiments dans votre langage à vous et vous les lui renvoyez. C'est ce que j'appelle la « technique du feed-back » parce que vous réintroduisez ses propres sentiments auprès de votre enfant. Vous lui montrez que vous comprenez ce qu'il ressent. Et cette technique est un facteur correctif en soi. Si vous ne le faites pas, il vous dira souvent : « Non, ce n'est pas ce que je ressens. »

Notez que la plupart des parents n'utilisent pas cette méthode. Ils essaient plutôt de discuter avec leur enfant pour lui faire abandonner ses sentiments négatifs.

Prenons l'exemple du garçon de 10 ans qui dit à son père : « Papa, j'ai peur de rater l'interrogation de maths de demain matin. » Invariablement, le père va répondre : « Ne t'en fais pas, je suis sûr que tu réussiras. » Ou bien : « Tu as réussi toutes tes interrogations cette année, je suis sûr que ce sera la même chose pour celle-ci. » Ou encore : « Pas d'idée noire à propos de cette interrogation, songes-y positivement. » Le père est plein de bonnes intentions, mais il n'aide absolument pas son fils à dominer sa crainte et ses soucis. Le petit garçon pensera intérieurement (mais ne le dira probablement pas) : « Inutile de parler de ça à papa, il ne me comprend vraiment pas. »

En utilisant la méthode du feed-back le père répondrait :

« Je vois bien que tu te fais beaucoup de souci pour cette interrogation. Explique-moi pourquoi. » Le garçon exposerait ses raisons, le père les traduirait dans son propre langage et les lui renverrait. Alors le garçon penserait que son père le comprend et, armé de cette certitude, il sentirait qu'il a un véritable allié et ceci réduirait ses craintes. Une fois son appréhension renvoyée, le père serait en mesure de le rassurer d'une façon positive et efficace.

J'appelle cette méthode « technique du feed-back », mais c'est plus qu'une technique ou un truc. C'est vraiment une attitude devant la vie. Tout cela peut d'abord vous sembler malaisé. Mais plus vous vous familiariserez avec cette façon de faire et plus vous comprendrez que c'est un comportement psychologique complet. En tant que père, vous apprenez à prêter sincèrement attention aux sentiments de vos enfants, à respecter leur droit à les éprouver et à les exprimer.

Cette technique est facile à comprendre mais plus difficile à mettre en pratique. Sans doute parce que nous n'avons pas été élevés de cette façon. Pas moi, en tout cas. Si nous n'avons pas été habitués à exprimer nos sentiments dans notre enfance, il nous sera sûrement difficile de laisser nos enfants le faire. Essayez de vaincre cet obstacle et entraînez-vous un peu. Une fois que vous verrez combien cela vous aide dans vos rapports avec vos enfants, vous y recourrez probablement de plus en plus.

Cette méthode n'est pas la garantie absolue de bons rapports parents-enfants. Je ne veux pas vous laisser croire que ce système est la panacée. Ce peut être un premier pas décisif mais pas la réponse finale.

Ainsi, lorsque votre enfant rentre en larmes de l'école parce qu'il n'a pas été invité au goûter d'anniversaire d'un camarade, vous pouvez, bien sûr, lui renvoyer ses sentiments de dépit et de colère. Vous pouvez aussi faire quelque chose pour adoucir la situation en lui proposant d'organiser un goûter avec lui le samedi suivant ou d'inviter des camarades. Autrement dit, non seulement vous aurez utilisé le feed-back mais vous aurez joué un rôle positif dans une situation qui le peinait. C'est pour votre enfant le double témoignage de l'intérêt que vous lui portez : vous l'avez écouté attentivement et vous avez agi pour adoucir son problème.

Bien entendu, la situation est différente si les sentiments négatifs de votre fils viennent de votre refus à un de ses désirs. Si vous lui refusez une seconde glace et qu'il pleure de rage, vous pouvez bien sûr réfléchir ses sentiments mais lui donner une autre glace serait lui apprendre qu'il peut vous manipuler et vous contraindre par ses pleurs à changer d'idée. Ce qui saperait les fondements essentiels de votre autorité de père.

Par contre, si votre enfant est timide, ou peureux, ou en colère devant une situation, vous devez l'aider à trouver une solution. Ainsi, s'il a peur de jouer avec d'autres enfants, laissez-lui exprimer sa timidité et réfléchissez-la en utilisant le feed-back. Mais en même temps, il faudra que vous établissiez un programme lent et savamment dosé d'invitation à un camarade. Vous pouvez valoriser cette visite par un goûter, comme je l'expliquerai au chapitre suivant.

S'il est furieux parce que les autres enfants refusent de jouer avec lui tant il est autoritaire ou brutal, faites-le-lui remarquer sans morale ni gronderie : « Peut-être bien qu'ils refusent de jouer avec toi parce que tu leur lances du sable quand ils ne veulent pas t'obéir et que tu les fais pleurer ? »

Nombre de parents commettent l'erreur d'essayer de résoudre les problèmes de leurs enfants de la façon que je viens d'indiquer avant de leur donner la possibilité d'exprimer leurs sentiments et de leur montrer aussi combien ils les comprennent.

Reprenons ici rapidement ce que nous venons de voir. Je vous ai dit qu'il était important que vous fassiez la distinction entre les sentiments et les actes. Je vous ai suggéré d'imposer des limites à ses actes mais de lui laisser toute liberté dans l'expression de ses sentiments. Je vous ai décrit la méthode du feed-back. Et je veux terminer par un exemple concret.

Il s'agit d'une situation à laquelle j'ai dû faire face plusieurs fois alors que mon fils aîné avait 2 ans ou 2 ans 1/2. Je l'emmenais au parc et il se délectait à jouer avec du sable.

Arrivait le moment de partir :

« Non, je ne veux pas partir. » (Comment aurais-je pu espérer le contraire ? Il s'amusait tant !)

Je réfléchissais ses sentiments : « Je sais bien que tu ne veux pas partir. Tu m'amuses si bien dans le sable !

— Je ne partirai pas !

— Tu t'amuses tant que tu ne veux pas t'en aller du tout ! »

Quelques minutes encore passées à renvoyer ses sentiments. Puis, je le prenais de force dans mes bras et le portais jusqu'à la voiture, malgré ses ruades et ses cris, tout en lui disant :

« Tu es furieux contre moi parce que tu veux rester jouer au parc et que je t'emmène ! »

Si j'avais laissé mon fils me forcer à rester plus longtemps au square, je lui aurais appris à refuser de se soumettre à des limites raisonnables. Je ne l'aurais pas aidé à se plier aux règles du conformisme social.

Mais si je ne lui avais pas permis de s'exprimer, j'aurais alors réprimé ses sentiments et détruit par là même le développement de son sentiment de soi. Au contraire, j'avais affirmé son droit à avoir des sentiments et à les exprimer.

Education de la propreté

C'est à ce stade qu'il faut apprendre à votre enfant à être propre (tout au moins dans notre civilisation). Votre femme sera sans doute plus concernée, mais vous allez jouer un rôle et vous devez en connaître les principes psychologiques essentiels. Vous devez considérer cet apprentissage comme celui d'une nouvelle habitude.

Malheureusement, beaucoup de parents la négligent. D'abord parce qu'ils ne comprennent pas que c'est une tâche complexe pour un enfant de 2 ans. J'ai consacré onze pages à ce problème dans mon livre précédent *Tout se joue avant six ans* en décrivant le processus à suivre pour apprendre à l'enfant à contrôler sa vessie et ses intestins. Je vous conseille de le consulter. Avant toute chose, retenez que vous ne devez jamais punir l'enfant. Vous devez le récompenser ou l'encourager quand il réussit et ignorer ses échecs. Câlinez-le, embrassez-le ou dites-lui qu'il est gentil ou que papa est content de lui.

Développement du langage

En décrivant la période des premiers pas, j'ai fait remarquer qu'il y avait deux phases dans l'apprentissage du langage : le langage passif (c'est-à-dire la compréhension) et le langage actif (la parole). Au moment des premiers pas, la phase passive prédomine et c'est dans la première adolescence que la phase active apparaît.

Pour le langage, le deuxième anniversaire est une transition importante. L'enfant s'exprime encore en phrases d'un seul mot mais il va assembler les mots en phrases de plus en plus complexes. Ce qu'il a enregistré dans son cerveau commence à apparaître dans le langage.

Réfléchissons un instant. L'apprentissage d'une langue est un exploit intellectuel extraordinaire pour un si jeune enfant. Dans le monde entier, des enfants de 2 ans apprennent à parler leur langue, que ce soit l'anglais, le japonais, le russe, l'espagnol ou le suédois. Nous ne pouvons douter des dons intellectuels du petit enfant si nous réfléchissons à l'effort que cela exige.

Cette nouvelle capacité de parler signifie beaucoup pour son développement intellectuel. Il peut maintenant conceptualiser le monde. Il peut raisonner. Il peut projeter un futur proche. Il peut imaginer. Il peut donner libre cours à sa fantaisie.

Au moment des premiers pas, votre tout-petit consacrait beaucoup de temps à des activités motrices telles que grimper et descendre les escaliers. Il va maintenant le passer à utiliser des mots.

Continuez à jouer à « étiqueter l'environnement ». Comme le dit le Dr. Gesell, il a « soif de mots ». Il participera donc à ce jeu avec enthousiasme.

Il introduira probablement dans ce jeu une nouvelle variante qu'on pourrait appeler le jeu des « questions et des réponses ».

Traïtez ces questions avec tout le respect qu'elles méritent car il cherche à découvrir le monde dans lequel il vit. Il va vous poser des questions à propos de tout et de rien. Plus il est intelligent, plus il vous en posera.

Malheureusement, beaucoup de parents sont agacés par ces questions. Et pourtant, votre enfant est comme un élève curieux dans une classe qu'on pourrait appeler « les merveilles et les mystères du monde ». Vous êtes un professeur admiré. Traitez votre petit et ses questions avec tout le respect qu'exige son intelligence en plein développement.

L'idéal serait de répondre à toutes ses questions. Vous l'aidez ainsi à cultiver son vocabulaire, renforcer ses facultés de raisonnement, sa maîtrise du langage, et son intelligence en général. Mais en réalité, aucun père normalement doué n'est prêt à répondre à toutes les questions d'un enfant de 2 ans. Faites de votre mieux mais n'hésitez pas à lui dire de temps en temps : « Plus de questions. Papa est fatigué. »

Les livres et la première adolescence

Je vous ai conseillé au chapitre précédent d'engager un rite du coucher en lisant des histoires à votre jeune trotteur. A ce moment-là, la « lecture » consistait essentiellement à désigner une seule image par un seul mot. C'est dans la première adolescence que vous pouvez lire de vraies histoires, avec un commencement, un milieu et une fin.

Votre enfant est littéralement fasciné par les mots et le jeu des mots. Il aimera encore les comptines pour le rythme et la répétition des mots. Il aime savoir d'avance la suite d'une histoire et la réciter avec vous pendant que vous lisez. Il aime tous les sons, surtout s'ils sont drôles ou inhabituels. Quand vous rencontrez un son dans un livre, accentuez-le et exagérez-le.

La lecture à cet âge doit se faire en coopération. Tenez le livre de façon qu'il puisse voir les illustrations. Aidez-le à en trouver les détails en lui posant des questions sur les différents personnages et objets.

A cet âge, un enfant a souvent ses livres préférés qu'il voudra que vous lui lisiez chaque jour. Il peut être très exigeant à cet égard. Il accepte parfois difficilement qu'on lui lise un nouveau livre.

Vous pouvez aussi vous aventurer à lui raconter des histoires. Si vous n'avez jamais eu cette expérience auparavant et que vous vous sentiez mal à l'aise... ne vous inquiétez pas. A cet âge, votre enfant adorera vos histoires même si vous les racontez mal.

Il aimera beaucoup celles d'un homme très semblable à vous et les aventures qui lui arrivent pendant son travail. Vous pouvez aussi inventer les histoires d'un petit garçon qui lui ressemble beaucoup.

Quand vous racontez une histoire, rythmez-la. Glissez-y des sons et des bruits amusants. Recourez à un truc d'orateur : élevez et baissez le ton d'une façon théâtrale. Laissez votre enfant continuer l'histoire en lui demandant de temps en temps : « Et tu sais ce qui va arriver maintenant ? » Ne craignez rien, il vous le dira. Vous pouvez alors glisser sa réponse dans l'histoire : « Très bien. Pierre a trouvé un petit chien dans la rue et l'a ramené chez lui. »

J'espère que vous trouverez beaucoup de joie dans cette expérience car cela jouera un rôle déterminant dans le développement du langage et créera des liens étroits entre vous deux.

Vous pouvez faire encore beaucoup d'autres choses avec votre « premier adolescent ». Mais j'hésite à les énumérer, tant les goûts des pères varient. Il est essentiel que vous soyez heureux quand vous jouez avec votre petit. Sinon, cela ne marchera pas ! Si vous avez envie de faire autre chose, l'enfant le sentira et le moment passé ensemble ne lui apportera rien.

Il y a beaucoup d'activités que les petits aiment avoir avec leur père : ils aiment peindre et colorier. Ils aiment jouer au sable. Ils aiment qu'on les emmène au parc, ils aiment nager et patauger, se promener en voiture, aller dans une quincaillerie avec vous, ce qui ne vous paraît pas extraordinaire mais qui est l'aventure pour lui. Il leur suffit de se promener lentement, en ramassant des cailloux ou en examinant les fourmis. Ils adorent pratiquement tous les animaux et visiter le zoo est toujours une fête.

Je pourrais encore vous suggérer beaucoup d'autres choses. A vous de les découvrir par l'expérience.

Laissez-moi terminer en vous disant que votre petit vous exaspérera. Certains éducateurs ont appelé cette période *les terribles deux ans*. Mais souvenez-vous toujours que le caractère négatif, rebelle et *irritant* de cet âge fait partie de l'élan qui permettra à votre enfant de réussir à bâtir sa propre identité.

Il est assez drôle de constater que les pères voudraient que leurs enfants deviennent des adultes forts et dynamiques, mais qu'ils refusent d'accepter ces mêmes qualités quand leur enfant a 2 ans 1/2. Comment reprocher à un « premier adolescent » d'être dynamique ? Que peut-il être d'autre dans ses exigences de satisfaction immédiate, son enthousiasme et son adhésion totale au monde qu'il explore, ses protestations très vives contre la contrainte et son amour sincère et sensuel de la vie ! C'est précisément cet élan dynamique qui est d'une grande valeur psychologique pour votre enfant, non seulement à cette période de sa vie mais plus tard aussi ; vous ne voulez certainement pas qu'il le perde.

En tant que père, le respect que vous lui porterez l'aidera à ajouter une nouvelle lentille au système optique de son concept de soi, celle d'une identité de soi saine et robuste.

5

LES PÈRES ET LA DISCIPLINE

J'aimerais arrêter un instant notre étude des différentes étapes du développement de l'enfant pour discuter de la discipline, problème qui intéresse tous les parents. Dans les deux derniers chapitres j'ai déjà abordé certains de ses aspects, mais je voudrais dans celui-ci établir les principes essentiels qui vous serviront jusqu'à l'adolescence.

L'opinion du père et de la mère diverge souvent dans ce domaine. La mère se plaint de la trop grande sévérité du père, le père reproche à la mère d'être trop permissive (ou inversement). L'incompréhension et les conflits qui en résultent viennent souvent de ce que ni l'un ni l'autre n'ont vraiment réfléchi à la question ni à la façon de réussir.

L'une des erreurs les plus courantes consiste à donner au mot discipline le sens de punition. Vous comprenez très aisément que c'est ainsi que l'entend le père qui vous dit : « L'ennui avec les enfants de nos jours c'est qu'ils n'ont jamais connu la discipline. » Bien au contraire, la punition ne devrait en être qu'un aspect mineur, un dernier recours quand tous les autres moyens ont échoué.

Qu'est-ce donc que la discipline ? Essentiellement, elle consiste à apprendre à un enfant à se comporter comme le souhaitent ses parents et à éviter ce qu'ils ne veulent pas lui voir faire. C'est donc un enseignement de la part des parents et un apprentissage pour l'enfant.

Puisqu'il s'agit d'un rapport enseignant-enseigné, nous savons déjà quelles sont les meilleures méthodes, cela grâce aux milliers d'expériences faites sur la psychologie de l'apprentissage chez l'enfant. Nous savons quelles méthodes réussissent et lesquelles échouent. Tous les parents devraient avoir des connaissances dans ce domaine, malheureusement très peu les possèdent.

La plupart sont dans la situation du jeune maître débutant qui essaye pour la première fois d'apprendre à lire à des élèves. Imaginez qu'il n'ait pas reçu une seule heure de formation pédagogique. C'est de ces notions élémentaires que je voudrais vous parler. Dans le domaine de la discipline, vous agissez essentiellement comme un maître. Il faut que vous appreniez quelles méthodes vous permettront d'être efficace.

Tout d'abord, définissez clairement le but de la discipline. Il ne s'agit pas que l'enfant « obéisse » immédiatement. Ce serait un point de vue mesquin et trompeur. Il faudrait dans ce cas qu'il y ait toujours quelqu'un auprès de l'enfant pour lui dire ce qu'il doit ou ne doit pas faire et exiger qu'il obéisse.

Un père doit au contraire concevoir une discipline à long terme. Il commence avec un nouveau-né qui est essentiellement « un petit sauvage adorable » qui fait uniquement ce qu'il veut et qui ignore ce qu'est un comportement social ou asocial. C'est ce bébé que le père et la mère doivent guider jusqu'à l'adolescence. Ils lui apprendront patiemment à se bien comporter, jusqu'à ce que leur but soit atteint. Ce but final, pour l'enfant devenu adulte, c'est d'être capable *d'autodiscipline* : de posséder en soi la motivation nécessaire pour se comporter en être social. Quelles méthodes pourront nous permettre d'atteindre de but ?

Premièrement, il faut que le père (et aussi la mère) soit parfaitement au courant des différentes étapes du développement de la naissance à l'âge adulte. Il faut qu'il sache ce qu'un enfant est capable ou au contraire incapable d'apprendre à chaque étape de sa croissance et le comportement « type » de chaque âge. Et je crois pouvoir affirmer que 99 pour cent des parents l'ignorent. Et en somme, comment pourrait-il en être autrement ? Puisque nos écoles ne nous apprennent pas grand-chose sur les enfants. Je pense que les pères comme les mères souffrent au départ de la même ignorance à ce sujet. Si les mères sont ensuite mieux informées, c'est uniquement parce qu'elles vivent davantage au contact des enfants. Elles apprennent au cours d'essais et d'erreurs successifs. Les pères qui vivent bien moins au contact des enfants ont des vues moins réalistes sur ce qu'on peut normalement en attendre.

J'insiste sur ce point car presque tous les problèmes de discipline qui se posent à un père viennent du fait qu'inconsciemment il attend beaucoup trop de perfection de la part de son enfant. Par exemple, qu'il ait à 4 ans le comportement normal d'un enfant de 7 ans.

Supposons, par exemple, qu'un père rapporte à la maison un petit singe et qu'il le laisse se promener librement dans la salle de séjour. Si ce père s'attend à voir le singe s'asseoir tranquillement dans un fauteuil, sans se balancer au lustre ni rien casser, il sera bien vite déçu et de plus en plus furieux de voir le singe lui désobéir. Or un singe normalement constitué ne peut pas rester assis tranquillement.

Invraisemblable, direz-vous. Aucun père ne saurait être assez fou pour attendre d'un singe un comportement à ce point « civilisé ». Et pourtant, tous les jours, des millions de pères ont une attitude aussi peu réaliste que celle-là à l'égard de leurs enfants.

Un enfant normal est inconséquent et ne tient pas compte des autres. Il pense d'abord à lui et à ce qu'il désire. Son comportement est souvent irritant et désagréable pour les adultes. Il est mauvais joueur, se met en colère et pleure facilement. Il ne pense pas à éteindre les lumières ou le poste de télévision en quittant une pièce pour aller jouer dans une autre. Il faut lui dire de rentrer ses jouets quand il a fini de jouer dans le sable, etc.

En d'autres termes, les enfants *ne sont pas des adultes*. Sur le plan affectif et intellectuel, un large fossé sépare l'univers de l'enfant du monde des adultes. Les enfants ne s'intéressent pas aux mêmes choses que les grandes personnes et ne se sentent pas motivés pour faire tout ce qu'elles font.

De notre côté, nous oublions ce que nous étions à 2 ou 4 ou 7 ans. Vivant dans le monde des adultes depuis des années, nous avons tendance sans nous en rendre compte à attendre de nos enfants des comportements d'adultes en réduction. C'est là que se manifeste notre manque de réalisme. J'aime beaucoup un certain dessin humoristique montrant une maman qui tire un enfant par la main en lui disant : « Ça suffit, Olivier, tu te conduis comme un enfant ! » Que pourrait-il faire d'autre ?

Ainsi ne devrait-on jamais reprocher à un enfant d'avoir un comportement d'enfant. Pour vous aider à mieux comprendre je vais tracer un rapide croquis montrant ce que vous pouvez attendre de lui à chacune de ces étapes. Mais les pères ne doivent surtout pas oublier ce principe de base : à tous les âges et en toutes circonstances, vous attendez probablement de votre enfant un comportement beaucoup plus mûr que celui dont il est capable.

Ainsi, à la suite d'une de mes conférences sur ce sujet un père vint me dire : « J'étais tellement désolé par la façon dont mon fils de 4 ans s'est comporté dernièrement que j'envisageais sérieusement d'avoir recours à un psychiatre. Après vous avoir entendu ce soir je pense tout simplement qu'il n'est qu'un gamin de 4 ans, naturellement insupportable. »

Retenez ensuite que si vous voulez inculquer à votre enfant le comportement que vous souhaitez, il faut créer des rapports positifs avec lui. La première tâche d'un bon professeur est d'établir le contact avec ses élèves, et de bonnes relations affectives. Si les étudiants détestent et méprisent le professeur, celui-ci ne pourra pas leur apprrendre grand-chose. Il en est de même entre un père et son enfant. Il n'est pas si difficile de maintenir de bons rapports. Un enfant ne possède pas de disposition instinctive à vous aimer ou à vous obéir et vous respecter. Il faut construire l'amour, la confiance et le respect en passant du temps avec lui et cet édifice affectif d'amour et d'acceptation du père doit être réalisé dans les toutes premières années, faute de quoi vous n'aurez par la suite aucune prise sur lui.

Un garçon de 15 ans qui venait me voir pour une psychothérapie me dit un jour : « Maintenant que j'ai des histoires de drogue et d'autres ennuis, mon père se met à vouloir être copain avec moi, me propose de m'emmener voir des matches de football. Mais où était-il donc quand je voulais qu'il joue avec moi et s'occupe de moi toutes ces années passées ? Alors qu'il aille se faire voir maintenant ! »

Faites le compte du temps que vous passez avec votre enfant. Chaque jour et chaque semaine il est indispensable que vous soyez ensemble et contents de faire la même chose ensemble. Lorsque votre fils ou votre fille vous demande de faire quelque chose avec lui (ou avec elle), combien de fois ne répondez-vous pas : « Papa n'a pas le temps maintenant, je verrai cela plus tard avec toi (et bien sûr plus tard veut dire jamais). »

Essayez d'imaginer comment votre enfant vous voit. Est-ce que 99 pour cent de votre rôle consiste à lui demander quelque chose, à lui rappeler quelque chose, à lui ordonner de cesser ce qu'il est en train de faire ou à lui reprocher sa mauvaise conduite ? Si la réponse est « oui », vous n'êtes pas en train de bâtir entre vous des rapports affectifs profonds. Il a besoin de connaître des moments avec vous pendant lesquels vous n'exigez rien de lui, des moments où vous vous amusez et où vous êtes simplement contents d'être ensemble. C'est un besoin particulièrement vif pendant les cinq premières années de la vie, parce que c'est à ce moment que s'établit entre vous ce type de rapports. La plupart des rébellions pathologiques que l'on constate chez les adolescents auraient pu être évitées si le père avait pris le temps de bâtir cette intimité profonde pendant les années préscolaires.

Troisième point : il faut dès le début que les pères aient une attitude ferme afin que les enfants sachent bien qu'ils parlent sérieusement et s'en tiendront à ce qu'ils ont dit. Insistons encore sur le fait que la fermeté paternelle doit s'appliquer aux actes de l'enfant et non pas à ses sentiments. Un enfant est incapable de contrôler ses pensées, mais il peut contrôler ses actions (ou s'il est très jeune il peut *apprendre* à contrôler ses actes pendant un certain temps). Et sur ce point les pères ne savent souvent pas où commence la fermeté et où s'arrête l'indulgence.

Il faut laisser l'enfant exprimer ses sentiments, et en utilisant la technique du feed-back que j'ai expliquée au chapitre précédent, lui faire savoir que vous comprenez ce qu'il éprouve. Cependant, que votre indulgence ne lui permette jamais d'accomplir une action que vous réprouvez et que vous savez être préjudiciable. Par exemple, ne le laissez pas frapper d'autres enfants, briser les objets, manquer l'école sans raison, voler, prendre une glace au chocolat juste avant le dîner, bref commettre des actes dangereux pour lui ou proscrits par la société. Vous ne rendez jamais service à votre enfant en vous montrant mou et hésitant, au point qu'il doute de votre détermination. Ce que vous lui permettez de faire doit, en tout cas, correspondre à ce qu'on peut normalement attendre d'un enfant de son âge.

Cela mis au point, revenons à ce qui me paraît essentiel : il importe que vous soyez ferme tout en fixant des limites raisonnables et adaptées à chaque âge. Ensuite, appliquez les principes que vous aurez fixés. En ne faisant pas respecter de limites strictes vous rendrez le contrôle intime de ses instincts antisociaux beaucoup plus difficile pour lui. Et celui qui n'acquiert pas solidement de contrôle dès la première enfance aura les plus grandes difficultés à dire « non » à la drogue et à tout autre comportement antisocial pendant les années difficiles de l'adolescence.

En quatrième lieu, les pères devraient se servir des renseignements précieux que nous apportent les recherches des psychologues et des éducateurs, non seulement sur la façon d'enseigner aux enfants, mais aussi sur la façon de dresser les animaux. Si cette dernière remarque vous paraît bizarre au premier abord, réfléchissez à ce fait important. Les enfants, et plus particulièrement les très jeunes ont en commun avec des animaux tels que chiens, chats, dauphins et chimpanzés de nombreuses caractéristiques psychologiques, et les psychologues de l'enfant ont beaucoup appris au moyen d'expériences sur le dressage des animaux. Les méthodes pédagogiques les plus efficaces nous viennent sans doute de ce qu'on a pu appeler la psychologie du renforcement.

La psychologie du renforcement nous a montré qu'un comportement « encouragé » est véritablement renforcé et tend à se répéter. Vous vous souvenez qu'au chapitre 3 nous avons parlé d'un spécialiste de la psychologie animale qui pouvait dresser un dauphin à sauter à travers un cerceau enflammé. Or, les mêmes principes psychologiques s'appliquent aux pères qui veulent apprendre à leurs enfants des comportements souhaitables.

1. Le maître doit récompenser et donc encourager le comportement souhaité. On récompensera les animaux avec de la nourriture, l'enfant, lui, sera récompensé par l'amour, l'intérêt et les compliments de ses parents.

2. Il faudrait encourager l'enfant quand il réagit comme on le souhaite, et ne prêter aucune attention au comportement non souhaité à condition, toutefois, que l'enfant ne risque pas de se faire mal ou de nuire à d'autres enfants ou de commettre un geste destructeur.

Si votre enfant de 2 ans se précipite dans une rue où la circulation est intense, il n'est pas question d'ignorer ce comportement peu souhaïtable. Retenez-le fermement des deux mains et dites-lui qu'il ne faut pas courir dans la rue car il risquerait de se faire mal. Mais je veux insister sur le fait que c'est seulement dans de telles conditions que vous devez intervenir. Vous devez ignorer les autres formes de comportement que vous ne souhaïtez pas (telles que flânerie, pleurnicherie, étourderie, etc.) de la même façon que le dresseur ignore le dauphin quand il ne nage pas ou qu'il ne saute pas à travers le cerceau.

Il valorise le comportement qu'il essaie d'apprendre au dauphin et ne prête pas attention à ce qu'il veut lui voir éviter.

Malheureusement, la plupart des parents font le contraire ! Ils ignorent l'enfant quand il se conduit bien et n'apportent donc aucun renforcement à la conduite souhaitée. Au contraire, lorsque l'enfant se conduit mal, les parents lui prêtent immédiatement attention, et inconsciemment récompensent l'enfant d'avoir mal agi.

Laissez-moi vous raconter une anecdote à ce propos. J'étais étudiant, ma jeune sœur élève au lycée, et nous correspondions. Dans une de ses lettres elle m'envoya un jour un poème en me demandant de lui dire ce que j'en pensais. Je la pris au mot. J'analysai le poème vers par vers et écrivis des commentaires du genre « bien dit », « peu original », « cliché », « bonne métaphore ». Quel fut le résultat de cette analyse ? Elle n'a plus jamais écrit un seul autre poème. Je n'avais pourtant pas l'intention de la décourager. Mais c'est pourtant ce que j'avais fait sans m'en rendre compte.

Qu'aurais-je fait si j'avais eu alors connaissance des principes de renforcement en psychologie ? Je l'aurais louée pour les bons passages de son poème et n'aurais pas prêté attention aux moins bons. J'aurais pu le faire sincèrement car nombre de passages étaient très intéressants. Ce faisant, je l'aurais renforcée dans sa tentative poétique.

Beaucoup de pères font la même erreur par ignorance. Bornez-vous à encourager les efforts brouillons pour bien faire, que ce soit ranger sa chambre ou donner à manger au chien, plutôt que de dispenser à la fois compliments et reproches ; sinon, vous découragez l'enfant d'adopter la conduite que vous souhaiteriez. Bien pire, il arrive parfois à un père d'ignorer la bonne conduite de son enfant et de ne dispenser que des reproches pour sa mauvaise conduite, ce qui décourage l'enfant encore plus.

3. Encouragez chaque pas vers un but valable. N'attendez pas qu'il soit arrivé à ce but pour le faire. Le dresseur n'attendait pas que le dauphin saute dans le cerceau de flamme pour le récompenser d'un poisson. (Sinon, il n'aurait jamais pu amener le dauphin au but final.) Si vous souhaitez que votre enfant de 9 ans range sa chambre, n'attendez pas que le résultat soit parfait dès le premier jour. Récompensez-le plutôt pour chaque effort accompli dans ce sens, jusqu'à ce qu'au bout d'un certain temps l'enfant arrive à garder sa chambre bien rangée (et, là encore, n'ayez pas pour lui des exigences d'adulte. Rappelez-vous qu'il n'a que 9 ans).

4. Au début du « dressage » il est important d'encourager chaque réaction favorable de l'enfant. Une fois l'apprentissage bien avancé, on peut espacer les encouragements.

5. Au lieu de punitions (sanctions, reproches, sermons, fessées), utilisez plutôt, pour empêcher votre enfant de faire ce qu'il ne doit pas faire, ce que les psychologues appellent la technique de dissuasion. Lorsqu'un psychologue désire qu'un animal cesse de faire quelque chose, il cesse d'encourager, de renforcer le comportement non souhaité. S'il récompense un singe en lui donnant à manger à chaque fois qu'il appuie sur un levier et qu'il veuille ensuite que le singe ne le fasse plus, il n'a qu'à cesser de lui donner à manger. Après un délai plus ou moins long, lorsque l'encouragement a cessé, l'animal cesse d'appuyer sur la manette.

C'est là un exemple parfait des techniques de dissuasion que vous pouvez utiliser si votre enfant de 4 ans commence à dire des gros mots à la maison pour vous scandaliser. En l'occurrence bien des parents font exactement le contraire de ce qu'ils devraient. En y prêtant attention et en montrant leur indignation ils encouragent leur enfant à continuer. Sans s'en rendre compte, ils le poussent à continuer puisqu'il réussit à provoquer chez eux une telle réaction. Dans ce cas les parents devraient laisser dire les gros mots en faisant semblant de ne pas les remarquer. Et l'enfant découvrant au bout d'un moment que ces mots ne font pas d'effet cessera de les prononcer. Vous aurez dans ce cas dissuadé l'enfant de les employer.

Bien des parents croient vraiment que si l'on veut empêcher un enfant de faire quelque chose il suffit de le punir. Les pères croient volontiers que ce qu'il faut aux enfants c'est une bonne raclée. Si ce préjugé naïf était fondé, nos prisons ne seraient pas aussi remplies de criminels dont beaucoup ont reçu leur compte de « bonnes raclées » pendant leur enfance. Ainsi, d'une manière paradoxale, les parents enseignent souvent à leurs enfants une conduite répréhensible en les punissant.

Dans l'esprit des parents, la punition a pour effet de dissuader par la crainte. Mais beaucoup d'enfants considèrent le châtiment comme une gratification (même si c'est une récompense négative) dans laquelle ils trouvent l'attention de leurs parents. Bien sûr l'enfant n'en est pas *conscient* : il ne se réveille pas le matin en se disant : « Voyons si je peux m'arranger pour que mes parents me grondent et me punissent aujourd'hui. » Mais il se dit sans s'en rendre compte : « L'attention négative vaut mieux que pas d'attention du tout de la part de mes parents. »

Un enfant de 6 ans que je suivais en psychothérapie me le dit un jour avec une candeur merveilleuse : « Papa ne s'occupe pas beaucoup de moi parce qu'il a trop de travail, mais quand je fais des bêtises, il est obligé de s'occuper de moi. »

J'espère donc que vous ne continuerez pas de croire vraiment que la punition est le meilleur moyen d'empêcher un comportement répréhensible. Soyez plutôt conscients du fait qu'elle agit souvent comme « récompense paradoxale », d'un comportement indésirable, et pratiquez les techniques de dissuasion. Mais précisons encore une fois qu'il ne s'agit pas de laisser se développer sans rien dire un comportement répréhensible ou destructeur, dangereux pour votre enfant ou les autres. Il faut, le cas échéant, agir avec fermeté mais non pas punir. Si un enfant frappe son camarade, tenez-le pour l'en empêcher et dites-lui très sérieusement : « Il ne faut pas battre Patrick, si tu es en colère contre lui, dis-le-lui sans le battre. »

Ces méthodes de renforcement ou d'encouragement appliquées aux enfants sont dérivées d'expériences pratiquées sur des animaux. Mais il existe d'autres méthodes uniquement applicables aux enfants, pas aux chiens ni aux dauphins qui n'ont pas, eux, de concept de soi.

Rappelez-vous que le but final est d'aider votre enfant à acquérir le contrôle de soi, et à pratiquer l'autodiscipline. Et sa maîtrise de soi dépend de la force du concept de soi. C'est pourquoi toutes les méthodes de discipline que je vais citer maintenant ont pour but commun de renforcer le concept de soi et de favoriser le contrôle de soi.

L'utilisation du « contrôle par l'environnement » rend moins nécessaire le recours à d'autres méthodes. C'est particulièrement vrai avec les jeunes enfants. Les parents qui leur assurent à la maison et dans leur jardin un environnement intéressant et stimulant utilisent ainsi le contrôle par l'environnement pour prévenir les problèmes.

De même les parents qui emmènent leurs enfants faire un long trajet en automobile et comptent qu'ils resteront assis tranquillement à regarder le paysage s'exposent à de sérieux problèmes de discipline.

Au contraire ceux qui prévoient pour la circonstance des jeux, des puzzles et des livres, s'arrêtent fréquemment pour laisser les enfants courir et se dépenser (physiquement) ont la sagesse d'assurer un contrôle par l'environnement pour éviter ces mêmes problèmes.

Deuxièmement, donner à un enfant la liberté d'explorer son environnement et d'assumer l'autodiscipline et l'autorégulation l'aide à acquérir un concept de soi robuste et réaliste. Dès qu'il sait se nourrir et s'habiller seul, se faire couler son bain, il faut le laisser faire. Il est indiscutablement plus facile et plus rapide de faire tout cela à sa place. Maïs il est beaucoup plus recommandable qu'il le fasse seul.

Troisièmement, appuyez-vous pour cette acquisition du concept de soi sur le puissant moteur de l'imitation inconsciente. Les enfants sont d'extraordinaires imitateurs et de fait les parents disposent là d'une puissante technique pédagogique. Ils peuvent être de vivants modèles de bonnes habitudes et de traits positifs de la personnalité. Leurs enfants peuvent aînsi, à leur contact, apprendre beaucoup par imitation inconsciente. Ce concept une fois admis par vous peut vous éviter de nombreux affrontements avec vos enfants. Par exemple, si vous et votre femme veillez à garder de bonnes manières à table vos enfants vous imiteront dès qu'ils le pourront. Bien sûr pas à 2 ou même 4 ans, mais plus vieux. Si vous voulez apprendre à votre enfant à respecter les droits et les sentiments d'autrui, commencez par respecter ses droits et ses sentiments, ne le traitez pas de façon hautaine ou tyrannique.

Quatrièmement, ne considérez pas les sentiments de votre enfant comme vous traitez ses actions.

Cinquièmement, donnez à l'enfant la possibilité de tirer les leçons des conséquences naturelles de ses actes. C'est là un outil puissant que les parents ont à leur disposition, et qui fortifie le concept de soi. Malheureusement, trop peu songent à l'utiliser.

Voici de quoi il s'agit : si on appelle un enfant pour dîner et qu'il arrive à table avec un retard de vingt minutes, son dîner sera froid. Si un enfant ne fait pas ses devoirs le soir, il aura une mauvaise note (ou l'équivalent) à l'école le lendemain. Si un enfant traîne et manque le car de ramassage scolaire, il devra aller à l'école par ses propres moyens, à pied peut-être, et sera en retard. Si un enfant dépense tout son argent de poche dès qu'on le lui donne, il n'aura plus rien jusqu'à la semaine suivante ou au mois suivant. Voilà les conséquences naturelles des actes de l'enfant. Généralement, elles sont en elles-mêmes assez déplaisantes pour agir comme facteurs de dissuasion. Mais si les parents interviennent pour en protéger l'enfant, cela ruine toute la valeur éducative de l'expérience. Nous lui apprenons alors qu'il peut toujours compter sur nous pour le protéger des conséquences déplaisantes de ses actes, fait néfaste pour son concept de soi car il favorise la prolongation de l'infantilisme plutôt que la croissance normale de l'affectivité et l'aptitude à compter sur lui-même.

Sixièmement, dans certains cas, il vous faudra créer artificiellement des conséquences déplaisantes ; c'est ce que nous appelons « punir ». Il serait fort agréable de pouvoir compter uniquement sur les conséquences naturelles d'un comportement indésirable pour discipliner un enfant. Malheureusement, les conséquences naturelles ne se font pas toujours sentir, et comme ultime ressource nous pouvons être contraints de recourir à un de ces trois types de « conséquences artificielles » :

1. L'isolement social ou l'éloignement, qui consiste à exiler l'enfant de son groupe social ou à l'envoyer dans sa chambre. Si vous avez recours à ce moyen, faites que cet isolement ait une issue.

Par exemple, si votre enfant de 4 ans est insupportable et sème la perturbation dans les jeux des enfants qui sont avec lui au jardin, *ne lui dites pas* : « Très bien. Tu te conduis si mal que tu iras jouer tout seul dans ta chambre le reste de l'après-midi. » C'est ce que j'appelle un « isolement sans issue ». Rien ne pourra inciter votre enfant à mieux se conduire ni à cesser de perturber le groupe. Dites-lui, au contraire : « Je vois que tu n'es pas capable de jouer convenablement avec tes camarades. Tu ne cesses de les agacer et de les ennuyer. Tu vas aller dans ta chambre jouer tout seul pendant un petit moment. Quand tu te sentiras capable de jouer gentiment avec les autres, tu viendras me le dire. »

La technique du « hors jeu » rend l'isolement social valable. On envoie l'enfant dans sa chambre ou dans une pièce neutre comme la salle de bains pour une période de cinq minutes. Vous n'encouragez pas sa conduite répréhensible car vous ne prêtez pas attention à l'enfant, même pas négativement. Il lui faut seulement passer cinq minutes dans un endroit dépourvu d'intérêt.

Ce système est particulièrement efficace quand deux enfants se chamaillent ou se battent. Envoyez chacun d'eux dans un endroit neutre et sans attrait pendant cinq minutes. Dites-leur : « Vous êtes incapables de vous entendre pour le moment, allez chacun dans une salle de bains et restez-y cinq minutes, hors jeu. Je vous appellerai quand ces cinq minutes seront écoulées. » Cet isolement temporaire permet à chacun des enfants de se calmer et de renouer ensuite des liens positifs.

La connaissance de cette méthode aide beaucoup les parents car ils ont ainsi à leur disposition une façon d'agir immédiatement en face des cris et des coups.

2. Vous pouvez priver votre enfant d'une chose qui lui paraît importante. S'il fait de la bicyclette là où il n'est pas censé en faire, et si les conséquences ne sont pas mauvaises d'elles-mêmes, vous pouvez les créer artificiellement et dire par exemple : « Pierre, tu sais que tu ne dois pas faire de vélo sur le boulevard parce que c'est dangereux à cause des voitures. Tu seras privé de bicyclette pendant deux jours et tu te rappelleras que tu peux en faire dans certains endroits seulement. » En privant un enfant de quelque chose d'important pour lui, que les pères fassent attention à ne pas le faire pour trop longtemps, car la confiscation deviendrait sans effet. Par exemple, si on prive

un enfant de sa bicyclette pour trois semaines, c'est beaucoup trop long pour qu'il puisse en tirer la leçon nécessaire et s'interdire de rouler dans les endroits dangereux. Au contraire votre enfant pensera probablement : « Ces trois semaines me paraissent une année. Tant pis, j'en ai assez, je vais m'arranger pour sortir mon vélo sans que maman ou papa s'en aperçoivent. »

3. Vous pouvez donner des fessées.

Depuis la publication de mon dernier livre : *Tout se joue avant six ans,* j'ai été amusé et parfois étonné par les réactions des gens lorsqu'ils ont pu lire qu'il était impossible d'élever convenablement les enfants, et en particulier des garçons agressifs et « durs », sans leur donner de fessées. Dans *Tout se joue avant six ans*, j'ai essayé d'être très clair à ce sujet en disant qu'à mon avis, la fessée n'avait pas grande valeur pour l'enfant, mais pouvait être très profitable pour les parents qui l'administrent.

Si les parents étaient des êtres parfaits, sans doute pourraient-ils n'avoir jamais recours à la fessée mais nous ne sommes pas de telles perfections. La fessée est un moyen de nous libérer de nos sentiments de colère, et d'assainir l'atmosphère de telle sorte qu'enfant et parents puissent repartir à zéro.

Bien que je n'aie consacré que deux pages et demie à la fessée dans deux grands chapitres consacrés à la discipline et à ses méthodes, on aurait pu croire d'après les réactions des différents reporters de la télévision qu'à mon avis, la fessée était ce qu'un père ou une mère pouvait pratiquer de meilleur pour bien élever son enfant. C'est précisément le contraire de ce que j'ai voulu dire dans *Tout se joue avant six ans.* Je veux encore une fois dire clairement que je considère la fessée comme un moyen de discipline peu souhaitable. J'ai déjà traité des autres méthodes dans ce chapitre : encouragement, technique du feedback, recours aux conséquences naturelles pour une conduite non souhaitée, etc. Toutes ces méthodes sont mille fois plus efficaces que la fessée. Je pense aussi qu'il n'y a pas lieu de donner de fessées à un enfant avant 2 ans et il devrait y avoir peu d'occasions de le faire avec un enfant de plus de 8 ans si vous avez su utiliser des méthodes sensées et efficaces.

Rappelez-vous que la motivation essentielle qui poussera votre enfant à bien se conduire est l'amour qu'il vous porte. Et chaque fois que vous lui donnez une fessée vous ne lui apprenez pas à vous aimer, mais à vous détester et à vous craindre. Limitez donc les fessées au strict minimum.

Maintenant que j'ai exposé clairement ce que la fessée avait de négatif, je vais essayer de vous montrer quelle est sa valeur positive. Certains psychologues et psychiatres ont écrit que les parents ne devraient jamais fesser leurs enfants. Affirmation maladroite et peu réaliste. C'est refuser d'admettre que les parents sont des êtres humains faillibles. Quand votre enfant vous a particulièrement excédé, il vaut mieux, psychologiquement, donner quelques tapes rapides sur le derrière que de continuer à bouillonner intérieurement sans pouvoir libérer votre colère. Votre réaction fait savoir clairement à votre enfant combien vous êtes furieux et cela assainit l'atmosphère pour repartir tous deux sur des bases sûres. Votre colère s'est dissipée et votre rôle est à nouveau positif. Vous pouvez maintenant manifester votre autorité de parent, faite d'amour et de fermeté.

Si vous êtes un père capable de contrôler les mauvais mouvements de son enfant en le retirant de la scène sans lui donner de fessée, c'est parfait ! Si vous ne perdez jamais votre sang-froid et si vous ne le frappez jamais, c'est merveilleux ! Vous aurez tous les pouvoirs ! Mais la plupart des pères (moi y compris) sont incapables d'être raisonnables et fermes tout le temps.

Il y a un monde entre la fessée rapidement administrée qui soulage un père en colère, et des coups cruels et sadiques avec un fouet, une baguette ou n'importe quel instrument du même genre. C'est une raclée plus qu'une fessée, et l'enfant ressent une haine profonde et un désir intense de vengeance. Il faudrait éviter aussi de frapper l'enfant devant ses camarades, car cela l'humilierait profondément.

Abordons maintenant le septième élément déterminant qui aide l'enfant à construire un concept de soi solide et à trouver la voie de l'autodiscipline. C'est ce que le Dr. Thomas Gordon appelle la méthode « sans perdant » pour régler les conflits parents-enfants.

Leurs rapports impliquent inévitablement des conflits entre ce que l'enfant veut faire et ce que ses parents veulent qu'il fasse. La plupart des parents ont tendance à penser que ces conflits se résolvent avec un « gagnant » et un « perdant ». En cas de conflit, les parents pensent généralement : « Est-ce que je dois me montrer sévère (ce sont les parents qui sont gagnants) ou serai-je permissif (c'est l'enfant qui gagne) ? »

Voici un exemple typique de conflit avec « père gagnant et enfant perdant » entre un père et sa fille de 12 ans :

CLAIRE. — Au revoir, je pars pour l'école.
PÈRE. — Il pleut, ma chérie, et tu n'as pas mis ton imperméable.
CLAIRE. — Je n'en ai pas besoin.
PÈRE. — Comment ? Tu vas être trempée, tu vas abîmer tes vêtements et attraper un rhume.
CLAIRE. — Il ne pleut pas beaucoup.
PÈRE. — Si.
CLAIRE. — Je ne veux pas mettre mon imperméable. Je déteste en porter un !
PÈRE. — File dans ta chambre et mets ton imperméable. Tu n'iras pas à l'école avant de l'avoir mis.
CLAIRE. — Mais je ne l'aime pas...
PÈRE. — Pas de « mais ». Tu le mettras de gré ou de force !
CLAIRE *(en colère)* — Ça va, tu as raison, je vais porter cette horreur !

Dans la méthode « père gagnant-enfant perdant » le père valorise sa victoire. L'enfant aura peu ou pas de raison de trouver une solution puisqu'il n'a pas droit à la parole. Il cherche un moyen de ne pas exécuter la décision de ses parents. Si c'est impossible, il fait semblant, se limitant à ce qu'on lui a demandé et rien de plus.

De surcroît, cette méthode pousse l'enfant à en vouloir à ses parents et ne lui donne aucune chance d'accroître son sens de l'autodiscipline.

Reprenons la même scène de l'imperméable, mais cette fois le père permissif cède et l'enfant gagne :

CLAIRE. — Au revoir, je pars pour l'école.
PÈRE. — Il pleut, ma chérie. Tu n'as pas mis ton imperméable.
CLAIRE. — Je n'en ai pas besoin.
PÈRE. — Comment ? Tu vas être trempée, tu vas abîmer tes vêtements et tu vas attraper un rhume.
CLAIRE. — Il ne pleut pas beaucoup.
PÈRE. — Si.
CLAIRE. — Je ne veux pas mettre mon imperméable. Je déteste en porter un !
PÈRE. — Je veux que tu le mettes !
CLAIRE. — Je déteste cet imperméable. Je ne le porterai pas. Si tu me le fais mettre, je serai furieuse contre toi !
PÈRE. — Oh ! assez. Va à l'école sans imperméable. Je ne veux pas discuter davantage avec toi. Ça va.

Un enfant qui grandit dans une famille où on a recours essentiellement à cette méthode « enfant gagnant-parent perdant » sera incapable de contrôler intérieurement ses instincts, deviendra égocentriste et exigeant. Il est souvent très difficile de diriger de tels enfants et ils ont des contacts difficiles avec les autres. Ils ont tellement l'habitude de faire ce qu'ils veulent avec leurs parents qu'ils supposent qu'il en est de même avec tout le monde. Ils s'adaptent aussi difficilement aux règles de l'école.

Certains parents ont recours essentiellement à la méthode autoritaire ; d'autres, au contraire, laissent l'enfant roi. Certains partent d'une méthode pour arriver à l'autre ou oscillent entre les deux.

Il y a pourtant une façon plus efficace de régler les conflits, celle que le Dr Gordon appelle la méthode « sans perdant ». Les parents et les enfants s'affrontent, le père demande alors à l'enfant de s'unir à lui dans la recherche *d'une solution satisfaisante* pour les deux parties. Ils peuvent offrir des solutions différentes mais chacun vient avec des idées pour régler le conflit, évalue avec sens critique les solutions proposées et décide éventuellement d'une solution acceptable pour tous. Personne n'est « perdant ». Voici la question de l'imperméable abordée dans cette nouvelle optique.

CLAIRE. — Au revoir, je pars pour l'école.
PÈRE. — Il pleut, ma chérie, et tu n'as pas mis ton imperméable.
CLAIRE. — Je n'en ai pas besoin.
PÈRE. — Je trouve qu'il pleut beaucoup et je ne tiens pas à ce que tu abîmes tes vêtements ou que tu attrapes un rhume.
CLAIRE. — Je ne veux pas mettre mon imperméable.
PÈRE. — Tu as l'air de ne pas vouloir le porter.
CLAIRE. — Exactement, je le trouve affreux !
PÈRE. — Tu le trouves vraiment hideux ?
CLAIRE. — Ho ! oui, c'est de l'écossais.
PÈRE. — Qu'est-ce que tu reproches aux imperméables en tissu écossais ?
CLAIRE. — Personne n'en porte à l'école.
PÈRE. — Et tu ne veux pas être la seule à en porter un ?
CLAIRE. — Bien sûr. Tout le monde a des imperméables en tissu uni ou blanc ou bleu ou vert.
PÈRE. — Je vois. Donc, le problème est le suivant : tu ne veux pas porter ton imperméable parce qu'il est en tissu écossais, mais moi je ne veux pas payer la note du teinturier et je ne serai pas ravi

si tu attrapes un rhume. Comment pourrions-nous nous arranger pour être tous les deux satisfaits ?

CLAIRE *(après un silence).* — Je pourrais peut-être emprunter l'autocoat de maman aujourd'hui.

PÈRE. — Comment est-il ? en tissu uni ?

CLAIRE. — Oui, il est blanc.

PÈRE. — Tu crois que maman voudra bien ?

CLAIRE. — Je vais lui demander. *(Elle revient quelques minutes plus tard avec le manteau ; les manches sont trop longues, mais elle les a retroussées.)* Maman est d'accord !

PÈRE. — Tu es contente ?

CLAIRE. — Bien sûr. Il est très chic !

PÈRE. — En tout cas, tu seras au sec. Si tu es satisfaite de cette solution, moi aussi.

CLAIRE. — Bon, au revoir !

PÈRE. — Au revoir. Bonne journée !

Grâce à cette méthode, ni Claire ni son père ne sont « perdants ». Ils ont trouvé une solution satisfaisante pour l'un et pour l'autre et ils sortent de cet affrontement pleins d'affection réciproque.

Cette méthode présente beaucoup d'avantages pour tous d'un point de vue psychologique. L'enfant est poussé à trouver une solution car il a participé à la décision qui ne lui a pas été imposée par ses parents. Elle développe ses facultés intellectuelles. C'est comme un puzzle que les parents et l'enfant voudraient résoudre ensemble.

Cette méthode devrait aussi réduire l'hostilité de l'enfant. Quand parents et enfant s'accordent sur une solution, il y a moins de risques que surgissent le ressentiment et l'hostilité.

Finalement, puisque c'est une façon de résoudre un problème, cette méthode va souvent au delà de l'aspect superficiel de la question pour atteindre le vrai problème. Ainsi « le cas de l'imperméable » venait de la gêne de l'enfant à porter un imperméable écossais.

Vous pourrez commencer à recourir à ce système quand votre enfant aura 5 ans. Si vous le faites de façon cohérente, au moment où votre enfant entrera dans l'adolescence, vous aurez établi les fondements d'une méthode positive pour régler les conflits qui surgissent entre parents et enfants.

Voilà les sept méthodes essentielles pour fortifier le concept de soi de votre enfant et l'aider ainsi à être capable d'autodiscipline. Je veux encore citer une méthode peu convaincante, que beaucoup de pères pratiquent : celle du sermon. Certains sont brefs et se limitent à une seule phrase. D'autres sont de longs discours circonstanciés. Leurs sujets sont extrêmement variés mais ils ont un caractère commun : ils n'ont aucune valeur pour motiver l'enfant à adopter une meilleure conduite à l'avenir. La plupart des pères en sont inconscients, sinon ils ne l'utiliseraient pas aussi souvent.

La prochaine fois que vous serez tenté de sermonner votre enfant, imaginez que vous sermonnez le dauphin sur les raisons pour lesquelles il ne doit pas tourner vainement autour du bassin mais sauter à travers le cerceau comme vous le souhaitez. Vos sermons ont à peu près autant d'effet sur votre enfant que sur le dauphin. Laissez cela au musée des vieilles méthodes éducatives.

Les sept méthodes que je viens de vous décrire « marcheront » très bien jusqu'à l'adolescence. Il faudra alors les modifier considérablement. Ainsi pour les encouragements sur un comportement que vous voulez voir se renouveler puisque la rébellion contre l'autorité parentale est un aspect du comportement normal de l'adolescent, votre enfant à cet âge ne voudra surtout pas vous faire plaisir et susciter vos louanges comme lorsqu'il était plus jeune.

Voici un exemple : un soir ma fille âgée de 16 ans entra au

salon habillée pour sortir. Elle était ravissante. Au lieu de se taire, ma femme commit la sottise de lui dire que cette robe lui allait merveilleusement bien. Cinq minutes plus tard, Robin remontait dans sa chambre. Elle revint peu de temps après vêtue de son plus vieux chemisier et de son « jean » le plus crasseux !

Ainsi donc, nous devons avec nos adolescents supprimer totalement de nos esprits l'idée qu'ils auront tendance à refaire ce que nous louons chez eux. Nos adolescents ne veulent pas avoir les cheveux coiffés comme nous le voudrions, ils ne veulent pas s'habiller à notre goût, ils se refusent à écouter la musique que nous aimons. Nous discuterons plus tard des méthodes à adopter avec les enfants de cet âge, mais jusqu'à 13 ans, vous pouvez utiliser celles que je viens de vous décrire.

Avant de terminer ce chapitre, je voudrais vous conseiller d'en lire davantage sur ce sujet de la discipline car il joue un rôle décisif pour élever votre enfant avec succès. Je vous suggérerai de lire les chapitre 8 et 9 de mon livre *Tout se joue avant six ans* : « Peut-on apprendre à un dauphin à taper à la machine ? » et « La discipline par autorégulation ». Vous pouvez lire également *Entre parents et adolescents* du Dr. Haim G. Ginot et *Le Défi de l'enfant* par Rudolf Dreikurs et Vicki Soltz (ces trois ouvrages parus aux éditions Robert Laffont dans la collection Réponses).

Je vous recommanderai également, des Drs. Madeline Hunter et Paul Carlson, *Pour améliorer le comportement de votre enfant* et enfin l'excellent livre du Dr. Thomas Gordon *Parent Effectiveness Training.*

Si vous lisez ces cinq livres, vous aurez une idée complète du problème de la discipline.

6

LA PÉRIODE PRÉSCOLAIRE — DE 3 À 5 ANS

(PREMIÈRE PARTIE)

Les parents apprendront sans doute avec grand plaisir que ce nouveau stade du développement de l'enfant est beaucoup plus facile que la première adolescence.

Cette période commence aux environs du troisième anniversaire et se prolonge jusqu'à 6 ans. Au contraire des étapes précédentes, votre enfant sera confronté simultanément à plusieurs sortes de tâches à accomplir. La façon dont il les maîtrisera sera déterminante pour établir son concept de soi et structurer sa personnalité, pour atteindre des bases stables vers l'âge de 6 ans.

L'enfant de 3 ans

Après l'année terrible que vous venez de vivre, il vous sera peut-être difficile de le reconnaître à 3 ans, si ce n'est dans son apparence physique. C'est de nouveau un âge équilibré. L'enfant est beaucoup plus agréable à vivre ; il vient d'effectuer la transition pénible entre l'âge de bébé et l'enfance, et il se sent beaucoup plus sûr de lui. Il n'est pas assailli par les vagues d'hésitation de la première adolescence. L'inquiétude de cette période transitoire a disparu ; il est beaucoup plus à l'aise avec lui-même et n'a plus besoin d'être protégé par des rites immuables. Il n'insiste plus pour faire tout d'une seule façon, la sienne.

On aurait pu précédemment lui donner le titre de plus grand anticonformiste qui soit ; il commence maintenant à prendre plaisir à se conformer aux désirs des autres et à essayer de leur plaire. Il peut vous surprendre en vous demandant la permission pour une chose qu'il aurait faite précédemment sans solliciter votre avis. Ce nouvel état d'esprit facilite les rapports et entraîne l'approbation des parents et aussi des frères et sœurs aînés. Alors qu'avant, il vous semblait impossible de lui faire entendre raison sur quoi que ce soit, c'est chose possible maintenant. (Ceci ne veut pas dire que vous devrez lui infliger de longs sermons sous prétexte de raisonner.)

Ce n'est plus le tyran excité de la maison, qui veut tout faire comme il l'entend. Il n'est plus aussi exigeant et ses accès de colère s'arrêtent en chemin. Il commence à partager, à attendre son tour. Il a de plus grandes facultés d'attention et peut persévérer plus longtemps. Cela est dû en partie à sa confiance en soi naissante et aussi à la diminution de son inquiétude. Il manifeste cette confiance nouvelle par une assurance grandissante dans le contrôle de ses facultés motrices et de son développement musculaire. Il est beaucoup plus patient quand il s'habille tout seul ou qu'il joue avec ses jouets. Il s'emportera sans doute beaucoup moins si quelque chose ne marche pas comme il le désire.

L'assurance croissante de l'enfant de 3 ans vient en partie de son aptitude plus grande à maîtriser le langage. Il est en mesure de mieux comprendre les gens et d'exprimer ses sentiments. Comme il peut mieux les communiquer il contrôle davantage ses impulsions, surtout celles qui sont négatives. S'il peut dire : « Je suis furieux contre toi, Tommy », il peut plus aisément contrôler son envie de frapper son camarade. Ainsi tout un nouveau monde intellectuel s'ouvre à l'enfant y compris le monde merveilleux de l'imagination et de la fantaisie. Il commence à adorer les mots et à aimer en entendre de nouveaux. Vous le verrez parfois jouer des monologues, en mêlant l'action à la parole. Ainsi il accroît sa maîtrise du langage.

Il commence à aimer jouer avec les enfants de son âge. Au stade de la première adolescence il ne savait pas jouer avec les autres au sens propre du terme. Il en était au stade du « jeu parallèle », où lui et l'autre enfant étaient proches l'un de l'autre dans l'espace mais où chacun jouait isolé dans son propre monde.

Il atteint maintenant le stade d'un jeu vraiment coopératif. Il apprend à être vraiment en rapport avec d'autres enfants, à attendre, à jouer à son tour et à accepter d'échanger ses jouets.

C'est donc un âge délicieux où votre petit est en accord avec lui-même et avec le monde. Il aime la vie, ses parents, il est satisfait de lui-même et il aime faire plaisir. Les pères devraient profiter de cet heureux temps, car à l'étape suivante, c'est une vraie torpille.

L'enfant de 4 ans

J'ai déjà dit que pendant les cinq premières années les périodes d'équilibre ont tendance à être suivies de périodes de déséquilibre et nous venons de parler de l'équilibre des 3 ans. Une fois de plus, la ligne de conduite de votre enfant a besoin de se relâcher pour lui permettre de s'intégrer avec plus de maturité. C'est vers le quatrième anniversaire que cet équilibre tend à se rompre. (Souvenez-vous bien que ces étapes chronologiques ne sont que de grossières approximations. Votre enfant entamera peut-être l'étape des 4 ans à 3 ans 1/2 ou seulement à 4 ans 1/2.) En tout cas, si vous n'avez aucune notion sur cet âge, vous pourriez vous demander où a disparu votre enfant de 3 ans si aimable et si coopérant. Je ne peux sans doute mieux le décrire qu'en disant qu'il ressemble beaucoup, dans son comportement, aux « terribles deux ans », mais qu'il est toutefois plus mûr et plus compliqué, et généralement plus facile à vivre.

Les enfants de 4 ans adorent jouer ensemble. L'amitié compte davantage pour eux mais paradoxalement ils éprouveront peut-être plus de difficultés à s'entendre avec leurs amis qu'à 3 ans. Un anthropologue habitué à étudier la vie des tribus primitives serait tout aussi fasciné par la vie d'un groupe de 4 ans. Leur vie sociale est orageuse et violente. Une fois le clan formé, il a tendance à exclure les autres. Il y aura beaucoup d'exigences, de menaces, d'ordres, de chahuts et de bagarres. Un des principaux moyens de communication verbale est la vantardise. Les injures ont aussi beaucoup de succès. L'enfant de 4 ans est grossier, brutal, direct, sans grande considération pour les sentiments des autres.

Nombre d'aspects de son comportement pourraient vous faire supposer que vous avez affaire à un enfant de deux ans plus âgé et plus fort. Il se chamaillera avec les autres de la même façon. Il peut être autoritaire, belliqueux, bruyant. Il subit les mêmes excès de sentiments qu'à 2 ans : il est timide, puis claironnant à l'instant qui suit. Il peut être attaché aux rites comme à 2 ans et il insistera pour que tout se fasse exactement de la même façon. Il supportera peut-être difficilement le moindre changement dans ses habitudes pour manger, s'habiller ou dormir. Son inquiétude affective se traduira par des pleurs et des plaintes fréquentes.

Le Dr. Gesell suggère « excessif » comme mot clé pour résumer le comportement de l'enfant de 4 ans. Il est excessif dans son comportement moteur : il frappe, donne des coups de pied et pique des colères. Verbalement, il a tendance à l'être également. Il aime exagérer et il ponctue généreusement sa conversation de points d'exclamation.

Les enfants de cet âge manifestent un intérêt accru pour le

langage. Les mots et les sons les fascinent et ils aiment en forger pour les faire rimer.

Les excès de votre enfant dans l'usage des mots peuvent vous faire perdre patience si vous n'y êtes pas préparé. Il raffole des mots grossiers. Il découvre qu'ils peuvent choquer, surtout s'il y a du monde. Ils lui semblent souvent terriblement drôles. Un enfant de 4 ans dira à son père : « Tu sais ce que j'ai eu pour déjeuner ? J'ai eu un sandwich au caca et un verre de pipi ! » Il se mettra à rire à gorge déployée, vaincu par son sens étonnant de l'humour. La meilleure façon de faire est d'ignorer ce qu'il dit. Si vous faites des histoires, il saura comment vous mettre hors de vous et continuera. Si vous l'ignorez, sachant que c'est une attitude propre à son âge, il s'arrêtera et ce sera fini quand il aura 5 ans.

Votre enfant sera excessif aussi dans ses rapports avec les gens. Il prendra plaisir à demander par défi et à commander, à dépasser les bornes et à menacer d'autres enfants. Il n'aura aucun sens de ses droits à la propriété mais il aura l'idée assez vague que tout ce qu'il voit lui appartient. Beaucoup de pères sont affolés quand ils découvrent comment il considère le bien d'autrui. Ils réagissent et pensent : « Je ferais mieux de lui apprendre tout de suite à respecter la propriété privée et les droits des autres ou bien je vais en faire un délinquant ! »

Inutile de s'en faire. Il suffit de comprendre les limites de son raisonnement en ce qui concerne la propriété. Pour lui, avoir veut dire posséder. Il croit que le jouet qu'il a pris dans la maison du voisin lui appartient puisqu'il jouait avec, qu'il l'a mis dans sa poche et rapporté à la maison. Le père, compréhensif, lui expliquera doucement ce qu'il en est, en sachant qu'il lui faudra des années pour lui apprendre à respecter le bien d'autrui.

Le dynamisme d'un enfant de 4 ans est extraordinaire. Il monte et descend l'escalier en courant, galope à travers la maison et claque les portes avec fracas. Son besoin de dialoguer est tout aussi puissant. C'est un bavard et il aime pérorer sur n'importe quel sujet. Il est son propre commentateur sur le monde et quelquefois son seul auditeur. Il a tendance à parler sans interruption et à épuiser le sujet. Son recours aux questions peut s'intensifier et un père pense souvent que si son enfant lui demande encore une fois « pourquoi ? » il va exploser.

Mais un père avisé saura canaliser cette activité constructive, cette fascination toute neuve pour les mots et le langage. Vous pouvez pratiquer toutes sortes de jeux. Votre enfant aime forger des mots stupides et des mots qui riment. Il aime l'humour, l'exagération et les rimes dépourvues de sens. Il se délectera à poser des questions ineptes comme celle-ci : « Allons-nous manger du bifteck haché aujourd'hui ou un sandwich d'éléphant ? »

Il aime aussi le théâtre et jouer avec les marionnettes. Un des plus beaux cadeaux que vous puissiez lui faire est de lui construire dans le jardin, un théâtre de marionnettes où il pourra monter ses propres spectacles. (Voir, à l'appendice B, les jouets et aménagements peu coûteux qu'un père peut confectionner pour son enfant. Vous y trouverez les détails nécessaires à sa construction.) Il jouera aussi de longues comédies à la maison ou dans le jardin avec ses cubes, ses voitures, ses camions, ses bateaux, ses poupées et tous ses autres jouets. Vous pourriez aussi construire un bac à sable. Faites celui-ci assez solide et assez vaste pour qu'il ait beaucoup d'espace et donnez-lui beaucoup d'animaux et de personnages en plastique. Placez, si possible, le bac à sable près d'un tuyau d'arrosage pour qu'il puisse jouer avec l'eau et le sable s'il en a envie.

Stephen Leacock, lorsqu'il décrit l'homme qui sautait sur son cheval et partait rapidement au galop, dépeint parfaitement l'enfant de 4 ans. Il semble ne jamais très bien savoir où il va tant qu'il n'est pas arrivé. Son dynamisme et sa versatilité le mèneront dans tous les sens avec une rapidité surprenante. Il peut commencer à dessiner un lion puis au milieu de son œuvre le changer en dinosaure ou en maison. Un enfant à qui son père demandait ce qu'il peignait, lui répondit : « Comment veux-tu que je le sache ? Je n'ai pas encore fini [1] ! » Une telle explication semble parfaitement logique à un enfant de cet âge. Il faut s'attendre aux mêmes changements inattendus quand il raconte une aventure de la journée.

Il faut faire preuve de fermeté devant la personnalité exubérante qui le caractérise. C'est là qu'un père peut vraiment jouer son rôle, car il est souvent plus capable qu'une mère d'être ferme. Des parents faibles ou hésitants peuvent être débordés. Lorsque vous faites preuve de fermeté, rappelez-vous que votre enfant a besoin d'être soutenu et non d'être soumis, n'attendez pas de lui qu'il obéisse sur-le-champ. Laissez-le ronchonner et contester quand vous lui demandez de faire quelque chose. Mais restez ferme. Insistez pour qu'il fasse ce que vous lui avez demandé si vos exigences sont raisonnables. Rappelez-vous aussi que des activités variées et un changement de rythme lui conviennent. Si vous voyez surgir une situation qui contient des ennuis en puissance, « aidez-le à franchir le fossé » en proposant une activité nouvelle qui va l'intriguer. Le comportement d'un enfant de cet âge peut se détériorer facilement si on n'impose pas de limites à ses sottises. Essayez d'anticiper et de le distraire par une autre activité.

Voilà notre bonhomme. Gesell résume son portrait de cette façon : « Il peut être tranquille ou bruyant, calme ou péremptoire, à l'aise, autoritaire, hésitant, indépendant, sociable, athlète, artiste, il peut tout prendre au pied de la lettre, être coopérant, indifférent, curieux, tout d'une pièce, bavard, plein d'humour, dogmatique, stupide et prêt à se mesurer à tout [2]. »

Plus simplement, le Dr. Gesell veut dire que c'est un enfant terrible. Et voilà qu'au moment où vous rongez votre frein et demandez à votre femme pour la énième fois quand il va sortir de cette période, votre petit lascar arrive à 5 ans. Et de façon assez étonnante, sa conduite change. Presque du jour au lendemain il semble avoir perdu le déséquilibre des 4 ans et être entré dans une nouvelle période d'équilibre.

L'enfant de 5 ans

Beaucoup de pères considèrent que c'est un âge délicieux. La conduite excessive des 4 ans a disparu. L'enfant de 5 ans est en accord avec lui-même et les autres. On peut compter sur lui, il est plus stable et plus équilibré. Il est plus sûr intérieurement, ce qui lui permet d'être plus calme, plus aimable et pas trop exigeant dans ses rapports avec les autres. Tandis que l'enfant de 4 ans commence des tâches irréalisables et qu'il est déçu et insupportable s'il échoue, l'enfant de 5 ans s'attaque seulement à ce qu'il peut faire et il réussit. Ainsi, par opposition avec le petit de 4 ans qui ne sait peut-être pas ce qu'il va dessiner jusqu'à ce qu'il ait terminé, l'enfant de 5 ans a une idée précise en tête et il terminera le dessin comme il l'a conçu. Il aime terminer ce qu'il commence ; alors qu'à 4 ans il allait à l'aventure, le 5 ans sait où s'arrêter. Il se comporte de façon raisonnable.

Il est satisfait du monde qui l'entoure. Il n'est en conflit ni avec lui-même ni avec les autres. Il a retrouvé l'esprit de coopération et le désir de plaire qu'il manifestait à 3 ans à cette différence près qu'il a maintenant atteint plus de maturité dans l'acceptation de sa personnalité. Il vit dans le présent, se soucie peu du passé et du futur, c'est un être pragmatique qui tend à définir les choses en fonction de leur utilité : « Un poney sert à faire de l'équitation ; un coussin est fait pour s'asseoir. » Sa pensée est concrète et il a encore peu de dons pour l'abstraction. Un enfant à qui on avait demandé si les chiens couraient répondit avec la délicieuse logique des 5 ans : « Je n'ai pas de chien. »

Malgré tout l'amour qu'il leur porte, sa maison et sa famille ne sont plus tout à fait suffisantes. Il est prêt pour des expériences communautaires plus vastes. Il adore l'amitié et les relations sociales avec les autres enfants du voisinage. Il a de grandes possibilités intellectuelles, beaucoup plus que bien des adultes le pensent. C'est pour cela qu'il est impatient et tout prêt à aller à « l'école » c'est-à-dire à l'école maternelle. S'il n'y en a pas dans votre quartier, il faudrait que vous songiez à organiser ses activités.

Vous pourriez peut-être vous joindre à d'autres parents pour remédier à cette situation regrettable. En effet, l'enfant qui n'est pas allé à l'école maternelle rate une expérience éducative décisive. Un enfant de 5 ans peut se développer beaucoup intellectuellement, guidé par un maître qualifié. C'est une année qui vaut trop par son aptitude à apprendre pour qu'on la gâche.

Votre enfant présente un équilibre remarquable de bonnes qualités réunies toutes ensemble. Le Dr. Gesell le décrit ainsi : « Il présente un équilibre remarquable de qualités et de schémas de comportement : autonomie et sociabilité, indépendance et conformisme culturel, sérénité et sérieux, prudence et esprit de décision, politesse et insouciance, gentillesse et assurance. » Physiquement, votre enfant s'est beaucoup développé en ce qui concerne le sens de l'équilibre et la force musculaire. Sur le plan des émotions, il est beaucoup plus stable. Intellectuellement, il a fait des progrès considérables et il est plein d'enthousiasme et de curiosité pour apprendre. Sa présence est donc très gratifiante. C'est un âge vraiment délicieux où l'enfant semble prendre la vie comme elle vient et s'en satisfaire.

Après ces trois portraits sommaires, vous voyez qu'il y a des différences psychologiques énormes entre 3, 4 et 5 ans. Si un père n'en est pas conscient, il ne pourra pas avoir des rapports satisfaisants avec son enfant. S'il veut imposer à son enfant de 4 ans la discipline qui convient à 5 ans, il peut attendre une obéissance impossible pour l'enfant et le gronder alors qu'il ne le mérite pas.

En dépit de ces différences, ces trois âges ont de nombreux points communs. C'est pourquoi ils ont été réunis dans une seule étape : l'âge préscolaire.

C'est un âge beaucoup plus complexe que les âges précédents. Au lieu de n'avoir qu'une forme de développement, comme dans ces premières étapes, l'âge préscolaire en connaît neuf. Elles recoupent les trois niveaux d'âge et reviennent comme un leitmotiv dans un morceau de musique. Ce leitmotiv peut différer à 3, 4 ou 5 ans mais le thème reste reconnaissable.

Tournons-nous vers ces leitmotive, vers ces neuf phases du développement que votre enfant doit apprendre à maîtriser.

Satisfaction des besoins biologiques

Avant toute chose, votre enfant, dans la période préscolaire, doit satisfaire ses besoins biologiques pour développer à la fois ses muscles longs et ses muscles courts.

La biologie est plus fondamentale que la psychologie chez l'animal homme. Votre enfant éprouve un besoin profond de libérer de l'énergie. Il lui est vraiment nécessaire d'être en mouvement du matin au soir. En tant qu'adultes, nous sommes des créatures biologiquement plus calmes et nous négligeons ou sous-estimons aisément l'importance de cet aspect dynamique de l'enfant.

Je me rappelle les critiques impatientes d'un père à l'égard de son fils de 4 ans qui se tortillait sur sa chaise au restaurant. « Tu ne pourrais pas te tenir tranquille, pour l'amour de Dieu ? » demandait le père irrité. J'eus envie de dire au père (mais ne le fis pas, naturellement) : « Non, il ne peut pas rester tranquille. Et vous non plus, quand vous aviez 4 ans ! » Comme bien des parents, ce père attendait de son fils une maturité biologique impossible.

Pensez à votre enfant comme à une machine biologique. Il prend la matière première sous forme de nourriture et l'utilise ensuite pour fabriquer d'énormes quantités d'énergie qui doivent être dépensées. Cela signifie qu'il lui faut beaucoup d'espace pour jouer et des jouets d'intérieur et d'extérieur. La plupart de nos maisons sont faites pour les adultes et mal adaptées pour abriter un jeune enfant à l'énergie débordante. Pour un adulte, une porte se ferme doucement ; pour un enfant, on la claque ; pour vous, un escalier se monte ou se descend tranquillement, pour lui on y court, on y rampe dans des positions bizarres. Nous avons de jolis murs blancs où suspendre des tableaux ; l'enfant peut penser que ce sont de belles surfaces à barbouiller ou dessiner.

Un père ne devrait-il pas veiller à ce que les murs de la chambre d'enfant soient vraiment adaptés ? Cela pourrait se faire facilement en les couvrant de vinyle. Ce serait un gigantesque tableau noir, l'enfant pourrait y gribouiller, dessiner et plus tard y écrire à cœur joie. Un peu plus tard, les murs pourraient servir à épingler ses dessins ou son travail de classe. Les marques de crayon feutre ou de peinture se frotteraient facilement sur la surface de vinyle et laisseraient le mur prêt pour d'autres décorations. Si vous faisiez cela, les murs de sa chambre seraient un atout précieux pour le développement de votre enfant. Rappelez-vous que les enfants, dans cette période préscolaire ne sont pas de petits hommes calmes. Ils ont un besoin biologique de courir, de sauter, de crier et de faire des galipettes. Cela va souvent à l'encontre de votre désir d'adultes de paix, de calme et d'ordre. Cela peut vous rendre la tâche difficile avec vos enfants. Et pourtant, si votre enfant ne peut pas libérer positivement ses immenses réserves d'énergie, il se tournera sans doute vers des actions destructrices. Si vous forcez votre enfant à être « gentil » et sage pendant cette période, il sera handicapé plus tard en face de ses camarades de classe. Il manquera de la coordination musculaire de base qui est nécessaire pour réussir suffisamment dans les jeux et les sports (et donc dans les contacts sociaux à l'école).

De plus, et beaucoup plus que bien des parents l'imaginent,

les aptitudes motrices et musculaires sont le fondement des aptitudes intellectuelles futures. Par exemple, pour développer la coordination des muscles fins nécessaires pour apprendre à écrire, un enfant doit passer par le stade du gribouillage. C'est ainsi qu'il s'entraînera à coordonner les muscles fins de ses doigts et du pouce. Et un enfant qui peut gribouiller librement sur les murs de sa chambre possédera un avantage certain.

La coordination musculaire chez l'enfant se compose essentiellement de deux facteurs : la latéralité et la directionnalité. Notre latéralité est comme la carte de notre espace intérieur en relation avec notre symétrie de « gaucher » ou de « droitier ». Si l'enfant ne développe pas ce schéma interne, il est incapable d'agir en douceur avec les deux mains ou les deux jambes, ou avec l'une ou l'autre de celles-ci. Nous pouvons concevoir la directionnalité comme la projection de notre latéralité dans l'espace c'est-à-dire le sens de la gauche et de la droite, du haut et du bas, de devant et de derrière. La latéralité est donc l'image de notre espace intérieur, tandis que la directionnalité est celle de l'espace extérieur.

Le problème est que ces deux notions ne sont pas innées. Elles s'acquièrent, et seulement si votre enfant a de nombreuses occasions de grimper, ramper, courir, tomber et de jouer avec des cubes. Ces schémas internes et externes sont liés aux schémas musculaires et mouvements moteurs qu'il apprendra à cet âge. On pourrait dire que c'est « le savoir musculaire ».

Vous allez peut-être vous demander quel rapport cela peut avoir avec des activités intellectuelles telles que la lecture. Beaucoup plus que bien des pères l'imaginent. Si votre enfant n'a pas acquis un sens exact de la latéralité, il intervertira les lettres et les mots. Remarquez que la lettre b et la lettre d ne diffèrent que par la latéralité. Quand vous aurez compris cela, vous verrez pourquoi l'enfant peut confondre ces deux lettres. Si vous multipliez les occasions pour votre enfant d'exercer ses muscles, vous n'aurez aucun souci à vous faire.

Ce que vous pouvez faire de mieux (et de plus agréable) est d'emmener votre enfant au parc et de le regarder jouer. Vous pouvez y prendre part mais ne vous croyez pas obligé de le faire. Il vous demandera sans doute de le pousser sur les balançoires, mais il peut se débrouiller tout seul pour le reste. Il vous prendra à témoin de ses exploits, mais la plupart du temps il sera ravi de jouer tout seul en sachant que vous êtes tout près. S'il y a d'autres enfants, il sera encore moins accaparant. Emportez un livre ou un magazine. Profitez de ce moment de repos pour lire, réfléchir ou jouir tout simplement du spectacle.

Lorsque j'emmenais mes enfants au parc, j'y remarquais peu de pères par rapport au nombre des mères. C'est fort regrettable. Les pères qui s'en abstiennent se privent de beaucoup de joies et d'occasions merveilleuses d'approfondir les liens qui les unissent à leurs enfants. Si vous avez plusieurs enfants, vous pouvez les emmener tous, ou un seul à la fois, suivant le cas.

Il y a bien sûr beaucoup d'autres occasions de cultiver des liens étroits au moment où l'enfant satisfait ses besoins biologiques : en camping, à la plage, à la piscine.

Mais votre devoir essentiel de père est de lui donner toutes les possibilités de devenir un animal biologique plein de santé, vif et exubérant.

Aptitude à se contrôler

La seconde tâche est très proche de la première : il faut développer le contrôle des émotions et des impulsions chez l'enfant. Là encore, les fondements seront biologiques. Au moment de sa naissance, votre enfant est essentiellement un jeune animal incapable de contrôler ses désirs. Quand il a envie de pleurer, il pleure. Quand il veut donner des coups de pied, il en donne. Quand il atteint l'âge des premiers pas, le contrôle de ses impulsions reste très primitif. S'il écrase un jouet en marchant, il le jettera probablement de dépit. Si un autre enfant lui prend son jouet, il peut le frapper pour le récupérer.

Mais entre 3 et 6 ans, l'enfant va travailler activement à établir un système de contrôle de ses impulsions. Comment pouvez-vous l'aider ?

Il est essentiel que vous sachiez que cela prendra beaucoup de temps. A cet égard, les pères sont généralement beaucoup plus impatients que les mères. Ce n'est pas parce que les mères ont un savoir inné plus développé, mais parce qu'elles passent plus de temps auprès de leur enfant et qu'elles apprennent, empiriquement, ce qu'elles peuvent raisonnablement en attendre. Les pères passent davantage de temps dans le monde des adultes et beaucoup moins dans celui des enfants. Ils prennent leurs enfants pour des adultes en miniature. Quand vous vous exaspérez en voyant que votre enfant est incapable de se contrôler, dites-vous que c'est parce que vous en attendez trop.

Nombre de parents demandent à leur enfant : « Tu ne sais donc pas ce que *non* veut dire ? » Intellectuellement, l'enfant le comprend, bien sûr, mais il n'a pas encore parfaitement mis au point le système de contrôle lui permettant d'affronter ce « non » et de supprimer en lui tout comportement asocial. Trop de pères pensent qu'une fois que l'enfant a compris le sens du « non » il peut obéir immédiatement. Mais les choses ne se passent pas ainsi. Il vous faudra des milliers de répétitions pour enseigner à votre enfant les habitudes nécessaires à la suppression de ces instincts.

Souvenez-vous du moment où il a commencé à parler. Il n'a pas débuté directement avec des phrases complexes mais avec des phrases d'un seul mot. Puis il s'est passé aux phrases de deux mots. Les pères sont généralement très patients pour l'apprentissage de la langue. Ils tolèrent et s'amusent des fautes grammaticales et des fautes de prononciation, mais ces mêmes pères s'insurgent devant les fautes, les bêtises et maladresses physiques que l'enfant ne contrôlera que lentement au cours des années préscolaires.

Consacrez du temps à votre enfant. Si vous l'aidez avec discernement et intelligence, il devrait à 6 ans avoir acquis un système de contrôle assez satisfaisant, qui l'empêchera de frapper, de lancer du sable, de voler ou d'avoir un comportement asocial et lui évitera des ennuis à l'école ou avec les voisins.

Si vous avez réussi à lui apprendre à contrôler ses impulsions dans la période préscolaire, vous devriez avoir peu d'occasions de lui administrer une fessée par la suite.

Les pères risquent essentiellement de commettre deux fautes en apprenant à leurs enfants à contrôler les impulsions.

La première consiste à n'avoir aucune exigence dans ce domaine. L'enfant de 6 ans n'est donc pas plus avancé qu'il l'était à 2 ans. Cet enfant-là frappera volontairement ses camarades, leur prendra leurs affaires, se laissera aller à des colères, et fera des scènes. Cependant peu de parents commettent cette erreur.

Bien plus nombreux sont les parents, surtout les pères, qui risquent de commettre le second genre d'erreur, c'est-à-dire d'exiger trop vite de l'enfant qu'il maîtrise ses instincts. Voilà pourquoi il est important de savoir ce qu'on peut raisonnablement attendre d'un enfant à chaque âge.

Trop d'exigence peut entraîner des complications inutiles. Problèmes de nourriture, de lenteur excessive, d'ongles rongés, crainte des animaux ou de l'obscurité, cauchemars — tout cela peut être une réponse cachée à des exigences trop grandes de la part des parents. Augmentez vos exigences peu à peu pour le contrôle d'instincts asociaux. 3 ans est le bon âge car c'est une période d'équilibre et de coopération. Votre enfant contrôle désormais assez aisément le langage, ce qui l'aide à intérioriser ce contrôle.

Si vous le laissez dire à son frère qu'il le déteste, il lui est plus facile d'inhiber son envie profonde de le frapper ou de lui prendre ses jouets. Donnez-lui des possibilités de choix pour ses actes asociaux : « Non, Tommy, je ne veux pas que tu frappes ton frère. Je sais que tu es furieux et que tu as envie de le battre, tape donc sur ce pantin à la place. »

Une autre issue aux instincts asociaux de l'enfant est de lui fournir ce que le Dr. Ruth Hartley appelle des « poupées à battre ». Elles sont destinés à recevoir des coups sans conséquences regrettables. Ce sont de solides poupées de chiffon, sans corps. Votre femme ou vous (si vous savez coudre !) pouvez en confectionner avec une tête faite de toile rembourrée, les traits du visage brodés avec des fils de couleur. Une chemise d'homme ou un corsage de femme cousus autour du cou complètent la marionnette. Il faut une marionnette qui corresponde à chaque membre de la famille : le père, la mère, frères et sœurs. L'enfant pourra ainsi extérioriser ses instincts asociaux et ses sentiments perturbés.

Il y a un autre moyen de libérer les instincts asociaux en toute sécurité, c'est de jouer aux situations renversées. Voici comment le pratiquer. Dites à votre enfant : « Nous allons jouer à un autre jeu aujourd'hui. Je vais t'expliquer comment on y joue. Pendant un quart d'heure (moins si vous ne pouvez en supporter tant) tu vas être le papa, et moi je serai l'enfant. J'obéirai à tout ce que tu me diras de faire. » Vous serez surpris des possibilités qu'offre ce jeu ; tous les sentiments négatifs peuvent ainsi se libérer en toute sécurité.

Quand on lui proposa ce jeu pour la première fois, un petit garçon de 4 ans répondit : « D'accord. Tu vas faire tes devoirs. » Il prit le livre de mathématiques de son frère aîné et fit faire des problèmes d'arithmétique à son père pendant un quart d'heure, tandis qu'il le surveillait en disant : « Travaille plus sérieusement ! Tu ne travailles pas assez ! »

Bien souvent, les pères ne se rendent pas compte que leurs

enfants doivent se plier à beaucoup de règles et d'interdits, et combien ils rêvent, au plus profond d'eux-mêmes, de pouvoir nous diriger un moment comme nous les dirigeons. Ce jeu des situations renversées est très utile à cet égard. Attention tout de même ! La première fois votre enfant sera peut-être mal à l'aise et il faudra sans doute plusieurs séances et beaucoup d'encouragements pour qu'il consente à vous donner des ordres.

Une autre excellente méthode pour aider votre enfant à se maîtriser est de l'envoyer à l'école maternelle dès l'âge de 3 ans. Avec l'aide d'une bonne maîtresse, il aura beaucoup plus d'occasions de le faire que chez vous. Nous reparlerons des avantages de l'école maternelle un peu plus loin dans ce chapitre.

Cette tâche qui consiste à établir un système de contrôle des instincts est liée *aux actes* de votre enfant. L'étape suivante, fondamentale, concerne les sentiments.

Maîtrise de l'expression des sentiments

C'est maintenant la tâche à laquelle votre enfant sera confronté entre 3 et 6 ans : apprendre à exprimer ses sentiments par les mots. Au chapitre précédent, j'ai fait ressortir qu'il était important pour l'enfant d'exprimer ses sentiments au lieu de les réprimer, car ils risqueraient de resurgir sous une forme feinte et désagréable. C'est à cet âge que l'enfant prend des attitudes déterminantes à propos de ses sentiments et de ses émotions. Ou il croira que ses sentiments sont dangereux et qu'il vaut mieux les réprimer, ou bien il apprendra à être à l'aise avec eux, qu'ils soient positifs ou négatifs.

En tant que psychologue, j'ai consacré de nombreuses années à apprendre à des adultes angoissés à exprimer leurs sentiments. Et le plus souvent leur angoisse disparaît dès qu'ils parviennent à l'exprimer (il s'agit généralement de sentiments refoulés liés à l'agressivité ou à la sexualité). Un adulte souffrant de phobie voit cette phobie disparaître lorsqu'il peut exprimer les sentiments qu'elle cache ; il en est de même pour les dépressions. Si vous voulez éviter à votre enfant d'avoir plus tard recours au psychologue, rien n'est sans doute plus important que de lui donner le droit d'exprimer ses sentiments par les mots à l'âge préscolaire.

Enseignez donc à votre enfant que « juste » et « faux », « bon » et « mauvais » ne s'appliquent pas aux sentiments. Il n'y a pas de « bons » ni de « mauvais » sentiments. Il y a seulement de « mauvaises » et de « bonnes » actions. Et même la loi nous autorise à faire la distinction entre nos sentiments et nos actes. Elle nous permet d'avoir envie de tuer quelqu'un (« j'étais tellement en colère contre mon patron que je l'aurais bien tué »). C'est seulement si nous traduisons ces sentiments en actes que nous tombons sous le coup de la loi qui nous dit : « C'est mal. » Les parents ne devraient-ils pas donner à leurs enfants ce droit que la loi accorde aux citoyens ?

Malheureusement, la plupart d'entre nous n'ont pas eu dans leur enfance le droit d'exprimer nos sentiments négatifs. Je n'ai jamais pu dire à mon père ou à ma mère que j'étais en colère contre eux ou que je les détestais. On m'aurait accusé d' « insolence » ou de « manque de respect ». Moi, je laisse mes enfants exprimer librement leurs sentiments contre moi. Mais quelquefois lorsque l'un d'entre eux me dit : « Tu es dégoûtant, je te déteste ! » Je sens ma colère monter et il me semble entendre au fond de moi-même une voix qui dit : « Je t'interdis de me parler sur ce ton, mon garçon ! je suis ton père ! »

Je sais bien que cette voix n'est pas celle de mon expérience scientifique, simplement l'écho des paroles de mon père, qui me parviennent de mon enfance, et des erreurs commises pendant mon éducation. Mais je refuse de perpétuer ces erreurs en les commettant à mon tour. C'est pourquoi je laisse mes enfants exprimer librement devant moi leurs sentiments, les « bons » comme les « mauvais ». (Ce qui ne veut pas dire que je sois toujours en état de le faire : rentrant fatigué de mon bureau, ou dans un moment d'énervement, il m'arrive de dire : « Cela suffit ! tais-toi ! Papa n'a pas envie de t'écouter ! »)

Je voudrais ici vous raconter une anecdote personnelle pour illustrer les avantages pour un enfant de pouvoir exprimer ses sentiments. Un samedi après-midi en rentrant chez moi, j'allai dans la salle de bains pour me laver les mains, et je remarquai un vase avec des fleurs qui s'y trouvait d'habitude, mais plein cette fois-là d'un curieux liquide jaune. Je me penchai pour sentir l'odeur et du coup mes soupçons furent confirmés : ce n'était pas de l'eau ! Je me mis à chercher qui avait bien pu faire cela. J'écartai comme suspects ma femme et ma fille aînée, de même que le petit Rusty âgé d'un an et incapable de viser aussi juste. Restait mon fils Randy, âgé de 6 ans. J'allai donc le chercher et le mis en face de ces preuves accablantes.

« Randy, pourquoi as-tu fait pipi dans le vase à fleurs ?

— Je ne sais pas, répondit-il tout à fait à la manière d'un garçon de 6 ans.

— Tu devais être très en colère. Qu'est-ce qui t'a rendu si furieux ? »

Il finit par reconnaître qu'il était furieux parce que sa mère ne voulait pas le laisser aller au cinéma cet après-midi-là. C'est pour cette raison qu'il avait commis ce forfait. Je lui dis alors : « Randy, tu sais que tu peux dire à papa ou à maman si tu es furieux contre nous. Alors la prochaine fois, dis-le, mais ne fais pas pipi dans le vase à fleurs ! »

Cet incident est très révélateur ! Il illustre clairement l'alternative qui s'offre à l'enfant : il peut ou bien exprimer ses sentiments négatifs par les mots, ou bien faire pipi dans le vase à fleurs (ou bien encore commettre en cachette quelque geste antisocial qui le libérera de sa colère).

En lisant ce qui précède certains pères vont peut-être mal interpréter mes paroles et penser que je leur conseille de laisser leurs enfants exprimer leurs sentiments en tous lieux, en toutes circonstances et à tout âge. Il n'en est rien. Les enfants doivent apprendre à garder pour eux de temps en temps leurs sentiments négatifs. Ils doivent apprendre que s'ils disent à leur professeur qu'ils le détestent, cela risque de leur attirer des ennuis. Il faut encore qu'ils apprennent que les autres ont aussi leurs sentiments, qu'il faut les respecter et se montrer sociables à leur égard.

Mais je parle ici d'enfant à l'âge préscolaire, trop jeunes pour faire la distinction entre les sentiments négatifs et les sentiments positifs. Si nous les empêchons à cet âge d'exprimer leurs sentiments négatifs, nous les empêchons du même coup d'exprimer leurs sentiments positifs. Le résultat global sera de les refouler sur le plan affectif. Il est impossible d'apprendre à des enfants d'âge préscolaire la réserve et la délicatesse sans sacrifier leur spontanéité et leur liberté émotionnelle.

C'est aux alentours de 6 ans que votre enfant devra apprendre que les autres ont eux aussi des sentiments. Il aura tout le temps d'apprendre qu'il lui faudra parfois taire ce qu'il ressent s'il ne veut pas s'attirer d'ennuis. A l'âge de l'école primaire vous pourrez lui montrer à sentir quand on peut exprimer certains sentiments et quand il est préférable de ne pas le faire. Mais à l'âge préscolaire, il faut encourager les enfants à exprimer tous leurs sentiments bons ou mauvais.

Quitter la mère

Au stade de la première adolescence, votre enfant n'est pas encore prêt à s'éloigner de sa mère. Elle est pour lui le centre du monde. C'est pourquoi il n'est généralement pas souhaitable d'envoyer un enfant de 2 ans à la maternelle à laquelle il n'est pas encore adapté sur le plan émotionnel, tout simplement parce qu'il n'est pas prêt à quitter sa mère trois heures par jour pour jouer sous la surveillance d'une « étrangère », la maîtresse. Lorsqu'une maman travaille et doit faire garder dans la journée un enfant de 2 ans pour des raisons matérielles, il n'y a certes pas d'autre possibilité. Mais en réalité on ne devrait pas mettre un enfant en garde ni dans une école maternelle avant l'âge de 3 ans.

A 3 ans, l'enfant est prêt à quitter le stade du jeu parallèle. Il a envie d'être avec d'autres enfants. Il a besoin d'apprendre à s'adapter au groupe de ses semblables. Il a besoin de se séparer de sa mère et de devenir plus indépendant.

La meilleure façon de lui faire franchir cette étape est de l'envoyer dans une bonne maternelle.

Je suis chaque jour étonné de voir combien de pères, intelligents par ailleurs, sont d'une naïveté incroyable en ce qui concerne le rôle de l'école maternelle. J'ai vu des banquiers, des avocats, des médecins et des cadres supérieurs me dire : « Bien sûr, l'école maternelle, c'est de la garderie ou du baby-sitting. » Dire que dans une bonne école maternelle on fait du baby-sitting révèle une ignorance étonnante de ce qu'on peut y accomplir de positif pour le développement affectif et intellectuel de l'enfant. Nous traiterons au cours du prochain chapitre du développement intellectuel ; mais je voudrais dès maintenant aborder la question du développement affectif.

Tout en souhaitant s'affranchir des liens qui l'unissent à sa mère et s'aventurer dans le monde des autres enfants, l'enfant de 3 ans hésite encore beaucoup à abandonner la sécurité et la protection maternelles.. Il ne faut pas s'étonner de le voir éprouver cette « angoisse de séparation » car après tout, la mère est à la maison son recours permanent depuis trois ans.

Il serait très profitable de savoir ce qui se passe dans la tête d'un petit de 3 ans à son premier jour d'école maternelle. Sans doute pense-t-il à peu près ceci :

> Maman m'a conduit dans cet endroit que je ne connais pas. Elle m'a dit que cela me plairait et que je m'amuserais bien, mais maintenant je n'en suis pas sûr. Maman m'a dit que la dame qui est là-bas est la maîtresse. Comment est-elle ? Sera-t-elle gentille avec moi ? Est-ce qu'elle s'occupera de moi ? Qui sont tous ces enfants que je ne connais pas ? Je n'ai jamais vu tant d'enfants ensemble dans le même endroit ! Est-ce qu'ils vont m'aimer ? Est-ce qu'ils vont être de gentils camarades pour jouer, ou est-ce qu'ils vont me battre ? J'ai peur. Finalement, je ne suis pas sûr du tout d'aimer cet endroit ! Maman, ne me laisse pas ! J'ai si peur que j'ai envie de pleurer [5].

Et c'est effectivement ce que la plupart des petits de 3 ans font le jour de leur première « rentrée » : ils pleurent. Les pères apprendraient beaucoup s'ils visitaient les maternelles le jour de la rentrée. Ils y verraient un grand nombre d'enfants en pleurs, que les maîtresses prennent sur leurs genoux pour les consoler.

Tous les petits de 3 ans ressentent plus ou moins intensément « l'angoisse de séparation ». Si votre enfant est équilibré, tranquille et psychologiquement en bonne santé, il ne la ressentira que peu de temps. Puis il se laissera introduire dans le groupe des autres enfants et commencera une activité commune. Mais même si un enfant est capable de laisser partir sa mère et de se joindre aux activités du groupe, il conserve au fond de lui-même des sentiments troubles à propos de cette séparation. Parfois il manifestera ses sentiments à l'occasion de cette séparation non par des mots, mais à travers le langage corporel des symptômes physiques. C'est au moment de partir pour l'école qu'il aura tout à coup mal aux jambes, mal au ventre ou à la tête.

Quitter la mère et se débrouiller seul dans le groupe des enfants de son âge c'est franchir un très grand pas. Pour le père cela peut paraître bien peu de choses, mais pour l'enfant, cela ressemble à un voyage plein de risques à travers l'espace, à destination d'une planète inconnue. Cette séparation s'accomplit bien plus facilement s'il fréquente l'école maternelle.

Les pères s'inquiètent de la scolarité de leurs enfants à partir de la sixième, mais bien peu sont conscients de l'importance d'une bonne maternelle pour un bon développement affectif et intellectuel. L'enfant y trouve une institutrice dont c'est le métier de l'aider à accomplir la séparation affective qui lui permettra de quitter sa mère. Cette aide précieuse, il ne la trouverait pas s'il restait à jouer seulement avec de petits voisins de son âge. Un enfant timide en a particulièrement besoin.

Vous pouvez aussi aider indirectement votre enfant à franchir cette importante étape psychologique, en passant le plus de temps possible avec lui, comme je l'ai indiqué au cours des chapitres précédents. L'enfant qui voit peu son père jusqu'à 3 ans ne compte plus que sur sa mère comme soutien affectif. De ce fait, il lui sera plus difficile de s'en écarter que s'il avait en plus la sécurité de solides rapports affectifs avec son père.

Un monde nouveau : les autres enfants, ses « pairs »

La prochaine étape consiste à participer à la vie du groupe des autres enfants de son âge.

Les pères qui minimisent l'importance de ces premières leçons dans l'art des relations humaines devraient se demander : « Parmi toutes les personnes de ma connaissance qui ont été congédiées, quelle a été la principale raison de leur renvoi ? » Si vous analysez la situation, vous trouverez sans doute que ce n'est pas le manque de compétence, mais l'inaptitude à s'insérer dans le groupe social.

C'est entre 3 et 6 ans qu'un enfant apprend à vivre en harmonie avec le groupe, avec ses semblables. Il apprend à partager, à attendre son tour, à demander au lieu de prendre, à traduire ses sentiments en paroles. Il apprend à défendre ses droits, à empêcher les autres de le brutaliser, à exprimer ses sentiments sans avoir recours à ses poings, à participer et à observer. Il lui faut bâtir sa confiance en soi au cours de ses contacts avec les autres, car ces habitudes sociales fondamentales ne sont pas innées. Il est vital pour sa réussite future que votre enfant les apprenne dès le plus jeune âge.

Chaque enfant découvre que l'univers des relations avec ses semblables est radicalement différent de l'univers familial. Dans sa famille il est aimé et accepté tel qu'il est ; il y est membre à part entière rien que du fait d'y être né. Parmi les autres enfants rien n'est acquis de droit. C'est un monde psychologique différent avec tout un système tacite de règles et d'exigences. L'enfant s'y trouve d'emblée confronté à ses faiblesses et à ses points forts. Il parvient à s'y faire accepter, mais risque aussi de s'en faire rejeter. Il y reçoit ses premières leçons dans cette pratique psychologique si importante de l'échange avec autrui.

Gardez-vous de tomber dans le travers de certains pères

dont les enfants refusent par timidité de jouer avec les autres. Dans ce cas le père va presque toujours négliger ses *sentiments* de peur. Il essayera de pousser son enfant ou de l'inciter à dominer sa timidité. C'est là une mauvaise façon d'aborder le problème, qui poussera l'enfant à se réfugier dans sa coquille encore davantage.

Le père devrait au contraire pratiquer la technique du feed-back ou rétroaction affective décrite au chapitre précédent, et dire à l'enfant : « Je sais que tu as un peu peur de jouer avec Jacques parce qu'il est très bruyant et très turbulent » ou bien : « Je vois que tu n'oses pas aller demander au petit garçon des voisins de jouer avec lui. » En lui réfléchissant ses sentiments de peur et d'inquiétude, le père d'un enfant timide lui montre qu'il le comprend et qu'il est son allié. Un père ne saurait mieux encourager son enfant à vaincre sa timidité ou sa peur. *Après* avoir pratiqué le feed-back, on peut s'arranger pour faire venir jouer un petit camarade à la maison.

Les pères pensent souvent que la meilleure façon d'agir avec un enfant agressif, c'est de lui administrer quelques bonnes raclées. Or c'est tout simplement verser de l'huile sur le feu. Ce qu'il faut à l'enfant agressif, ce n'est pas lui donner des fessées (sauf en dernier ressort, quand le père a perdu toute patience), mais lui opposer de fermes contraintes physiques. S'il frappe ou brutalise un camarade de jeux, le père doit le saisir et l'empêcher par la force de frapper l'autre enfant. En même temps, qu'il lui dise avec toute la force nécessaire : « Il ne faut pas battre Patrick ! Si tu es fâché contre lui, dis-le-lui, mais il ne faut pas le frapper. »

L'identification à un genre, masculin ou féminin

La prochaine étape à franchir au cours de l'âge préscolaire consiste à s'identifier au genre masculin ou féminin.

Jusqu'à 3 ans, garçons et filles ne s'identifient pas très nettement à un genre. Lorsqu'ils commencent à marcher, les enfants des deux sexes éprouvent le même plaisir à tirer des jouets à roulettes, à jouer au sable ou à l'eau, avec des animaux en peluche ou des cubes. Bien entendu il existe déjà des différences entre fille et garçon dès les premières années, mais ces différences ne sont pas très nettes. Les garçons se montrent en général plus turbulents, plus agressifs et plus actifs. Les filles, en général, ont tendance à se montrer plus mûres que les garçons dans bien des domaines, tels que le développement du langage, mais on peut dire qu'il faut attendre le début de l'âge préscolaire, à 3 ans, pour qu'apparaisse une vraie séparation entre les genres. C'est à partir de cet âge que garçons et filles vont se voir et vont voir le monde à travers des optiques différentes, et par conséquent se conduire de façon différente.

Les différences affectives et psychologiques entre garçons et filles, puis plus tard entre hommes et femmes sont probablement dues à des facteurs biologiques innés d'une part, et d'autre part, à des différences éducatives. Mais les experts ne sont pas du tout d'accord sur la part qu'il faut accorder à la biologie et à l'acquis culturel.

L'essentiel pour le père est de veiller à ce que l'enfant effectue nettement et solidement son identification à un genre pendant les années préscolaires. Car cette identification à son propre sexe représente une part importante du concept de soi de l'enfant et de sa santé mentale.

Les pères doivent savoir qu'au cours des premières années de la vie les garçons et les filles s'identifient à leur mère, qui est la personne prépondérante de leur vie d'enfant — réaction normale puisque c'est la mère qui passe le plus de temps avec le bébé. Si le père passait le plus de temps avec l'enfant, c'est à lui que ce dernier s'identifierait.

Les petits garçons et les petites filles veulent copier leur mère.

Il est tout à fait normal qu'un garçon de 3 ans dise à sa mère : « Quand je serai grand je serai une maman comme toi ! » Il n'est pas rare non plus qu'un petit garçon veuille mettre les chaussures de sa mère, ou se servir de son rouge à lèvres ou de son parfum. N'allez pas vous en inquiéter et penser que votre garçon est « efféminé » ou risque de devenir homosexuel.

Une telle conduite est typique des premières années, mais entre 3 et 6 ans, les garçons et les filles prennent normalement des voies différentes dans leur développement psychologique. Les garçons se mettent de plus en plus à imiter leur père, et les petites filles à imiter leur mère. Mais cette imitation devient difficile quand le modèle n'est pas souvent là. Et à cet égard je pense que dans notre société il est beaucoup plus facile pour les petites filles que pour les petits garçons d'accepter et de fixer leur identification à un genre.

A ce sujet comparez la société d'aujourd'hui à ce qu'elle était il y a cent ans. A cette époque notre vie était rurale, organisée en petites villes. Les petits garçons étaient souvent avec leur père et pouvaient sans même s'en rendre compte le copier et s'identifier à un genre. Le garçon élevé dans une ferme accomplissait très jeune maintes tâches en compagnie de son père. Dans les petites villes les employés et les hommes d'affaires rentraient déjeuner en famille. De nos jours nombreux sont les pères qui restent absents de longues heures, et souvent un petit garçon ne voit le sien que pendant le week-end. Par ailleurs il y avait très peu de femmes professeurs au siècle dernier, alors que de nos jours il est fréquent pour un garçon de ne pas avoir un seul professeur homme avant l'âge de 15 ans. Tous ces facteurs néfastes font que les garçons ne sont presque jamais en contact avec le modèle masculin.

La situation de la famille aujourd'hui est encore rendue plus complexe par les conséquences du divorce sur les garçons, car c'est généralement la mère qui se voit attribuer la garde des enfants. Les choses sont dans ce cas plus faciles pour les petites filles qui gardent leur mère auprès d'elles. Mais que dire des garçons qui ne rencontrent alors leur père que de temps en temps ?

Dans cette situation, on pourrait croire que les pères font de nos jours un effort particulier pour être auprès de leurs jeunes enfants. Ce n'est malheureusement pas le cas. Beaucoup de pères sont tellement poussés par l'ambition et le besoin irrésistible de réussir qu'ils se plongent dans leur travail et n'ont plus un instant à consacrer à leurs jeunes enfants. On cite le cas d'un clergyman qui prit conscience de ce fait lorsque son fils de 5 ans lui demanda un rendez-vous afin de pouvoir lui parler.

Habituellement les pères justifient cette fixation obsessionnelle sur leur travail en se disant qu'ils le font pour apporter plus de bien-être à leur famille et que plus tard, quand les enfants seront plus grands, ils pourront passer plus de temps avec eux. Point de vue qui toujours se révèle faux. Ces années préscolaires sont décisives, car c'est à ce moment qu'un enfant, et particulièrement un garçon, a le plus besoin de son père comme modèle. Et ce processus de mimétisme s'effectue de manière subtile et inconsciente. Le petit garçon ne va pas dire en se réveillant : « Aujourd'hui je vais observer comment papa s'y prend pour nous conduire à la plage et je prendrai modèle sur lui. »

J'ai pu me rendre compte, il y a quelques années, de la manière inconsciente dont le modèle agit du père au fils aîné, puis du fils aîné au plus jeune. Il se trouve que j'ai une façon particulière de manger les hamburgers ; pour éviter d'absorber trop de pain, je ne mange que la viande avec une fourchette. Bien entendu je n'ai jamais dit à mes enfants de faire comme moi. Mais un jour où nous avions tous pris des hamburgers dans un restaurant, mon fils Randy, âgé de 8 ans, se fit apporter une fourchette et se mit à manger son hamburger exactement comme moi. Randy n'avait pas plus tôt commencé à manger de cette façon que Rusty, âgé de 2 ans, voulut faire la même chose.

Si donc vous passez du temps avec vos jeunes enfants, n'ayez crainte, ils prendront modèle sur vous. Et le meilleur moment pour le faire, c'est quand vous n'êtes que tous les deux, occupés ou attentifs à la même chose. Même le père le plus occupé peut s'arranger pour passer au moins une demi-heure chaque soir à faire quelque chose avec son enfant. Ce quelque chose peut varier d'un père à l'autre, suivant ses goûts. Mais en tout cas aucun père n'est occupé au point de ne pouvoir consacrer dix minutes à lire une histoire à son enfant de 2 ans. Bien sûr, si vous avez six enfants d'âges différents, il vous faudra faire des compromis et des arrangements dans l'emploi du temps suggéré ici !

Les pères doivent prendre aussi l'habitude d'emmener leurs jeunes enfants avec eux faire les courses, par exemple à l'épicerie, à la quincaillerie, au garage, à la bibliothèque. Puisque de toute manière nous devons y aller, pourquoi ne pas y emmener un enfant ? Malheureusement les pères ne voient pas toujours l'intérêt de telles « sorties ». Pour eux, il s'agit de courses à faire, sans plus. Mais le magasin de vaisselle, qui à vos yeux n'a rien d'attirant, représente la grande aventure pour un petit.

Il existe encore beaucoup d'autres « sorties » qu'un père peut faire au week-end en compagnie d'un enfant d'âge préscolaire, qui seront éducatives, mais les aideront aussi à établir entre eux un lien affectif solide. Voici quelques endroits où j'ai emmené mes enfants : une station de lutte contre l'incendie, un poste de police, les locaux d'un journal, un atelier de soudure, une bibliothèque, une banque, un marché, un aéroport, une cordonnerie, un atelier de carrosserie automobile, une fonderie, une fabrique de pâtés et un bureau de poste. Le plus souvent les employés sont heureux de faire visiter leur entreprise à un enfant, quoiqu'ils ne soient pas toujours très habiles à expliquer ce qu'ils font en termes simples. Quant à moi, j'ai pris beaucoup de plaisir à ces visites que les adultes n'ont pas souvent l'occasion de faire. Vous hésiterez sans doute à aller à la station de lutte contre l'incendie demander au pompier de service : « Pourrait-on voir de plus près cette voiture-pompe ? » Mais votre enfant sera votre « laissez-passer » pour toutes sortes d'aventures inattendues dans votre voisinage. C'est bien d'ailleurs ainsi que j'en parlais à mes enfants : « des aventures ».

Un bon moyen de ne pas en rester là, après une de ces visites, est de lire à votre enfant un livre se rapportant à ce que vous avez vu. Vous pouvez ensuite lui suggérer de faire des dessins et d'imaginer une histoire, même « d'écrire un livre » avec lui sur notre récente expédition. Voici comment on peut procéder.

En rentrant, vous dites : « Les pompes à incendie que nous avons vues hier, tu sais qu'on peut écrire leur histoire dans un livre ? Un livre est une histoire, mais au lieu de la raconter, on l'écrit. Tu vas me raconter l'histoire et je vais l'écrire. C'est comme ça qu'on écrit un livre.

« Alors, qu'est-ce que tu veux raconter à propos de notre visite d'hier ?

— Je suis allé avec papa visiter les voitures de pompiers.

— Bien ! Cela fera la première page de notre livre. »

Ecrivez alors en grosses majuscules sur la première page : « Papa et moi nous avons vu les voitures des pompiers. » Laissez-lui assez de place pour dessiner ce que vous avez vu. Continuez ensuite l'histoire en écrivant seulement une phrase par page, sans rien changer ni corriger de ce que l'enfant dicte. Continuez tant qu'il en a envie. Dès que vous sentez qu'il se lasse, trouvez une phrase pour finir. Ecrivez avec des lettres de plusieurs grandeurs, comme dans les vrais livres. Puis demandez-lui de choisir un titre que vous écrirez sur la couverture en ajoutant « par Olivier X... », puisque c'est votre enfant qui est l'auteur. Si vous avez à votre disposition un appareil photo et que vous ayez pu prendre pendant la visite quelques vues où figure votre enfant, collez une de ces photos sur la couverture, et utilisez les autres pour illustrer les autres pages.

Quand le livre est terminé, lisez-le-lui à haute voix. Il voudra certainement que vous le lisiez plusieurs fois ; il aura une grande valeur à ses yeux, puisque vous et lui l'avez fabriqué ensemble. Et si maintenant vous pouvez en faire photocopier quelques exemplaires, votre enfant sera émerveillé de pouvoir en envoyer un à ses grands-parents ou d'en emporter un à l'école maternelle pour en parler. Les compliments de ceux à qui il aura envoyé son livre l'encourageront à continuer sa carrière de jeune écrivain.

Ainsi, en aidant votre garçon à écrire des livres sur vos sorties et vos visites ensemble vous favorisez en même temps le développement de son langage, de son intelligence et son identification au genre masculin. Il est aussi une excursion que chaque père devrait offrir à son enfant : emmenez-le voir l'endroit où vous travaillez, montrez-lui ce que vous faites, en prenant soin de lui expliquer très simplement. Si vous êtes policeman, pompier, médecin ou soudeur, il vous sera plus facile d'expliquer votre métier que si vous êtes avocat ou informaticien.

Ainsi j'ai emmené mes enfants, à l'âge préscolaire, voir mon cabinet de psychothérapie. Je leur ai dit que j'étais un médecin un peu différent des autres, pas un médecin qui fait des piqûres, que les gens qui n'étaient pas heureux venaient me voir dans mon cabinet, que je leur parlais pour les aider à se sentir heureux comme avant. Je leur montrai aussi la salle de jeux où je traite les enfants par des techniques thérapeutiques de jeu. Cela leur plut tout de suite, et ils furent toujours prêts par la suite à venir à mon cabinet le samedi ou le dimanche pour jouer dans le bac à sable, ou avec les cubes et les marionnettes.

Si votre enfant doit vous prendre pour modèle, il est très important qu'il se fasse une idée — à son niveau intellectuel — du genre de travail que vous faites, et sache en quoi il est important. Il sait ce que fait sa mère parce qu'il est avec elle à la maison et la voit agir. Si vous ne lui faites pas découvrir ce que vous faites, et l'importance de ce que vous faites il ne verra en vous que celui qui disparaît chaque matin pour aller faire quelque chose qu'on nomme « travail » et réapparaître seulement le soir.

Vous pouvez avec votre enfant faire un livre qui s'appellerait *Le travail de mon papa*. Suivant les indications que j'ai données précédemment. Parallèlement, votre femme peut encourager votre enfant à jouer à la maison « au métier de papa ».

J'espère ne pas vous avoir donné l'impression qu'il s'agit seulement pour les pères de se consacrer à leurs *garçons* pour que ceux-ci puissent les imiter. Un père a un rôle aussi important à jouer avec une petite fille, non pas comme modèle, mais comme le premier homme de sa vie. Vous êtes le modèle de celui qui sera son mari. Si elle vous voit peu, elle en aura une image très pâle et imprécise. Je parlerai plus à fond de cette question au prochain chapitre en abordant « l'idylle familiale ». Votre petite fille doit savoir que vous l'aimez ; comment le saurait-elle si vous n'êtes jamais avec elle ?

Qu'en est-il du père très occupé pour qui il est très difficile de faire tout ce que je viens d'énumérer ? Je dirai que même celui-là peut prendre cinq minutes à l'heure du déjeuner ou entre deux rendez-vous, pour téléphoner chez lui à son enfant. Cette conversation de cinq minutes aura beaucoup de prix, car elle voudra dire « papa pense à moi ». Vous pouvez aussi lui envoyer par le courrier une carte ou un mot de temps en temps. Les jeunes enfants ne reçoivent presque jamais de courrier ; ils sont enchantés d'en avoir de leur papa. Les pères pensent souvent à envoyer des cartes postales ou à téléphoner à leur enfant quand ils sont en voyage pour leurs affaires. Mais ils ne voient pas souvent que pour un enfant d'âge préscolaire, le père est aussi « loin » quand il est à son travail que lorsqu'il est à des centaines de kilomètres. Faites donc un pont entre la maison et votre lieu de travail à l'aide d'un coup de téléphone ou d'une carte postale, pour rappeler à votre enfant que vous pensez à lui.

En résumé, le petit garçon d'âge préscolaire a besoin de contact avec vous afin de pouvoir vous imiter et assurer son identification au genre masculin. La petite fille d'âge préscolaire a aussi besoin de ce contact avec vous pour former l'image de son futur mari. Elle a besoin de savoir que vous, le premier homme de sa vie, l'aimez, pensez à elle et appréciez sa féminité de petite fille.

Mais il convient de vous rappeler qu'aucun enfant (aucun adulte non plus sur ce point précis) n'est jamais absolument masculin ni absolument féminin. S'ils l'étaient, comment un enfant pourrait-il jamais espérer comprendre l'autre sexe ? Il nous faut donc éviter les remarques stéréotypées telles que : « Les garçons ne pleurent jamais » ou bien : « Inutile d'apprendre à une fille à penser, il suffit qu'elle apprenne à attraper un mari », et autres remarques du même genre. Nous voulons que nos garçons deviennent en grandissant des hommes capables d'avoir des qualités féminines de chaleur humaine, de tendresse, capables de pouvoir pleurer et d'éprouver des sentiments profonds. Et nous voulons aider nos filles à devenir en grandissant des femmes indépendantes, capables de pensées personnelles, d'originalité et de non-conformisme. Ne donnez pas à vos enfants des notions trop rigides sur le comportement féminin et le comportement masculin. Il faut les laisser prendre des attitudes et éprouver des sentiments propres au sexe opposé comme à leur propre sexe. Un garçon de 3 ans ne sera pas traumatisé parce qu'il joue à la poupée, ou parce que sa mère lui apprend à faire la cuisine ou la pâtisserie. De même qu'une petite fille de 3 ans peut jouer avec des voitures, si cela lui plaît. Encouragez vos enfants à s'identifier à leur genre, mais gardez-vous sur ce point d'être rigide ou conventionnel.

7

LA PÉRIODE PRÉSCOLAIRE

(DEUXIÈME PARTIE)

Pendant cette période, l'enfant va être confronté à une nouvelle étape de son développement : il va s'agir pour lui d'établir les fondements de son attitude en face des problèmes sexuels.

Vous avez vu dans les chapitres précédents, que les enfants n'y prêtent guère attention jusqu'à 3 ans. Jusque-là, un père doit seulement se défendre de donner à son fils ou à sa fille une éducation sexuelle négative. Mais, maintenant, il est temps de lui en donner une qui soit *positive*.

En vous décrivant les différents problèmes de son développement et comment vous pouvez l'aider à les résoudre, j'ai supposé que vous ne souffriez d'aucun blocage affectif qui puisse vous en empêcher. Je ne me suis sans doute pas trompé. Mais quand il s'agit d'apprendre à votre enfant à avoir une attitude saine et positive à propos de la sexualité, il se peut très bien que vous souffriez de blocages affectifs qui vous rendent cette tâche particulièrement difficile.

En tant que psychologue, rompu depuis vingt ans aux problèmes intimes, même sexuels, je sais que beaucoup de pères portent en eux les cicatrices d'informations fausses, de la peur ou d'un sentiment de culpabilité à propos des problèmes sexuels, qui datent de leurs propres années préscolaires. Il n'y a donc rien de surprenant à ce qu'ils aient des difficultés à informer leur enfant sur ce sujet. Voilà vingt ans que je demande à mes patients quelle forme d'éducation sexuelle ils ont reçue et que 99 pour cent d'entre eux me répondent qu'ils n'en ont reçu aucune, que ce sujet n'a jamais été abordé. Je le comprends d'autant mieux que je n'ai pas été mieux formé qu'eux dans ce domaine. Les questions sexuelles étaient un sujet interdit (sauf avec les autres enfants, en cachette, bien sûr).

Je comprends donc parfaitement que certains pères en lisant ces lignes trouvent difficile d'en parler à leurs enfants ou de répondre à leurs questions avec la même aisance que sur d'autres sujets. Et pourtant, cela vaut la peine que vous dominiez vos blocages affectifs pour dispenser un enseignement meilleur que celui que vous avez reçu. Consolez-vous en pensant qu'il est beaucoup plus facile d'aborder ce sujet avec votre enfant tant qu'il est petit.

Il y a deux façons de lui donner une éducation sexuelle positive à cet âge :

1. En répondant à ses questions ;
2. En lui donnant un point de vue général sur la sexualité, l'amour et la famille.

Répondez franchement et honnêtement à ses questions. Vous devez être aussi simple et aussi réaliste que lorsque vous lui expliquez pourquoi il pleut ou pourquoi la TV est en panne. L'enfant ne sera pas obsédé par les questions sexuelles si les adultes ne lui apprennent pas à l'être. S'il vous pose des questions pleines de naïveté et que vous lui répondez que vous lui expliquerez plus tard, quand il sera plus grand, ou que vous lui suggérez d'en parler à sa mère, il va commencer à considérer ces questions comme taboues ou sales (et donc fascinantes puisque interdites).

Ces questions surgissent généralement au moment où on s'y attend le moins. Mon fils aîné, Randy, me demanda un soir au milieu du repas : « Papa, d'où viennent les bébés ? » C'est généralement la première question que posent les enfants. Je répondis : « Les bébés naissent dans la maman. Ils poussent dans un endroit spécial qu'on appelle l'utérus. » Randy fit « Ah ! » et enchaîna : « Qu'est-ce qu'on a comme dessert ce soir ? »

Cela pour illustrer clairement que les enfants placent les problèmes sexuels sur le même plan que le reste. Il leur faut une réponse courte et simple. S'ils veulent plus de détails, ils poseront d'autres questions.

Evitez de tomber dans l'erreur de beaucoup de parents qui disent que les bébés poussent dans l'estomac de la maman. C'est d'abord faux d'un point de vue anatomique, et puis cela entraîne l'enfant à faire des erreurs énormes à propos de la sexualité et de la naissance. Il se demandera comment le petit bébé peut se débrouiller avec la viande, les spaghetti et la salade que sa mère vient de manger ! Parlez donc plutôt d'utérus que d'estomac.

Une des questions épineuses que vous devrez sans doute traiter, concerne la différence entre les garçons et les filles. C'est parfois entre 3 et 6 ans que l'enfant découvre qu'un garçon a un pénis et qu'une fille n'en a pas. Plus l'atmosphère familiale sera détendue à propos de la sexualité et moindre sera le choc psychologique causé par cette découverte. Si l'attitude générale est contrainte et pleine de culpabilité, l'enfant aura beaucoup de difficultés à accepter et comprendre cette découverte étonnante.

La plupart des parents attendent de l'enfant qu'il fasse cette découverte avec autant de calme qu'il apprend que les singes peuvent grimper aux arbres mais pas les chiens. Malheureusement pour les parents, c'est très différent. La compréhension du jeune enfant est trop limitée pour qu'il puisse saisir que les garçons naissent avec un pénis, et les filles avec un utérus et sans pénis. A cet âge, garçons et filles ont tendance à penser que tous les enfants avaient un pénis à l'origine et qu'un malheur est arrivé aux petites filles. Un dessin humoristique représente une petite fille qui examine son petit frère en train de prendre son bain et qui s'écrie : « Maman, je crois qu'il me manque quelque chose ! »

Certaines petites filles se sentent frustrées, comme des créatures d'une espèce inférieure ; ou bien elles pensent qu'elles avaient un pénis à l'origine et qu'on les en a privées pour les punir. Si votre petite fille réagit ainsi, rassurez-la en lui disant que si les petites filles n'ont pas de pénis, elles ont une chose qui manque aux garçons : un utérus. Expliquez-lui que son utérus est un petit sac à l'intérieur du corps où poussent les bébés et qu'en grandissant les femmes ont des bébés mais pas les hommes. Une petite fille à qui sa mère avait donné cette explication, se promena plusieurs jours en clamant fièrement : « J'ai un utérus ! »

Les petits garçons eux aussi peuvent éprouver un grand désarroi en apprenant que les femmes et les petites filles n'ont pas de pénis. Puisque, à cet âge, la pensée de l'enfant est encore très simpliste et très naïve, beaucoup de petits garçons concluent qu'on a coupé le pénis des petites filles et qu'il pourrait leur arriver la même aventure. Voilà une anecdote qui illustre assez bien cette crainte. C'est l'histoire d'un petit garçon de 5 ans qui demandait à sa mère où était son pénis. Quand elle lui rappela qu'elle lui avait déjà dit que les garçons et les hommes ont un pénis mais pas les petites filles ni les femmes, il lui répondit : « Ah ! oui, je me rappelle maintenant. On te l'a coupé ! »

Si dans votre famille, l'atmosphère est détendue et naturelle à propos des questions sexuelles, si on ne prête pas attention à l'intérêt que l'enfant porte à ses organes sexuels, la crainte qui naît chez les garçons et les filles en découvrant cette différence, disparaîtra bien vite. J'insiste sur ce point car il faut que vous compreniez que garçons et filles peuvent éprouver une peur irraisonnée de perdre leurs organes sexuels en dépit de ces explications rationnelles. N'attendez pas que vos explications suppriment en un jour ces peurs irraisonnées. Dans une famille ouverte et détendue cette peur disparaîtra à la fin de l'âge préscolaire.

Tout serait parfait s'il suffisait de répondre honnêtement aux questions sur les problèmes sexuels pour apporter à l'enfant toute l'information qu'il désire à cet âge. Malheureusement, il ne sera pas suffisant de répondre aux questions. D'abord parce que les enfants ont souvent peur d'en parler. Ils sentent, par les réactions des adultes et d'autres enfants, que c'est un sujet tabou et qu'il est dangereux de poser trop de questions.

Cela nous amène au second élément dont un père a besoin pour aider l'enfant à avoir une attitude positive devant la sexualité. Il faut qu'il puisse lui donner un point de vue d'ensemble général qui lui permettra de voir le lien entre sexualité, amour et famille. Un des meilleurs moyens est de lire à l'enfant un livre qui lui donnera cette vue générale sur le processus sexuel et sa place dans la vie de la famille. Voici d'excellents livres et je vous conseille vivement d'en acheter au moins un et de le lire à votre enfant :

La merveilleuse histoire de la naissance racontée aux enfants, par le Dr. Lionel Gendron (Production de Paris — N.O.E.)

La vérité sur les bébés, par Marie-Claude Monchaux (Magnard).

Ainsi commence la vie, par J. Power (Laffont).

Ne « valorisez » pas la lecture de ces livres. Lisez-les très naturellement. Répondez aux questions de l'enfant, comme vous le feriez pour toute autre.

Il ne faut pas conclure pour autant que parce que vous avez lu ce livre une fois, votre enfant a compris les explications données et les attitudes décrites. Notre société entretient une atmosphère trop tendue et trop culpabilisée à propos de la sexualité pour qu'un enfant reçoive ces informations aussi simplement qu'il apprend les règles du base-ball. Il vous faudra sans doute reprendre des explications que vous pensiez comprises dès la première fois. Ainsi, ma fille avait 12 ans quand notre dernier enfant est né et elle croyait que le docteur ferait une incision entre les jambes de sa mère pour sortir le bébé ! Et ma femme et moi pensions que nous élevions une fille éclairée sur les problèmes sexuels !

Ne vous impatientez donc pas si vous devez répondre à des questions auxquelles vous avez déjà répondu. C'est pour cela qu'il serait bon de lire ces livres plusieurs fois à votre enfant. Pour être précis, je vous conseillerais de les lui lire une fois à 3 ans, une fois à 4 ans, puis une fois à 5. Rangez ensuite les livres dans sa bibliothèque pour qu'il puisse les consulter quand il saura lire.

L'enseignement fourni par ces livres devrait traiter tout ce que votre enfant a besoin de savoir jusqu'à la préadolescence, c'est-à-dire vers 11 ans. A ce moment, s'ouvrira une nouvelle étape dans son éducation sexuelle et nous en traiterons au chapitre 10.

Venons-en maintenant à l'éducation sexuelle positive, et à ce qui est le plus difficile pour les parents : que faire, quand votre enfant touche ses organes sexuels ?

Les jeunes enfant le font par pure curiosité, comme ils touchent leurs orteils ou le bout de leurs oreilles. Rien de plus. Mais à l'âge préscolaire, ils ressentent un plaisir particulier à caresser leurs organes. Jadis, les gens croyaient que rien de tout cela n'apparaissait avant l'adolescence. Nous savons maintenant que ce genre de plaisir fait partie du développement normal de l'enfant. Quelle est l'attitude la plus souhaitable ?

La meilleure est de l'ignorer. Si vous agissez ainsi, l'enfant s'arrêtera après un moment et passera à une autre activité.

Si vous pouvez être assez détendu pour le laisser faire, il n'y aura aucun problème.

Nous avons jusqu'ici envisagé le cas où votre enfant joue avec ses organes sexuels. Supposons maintenant que votre enfant et d'autres camarades le fassent en groupe. Cela prend généralement la forme du jeu du « docteur », où les enfants à tour de rôle examinent les « malades ». Cela peut aussi prendre le tour suivant : « Je te montrerai le mien si tu me montres le tien. » Ce type de jeu est parfaitement normal à ce stade de développement, et une fois que l'enfant a satisfait sa curiosité initiale, la fascination disparaît. Il n'y a pas lieu de vous en faire.

Ce sera plutôt votre femme qui découvrira ce genre de jeu, vous avez donc peu de souci à avoir sur la façon d'affronter cette situation. Votre femme peut dire aux enfants qu'elle sait qu'ils sont curieux de connaître les organes sexuels des autres, mais qu'une fois leur curiosité satisfaite, ils peuvent jouer à d'autres jeux. Puis elle leur fait commencer une autre activité. Puisque c'est elle qui devra affronter ce problème, elle a besoin de votre aide affective. L'essentiel est de vous rappeler qu'entre 3 et 6 ans, les parents non seulement transmettent des renseignements sur la sexualité à leurs enfants mais leur transmettent aussi des attitudes et des sentiments. Et il est malsain de transmettre à l'enfant que la sexualité et le jeu avec les organes sexuels sont des activités sales et honteuses.

Le dernier élément d'une éducation sexuelle positive pour les jeunes enfants concerne la nudité à la maison. Jadis on fermait la porte de la salle de bains et les enfants ne voyaient jamais leurs parents nus. Nous sommes maintenant passés à l'excès inverse. Bon nombre de parents laissent leurs enfants les voir nus même lorsqu'ils atteignent 10 ou 11 ans. Quelle est la meilleure solution ?

Je crois que l'attitude détendue qu'on affecte de nos jours

à propos de la nudité est plus saine. Jusqu'à 6 ans la politique de la porte ouverte est la meilleure. C'est dans le même esprit que les lavabos sont les mêmes pour filles et garçons dans une bonne école maternelle. Il se crée une attitude plus saine et plus détendue à propos de la sexualité et des fonctions corporelles si parents et enfants sont nus ou partiellement nus, très librement dans la maison, tant que les enfants sont d'âge préscolaire. Mais les choses commencent à changer après 7 ou 8 ans. Les enfants deviennent alors pudiques. Ils préfèrent fermer la porte pour aller aux toilettes ou prendre une douche. Il est important que les parents respectent ce besoin d'isolement.

Je parle bien sûr essentiellement de la nudité entre parents et enfants du sexe opposé. Pour un enfant de 9 ou 10 ans ou plus, voir son père nu si c'est une fille ou inversement peut être sexuellement trop excitant. Une stimulation sexuelle trop précoce peut entraîner des problèmes psychologiques que l'enfant n'est peut-être pas en mesure d'affronter. Je pense pourtant qu'il n'y a aucun mal à ce que parent et enfants du même sexe continuent à se voir nus, très naturellement.

En bref, parents et enfants manifesteront naturellement plus de pudeur dans les années qui suivront. Mais la période préscolaire n'exige qu'une attitude détendue chez les uns et les autres.

L'idylle familiale

L'enfant va franchir une nouvelle étape : celle de « l'idylle familiale ». On l'appelle le complexe d'Œdipe, du nom du héros-roi de la légende grecque antique qui tua son père et épousa sa mère. Je n'aime pas ce terme de complexe d'Œdipe car il donne l'impression que c'est malsain ou névrotique. Je préfère de beaucoup le terme d' « idylle familiale » qui fait ressortir que c'est une étape absolument *normale* que connaissent tous les enfants entre 3 et 6 ans. Beaucoup de pères semblent l'ignorer, à leur détriment et à celui de leurs enfants. C'est un phénomène différent chez les garçons et chez les filles. Je vais donc les décrire séparément. Commençons par le garçon.

Vers l'âge de 3 ans, votre petit garçon découvre que vous entretenez avec sa mère des relations différentes des siennes. Jusque-là son intelligence n'était pas assez mûre pour qu'il s'en aperçoive. Sa maman, bien sûr, a toujours été le personnage le plus important de sa jeune existence. Mais alors qu'il s'est senti jusque-là le petit bébé dépendant d'elle, ses sentiments pour elle changent maintenant.

Il commence à être « amoureux » d'elle. C'est normal, tous les petits garçons éprouvent cela. Certains gardent secrets leurs sentiments et ne disent rien. D'autres s'expriment plus ouvertement. Le petit garçon veut que sa mère soit toute à lui et il commence à imaginer des liens romanesques. A cet âge-là on entend souvent les petits garçons déclarer qu'ils épouseront leur maman quand ils seront grands.

Au lieu d'écouter ces dires avec un sourire amusé, vous devez les prendre au sérieux car votre petit garçon les prend, lui, très au sérieux. La nature le prépare ainsi à son rôle éventuel de mari. Cette idylle familiale est déterminante dans son développement psychologique et essentielle pour son bonheur futur.

La mère d'un garçon est la première femme de sa vie, son premier amour. Au niveau de l'inconscient le plus profond, ce sentiment dictera plus tard le choix de sa femme. Il voudra épouser une femme qui lui rappelle sa mère d'une certaine façon. Et c'est tout à fait normal. Il y a une chanson populaire qui parle de cette idylle : « Je veux épouser une fille tout juste comme la fille qu'a épousé mon vieux père. »

Cependant, la nature fera que votre petit garçon ne restera pas fixé sur sa mère pour l'éternité. Il aura probablement dépassé ce stade vers 6 ou 7 ans.

Le problème est que cette « idylle familiale » est aussi un « ménage à trois », non seulement votre petit garçon nourrit des sentiments romanesques à l'égard de sa mère, mais il est jaloux de vous, son rival. Son intelligence plus mûre l'avertit maintenant que vous avez avec sa mère des relations différentes de celles qu'il a avec elle. Vous sortez avec elle le soir et il n'a pas le droit de se joindre à vous. Vous dormez avec elle dans votre chambre et lui dort dans la sienne et naturellement il vous en veut.

Si le père ne comprend pas ce qui se passe dans l'esprit de son petit garçon à cet âge, cette rancune peut véritablement l'égarer. S'il ignore que c'est une étape normale il peut penser qu'il a mal agi et ainsi provoqué la rancune de son fils. Ou bien il peut conclure que ce gosse n'est qu'un « marmot gâté » et il le repousse affectivement et fait moins attention à lui.

Je me souviens très bien de la première fois où je me suis trouvé confronté à cette situation avec mon fils aîné qui avait alors 3 ans. Je rentrais de mon travail, l'embrassant tendrement comme chaque soir, mais cette fois il me claqua la porte au nez en disant : « Va-t'en ! Je veux maman ! » Si je n'avais pas su ce qu'il en était en tant que psychologue, j'aurais pu être assez inquiet en tant que père. Et même en sachant ce qu'il en était, il me fut assez difficile de ne pas prendre cela pour une offense personnelle et de ne pas réagir.

Mais si *vous* vous êtes sur des « *charbons ardents* » qu'en est-il de votre petit garçon ? Ce sentiment nouveau de rivalité et d'hostilité le place dans une position assez inconfortable. Il vous aime, il a besoin de vous, vous admire et cherche à vous imiter. Mais comment vous aimer et en même temps vouloir que vous partiez pour avoir sa mère à lui tout seul ? Votre petit garçon est alors aux prises avec un véritable conflit. Il lui est très pénible de supporter ces sentiments contradictoires.

Dans sa pensée simpliste, il croit que vous êtes vous aussi

jaloux et hostile. Puisque vous êtes beaucoup plus grand et beaucoup plus fort, il peut craindre que vous vous vengiez et le punissiez sévèrement de telles pensées. Il projette souvent cette crainte de vous sur des animaux ou d'autres personnes. C'est le moment où il peut manifester une peur irraisonnée des animaux ou des voleurs. Il se verra peut-être poursuivi par des lions ou des monstres dans ses cauchemars. Ces animaux symbolisent sa peur d'être puni par vous.

Dans une famille saine et équilibrée, le petit garçon comprendra peu à peu que ses rêves de substitution à son père ne se réaliseront pas. Cela se fera en partie grâce au développement de ses aptitudes à séparer le réel de l'imaginaire. (Vous souvenez-vous comme l'enfant de 4 ans a du mal à le faire ?) Toutes les années de 3 à 6 ans seront généralement nécessaires à votre petit garçon pour qu'il abandonne définitivement ses rêves et qu'il accepte la réalité : sa mère est votre femme et pas la sienne. Ainsi, mon fils Rusty refusa que je lui lise son histoire le soir au lit de 3 ans à 5 ans 1/2. Il exigeait, parfois avec des larmes, que ce soit sa mère. Si sa mère était sortie et que je le couchais, il refusait que je lui lise une histoire. Vers 5 ans 1/2, les choses commencèrent à changer et il me permit de le faire. Cette étape franchie indiquait clairement qu'il dominait l'idylle familiale.

Tôt ou tard, dans ces trois années, votre petit garçon comprendra qu'il doit abandonner ses rêveries romanesques à propos de sa mère. Il adopte un nouveau système : puisqu'il ne peut pas *être* le père, il va essayer de lui *ressembler*. C'est là que commence le processus d'identification au père. Comme je l'ai déjà noté dans le passage sur l'identité à un genre, vous allez lui servir de modèle. Renoncer à l'idylle avec sa mère, à sa rivalité avec vous occuperont les trois années de ce stade du développement.

Comment pouvez-vous l'aider ?

Il faut d'abord que vous compreniez bien le processus psychologique qui bouleverse l'esprit de votre petit garçon, et que vous ne pensiez pas que son hostilité est dirigée contre vous.

Deuxièmement, il est important de lui consacrer beaucoup de temps, comme je l'ai déjà dit. Si vous n'êtes qu'une silhouette absente ou lointaine, il aura plus de difficultés à s'identifier à vous et à trouver une issue au « ménage à trois ».

Si un divorce survient quand le petit garçon a entre 3 et 6 ans, la solution est encore plus difficile à trouver. C'est à ce moment que l'enfant désire que sa mère soit toute à lui et que son père s'efface. Donc, par le divorce, il lui semble que ses désirs sont comblés comme par miracle. Puis, le petit garçon se met à songer que, d'une façon qui lui échappe, il est peut-être responsable du divorce. Et il commence à nourrir un sentiment violent de culpabilité. Il peut essayer désespérément de faire des avances auprès de son père et sa mère pour ce qu'il pense avoir provoqué.

Si votre divorce se produit au moment où votre enfant éprouve ces sentiments, il faudra que vous l'aidiez à comprendre qu'il n'en est pas responsable. Utilisez la technique du feedback et aidez-le à exprimer ses pensées. Ne vous inquiétez pas si ses sentiments sont illogiques ; transcrivez-les seulement dans votre propre vocabulaire et réfléchissez-les. C'est seulement lorsque vous lui aurez montré que vous le comprenez, que vous devrez lui expliquer rationnellement qu'il n'a aucune responsabilité dans votre divorce. Le livre *Les problèmes du divorce* de Simone et Jean Cornec (Coll. Réponses, Laffont) vous aidera beaucoup.

Dans la plupart des familles équilibrées, le petit garçon a résolu le problème vers 6 ans, et porte alors au plus profond de son subconscient l'image du type de femme qu'il voudra épouser plus tard, celle aussi du type de mari qu'il sera pour elle. Et c'est vous, son père, qui lui aurez fourni cette image future de lui-même. Dans le cas contraire, votre fils ne pourra peut-être pas trouver de compagne. Je suis sûr que vous connaissez au moins un célibataire de 30 ou 40 ans qui n'a pas été capable de couper le cordon ombilical et de se marier. Il ignore bien sûr quelle en est la raison et dit généralement qu'il n'a pas rencontré l'âme sœur.

Passons maintenant à la petite fille, car ses amours familiales prennent un aspect quelque peu différent. Pour le petit garçon, le premier objet de son amour est sa mère. Son amour restera fixé sur elle pendant toute cette période. Il en va différemment pour la petite fille. Elle commence elle aussi par le même objet, sa mère. Mais, contrairement au petit garçon, il lui faut transposer l'image amoureuse de sa mère sur son père (puisqu'elle imite sa mère). L'idylle familiale est donc beaucoup plus compliquée pour elle.

Certaines petites filles gardent secrets leurs sentiments et leurs fantasmes, mais d'autres les expriment très librement. Les petites filles peuvent se montrer très féminines et coquettes à cet âge.

Ma fille, à 5 ans, sortit un jour de sa douche, prit sa serviette, l'enroula autour des hanches comme une danseuse mauresque et me dit malicieusement : « Eh ! papa, regarde-moi ! »

La petite fille se trouve dans une situation très différente du petit garçon, car elle dispose de moins de temps avec l'objet de son amour. Dans notre société, les pères sont très souvent absents, tandis que les mères restent souvent à la maison. Le petit garçon peut donc passer beaucoup de temps avec l'objet de sa passion, mais la petite fille va passer la plus grande partie de ses journées à attendre son père. Elle va donc vivre son idylle surtout en imagination.

Tout comme le petit garçon éprouve des sentiments d'hostilité et de rivalité envers vous, la petite fille sent en sa mère une rivale. Si elle est franche, il se peut qu'elle aille jusqu'à conseiller à sa mère de faire un petit voyage, pendant lequel elle prendrait bien soin de vous ! Mais en même temps, cette rivalité la trouble beaucoup. Elle est tout de même très dépendante de sa mère à cause de l'amour et des soins que celle-ci lui prodigue. Elle sent ce qu'il y a d'affreux à souhaiter que sa mère parte et ne revienne plus ! Elle imagine que sa mère sait qu'elle désire tant se débarrasser d'elle, qu'elle lui en veut beaucoup et qu'elle souhaite la punir. Elle aura peut-être des cauchemars où elle se voit poursuivie par une affreuse sorcière ou un monstre, représentation inconsciente de la mère vengeresse de ses fantasmes.

Là encore, dans une famille normale, votre petite fille apprendra qu'elle ne peut prendre la place de sa mère auprès de vous. Cette idée va cheminer de 3 à 6 ans. Elle va progressivement renoncer à ses rêves amoureux et y substituera les traits de l'homme qu'elle aimera et épousera plus tard. Et c'est ainsi que votre petite fille, comme votre petit garçon, va résoudre le problème du « ménage à trois ».

Que pouvez-vous faire pour aider votre petite fille à évoluer normalement et à résoudre ce problème vers 6 ou 7 ans ?

Tout d'abord, consacrez-lui du temps. Un père pense parfois qu'il est important de passer du temps avec les garçons, mais que c'est à sa femme de s'occuper de sa fille. Une telle attitude fait fi de ce qu'une petite fille a besoin de l'intérêt de son père, même si les raisons ne sont pas les mêmes que pour le petit garçon. Il a besoin de vous comme modèle, mais vous êtes tout aussi indispensable à votre petite fille, pour qu'elle puisse créer dans son subconscient l'image saine de l'homme qu'elle épousera plus tard.

Il ne faut pas que vous laissiez votre enfant, garçon ou fille, créer des dissensions envers votre femme et vous. Si votre vie conjugale est stable et fondée sur l'amour, vos enfants domineront peu à peu leurs fantasmes romanesques.

Mais si une mésentente profonde règne dans votre ménage,

le petit garçon peut réussir à ce que sa mère le traite davantage en « amoureux en miniature » plutôt qu'en enfant. Ce n'est pas une attitude saine pour un petit garçon lorsque sa mère se délecte trop de ses attentions parce que son mari ne s'intéresse pas assez à elle.

A cette période les parents doivent veiller à ne pas laisser l'enfant trouver des failles dans leur union et tirer avantage de ces points faibles afin de « diviser pour régner ». Résistez à ces liens romanesques que vous propose l'enfant en le « repoussant tendrement ». Faites comprendre clairement au petit garçon qu'il ne peut épouser sa mère puisque papa et elle sont déjà mariés et très heureux de l'être. Dites-lui que plus tard il trouvera une femme pour lui. Mais qu'il est bien sûr le petit garçon de sa maman et de son papa, parce que tous deux vous l'adorez.

Soyez aussi clair avec votre petite fille, elle ne pourra pas se marier avec papa quand elle sera grande, car il est très heureux d'être marié avec maman. Elle est votre petite fille chérie et personne ne pourra occuper la place privilégiée qu'elle tient dans votre cœur, et un jour elle trouvera elle aussi un mari.

Il ne faut pas ridiculiser votre enfant ou le taquiner à propos de ces rêves d'idylle. Rappelez-vous que c'est une étape normale de son développement et une préparation naturelle à son mariage futur. Mais vous ne devez, ni votre femme ni vous, l'encourager dans ses rêves. Ce serait faire naître un attachement beaucoup trop étroit qu'il aura beaucoup de mal à rompre par la suite.

Si vous et votre femme êtes des gens suffisamment réfléchis, et si votre union est équilibrée et heureuse, votre enfant franchira sans encombre l'obstacle de cet amour vers 6 ou 7 ans.

Sensibilité à la stimulation intellectuelle

L'étape finale que votre enfant va connaître dans cette période préscolaire, va consister à être particulièrement sensible à la stimulation intellectuelle. C'est à ce moment qu'il devrait acquérir des façons et une attitude d'apprentissage qu'il gardera pour le reste de sa vie.

On peut définir l'intelligence d'un enfant comme « ensemble de ses aptitudes à apprendre ». Chaque fois que ses aptitudes augmentent, son intelligence croît d'autant. C'est l'époque rêvée pour que votre enfant « apprenne à apprendre ». Plus vous le stimulez intellectuellement, sans l'accabler, plus il sera brillant et plus son Q. I. d'adulte sera élevé.

Que peut faire un père pour l'aider ?

D'abord si vous le pouvez envoyez-le dans une bonne école maternelle, vers 3 ans et jusqu'à 6 ans.

Une bonne école aide non seulement beaucoup au développement affectif de l'enfant mais aussi à son développement intellectuel. Ma femme et moi dirigeons depuis de nombreuses années l'école de la Primera à Torrance, Californie. L'expérience m'a montré que beaucoup de pères ne savent que vaguement ce que les enfants apprennent à l'école maternelle. C'est très dommage. S'ils savaient quel rôle décisif l'école maternelle peut jouer, ils y seraient plus attentifs. (Mon livre précédent *Tout se joue avant 6 ans* contient de nombreux conseils, p. 224 à 230.) Vous pouvez aussi faire chez vous un certain nombre de choses susceptibles de fournir à votre enfant la dose optimale de stimulation intellectuelle. J'ai réuni des conseils très spécifiques dans *Tout se joue avant 6 ans,* chap. 11 et 12 « L'école commence à la maison », 1ᵉʳ et 2ᵉ parties et chap. 13 « Comment choisir les jouets, livres et disques de votre enfant ».

Je vous conseille aussi d'acheter *Comment donner à vos*

enfants une intelligence supérieure, de Siegfried et Thérèse Engelmann (Coll. Réponses. Laffont). Ces livres seront un point de départ pour votre bibliothèque et vous aideront à faire ce qui permettra à votre enfant d'acquérir les aptitudes essentielles.

Avant de conclure ce chapitre, je voudrais mentionner quatre principes qui me paraissent fondamentaux.

1. Il faut que votre maison soit un « milieu éducatif » stimulant et que votre enfant puisse y trouver les instruments nécessaires à son développement intellectuel. Puisque c'est au moyen du jeu que l'enfant d'âge préscolaire apprend essentiellement, choisissez soigneusement ses jouets, ses livres et ses disques. Ce sont les compagnons indispensables de cette période.

Malheureusement, beaucoup de parents ne sont pas en mesure de choisir judicieusement. L'appendice en cinq parties de ce livre y pourvoira. L'appendice A devrait guider le père dans son choix de jouets de la naissance à l'adolescence. Vous trouverez dans l'appendice B des conseils pour fabriquer et assembler des jouets à peu de frais. L'appendice D traite des disques. L'appendice E donne une liste des livres qui peuvent aider un père à bien élever ses enfants.

Créer un milieu éducatif satisfaisant n'exige pas de grandes dépenses. Vous pouvez trouver des livres dans votre Bibliothèque municipale. Beaucoup de bibliothèques prêtent également des disques.

Les jouets achetés coûtent cher, bien sûr. Mais savez-vous que bien des jouets très intéressants peuvent être faits dans des matériaux qui ne coûtent rien ou presque ? Ces jouets aident souvent davantage à développer l'imagination et la créativité chez votre enfant que bien des jouets fonctionnant sur pile. Votre enfant les aimera d'autant plus que c'est vous, son père, qui les aurez fabriqués.

2. Vous pouvez également apprendre à participer à des jeux

éducatifs. Soyons réalistes à cet égard : vous avez, bien sûr, moins de temps pour cela que votre femme. Mais j'insiste sur le fait qu'il y a des jeux éducatifs que vous pouvez pratiquer dans vos rencontres quotidiennes avec votre enfant. Par exemple, lorsque vous allez ensemble à la quincaillerie, pourquoi ne pas jouer dans la voiture ?

Vous souhaitez que votre enfant soit capable d'accepter des idées nouvelles et originales. Cette aptitude l'aidera beaucoup à réussir plus tard dans la vie. Voici un jeu très simple que vous pouvez pratiquer n'importe où et qui l'aidera à s'adapter à une pensée nouvelle et originale. C'est ce que j'appellerai : « Est-ce que ce ne serait pas drôle si... » Dites à votre enfant : « J'ai un nouveau jeu à te proposer. Voilà comment on y joue. Je commence : Est-ce que ce ne serait pas drôle si les chats savaient parler et que les gens miaulent ? A toi, maintenant. »

Vous serez probablement surpris par son imagination. Vous aurez sans doute envie d'aller plus loin, d'approfondir certains thèmes : ainsi : « Est-ce que ce ne serait pas drôle si les fleuves et les lacs étaient remplis d'eau salée et s'il y avait de l'eau douce dans les océans ? Qu'est-ce qui se passerait ? Qu'est-ce qui serait différent dans notre vie si c'était ainsi ? » Ou bien : « Où trouverait-on à boire s'il y avait de l'eau douce dans les océans et s'il y avait de l'eau salée dans les fleuves et les lacs? » En jouant ainsi, vous apprenez à votre enfant à penser d'une autre façon. Vous l'aidez à enrichir son imagination et à le rendre confiant dans sa propre capacité à créer des idées nouvelles.

Il est important que votre enfant possède l'aptitude à l'abstraction, c'est-à-dire prendre deux faits ou deux choses sans lien apparent et rechercher ce qu'ils ont en commun. Cette aptitude est d'ailleurs utilisée dans de nombreux tests d'intelligence. Le Dr. David Wechsler, auteur de deux d'entre eux très utilisés affirme : « Un test de ressemblances bien construit est l'élément de mesure des capacités intellectuelles le plus sûr qui soit. » Vous savez par exemple différencier le niveau de capacité intellcctuclle suivant la réponse de l'enfant à une question simple : « En quoi une orange et une pomme sont-elles semblables ou se ressemblent-elles ? » A un niveau très inférieur, un enfant peut ne pas voir en quoi elles sont semblables. A un niveau plus élevé un enfant peut dire qu'elles ont une peau l'une et l'autre. A un niveau d'abstraction plus élevé il peut dire que l'une et l'autre sont des fruits.

Il y a deux jeux excellents pour aider votre enfant à penser des abstractions, ce sont le jeu des similitudes et le jeu des différences. Commençons par le jeu des similitudes.

Dites-lui : « Voici un nouveau jeu. On l'appelle le jeu des semblables. Regarde-moi. »

Prenez ensuite deux objets quelconques et posez-les côte à côte. Commencez avec quelque chose de facile, une chaussure et une chaussette par exemple, ou une chaussure et un crayon feutre. Demandez à l'enfant : « Dis-moi si cette chaussure et cette chaussette sont semblables. » « Dis-moi tout ce qui les rend semblables. » Complimentez-le chaque fois qu'il donne une réponse correcte. A chaque compliment vous l'aidez à construire sa confiance en soi et à augmenter son assurance à aborder de nouvelles difficultés intellectuelles.

Avancez peu à peu vers des questions plus difficiles au fur et à mesure que l'enfant grandit et que sa pensée devient plus élaborée. Est-ce qu'une pièce de un franc et un biscuit rond sont semblables ? Sont-ils ronds tous les deux ? Peuvent-ils tous les deux rouler par terre ? Tomberont-ils tous deux si vous essayez de les faires tenir en équilibre ? Une fois que l'enfant est devenu confiant en face de ce jeu, vous pouvez ajouter des ressemblances auxquelles il n'a pas songé. S'il dit qu'un tigre et un chat ont tous les deux une queue et s'il ne trouve rien d'autre, complimentez-le pour sa réponse, puis ajoutez : « Tu pourrais dire aussi qu'ils sont tous deux semblables parce que ce sont tous deux des animaux. »

Quand vous commencerez à jouer à cela avec votre enfant de 3 ans, il vaudra mieux travailler avec des objets concrets que vous placerez côte à côte. Quand il sera devenu plus habile, vous pourrez jouer avec lui en voiture ou vous vous contenterez de donner *les noms* des objets.

Le jeu des différences se pratique de la même façon. Prenez deux objets et placez-les l'un à côté de l'autre. Demandez-lui maintenant : « De combien de façons cette pièce de un franc et ce biscuit rond sont-ils différents ? Tu peux manger le biscuit mais pas la pièce. On peut glisser une pièce de un franc dans une machine pour avoir une glace mais pas un biscuit, etc. »

Un autre jeu éducatif qui peut se pratiquer n'importe où et n'importe quand est le « Quelle est la meilleure chose à faire si... » John Dewey a dit que « la pensée commence là où on ressent une difficulté ». Il fait ressortir que nous ne pensons pas avant d'être confrontés avec une difficulté et ce jeu se bâtit autour de cette idée-là. Créez une situation difficile et voyez ce que votre enfant peut suggérer pour sortir de cette situation et résoudre la difficulté. Vous allez lui dire : « Nous allons jouer à un nouveau jeu. Quelle est la meilleure chose à faire si tu conduis une voiture avec ta famille et si tu vois un incendie commencer dans un champ ? » Voici encore d'autres questions possibles : « Quelle est la meilleure chose à faire si tu casses le jouet d'un camarade quand tu es chez lui ? » « Quelle est la meilleure chose à faire si nous partons en famille nous promener dans les bois et que tu te perdes ? »

Comme il y a plusieurs réponses « justes » mais différentes à ce genre de question, c'est un jeu qui a l'avantage d'aider l'enfant à prendre confiance en soi pour résoudre les difficultés. Complimentez-le à chaque réponse raisonnable. Rappelez-vous qu'il est jeune et qu'il a peu d'expérience dans ce genre de pensée.

Voilà trois exemples de jeux éducatifs qui ne coûtent rien et peuvent se pratiquer n'importe où. Vous pouvez y jouer bien sûr pendant de très nombreuses années mais c'est essentiel dans la période préscolaire car c'est à ce moment que votre enfant acquiert une aptitude profonde « à savoir apprendre » ainsi que la confiance en ses propres capacités en tant que penseur et élève. Vous trouverez beaucoup d'autres jeux éducatifs dans les livres que je vous ai recommandés. Parcourez-les et essayez ceux qui vous tentent.

Les enfants d'âge préscolaire adorent jouer. Si vous appelez « jeu » ce que vous voulez faire avec votre enfant, vous êtes sûr qu'il aura une attitude positive à son égard. En pratiquant ces jeux éducatifs, il faut évidemment que vous acceptiez ses idées. Ne soyez pas critique, ne lui dites pas : « C'est faux » ou : « Ça ne peut pas marcher comme ça. » Cela le découragerait de proposer de nouvelles idées et supprimerait le plaisir du jeu. En grandissant, il apprendra à préciser ses idées et ses concepts. Votre but, à cette période, est de l'encourager à exprimer des idées, sans vous soucier de leur vérité scientifique.

3. Vous pouvez faire la lecture à votre enfant. Si vous ne faisiez rien d'autre que lire tous les livres dont j'ai donné une liste dans l'appendice C, ce serait une aide extraordinaire pour stimuler son développement intellectuel. Le Dr George Gallup, dans une étude très importante, a trouvé que 79 pour cent des élèves de cours préparatoire qui réussissaient le mieux étaient des enfants à qui on avait lu beaucoup d'histoires dans leurs premières années, par rapport à ceux qui réussissaient le moins bien.

Que pouvez-vous lire à votre enfant ? Je vous ai déjà suggéré que l'idéal était d'incorporer la lecture régulière d'une histoire au rite du coucher, mais cela ne doit pas vous empêcher de faire la lecture quand vous en avez envie. Faites tout de même preuve de bon sens. N'attendez pas que votre enfant saute de joie s'il est en train de suivre un programme passionnant à la télévision ou s'il est absorbé à jouer avec des camarades, pour lui proposer de lui lire une histoire.

Il faut vous rappeler, en choisissant un livre, qu'il doit vous plaire à vous aussi ; ne prenez pas un livre aux histoires rebattues que vous trouvez monotone et dépourvu de goût. Personnellement j'ai beaucoup appris en lisant des livres de science à mes enfants. Relisez l'appendice C avant d'aller à la bibliothèque municipale.

4. Vous pouvez enseigner les mathématiques par le jeu. Ne vous affolez pas ! Vous n'avez pas besoin de grandes connaissances mathématiques pour les enseigner comme je vais vous le proposer. A moins qu'ils ne soient ingénieurs ou scientifiques, beaucoup de pères se sentent mal à l'aise devant cette question, surtout depuis l'apparition des « mathématiques modernes ». Les pères entendent parler de « théorie des ensembles », de « suites numériques », « d'arithmétique modulaire » et autres concepts complètement nouveaux pour eux. Ils découvrent que leurs enfants apprennent l'arithmétique d'une façon complètement différente de la leur. Il en résulte que beaucoup de pères se sentent mal à l'aise vis-à-vis des mathématiques tout entières.

Laissez-moi vous rassurer tout de suite. Les maths étaient ma matière la plus faible à l'école. Quand mon fils en sixième m'a demandé de l'aider en « mathématiques modernes », j'ai dû souvent lire une bonne partie de *son* cours afin de l'aider à faire *ses* devoirs ! Mais je n'ai pas eu de difficultés à faire des jeux mathématiques avec mes enfants d'âge préscolaire, car cette façon d'enseigner les mathématiques implique que le père n'y connaît rien. Vous vous sentez déjà plus détendu, n'est-ce pas ?

Vous pouvez les enseigner en utilisant un matériel pour parents destiné à cet usage. Ce sont les réglettes Cuisenaire (O.C.D.L.).

Georges Cuisenaire, pédagogue belge, a inventé cette méthode. Le matériel consiste en réglettes de bois de différentes couleurs et longueurs. En jouant avec ces réglettes, votre enfant apprendra à additionner, soustraire, multiplier et diviser. Il peut même parvenir à quelques rudiments d'algèbre. Ces réglettes forment un ensemble complet, avec des conseils d'utilisation pour chaque niveau. L'enfant commencera par des jeux simples pour atteindre peu à peu des formes plus complexes.

Tous ces jeux mathématiques utilisent des objets concrets (des réglettes) que votre enfant peut manipuler. Un enfant d'âge préscolaire peut apprendre beaucoup en mathématique et en arithmétique en partant de la manipulation d'objets concrets, mais son aptitude à apprendre les mathématiques sous la forme abstraite des nombres est assez limitée.

Une des raisons pour lesquelles tant d'enfants et d'adultes ont des difficultés avec l'arithmétique et les maths vient de ce qu'ils ont d'abord appris à manipuler des nombres abstraits et des symboles sur un morceau de papier. Il aurait fallu qu'ils aient d'abord passé des années à manipuler des objets concrets. C'est précisément cette expérience que vous donnerez à votre enfant en manipulant avec lui les réglettes Cuisenaire.

Il n'est pas surprenant que nous ayons parcouru un domaine si vaste en discutant des neuf tâches fondamentales de la période préscolaire, car entre 3 et 6 ans, le développement affectif et intellectuel de l'enfant est énorme. Résumons donc ce que votre enfant a appris pendant cette période décisive :

— Il a satisfait ses besoins biologiques de développement musculaire, tant pour les muscles longs que pour les courts.
— Il a appris à contrôler ses élans instinctifs.
— Il a appris à exprimer ses sentiments par des mots.
— Il s'est séparé de sa mère.
— Il a appris l'échange sur lequel se fondent les relations avec les enfants de son âge.
— Son appartenance à un sexe s'est définitivement précisée.
— Il a fixé son attitude fondamentale à l'égard de la sexualité.

— Il a trouvé une solution au problème de « l'idylle familiale ».
— Il a traversé une période de son développement pendant laquelle il est particulièrement sensible à la stimulation intellectuelle et où, souhaitons-le, il a reçu le maximum de ces stimulations.

Voilà donc votre enfant. Voilà cinq ans seulement qu'il est sur cette planète, mais il est déjà diplômé du cours le plus important qu'il suivra jamais, celui du monde dans lequel il a passé ces premières années. Si vous avez suivi les conseils que je vous ai donnés, votre enfant devrait avoir maintenant un robuste concept de soi et les bases d'une personnalité stable. Si tout s'est déroulé normalement, il a acquis un sentiment fondamental de sûreté, de confiance en lui et une forte conscience de son individualité. Vous avez rempli l'essentiel de votre tâche de père en l'aidant à établir les fondements solides de son affectivité et de son intelligence pendant ces cinq premières années.

Voilà votre enfant prêt à s'embarquer pour l'étape suivante, celle de la moyenne enfance.

8

LA MOYENNE ENFANCE — DE 6 À 10 ANS

(PREMIÈRE PARTIE)

Le stade suivant du développement couvre la période allant approximativement de 6 à 11 ans. Il est donc plus long que les précédents. Les spécialistes utilisent différents noms pour le désigner. Les psychanalystes l'appellent « période de latence » parce que c'est une période de calme sexuel entre l'idylle familiale ou le complexe d'Œdipe et la poussée sexuelle de l'adolescence. Je ne trouve pas ce terme bien choisi. L'étiquette « latence » semble impliquer que puisque la sexualité est « latente », cachée, plutôt qu'en surface ou bien en façade, il ne se produit plus rien d'important. Ce qui est faux. Pendant cette période il va se passer beaucoup de choses nouvelles et importantes pour le développement psychologique et intellectuel. De plus la sexualité elle-même n'y est pas aussi « latente » que certains psychanalystes le pensent ! Une de mes consultantes m'a dit comment à l'âge de 8 ans elle et d'autres fillettes se masturbaient entre elles avec des brosses à cheveux, ce qui n'est pas particulièrement « latent » !

Certains spécialistes appellent cette période les années scolaires, mettant ainsi l'accent sur l'importance de la vie à l'école et des connaissances qu'on y acquiert. Mais cette étiquette aussi est erronée, car elle laisse de côté le rôle important du foyer et de la famille dans le développement psychologique. D'autres encore parlent d'âge de la « bande » ou « d'âge du groupe » en insistant sur le rôle des autres enfants du même âge. Mais cette étiquette semble elle aussi sous-estimer l'importance de la famille.

L'appellation la moins fausse à mon sens est « moyenne enfance ». Elle ne donne pas trop d'importance à un seul aspect de la vie, mais indique la tranquillité relative de cet âge si on le compare aux excès des années précédentes et aux grandes tempêtes qui secoueront plus tard l'adolescent ; tout au long de cette étape la personnalité de l'enfant se maintient sous une forme relativement stable jusqu'à la préadolescence, vers l'âge de 11 ans.

Chose curieuse, le stade de la moyenne enfance est celui que les adultes connaissent le moins, sans doute parce qu'on l'a moins étudié que l'âge préscolaire ou l'adolescence.

C'est à ce moment que votre enfant perd l'intérêt qu'il avait auparavant pour les parents et les adultes, pour former une nouvelle société, non plus centrée sur la famille et le foyer, mais constituée d'autres enfants, ses amis du même âge et du même sexe.

Au cours de la moyenne enfance votre fils (ou votre fille) apprend à garder pour lui ses pensées et ses sentiments. De plus, il commence à pratiquer la ruse et la tromperie à l'égard des adultes. Un père sait bien ce qui se passe dans la tête d'un enfant d'âge préscolaire (avec un peu de sensibilité), d'un adolescent (parce qu'un adolescent vous dit ce qu'il pense). Mais il est le plus souvent incapable de se représenter les pensées d'un enfant entre 6 et 10 ans. (Ou bien encore on croit savoir ce qu'il pense alors qu'on est très loin de la vérité.) Le fait que les « bandes » et les « société secrètes » soient typiques de cet âge révèle un véritable *refus* de communiquer ses pensées et ses sentiments aux adultes.

Quoique d'un point de vue scientifique on connaisse moins bien cet âge que les autres, on possède tout de même des renseignements sur ce qu'il est important d'en connaître. Et comme pour l'âge préscolaire, il est utile de fournir un bref aperçu des caractéristiques typiques de chaque année dans la moyenne enfance.

L'enfant de 6 ans

Nous avons vu que 5 ans est un âge d'équilibre, une période délicieuse où l'enfant vit en paix avec lui-même et avec son univers, et où sa présence vous apporte une joie de tous les instants. Bien des pères, lorsque arrive l'âge de 6 ans, souhaiteraient retrouver le gentil petit enfant de 5 ans qu'ils connaissaient. 5 ans, c'était un âge de consolidation et d'équilibre. Mais vers 6 ans, cet équilibre est rompu. Votre enfant est attiré vers de nouvelles directions, tente de nouvelles expériences, a du mal à s'adapter aux autres à cause des forces psychologiques nouvelles qui se manifestent en lui. 6 ans est un âge d'excès où se mêlent de manière déroutante le bébé et l'enfant et où les parents ne savent souvent plus quoi faire. L'enfant y est soumis à des émotions violentes. Il peut très bien dire à sa mère qu'il l'adore, et l'instant d'après, si elle lui a reproché quelque chose, même sur un ton modéré, il lui lancera, hors de lui : « Je te déteste, tu es toujours en train de m'embêter. »

Sa mère n'est plus, comme lorsqu'il avait 5 ans, le centre de son univers. Une révolution s'est produite, c'est *lui* qui veut maintenant être le centre de l'univers. Sa devise inconsciente semble être : « Cédez à mes désirs et tout se passera bien entre nous ! » Il peut ainsi se montrer très exigeant et nous rappeler par son comportement la période de la première adolescence.

C'est par le conflit avec sa mère qu'il cherche naturellement à se dégager du nid protégé du foyer et de la famille pour se lancer dans le monde élargi de l'école et du voisinage. Tout se passe comme s'il ne pouvait effectuer son passage du foyer à la société de l'école et de ses semblables qu'en se montrant tellement odieux avec sa mère qu'elle ne puisse pas le supporter. Elle vous dira lorsque vous rentrerez à la maison le soir : « Il a été détestable ! Je n'ai rien pu en tirer aujourd'hui. » C'est généralement avec elle qu'il se montre le plus insupportable, parce que c'est d'elle qu'il dépendait lorsqu'il avait 5 ans, et qu'il lui est difficile de briser cette dépendance en douceur ; il a donc recours à la révolte psychologique, accompagnée de violentes émotions et d'une attitude très négative.

C'est un âge où le père peut souvent le mieux guider et contrôler l'enfant. Il réagira positivement à votre fermeté alors qu'il réagira négativement aux remarques les plus indulgentes de sa mère. (Parfois cependant, il agit comme s'il pensait qu'il est juste d'être aussi insupportable avec vous qu'avec sa mère !)

A 6 ans, l'enfant déborde d'énergie, et tous ses muscles sont avides de se dépenser. Il s'active dès le réveil, il court, rampe, grimpe, tire, pousse, saute et braille. Aux parents qui pensent naïvement que leurs sièges sont là pour qu'on puisse s'y asseoir et le sol pour y marcher, l'enfant de 6 ans apporte un sérieux démenti. Pour lui le canapé du salon, avec quelques vieilles planches trouvées au garage et un vieux tapis récupéré à la cave convient parfaitement pour construire un fort. Les tapis du salon sont parfaits pour ramper et s'y rouler. Le lit des parents constitue un merveilleux « trampolino ». Le bruit et la violence semblent caractériser son activité de jeu : « Pan ! Tu es mort ! salaud ! Donne-moi cela ou je te casse la figure ! »

L'enfant de 6 ans s'agite sans cesse. Il dépense une énergie considérable à se tenir tranquille, sans jamais y parvenir ! Il se tortille, se dérobe, se contorsionne et prend des allures grotesques tout en continuant ce qu'il fait. L'heure des repas ne fait pas exception. Dire à un enfant de 6 ans de se tenir droit à table déclenche une crise violente de ce que l'humoriste B.M. Atkinson appelle « Epine dorsale du Romain » et qu'il définit en ces termes : « Affaissement brusque de la colonne vertébrale, survenant toujours pendant les repas et rendant l'enfant incapable de se tenir droit devant la table ; il s'agirait d'un phénomène de régression psychique remontant jusqu'aux habitudes romaines de dîner sur des lits, position mentionnée dans l'histoire des coutumes alimentaires comme étant la seule qui soit naturelle à l'enfant. Elle présente comme corollaire, particulièrement chez le jeune garçon, « la patinette » flexion temporaire des os du bassin, qui empêche l'enfant de garder en même temps les deux pieds sous la table, l'un des deux pieds restant collé au côté de la chaise, et donnant l'impression que l'enfant fait de la patinette plutôt que d'être assis à table [1] ». Les garçons de 6 ans usent énormément de vêtements. Les signes qui permettent de les distinguer rapidement sont les trous aux genoux et aux fonds des pantalons, des bouts de souliers râpés et des tricots effilochés aux manches.

L'enfant de 6 ans aime être en vue et monopoliser la conversation. Il adore placer ses propres plaisanteries ou attirer l'attention en exhibant tous ses talents à l'improviste. Il aime se vanter et grossir démesurément ce qu'il sait faire. Il peut se montrer d'un dogmatisme absolu à propos d'une chose qu'il ne connaît pas. Il commence tout mais ne termine rien. Cela vaut aussi bien pour manger, s'habiller, prender son bain, que pour le reste. Il est facilement distrait et mérite le titre de champion des lambins.

La première année d'école lui ouvre un univers scolaire absolument nouveau. C'est son premier contact avec l'école, « la grande école » (par comparaison avec la maternelle ou le jardin d'enfants, aux règles moins strictes). Au cours préparatoire (ou classe de onzième), on lui fait faire beaucoup de choses qui sont assez éloignées de ses goûts : rester assis sans s'agiter, mener un travail jusqu'au bout, lever la main avant de répondre et attendre qu'on lui donne la parole, attendre son tour, résister à la tentation de bavarder avec ses camarades, toutes choses qui ne sont ni faciles ni naturelles pour un enfant de 6 ans, surtout s'il s'agit d'un garçon turbulent et chahuteur. Les adultes ne sont pas conscients des contraintes psychologiques que subit un enfant de 6 ans pour s'adapter aux exigences et aux règles de cette première année d'école primaire.

Je me rappelle très bien que ma fille Robin, lors de ses premiers mois d'école primaire, poussait des cris épouvantables pendant une ou deux minutes chaque soir en rentrant à la maison. C'était sa façon de « lâcher la vapeur » sous pression depuis le matin. J'ajoute que ma fille était très disciplinée et très correcte à l'école ! Ces nouvelles contraintes sont généralement mieux acceptées par l'enfant qui a fréquenté la maternelle.

Il est très probable que le changement de comportement et les attitudes déplaisantes d'un enfant de 6 ans sont les effets de son premier contact avec la véritable école. La première expérience de la compétition à l'école et dans la cour de récréation provoque chez lui une contrainte émotionnelle, dont les parents ne se rendent pas toujours compte. Pour la première fois de sa jeune existence on lui demande de rester loin de la protection affective de son foyer et de sa mère et de suivre les ordres d'adultes autres que ses parents pendant cinq ou six heures par jour, ce qui est absolument épuisant sur le plan émotionnel. Intimement, beaucoup d'enfants s'ennuient de leur mère et de leur maison, particulièrement si un frère ou une sœur plus jeune reste à la maison, entouré de la sollicitude maternelle et libre de jouer comme il veut. Le dimanche, quand les contraintes de la vie scolaire cessent momentanément, l'enfant de 6 ans retrouvera une attitude différente de celle des autres jours, sautant du lit de bonne heure pour reprendre les jeux non contraignants qui lui sont interdits les jours d'école — ces jours d'école qui lui paraissent bien longs et le fatiguent physiquement et moralement. Lorsqu'il rentre à la maison, il faut qu'il puisse se détendre, fureter et bricoler à la maison. La mère peut être surprise si son jeune écolier se met à pleurer ou se met en rage lorsqu'elle lui demande de changer de vêtements. Elle ne sait pas ce qui lui arrive, sans se rendre compte qu'il est fatigué physiquement et que moralement, après des heures d'obéissance aux règles des adultes, il ne supporte plus qu'on lui demande quelque chose. Il est donc important que votre enfant puisse avoir assez de temps pour le repos et le sommeil. Il convient aussi de lui accorder un moment pour lâcher la vapeur, pour se défouler lorsqu'il rentre de l'école. Gardons-nous donc d'être trop pressants ou trop contraignants pendant l'heure qui suit la sortie de l'école.

L'écolier de 6 ans aime ce que l'école a d'amusant, mais découvre avec répugnance qu'on y demande aussi, pour citer l'un d'entre eux, « pas mal de sale boulot ». Ce qui ne l'empêche pas d'être très fier de ce qu'il fait et de ce qu'il apprend : ses dessins, ses cahiers et les histoires qu'il apprend à lire.

Autre aspect typique de son comportement, il aimera l'école un jour et la détestera le lendemain. Ce qui signifie en fait que le jour où son bon travail lui vaut des compliments, il aime l'école et son maître. Mais si les choses vont moins bien le jour suivant, il les déteste. Robert Paul Smith a bien saisi cet aspect de l'attitude à l'égard de l'école :

> Il sait lire [2].
> « Miss McPhetridge est jolie. »
> La lecture ne marche pas.
> « Miss McPhetridge me déteste. »
> « Miss McPhetridge est méchante. »
> On lui apprend à lire.

En plus de l'école, le groupe des enfants du même âge revêt une grande importance. C'est à ce moment que votre enfant entre dans ce que le Dr. Ruth Hartley appelle « l'année de l'essaim ». Il aime la compagnie et se sent mal à l'aise hors du groupe de ses contemporains. Paradoxalement, les membres de l'essaim ou du groupe en font chacun à leur tête sans prêter beaucoup d'attention aux autres. Pourtant ils paraissent heureux tant qu'ils peuvent s'agglutiner les uns aux autres.

Les taquineries et les injures surgissent fréquemment dans le groupe. Il faut que votre enfant apprenne à résister à la taquinerie et à accepter ou renvoyer les injures des autres sans perdre contenance. Dans toutes compétitions, à l'école comme dans les jeux, l'enfant de 6 ans est mauvais perdant. Chaque défaite au jeu porte un coup cuisant à son ego. Mieux vaut ne pas compter sur lui pour jouer à des jeux dont les règles sont très strictes ; ne vous scandalisez pas non plus s'il enfreint les règles afin de gagner. Si tout va bien il est aimable, enthousiaste, impatient de continuer ; mais si les choses vont mal pour lui, vous assistez à de violentes tristesses, à des pleurs et à des accès de colère.

C'est aussi l'âge où de nouvelles peurs se manifestent. Parmi les plus fréquentes citons : la peur d'être blessé ; la peur de la pluie, du tonnerre, du vent, du feu ; la peur de divers animaux sauvages ou insectes ; la peur du noir, des cabinets obscurs, des greniers et des caves. L'enfant de 6 ans peut aussi être perturbé par des cauchemars où apparaissent animaux sauvages, sorcières, fantômes ou monstres. N'en plaisantez pas, ne vous moquez pas de lui, n'espérez pas chasser ses peurs en lui faisant honte. Même pour les peurs les plus irrationnelles, utilisez la technique du feed-back et faites-lui savoir que vous les comprenez. Vous deviendrez alors son allié et l'aiderez à se sentir plus fort au fond de lui-même.

Les peurs apparaissent soudain vers l'âge de 6 ans parce que l'enfant a l'impression qu'on lui demande beaucoup de choses et qu'il ne se sent pas capable de les accomplir correctement. Il se sent frustré et irrité. La peur que ses parents ne découvrent cette colère cachée et ne l'en punissent est inconsciemment projetée sur des animaux sauvages ou des monstres au cours de phobies et de cauchemars.

Ces peurs viennent aussi du fait que les enfants de cet âge sont beaucoup plus attentifs au monde qu'ils ne l'étaient auparavant. Mais ils sont loin de comprendre tout ce qu'ils enregistrent. La compréhension partielle provoque des peurs et un sentiment d'insécurité. Ainsi, quand Rusty avait 6 ans et apprit que j'allais passer à la télévision, il fut aussitôt terrifié et dit : « Alors tu ne vas plus jamais être ici à la maison avec moi, papa ? » Pour lui, « passer à la télévision » signifiait que j'allais m'en aller dans un endroit mal défini nommé « télévision » et quitter définitivement ma maison et ma famille. Quand je lui expliquai que j'irais seulement jusqu'à Hollywood où se trouvait le studio pour participer à une émission et rentrer à la maison le soir même, il retrouva son calme et sa gaieté.

Même si l'enfant de 6 ans passe la plus grande partie de son temps à l'école ou avec sa bande de copains, et reste peu à la maison, il serait faux de conclure qu'il n'a plus besoin de vous ni de sa mère. Il a absolument besoin de vous savoir *là*, à l'arrière-plan, pendant qu'il explore les mondes nouveaux pour lui de l'école et de la bande. Et après une période d'indifférence apparente à votre égard, ne soyez pas étonné s'il vous demande tout à coup de passer un moment rien qu'avec lui.

J'espère ne pas vous avoir donné l'impression que l'enfant de 6 ans n'est qu'un démon. C'est un âge d'expansion au cours duquel votre enfant s'engage psychologiquement dans de nombreuses directions nouvelles. C'est un jeune explorateur s'embarquant vers les mers inconnues, courageux et intrépide comme sont les jeunes explorateurs. Il est à l'affût de nouvelles expériences. Il jouit à fond de la vie qu'il aborde de front. Sa force, son énergie et son enthousiasme le rendent très attachant. Sachez l'apprécier pour son côté positif et enthousiaste et essayez de laisser glisser lorsqu'il est hostile et maussade. Et consolez-vous en pensant qu'avec son septième anniversaire c'est une autre année d'équilibre qui va commencer.

L'enfant de 7 ans

Alors que 6 ans est l'âge des extrêmes et de l'exploration des univers psychologiques nouveaux que sont l'école et la bande, 7 ans est l'âge de l'assimilation. En réfléchissant à ce qu'il a pu jusqu'à présent expérimenter de la vie, l'enfant les assimile mentalement à son concept de soi et du monde.

Le comportement fougueux et bruyant de l'enfant de 6 ans commence à se calmer. Sept ans est un âge plus calme, plus « facile à vivre », beaucoup plus rationnel et plus raisonnable. L'élan aveugle vers toute nouvelle expérience, si caractéristique des 6 ans, disparaît. L'enfant de 7 ans aime discuter des choses et accepte bien mieux qu'autrefois que ses parents lui expliquent les limites fixées.

Il est plus soucieux d'être aimé et de plaire, plus coopérant. Il sait écouter avec plus d'attention que l'année précédente. Il a plus de doigté et n'aborde plus les choses de front. A 6 ans, il se lançait dans de nouvelles activités sans attendre l'approbation des adultes avant d'entamer un nouveau projet. Il termine ce qu'il entreprend, et montre plus de persévérance. En général, sa participation à la vie familiale est agréable.

Mais il peut aussi traverser des périodes négatives au cours desquelles il se montre morose et déprimé. Lorsqu'il croit ne pas avoir réussi à l'école ou dans la compétition avec les autres enfants, il lui arrive de sombrer dans des accès de désespoir au cours desquels il pense : « Personne ne veut de moi » et : « Je sais bien que je ne suis bon à rien. » L'enfant de 7 ans croit alors que les gens lui en veulent, qu'on l'accuse. Il est persuadé que les autres enfants trichent, que ses frères et sœurs peuvent faire tout ce qu'ils veulent et que lui est toujours puni, que ses parents sont avec lui d'une injustice monstrueuse.

Il faut que les parents apprennent à respecter la vie intime et secrète de l'enfant de 7 ans. Comme le dit le Dr. Gesell : « Nous ne pouvons étudier vraiment la psychologie de l'enfant de 7 ans sans admettre l'importance de ses activités mentales intimes [3]. » Le fait qu'il cherche lui-même à se comprendre explique ses bouderies occasionnelles et ses périodes de tristesse, de mélancolie et de protestation.

7 ans est l'âge où l'enfant rumine et classe dans son esprit toutes sortes de données. Il est beaucoup plus introverti qu'à 6 ans. Sa méditation intime n'est qu'un artifice psychologique grâce auquel il assimile et réorganise ses expériences quotidiennes. Il faut que les parents comprennent que lorsqu'un enfant de 7 ans s'isole dans les rêveries de son petit univers personnel, il *travaille* véritablement. Il essaie de comprendre le sens de toutes les expériences qu'il vit à l'école, dans sa bande, à la maison. Les significations qu'il leur donne dans son univers intérieur prennent la forme de *sentiments*. Et ces sentiments, il faut qu'il y réfléchisse et qu'il les organise en un ensemble cohérent.

Tout comme il éprouvait à l'âge des premiers pas le besoin de monter et descendre les escaliers, il éprouve à 7 ans le besoin de réfléchir sans cesse sur la vie et sa signification de son point de vue particulier. L'enfant de 6 ans était un « homme d'action », l'enfant de 7 ans est un « homme de réflexion ». Il rumine sans cesse les données de sa vie en s'interrogeant sur les répercussions qu'elles peuvent avoir sur sa personne.

Il est très important qu'un père comprenne la valeur de cette introspection. Sinon, lorsqu'il voit son fils vautré devant la télévision, ou regarder pendant des heures par la fenêtre, il risque de perdre patience et de lui dire : « Tu n'as donc rien de mieux à faire que de traîner toute la journée ? » Rappelons-nous qu'un enfant effectue souvent un travail mental intense lorsqu'il « est assis à ne rien faire ».

N'allez pas croire cependant que votre enfant de 7 ans soit toujours un Hamlet mélancolique qui médite sur les paradoxes de la vie et de la mort. Il vit pleinement chaque instant de son existence, car s'il lui arrive fréquemment de rester assis et de réfléchir, il n'en continue pas moins de courir et sauter, de grimper aux arbres, de se bagarrer avec ses camarades, de jouer aux gendarmes et aux voleurs, etc. Il connaît des périodes d'activité comme des moments d'humeur pensive. Quoique très intéressé par lui-même, et de plus en plus conscient des nuances subtiles de ses sentiments, il devient de plus en plus sensible aux sentiments des autres.

Cette année scolaire doit être bonne. En général le maître (ou la maîtresse) de dixième (de cours élémentaire) a la tâche plus facile que celui de onzième. Votre enfant a déjà derrière lui une année d'école et se trouve de ce fait plus habitué aux exigences du maître. Il a maintenant maîtrisé les difficultés de la lecture, qui lui semblait parfois bien difficile l'année précédente. Sa plus grande aptitude à la vie en société lui rend aussi l'école plus facile à supporter.

Il aime avoir des contacts personnels avec la maîtresse. Il est très content lorsqu'elle le complimente. Il aime venir la voir pour lui parler, la toucher, lui demander la permission d'entreprendre une activité nouvelle. La maîtresse avisée d'une classe de dixième sait que ce besoin de contact est normal chez ses élèves, qu'elle devra en tenir compte sans cesse et parcourir sa classe afin de donner à chaque enfant l'attention personnelle qu'il réclame.

L'enfant de 7 ans n'a plus autant besoin de vivre en groupe qu'à 6 ans et passe beaucoup de temps seul ; mais la bande conserve son importance. C'est l'âge du pour et du contre. Il arrive que plusieurs enfants se liguent pour en persécuter un autre. Certains sont hors du groupe et d'autres bien intégrés ; il n'est pas rare de voir un enfant de cet âge rentrer seul en pleurant de l'écolc pendant que quatre ou cinq de ses semblables le suivent en se moquant de lui. C'est à cet âge aussi que les garçons se font brutaliser par des écoliers plus âgés qu'eux.

Les bagarres sont fréquentes, surtout chez les garçons. La « lutte » typique prend souvent la forme de lutte mêlée de boxe, avec plus de bousculade que de coups. Deux garçons passent souvent beaucoup de temps à se menacer pour se faire peur plutôt qu'à vraiment se battre.

L'enfant de 7 ans a besoin de s'ébattre, de crier comme à 6 ans, et pour les mêmes raisons. Il possède la même énergie débordante, et ses jeux turbulents lui permettent de libérer cette énergie et de réduire la tension de ses émotions.

Sa notion de « justice » est absolue. « Ça n'est pas juste », voilà sa protestation la plus véhémente. Et pourtant le père avisé remarquera que son enfant possède souvent une double notion de ce qui est juste. Il est beaucoup plus sensible aux injustices qui sont commises à ses dépens qu'à celles qu'il peut commettre contre les autres.

Le troc apparaît dans la vie du groupe et continue avec la même intensité jusque vers 10 ans à être considéré comme une activité sociale intéressante. Qu'échange-t-on à 7 ans ? Tout et n'importe quoi, des timbres-primes et autocollants aux jeux et jouets qu'on possède. La valeur psychologique de l'échange et du troc est de permettre à l'enfant de 7 ans d'approfondir les contacts avec les autres enfants de manière détendue et en restant sur un pied d'égalité.

Il arrive qu'à cet âge on envoie un enfant pour la première fois dans un camp ou une colonie de vacances. C'est presque toujours une erreur. Il vaut mieux commencer par des sorties d'une journée à 7 ou 8 ans, puis continuer progressivement par des camps d'une semaine vers 8 ou 9 ans. Souvent les pères envoient leur fils très jeune en colonie ou en camp afin qu'il acquière de l'indépendance, de la sûreté et de la virilité. Le père pense, particulièrement si l'enfant est passif ou introverti : « Cela lui fera du bien, cela l'endurcira ! » Mais si l'expérience du camp de vacances est imposée prématurément, l'effet peut être tout le contraire du résultat attendu. Le garçon timide en revient encore plus timide. Et celui qui n'est pas très doué pour les activités physiques et les sports les trouvera encore plus désagréables et rebutants.

L'enfant de 7 ans s'accorde mieux avec sa mère, mais il recherche aussi un contact plus étroit et plus profond avec son père, en particulier le garçon, qui appréciera les activités « sans les femmes » : la pêche, les manifestations sportives, la promenade où vous pouvez aborder ensemble des sujets à discuter « entre hommes », tels que les sports ou les voitures, les achats au supermarché ou à la quincaillerie, les petites réparations à la maison ou à la voiture. Le garçon de 7 ans a tendance à traiter sa mère et ses sœurs avec gentillesse mais condescendance.

Quoi que vous fassiez, rappelez-vous qu'il faut rester naturel. Ne vous sentez pas obligé de paraître intéressé par les voitures ou les sports si c'est faux. Soyez vous-même. Faites avec votre garçon les choses que vous aimez faire réellement. N'ayez pas l'air de vous intéresser aux activités typiquement masculines si elles ne vous attirent vraiment pas. Personnellement, j'aime le camping, la marche et les rencontres sportives ; j'ai donc fait tout cela avec mes fils lorsqu'ils étaient dans la moyenne enfance. Mais je n'ai jamais été particulièrement intéressé par la pêche ou la mécanique automobile, et je n'ai jamais cherché à pratiquer ces activités avec mes deux garçons.

7 ans est aussi un âge important pour les relations entre un père et sa fille. Elle aussi cherche à élargir ses relations, c'est le moment où le père peut l'aider à apprécier sa féminité. Pour

cela emmenez-la déjeuner, faire une promenade ou voir avec vous un film que son frère n'aimerait pas ; ne manquez pas de la complimenter pour sa toilette et continuez à lui lire une histoire au coucher.

Cet âge est l'occasion, pour le père qui n'a pas pu consacrer jusque-là beaucoup de temps à ses enfants, de nouer avec eux des relations plus intimes. Il est grand temps de le faire, car ensuite il sera très difficile, voire impossible, d'établir ces rapports pendant la période pénible de l'adolescence.

Pour résumer ce qu'il faut savoir de la septième année : c'est en général une bonne année pour les parents et pour l'enfant, il est plus stable, plus détendu et coopérant qu'à 6 ans. Utilisez avec lui les compliments, ils l'encouragent et le font progresser, alors qu'il est hypersensible aux critiques et aux réprimandes. C'est un âge d'introspection pendant lequel l'enfant a besoin de méditer, de ruminer et d'assimiler ses expériences afin de compléter son concept de soi et son concept du monde qui l'entoure.

L'enfant de 8 ans

Après une année d'extériorisation (6 ans) et une année d'intériorisation (7 ans), 8 ans va être une autre année d'extériorisation, au cours de laquelle l'enfant va à la rencontre du monde avec entrain et avec joie. Moins sensible et moins réservé qu'à 7 ans, il est prêt à tout essayer. Il est actif, sans cesse en mouvement, avide d'expériences nouvelles, découvrant de nouvelles choses et de nouveaux amis. Sa caractéristique est d'être exubérant, expansif et prêt à tout faire.

Il abandonne la personnalité plus sérieuse, plus méditative et introspective des 7 ans. Tout se passe comme s'il « mettait à l'épreuve de l'univers la personnalité qu'il a pris tant de peine à bâtir l'année précédente[4] ». A 7 ans, il aimait rester seul la plupart du temps, il déteste maintenant jouer seul. Il lui faut non seulement la présence d'une autre personne, mais son attention et sa participation absolue. Si cette autre personne est sa mère, il devient souvent « tyrannique » avec elle.

D'après le Dr. Gesell, trois traits caractérisent particulièrement le comportement de l'enfant de 8 ans : « rapidité », « expansivité » et, pour employer comme lui un mot nouveau, « évaluativité ». La rapidité est évidente. Son rythme psychomoteur est accéléré et il fait tout ce qu'il fait à toute vitesse. Il est impatient. « Je ne peux pas attendre » est une de ses expressions favorites, qu'il s'agisse de l'heure du dîner ou du goûter d'anniversaire d'un camarade la semaine prochaine.

Quant à l' « expansivité », le Dr. Gesell la résume par une comparaison frappante : « Comme une amibe affamée lance ses pseudopodes dans toutes les directions, l'esprit affamé de l'enfant de 8 ans se projette activement dans toutes les directions nouvelles[5]. » La preuve de son esprit d'exploration se trouve dans sa passion pour les collections. Il collectionne tout et n'importe quoi : galets et cailloux, timbres, cartes postales, souvenirs. Les week-ends et les vacances sont l'occasion de découvrir de nouveaux trésors : coquillages, cailloux, plantes, morceaux de bois, bâtons, etc. Souvent les parents ne voient pas la valeur de ces objets collectionnés, qui sont pourtant à ses yeux de merveilleux trésors. Les collections sont rangées dans son « armoire aux trésors », son secrétaire ou ses tiroirs aussi bien que dans les poches (pour les garçons) et dans le sac (pour les filles). Sa passion d'acquérir les objets ne s'accompagne pourtant pas d'un égal désir d'en prendre soin, bien qu'il aime quelquefois classifier, arranger, ordonner. Il se met dans une violente colère si un frère ou une sœur plus jeune vient toucher à ses biens inestimables.

Par « évaluativité », le Dr. Gesell désigne la tendance de l'enfant de 8 ans à jauger ce qui lui arrive et ce qu'il provoque Il évalue constamment ses activités et celles des autres. Cet intérêt pour l'évaluation fait partie de son désir d'être « grand ». Il exige que les adultes le traitent davantage comme un adulte. Il dit souvent : « Qu'est-ce que tu crois ? Je ne suis pas un bébé. »

L'enfant de 8 ans aime jouer la comédie et exagérer, et sa façon théâtrale d'amplifier les menus événements de l'enfance font parfois sourire les adultes. Il aime mimer avec ses jouets les raids aériens, les accidents, les combats et les bombardements. Il aime imiter les personnages de la télévision, des films qu'il a vus et des livres qu'il a lus. Les filles sont plus calmes, plus « orales » et plus statiques dans leur mise en scène. Elles y introduisent souvent leur poupée. Il leur arrive aussi de monter des petits « spectacles », qu'elles présentent à leurs amis et à leurs voisins.

A ce nouveau goût de se mettre en scène se rattache la bravade caractéristique du 8 ans. Bien qu'il puisse douter de lui intérieurement lorsqu'il aborde une activité nouvelle, il préférerait « mourir » plutôt que de l'admettre. Le besoin d'avoir l'air sûr de lui l'entraîne parfois à montrer au monde un visage impavide et stoïque.

Il peut paraître subir les reproches et les sermons des adultes sans la moindre émotion. Il écoute en silence les punitions qu'on lui inflige pour mauvaise conduite, et dit calmement lorsqu'il est privé de sortie : « Ça m'est égal, je n'avais pas envie de sortir jouer aujourd'hui ! »

Malgré cette façade stoïque il pourra éclater en sanglots à la moindre contrariété, particulièrement lorsqu'il est fatigué.

Certains pères sont désemparés lorsqu'ils voient pleurer un enfant de cet âge, et pensent qu'un garçon notamment ne devrait plus pleurer. C'est une erreur. Les larmes sont courantes jusqu'à l'âge de 12 ans, et les garçons ne font pas exception. Il n'y a rien d' « efféminé » dans le fait de pleurer, et un père doit accepter les larmes de son fils sans lui dire : « Cesse de pleurer, tu es trop grand pour cela ! » (En fait aucun de nous n'est jamais trop grand pour cela. Notre mère nature n'arrête pas nos glandes lacrymales même lorsque nous avons atteint l'âge respectable de 21 ans !).

A l'école le 8 ans n'est plus aussi dépendant de sa maîtresse sur le plan affectif. Il a moins besoin de contact personnel étroit, entretient avec elle des relations plus officielles et la considère comme une incarnation de l'autorité, qui règle et dirige la classe. Sur le plan émotionnel, le groupe des enfants de sa classe compte maintenant davantage pour lui que le maître ou la maîtresse.

A l'école comme ailleurs il est avide de faits nouveaux. Son esprit impatient et curieux s'empare de tout, en particulier des faits insolites. Fort de ses nouvelles connaissances, il se plaît à poser aux plus jeunes des questions auxquelles ils ne peuvent pas répondre.

Les mères vous diront qu'à 8 ans leur enfant raconte beaucoup plus facilement ce qu'il fait à l'école et ce qui s'y passe. Il rentre parfois de l'école avec des foules de choses à communiquer : « Tu ne sais pas ce qui s'est passé aujourd'hui ? Formidable... ! » Ses connaissances toutes nouvelles lui donnent souvent un air de tout connaître lorsqu'il commente les événements du monde.

La « bande » continue à jouer un rôle important. Pour en faire partie honorablement, il devra prouver sa valeur en se conformant à un code, qui implique beaucoup de valeurs dont on ne parle jamais à la maison : audace, force physique, agilité, esprit de camaraderie, ingéniosité et même ruse.

8 ans marque le début d'un changement radical dans le choix du sexe chez les camarades de jeux (si cela n'est pas déjà réalisé). Les garçons et les filles jouent maintenant chacun de leur côté. Les filles y parviennent en se tenant à l'écart des garçons et en recherchant la compagnie des filles. Mais les garçons le font beaucoup plus directement et ostensiblement,

en disant à qui veut les entendre que les filles sont idiotes, stupides et tout à fait indignes de leur attention.

D'autre part le choix des amis se différencie. Plus jeune, l'enfant croyait qu'il devait être accepté par tous ses semblables indifféremment. Il lui arrivait même de pleurer si un camarade de classe, même peu sympathique, le délaissait pour jouer avec quelqu'un d'autre. Mais maintenant, sa confiance en soi est plus grande et il n'a plus l'impression de devoir plaire à tout le monde. Il commence à choisir parmi les enfants qu'il connaît, à sélectionner ses meilleurs amis sans se soucier de ceux qu'il rejette.

C'est aussi l'âge du grand copain, du meilleur ami. Presque toujours du même sexe. Rien dans les années passées ne ressemblait même de loin à ces relations d'amitié. C'est une étape très significative dans le perfectionnement de ses rapports avec les autres personnes. Pour la première fois de sa vie, votre enfant devient réellement sensible à ce qui compte pour une autre personne et à la façon dont ce qu'il dit ou fait peut affecter les sentiments d'autrui. C'est là une expérience intense, très riche pour sa croissance affective. C'est la première fois qu'il s'attache vraiment à une personne hors de sa famille. L'échange de sentiments qui en résulte l'aide à se libérer de son impression d'isolement et à comprendre comment quelqu'un d'autre appréhende et résout les problèmes qu'il s'efforce lui-même de dominer. C'est ainsi qu'il acquiert les bases de son aptitude à bâtir des amitiés profondes, valables et durables pendant toute sa vie.

Pour la première fois, votre enfant fait l'expérience d'une intimité fondée sur des qualités personnelles et l'intérêt que suscite un individu, et non plus inspirée par les liens familiaux. Cette expérience servira par la suite de base pour les autres amitiés de sa vie, mais aussi pour son mariage, même si l'ami est du même sexe. Ce type de relations continue pendant la dixième année, mais le plus souvent avec un ami différent.

Quoi qu'il en soit, votre enfant veut sans cesse être avec son camarade. Il manifeste de plus en plus une attitude altruiste qui place le bonheur de l'ami au même niveau que le sien. Pourtant tout ne se passe pas en douceur. On discute, on n'est pas d'accord, on se fâche, on se réconcilie.

Les parents ne sont pas conscients des avantages affectifs que leur enfant peut tirer de cette amitié, leur réaction est souvent négative. « Pourquoi as-tu toujours besoin de jouer avec Olivier ? » disent-ils, ou bien : « Pourquoi n'invites-tu pas quelqu'un d'autre à venir jouer ? » ou encore : « Tout ce que tu sais dire c'est qu'Olivier aime ceci et qu'Olivier aime cela. On dirait que tu ne connais personne au monde qu'Olivier ! » Gardez-vous dans ces circonstances de vous montrer jaloux de l'importance que prend l'ami. Ne vous en moquez pas, n'en plaisantez pas.

L'importance du copain et de ces relations d'individu à individu n'atténuent pas l'importance de la bande à laquelle votre enfant appartient. L'aspect secret de la bande entre pour une grande part dans le plaisir d'en faire partie, et révèle le besoin chez l'enfant de créer sa propre société en miniature, indépendante de celle des adultes. Le secret sera le moyen de conserver son intimité et son individualité.

Vous marquerez des points si vous procurez à la bande un lieu de réunion, dans le sous-sol, le grenier ou le garage, ou si vous leur fournissez les matériaux pour construire une cabane ou un fort : des planches, du papier goudronné, des briques, ou quelques vieux meubles à placer dans la cachette du clan.

Vous en gagnerez aussi en invitant la bande à venir goûter ou manger des sandwiches de temps en temps. Votre maison sera connue et appréciée du groupe, qui aimera ce qu'on y trouve. Et, bien que la bande ignore votre présence d'adulte et vous considère plutôt comme une machine à distribuer les victuailles et les friandises, n'ayez crainte, votre enfant vous sera reconnaissant d'accueillir ses amis, plutôt que de vous montrer hostile au groupe.

C'est aussi l'âge où vous pouvez inscrire votre enfant dans un groupe de louveteaux ou d'éclaireurs, dans un club sportif. L'expérience d'un groupe organisé peut aider l'enfant à agir en commun au sein de l'équipe et de se conformer à des règles et à des exigences précises. La vie du groupe organisé peut aider à canaliser les énergies qu'il était si difficile de diriger l'année précédente.

L'argent, la propriété, la possession et les biens sont d'une grande importance dans l'organisation culturelle d'un esprit de 8 ans. L'argent surtout. Les parents s'inquiéteront peut-être de la nature de leur enfant, aveuglé par l'argent. Mais il n'y a pas lieu de se tracasser. La meilleure façon de motiver un enfant de 8 ans c'est de lui promettre de l'argent. Il aime regarder les vitrines, chercher dans les boutiques, se complaît à imaginer tout ce qu'il pourrait acheter. C'est l'âge où vous pouvez commencer à donner de l'argent de poche si vous ne le faites pas encore.

Il a toujours autant de goût pour le troc. Il aime la télévision et les illustrés, pour lesquels l'intérêt culmine vers 8 ou 9 ans. Il aime acheter, collectionner et échanger ses bandes dessinées. Il passe normalement de nombreuses heures à regarder la télévision et à lire des illustrés. Il s'agit de médias simples, ne nécessitant pas d'effort et offrant à votre enfant une distraction facile et reposante. Après les contraintes de l'école, c'est ce qui correspond au week-end des adultes après une semaine de travail. Ne grondez donc pas votre enfant s'il regarde la télévision ou lit des bandes dessinées, ne le harcelez pas afin qu'il lise davantage de « bons livres », car en plus de s'amuser avec ces médias reposants, il amasse plus de connaissances que vous ne pensez.

Bien sûr les journaux illustrés ne sont pas les seuls qu'un

enfant de 8 ans aime lire, mais ils sont sans aucun doute ses préférés. C'est l'âge où la lecture spontanée fait son apparition, car elle lui semble beaucoup plus facile qu'auparavant. Vous pouvez profiter de cet intérêt tout neuf pour les livres et le stimuler en faisant ensemble une visite à la bibliothèque, ou dans une librairie, où vous le laisserez choisir un livre sans diriger son choix et sans l'obliger à lire un classique. S'il le choisit seul, il sera motivé pour le lire, et sa lecture s'en trouvera améliorée quel que soit le texte lu.

S'il ne possède pas de bibliothèque ni de coin pour ranger ses livres, le moment est venu d'en acheter ou d'en fabriquer une. Il est prêt à s'intéresser plus personnellement à ses livres et appréciera qu'on lui en offre. Il aimera aussi les magazines illustrés et passera des heures à lire les catalogues de vente par correspondance. Sa grande joie sera de commander et de recevoir par la poste objets et catalogues. Un père avisé en profitera pour lui faire adresser de temps en temps des articles qui peuvent l'intéresser.

C'est aussi l'âge où se manifeste un intérêt subit pour les spectacles et les films d'horreur, que parfois les parents, les mamans surtout, trouvent trop « violents » et néfastes. Les pères peuvent les rassurer sur ce point, car cet intérêt est parfaitement normal. Le spectacle des films d'horreur ou d'épouvante est un moyen pour l'enfant de dominer ses peurs. Ce qui explique pourquoi les jeunes sont si friands de films et d'émissions télévisées de ce genre.

C'est aussi l'âge où les jeux de société suscitent beaucoup d'intérêt. Les dames, les dominos, la bataille, le nain jaune, le monopoly et même les échecs vus d'une manière simple, sont autant d'occasions pour vous de renforcer et d'approfondir vos relations avec votre enfant.

En résumé, qu'a-t-il fait pendant sa huitième année ? Il a consolidé sa personnalité sur laquelle il méditait et réfléchissait à 7 ans et la met énergiquement à l'épreuve de son univers. Il est vigoureux, actif ; il expérimente toutes sortes d'activités nouvelles et de relations humaines. Il veut être un adulte et exige que les adultes le traitent comme tel. C'est pourquoi les fessées doivent maintenant disparaître de la panoplie disciplinaire des parents. Priver l'enfant d'un programme de télévision qu'il aime aura beaucoup plus d'effet sur lui.

L'enfant de 9 ans

A bien des égards l'enfant garde et développe la personnalité qu'il avait à 8 ans, avec plus de maturité psychologique. Il est difficile de distinguer par son comportement un enfant de 8 ans d'un enfant de 9 ans. Ces années de moyenne enfance se confondent beaucoup plus que celles de la première enfance, où l'on remarque des différences spectaculaires entre 2, 3, 4 et 5 ans.

Les trois qualités caractéristiques des 8 ans : rapidité, expansivité, évaluativité, continuent de se manifester chez l'enfant de 9 ans, mais à un degré supérieur de maturité et d'intégration.

L'enfant reste donc rapide, mais sa vitesse, mieux contrôlée, ne se manifeste plus de façon aussi brutale et aveugle.

L'expansivité était provoquée à 8 ans surtout par ce qui se passait dans l'entourage immédiat. A 9 ans elle vient de l'intérieur, et l'exploitation du monde est beaucoup plus consciente et délibérée.

Les évaluations sont maintenant plus profondes et plus discriminantes. L'enfant dispose de nouveaux moyens d'auto-appréciation et de jugement social. Il peut ressentir et exprimer des nuances de sentiment beaucoup plus délicates et subtiles.

Les mots qui caractérisent le mieux les différences entre 8 ans et 9 ans sont peut-être *individualité* et *motivation personnelle.*

L'enfant de 9 ans possède une individualité beaucoup plus marquée qu'auparavant. Ses gestes, ses enthousiasmes, ses façons de rire et de parler, son humeur et même sa façon de se tenir à table en sont imprégnés. Un père doit respecter cette individualité et cette personnalité unique, dont les aptitudes et les intérêts spécifiques commencent à apparaître et à s'épanouir.

Vous atteindrez mieux un enfant de cet âge en le traitant avec la même courtoisie qu'un adulte, c'est-à-dire en tenant compte de ses préférences et de ses traits originaux. Traitez-le donc en adulte ; faites-le participer à l'élaboration de vos projets d'achats, de bricolage, de vacances ; c'est l'enthousiasme et l'esprit de coopération que vous susciterez si vous savez dire : « Voilà ce que *nous* allons faire. » Un père habitué à prendre les décisions sans consulter son enfant devra psychologiquement « changer de rapport » pour satisfaire « l'envie d'être adulte » qui se manifeste chez son enfant.

Il réagira de même si vous lui accordez plus d'indépendance et d'occasions de faire son choix et de prendre ses décisions. Il aime agir par lui-même. Il aimera rester coucher chez un camarade ou faire seul un trajet en autobus. Et même un voyage en avion, avec des parents ou des amis l'attendant à l'arrivée n'est pas impossible.

Cependant, du fait qu'il semble si mûr et si adroit dans bien des domaines, vous risquez de surestimer sa maturité et d'attendre trop de lui. Rappelez-vous que de temps en temps il aura besoin de revenir au comportement d'un très jeune enfant. N'en soyez pas déçu, ne lui dites pas alors, qu'il est ridicule « de faire le bébé ».

La motivation personnelle est, nous l'avons vu, une des caractéristiques de l'enfant de 9 ans. Il est beaucoup moins dépendant des autres, fait preuve de plus en plus d'initiative personnelle, et s'inspire très peu de son entourage. Tout cela lui donne un air absorbé et sérieux à la maison comme à l'école.

Ses facultés d'attention sont beaucoup plus grandes. Rester appliqué à la même activité nécessitait à 8 ans l'encouragement du milieu ou l'aide stimulante d'un adulte. A 9 ans, l'enfant peut rester beaucoup plus longtemps occupé à la même chose. Il pourra passer tout un après-midi à jouer au meccano ou à construire une ville dans le sable. Il est maintenant capable de s'appliquer à un travail jusqu'à son terme.

Cependant, le fait qu'il puisse fixer son attention plus longtemps ne veut pas dire qu'il faille le lancer dans des activités de trop longue haleine. L'intérêt qu'il y porte et sa motivation personnelle déterminent le temps qu'il pourra y consacrer. Il peut élaborer un projet pendant un long moment, le réaliser jusqu'au bout avec un soin presque adulte, tant qu'il s'agit de son projet. Mais il l'abandonnera dès qu'il cessera de s'y intéresser. L'attention forcée ou de commande devient vite ennuyeuse. Les soupirs et l'agitation vous avertissent vite que ce niveau est atteint.

L'enfant de 9 ans aime perfectionner ses aptitudes naturelles, il refera le même geste jusqu'à ce qu'il le maîtrise parfaitement. Il désire particulièrement apprendre tous les jeux : il veut être bon footballeur, savoir nager, faire du ski. Il s'agit pour lui d'acquérir des aptitudes physiques qui le poseront aux yeux de ses camarades.

Il convient donc que le père encourage l'apprentissage de toutes ces choses. Montrez-lui comment ouvrir un couteau de poche, comment s'en servir sans se blesser. Apprenez-lui à travailler le bois, entraînez-le à jouer au football ou au basketball, etc.

Mais là encore n'essayez pas d'enseigner trop de techniques à votre enfant, car même s'il veut apprendre, son habileté et ses aptitudes à persévérer ne correspondent pas toujours à l'enthousiasme initial. Il est très important que vous enseigniez ces techniques dans un esprit d'amusement et de détente. Complimentez-le pour chaque progrès accompli. N'exigez pas la perfection et veillez à ne pas harceler votre enfant. Laissez-le aller à son rythme. Vous êtes là pour l'aider et lui apporter le soutien de votre expérience lorsqu'il le demande.

Tous les sports l'intéressent : football, natation, basket-ball. Il aime les sports de combat, la bicyclette, le patin à roulettes et à glace, l'escalade et le lancer de pierres dans l'eau.

Le moment est venu, si tel est votre goût, de le familiariser davantage avec la nature, au cours de grandes sorties en plein air. Promenez-vous à pied, sac au dos, ou campez ou pique-niquez dans les bois, au bord d'un lac ou d'une rivière. Le camping constitue par ailleurs une excellente activité pour tous et contribue à créer un sentiment de la famille du fait que tous partagent les tâches et les plaisirs.

A 9 ans, l'enfant peut aussi éprouver un vif désir de jouer d'un instrument. C'est alors le moment pour lui de commencer l'étude du piano ou de la guitare. Les premières leçons seront considérées comme un essai de contact avec l'instrument, sans obligation de continuer et sans reproches à l'enfant si le projet tourne court.

Il faut que l'apprentissage d'un instrument de musique soit un plaisir et non pas une corvée. Il est donc souhaitable de s'adresser à un professeur qui ne soit pas seulement un bon exécutant, mais qui puisse aussi rendre les leçons vivantes et intéressantes. Il est parfois prudent de louer un instrument plutôt que de l'acheter, pour voir s'il plaira à votre enfant. Lorsque des parents ont acheté un instrument, ils ont tendance à insister pour que l'enfant l'étudie régulièrement. Résistez à cette tentation. Rappelez à votre enfant qu'il peut étudier son instrument, ne le contraignez pas. Utilisez les mots « répéter » et « jouer » qui sont plus engageants pour notre jeune musicien que « faire des exercices ».

Surtout gardez-vous de le contraindre à apprendre la musique si vous voyez clairement qu'il n'y est pas psychologiquement prêt.

Nombreux sont les parents qui font commencer trop tôt les activités de ce genre et en attendent des résultats trop rapides. Ils envoient, par exemple, leurs enfants trop tôt dans les camps ou colonies de vacances. Ils leur font donner trop tôt des leçons de musique, de tennis ou d'équitation, avant qu'ils sachent suffisamment coordonner leurs mouvements. Il en résulte un dégoût pour ces activités avant qu'il aient pu vraiment s'y intéresser.

N'oubliez pas qu'à 9 ans votre enfant a besoin de temps libre où il puisse se détendre, flâner dans la cour ou le jardin, s'allonger dans l'herbe pour regarder les nuages, bref « se mettre en roue libre ». Je constate en effet que l'existence de nos enfants est de plus en plus minutée et organisée, et que les mères passent beaucoup de temps, les jours de congé, à conduire leurs enfants d'une activité à l'autre.

Les enfants ont besoin de temps libre pour découvrir eux-mêmes les activités pour lesquelles ils se sentent motivés et leurs propres jeux. Ils ne peuvent le faire si tout leur temps est organisé et programmé à l'avance.

Votre 9 ans est très indépendant, il ne veut plus être surveillé et protégé sans cesse comme un bébé et vous risquez d'être contrarié le jour où il a envie d'aller retrouver les copains de sa bande au lieu de faire avec toute la famille l'excursion que vous avez si gentiment organisée pour lui faire plaisir.

Les amis retiennent toute son attention. Il veut être comme les autres garçons de la bande, parler comme eux et leur ressembler. Si ses amis portent la chemise hors du pantalon, il se sentira obligé de porter la chemise hors du pantalon.

Les 9 ans sont de grands conformistes et redoutent l'insolite, le différent. Ils excluent souvent de leur groupe tel enfant qui est différent des autres, soit parce qu'il est plus intelligent ou plus lent, ou qu'il parle avec un accent, s'habille d'une autre façon ou est handicapé. Les parents déplorent parfois que leurs enfants « perdent tant d'heures à discuter avec leurs camarades sans rien faire ». Il est important de savoir qu'en se chamaillant entre eux ou en « discutant sans rien faire », les enfants de 9 ans soumettent leurs idées à l'épreuve des autres. Ils partagent leurs sentiments, leurs doutes et leurs ennuis. Ils apprennent aussi à mener une conversation et à acquérir les habitudes et les techniques qui permettent de vivre en société. Le jeu de l'enfant de 9 ans n'a pas à être actif pour être productif.

Garçons et filles appartiennent à des groupes distincts, et chaque sexe exprime une sorte de dédain pour l'autre sexe. On fanfaronne, on s'espionne, on se taquine, mais toutes ces attitudes remplissent une fonction psychologique bien définie. L'intérêt secret et inavoué pour l'autre sexe ne peut se camoufler que sous le mépris. Ce qu'illustre joliment cette réflexion d'une petite fille de 9 ans sur les garçons : « Les garçons sont laids et répugnants — j'aime bien les regarder [6] ! »

A l'école le passage de la neuvième à la huitième représente un grand changement psychologique, car l'univers de l'écolier est très différent en huitième et septième de ce qu'il était auparavant. En général, les élèves de huitième aiment l'école, bien que les maîtres considèrent que de leur point de vue c'est une année difficile.

On remarque aussi une plus grande capacité au travail indépendant. L'enfant désire avoir de bonnes notes et travaille pour les obtenir, mais il se décourage facilement. Il peut porter sur lui-même un meilleur jugement critique, et faire preuve d'autodiscipline. Il aime s'informer par la lecture des faits et des événements, et recherche particulièrement l'insolite. Il aime dire à son père : « Papa, est-ce que tu savais que... »

Des écarts plus sensibles qu'auparavant commencent à se creuser entre les aptitudes scolaires des uns et des autres. Beaucoup d'élèves de huitième sont des lecteurs insatiables. D'autres ne s'intéressent pratiquement pas aux livres.

C'est l'année où les difficultés réelles de lecture deviennent évidentes et commencent à affecter la personnalité de l'enfant. Les parents doivent donc être très vigilants sur ce point. L'enfant peut avoir besoin d'être suivi ou aidé par un spécialiste de la lecture. L'instituteur ou le directeur pourront vous conseiller et vous dire si votre enfant a besoin de quelques leçons supplémentaires ou si son problème est du ressort d'un psychologue.

Sur le plan physique, l'enfant de 9 ans contrôle mieux son appétit qu'il ne le faisait à 8 ans. Il a des préférences ou des dégoûts très nets, qu'il fait connaître franchement. Il n'apprécie pas la « fine cuisine » et préfère le bifteck haché, les saucisses et les spaghetti.

Vous auriez tort de penser que sa toute récente motivation personnelle s'applique aussi à la toilette, au bain et aux tâches diverses. A cet égard il souffre d'un mal psychique que l'humoriste B.M. Atkinson appelle « *Glenn's Exit* » (« la sortie à la Glenn ») et qu'il décrit comme « un phénomène psychique par lequel un jeune garçon peut être présent à la maison pendant des heures, mais, si on l'appelle pour venir se mettre à table ou faire un travail, disparaît de notre monde ». Se produit toujours en même temps que l' « oreille de Loggard ». Le malade, quoique doué d'une acuité auditive lui permettant éventuellement d'entendre à plusieurs kilomètres de distance la voiture du marchand de glaces, perd alors l'usage des deux oreilles, au point qu'étant dans la proximité immédiate, il est subitement incapable d'entendre son nom, même répété de nombreuses fois et d'une voix aussi puissante que possible [7] ».

Il faut chaque fois lui dire de prendre son bain, de se laver les mains avant les repas et de se laver les dents. D'ordinaire, il prend ces remarques du bon côté, comme s'il avait toujours eu l'intention d'accomplir ce que vous demandez, mais l'avait simplement oublié. Par ailleurs les enfants de 9 ans (les garçons surtout) n'éprouvent aucune gêne à porter des vêtements vieux ou sales. J'en connais quelques-uns qui porteraient joyeusement leur pantalon jusqu'à ce que la crasse le fasse se tenir debout.

9 ans voit la naissance du sens moral. L'enfant comprend mieux ce que sont la vérité et l'honnêteté, la propriété et les droits personnels des individus. La justice joue un grand rôle dans sa pensée. Il accepte les remontrances ou les punitions s'il pense qu'elles sont justes, mais devient furieux et amer s'il croit que ses parents ou son maître sont injustes. On assiste à de nombreuses discussions ayant pour motif la « justice », dans les jeux et les sports, avec des prises de position qui changent d'une heure à l'autre. C'est là un bon signe ; cela montre qu'à cet âge on essaie de se constituer des modèles éthiques.

Certains sujets ont tendance à se faire beaucoup de soucis. On a peur de ne pas réussir en classe ou de faire une gaffe en public. Là encore un père peut apporter une aide efficace, non pas en essayant d'emblée de rassurer l'enfant (sans aucune chance d'y parvenir), mais en utilisant la technique du feed-back (ou rétroaction affective). Cette façon de procéder permet à l'enfant de se libérer de ses préoccupations en les confiant à un auditeur compréhensif.

En général, l'enfant de 9 ans est tellement occupé par ses nombreuses activités qu'il demande beaucoup moins qu'on s'occupe de lui. Ainsi sa mère doit-elle lui consacrer moins de temps. Il est pris par ses entreprises personnelles qu'il poursuit sans se lasser. Il aimera voir le même film plusieurs fois, fera du patin à roulettes ou de la bicyclette pendant des heures. Les filles joueront à la poupée des journées entières.

En résumé, l'enfant de 9 ans s'est forgé une vraie personnalité. Il commence à avoir une pensée originale et ses propres idées et opinions. Il comprend les explications. Il est réaliste, et, généralement, raisonnable. Il aime faire bien ce qu'il fait et commence à manifester un sens puissant du vrai et du faux. Il est naturellement motivé et connaît des moyens agréables de consacrer son temps aux activités qu'il a choisies. Il est actif et absorbé par ce qu'il fait, dynamique dans la réalisation de ses projets.

L'enfant de 10 ans

De même que la première enfance parvenait a une sorte de plénitude à l'âge de 5 ans, la moyenne enfance atteint le même genre de plénitude à 10 ans. En fait on ne saurait mieux décrire l'enfant de 10 ans qu'en rappelant tout ce qui a été dit sur l'enfant de 5 ans, à la différence que son niveau d'intégration affective et mentale est maintenant beaucoup plus élevé.

A 5 ans, vous vous en souvenez, l'enfant était équilibré, en harmonie avec lui-même et les autres, conscient et en un sens parfait. Il était content de vivre, généralement sans conflit avec lui-même ni avec son entourage, satisfait et apprécié des autres. Age délicieux pendant lequel votre enfant prenait la vie comme elle venait et s'en contentait.

Toutes ces remarques pourraient aussi bien s'appliquer au 10 ans dont la présence est une joie permanente.

Que les parents sachent profiter de cette dernière année sans problèmes.

A 11 ans commence la période éprouvante de la préadolescence au cours de laquelle vous vous demanderez souvent : « Où est donc l'enfant merveilleux et gentil que j'ai connu ? »

Pour la résumer d'un mot, la dixième année est la période dorée de l'équilibre. C'est une année positive au cours de laquelle l'enfant assimile, consolide et équilibre les ressources et les qualités psychologiques qu'il a acquises. C'est un palier, avant la poussée des forces nouvelles et perturbantes qui, à 11 ans, relanceront le développement.

Les parents sont heureux de l'avoir auprès d'eux car il est joyeux, ouvert et franc. C'est un bon élève et un bon camarade. Il est tolérant, « facile à vivre », insouciant. Voici encore quelques termes souvent employés par les parents et les adultes pour le décrire : sincère, heureux, détendu, bon camarade, équilibré, sympathique, franc et ouvert. Il aime les sports, les activités à l'extérieur. Il se sent plus proche de la famille et de sa maison qu'il ne l'était à 9 ans. Il est fier de sa famille et loyal envers elle. Il s'entend bien avec son père et sa mère, reconnaissant leur autorité et leur obéissant de bon cœur, toujours prêt à se joindre à toute la famille pour des activités en commun, comme pique-niques ou sorties au week-end. Il se montre affable et souriant dans ses rapports avec les autres.

Sur le plan affectif il est positif, calme et équilibré. Un enfant de 10 ans a résumé lui-même le climat affectif de cet âge en disant : « Je n'aime pas être de mauvaise humeur[8]. » Son humeur générale est d'être satisfait du monde et de lui-même.

Tout n'est pourtant pas douceur et lumière dans cet univers. Parfois il cède à de vifs accès de colère où il retrouve pour pleurer et se débattre la violence des années passées ; accès qui sont très rarement dirigés contre des adultes, mais presque toujours contre des enfants de son âge ou plus jeunes, et en particulier les frères et sœurs entre 6 et 9 ans. Ces colères sont dues en partie à la jalousie entre enfants d'une même famille, mais aussi du fait qu'un frère ou une sœur plus jeune lui rappelle par son attitude désagréable les défauts qu'il vient à peine de surmonter. Ce faisant, il illustre la tendance fréquente chez les adultes qui consiste à combattre chez les autres les défauts que nous détestons le plus constater chez nous. Par ailleurs, l'enfant de 10 ans s'entend beaucoup mieux avec des frères et sœurs s'ils ont moins de 5 ans, car à leurs yeux il est le grand frère qu'on admire et il éprouve du plaisir à leur apprendre tout ce qu'il sait faire.

Ses accès de colère sont généralement brefs, explosifs et superficiels, car l'enfant de 10 ans dispose d'une bonne soupape de sûreté. La colère « se vide » rapidement, et son naturel aimable et équilibré reprend vite le dessus. Son caractère est en général facile et tolérant. Si vous lui demandez de choisir entre deux solutions, il hausse les épaules et dit : « Peut-être que oui, peut-être que non ! » Les haussements d'épaule sont caractéristiques de sa tolérance d'esprit.

Si l'on compare aux émotions intenses des 9 ans, il est plus détendu, avec un équilibre un peu détaché et de l'assurance. A 9 ans il se plaisait souvent à s'évaluer lui-même, et à pratiquer une autocritique plus ou moins inconsciente. A 10 ans le climat affectif a changé. Il est moins embarrassé. L'attitude tendue de l'année précédente est remplacée par des manières plus douces, plus souples et par le désir de plaire.

Cependant en dépit de cette bonne volonté générale, se laver et prendre soin de ses vêtements et de sa chambre ne le préoccupent pas beaucoup. Ce manque de soin est surtout vrai chez les garçons qui, si on les laisse libres, passeront allègrement plusieurs semaines sans prendre un bain. L'enfant de 10 ans « accroche ses vêtements à même le sol », ou, comme le dit une petite fille, « on jette ses affaires n'importe où », en ajoutant aussitôt avec la bonne volonté typique de son âge : « Alors comme ça il faut ensuite les ramasser pour les accrocher [9]. »

Les vêtements continuent à être malmenés, surtout par les garçons. Cela procède d'une différence fondamentale d'attitude chez l'adulte et chez l'enfant. Et connaissant le goût des enfants de 10 ans pour les vieux vêtements usés, ne comptez pas qu'ils soint très empressés de ranger leur chambre. Un garçon de 10 ans le dit lui-même : « Ma chambre est en désordre. Si elle était bien rangée je ne pourrais rien retrouver. J'aime mieux les livres empilés par-dessus mes affaires : c'est plus sympathique, plus naturel [10]. »

Pour ce qui est d'aider aux travaux ménagers, l'enfant de 10 ans n'est pas très enthousiaste. Certains jours il vous aidera, d'autres fois non. Il préfère en tout cas travailler en même temps que son père ou sa mère à la réalisation de quelque chose de précis, mais se trouve vite découragé lorsqu'il est seul devant un travail. Sachant cela, les pères feraient bien d'être très souples lorsqu'ils demandent un travail à leurs enfants.

Mais les habitudes irrégulières de travail chez l'enfant de dix ans sont compensées par son dévouement envers la famille. Il pense que son père et sa mère sont « les plus formidables » même s'il ne trouve pas toujours le moyen de le leur dire à eux.

Les garçons comme les filles s'entendent bien avec leur mère. Ils dépendent d'elle et se tournent volontiers vers elle. Les filles en particulier, aiment se confier ; elles ont besoin de sentir qu'elle est leur amie et qu'elles peuvent lui faire confiance. Parfois les garçons lui font la surprise de lui apporter son petit déjeuner au lit le dimanche matin. Les garçons et les filles sont d'ailleurs très démonstratifs, et aiment manifester leur affection par des transports, des caresses et des baisers.

Le père a un rôle important à jouer auprès des garçons comme auprès des filles. Les filles en particulier se tournent vers leur père, l'adorent et même l'idolâtrent. L'enfant de 10 ans respecte ses parents et ne met pas en doute leur autorité. « Maman a dit » ou « papa a dit » sont des expressions qui reviennent souvent dans leur conversations.

C'est alors qu'un père peut vraiment être le camarade de son fils ou de sa fille, s'amuser avec eux. Emmenez votre enfant en excursion ou en promenade, jouez avec lui au ballon, emmenez le voir des matches, allez à la piscine, bricolez ou flânez avec lui.

Je reproduis la conversation qui suit, entre un enfant de 10 ans et un de 11 ans, pour vous montrer combien dans les rires et les épreuves l'enfant de 10 ans reste foncièrement attaché à ses parents :

MARY *(11 ans).* — Alors tu ne détestes pas ta mère ? La mienne a été odieuse aujourd'hui, je voudrais la voir morte !
BARBARA *(10 ans).* — Est-ce que tu te rends compte que tu ne la reverrais plus jamais ? Tu peux être en colère contre ta mère, mais tu n'as pas à la détester [11] !

Les rapports avec ses frères ou ses sœurs sont la seule note discordante. Les pères doivent être vigilants en sachant que c'est rarement l'enfant de 10 ans qui provoque les disputes. Souvent c'est son frère ou sa sœur plus jeune qui « l'embête » jusqu'à ce qu'il se venge à coups de poing. Le plus jeune se précipite alors, image parfaite de l'innocence, vers ses parents en disant : « Alain m'a battu ! » Si dans ce cas le père fait des reproches au plus âgé sans réfléchir davantage, le 10 ans pensera que ses parents sont méchants et injustes, et on comprend sa réaction.

L'enfant de 10 ans aime ses amis — tous ses amis ; il adore les clubs de toutes sortes. De tous les âges que nous avons considérés, 10 ans est celui où l'enfant est le plus disposé à réagir favorablement au groupe. Il est plus un homme d'action que de réflexion, et il est heureux de toutes les activités qui occupent sa journée. A cet âge les enfants aiment le jeu plus que tout, et considèrent parfois l'école comme une interruption gênante de ce jeu.

Il aime particulièrement les jeux extérieurs, surtout pour le plaisir d'exercer son corps et de dépenser son énergie à faire du patin, grimper, etc. et par-dessus tout *courir.*

Les filles ont tendance à pratiquer des jeux de plein air moins violents tels que le patin à roulettes, la corde à sauter, l'équitation.

Tout en préférant les jeux de plein air, l'enfant de 10 ans peut très bien jouer à l'intérieur pendant des heures avec ses amis. Il aime les jeux de société, comme le Monopoly, et les jeux de cartes. Il aime encore beaucoup ses collections. Les filles écrivent des « pièces de théâtre », se costument et les jouent. Les animaux domestiques sont particulièrement appréciés, mais l'enfant de 10 ans n'a pas encore la maturité suffisante pour qu'on puisse lui en confier entièrement la charge.

Le 10 ans aime construire des modèles réduits d'avions, de voitures ou de bateaux, ou à l'aide d'un meccano ; il cloue ou assemble avec les outils de la maison. Il continue à aimer les illustrés, les films et la télévision. Les dessins animés, les westerns, les films de guerre ou d'aventures mystérieuses, les films montrant des animaux et les comédies burlesques sont ses spectacles préférés. Walt Disney obtient les suffrages unanimes des filles et des garçons.

Le sens moral se développe et se précise. Il ne pense plus tout à fait comme un enfant : il se forge un solide sens de la justice et un code moral très strict. Suivant le principe psychologique qui veut que la morale négative précède la morale positive, l'enfant de 10 ans est beaucoup plus sensible à ce qui est mal qu'à ce qui est bien. La justice et la loyauté restent ses références principales. Cependant, quoiqu'il soit capable de sentiments élevés, il n'est pas toujours capable de les mettre en pratique ! (Mais les adultes pratiquent-ils toujours ce qu'ils prêchent ? C'est l'âge où, troublé, l'enfant découvre que non.)

Les parents se plaignent presque tous de la mauvaise tenue des 10 ans à table (sur ce point, rien de changé depuis l'âge de 6 ans). L'enfant trouve cependant davantage de mets à son goût ; ses plats favoris restent le steak haché, le rosbif, les saucisses et les pommes de terre sous toutes les formes.

Les garçons et les filles commencent à suivre des voies différente sur ce plan du développement physique et de la prise de conscience sexuelle. Les filles, au contraire des garçons, montrent les premiers signes, légers mais évidents, de l'adolescence. Le corps de la fillette commence à présenter un léger adoucissement des lignes, de légères rondeurs, particulièrement dans la région des hanches. Les règles n'apparaissent qu'exceptionnellement avant la onzième année, mais c'est à 10 ans qu'il faut en avertir une fillette.

Du fait de leur développement plus avancé, les filles sont plus conscientes que les garçons de tout ce qui a trait à la sexualité, tout en étant plus discrètes sur ce point. Les filles ne racontent pas les mêmes « histoires cochonnes » que les garçons (qui eux-mêmes ne saisissent pas toujours tout à fait les plaisanteries qu'ils se communiquent avec tant de verve). Les filles sont plus facilement gênées par l'information sexuelle. Les parents se demandent parfois si leur fille n'a pas oublié complètement l'information qui lui a été donnée les années précédentes. Néanmoins, les filles sont vivement intéressées par les livres sur la sexualité et la maternité. La gêne qu'elles éprouvent à l'égard de l'information sexuelle ne doit pas les empêcher de lire un livre comme *l'Encyclopédie de la vie sexuelle* (Hachette) qui répondra à toutes leurs questions.

Votre garçon est moins conscient des problèmes sexuels. Il pose peu de questions et lorsqu'il le fait, c'est le plus souvent à brûle-pourpoint, sans préméditation. Il n'est cependant pas inutile de mettre à sa disposition un bon livre.

Quoique le garçon de 10 ans ne soit pas particulièrement intéressé par ces questions, il est bon qu'il sache la vérité sur certains aspects de la sexualité qu'il n'a pas encore rencontrés. Autrement, il n'aura pas d'autre moyen de s'informer que par l'intermédiaire de ses camarades, autrement dit de « l'aveugle guidant l'aveugle ».

L'enfant de 10 ans aime l'école, il aime son maître ou sa maîtresse, il est content d'apprendre. Les maîtres disent qu'en général la classe de septième n'est pas aussi fatigante que la huitième. Les 10 ans aiment beaucoup les discussions en classe. Ils considèrent le maître comme une « autorité » ; ce qu'il dit a force de loi, en face des parents (même si, parfois, l'enfant oppose au maître ce qu'a dit son père ou sa mère).

L'enfant de 10 ans aime enregistrer dans sa mémoire. Il perçoit et entend bien. Les pères doivent savoir que c'est le meilleur âge pour s'instruire en regardant la télévision. Il faut donc savoir choisir les bons programmes documentaires, politiques ou culturels, et s'arranger pour les regarder ensemble. L'enfant sera enchanté de pouvoir rester un peu plus tard pour voir un programme que vous lui aurez choisi. Et profitant du fait qu'à cet âge, il s'intéresse volontiers aux faits et se montre coopérant et réceptif, on fera bien d'aborder certains sujets « d'adultes » traités dans les magazines, les journaux ou à la télévision. Glissez-y des anecdotes illustrant concrètement le problème de la drogue. Ces « graines », semées dans l'esprit réceptif de votre enfant, l'aideront à résister pendant l'adolescence aux sollicitations de la drogue, puisqu'il aura eu connaissance de faits précis à ce sujet.

Les parents devraient se garder de faire un cours ou un sermon sur la drogue, car cela aurait l'effet inverse de celui recherché. Arrangez-vous seulement pour introduire des remarques sur la drogue et son usage parmi d'autres informations intéressantes concernant l'actualité. Ne manquez pas l'occasion de lui parler ainsi, car ce qu'il consent à écouter à 10 ans, son moi affectif le repousserait à 11 ans et pendant la période rebelle de la préadolescence.

En résumé, 10 ans est l'âge d'or de l'équilibre et de l'égalité d'humeur, la somme et l'aboutissement parfait de toutes les années qui constituent la moyenne enfance. C'est une année palier, qui sera bientôt interrompue par la violente poussée des forces de croissance de la préadolescence. 10 ans est l'âge du « vivre et laisser vivre », pendant lequel l'enfant manifeste de la considération pour les autres, demande la permission de faire les choses, et s'insère en douceur dans le groupe familial.

C'est pourquoi je dis aux pères : Profitez au maximum de votre enfant, car la préadolescence vous attend avec son onzième anniversaire. Quand se lèveront les ouragans avant-coureurs de la préadolescence, le père avisé fermera les hublots du bateau familial et se préparera aux tempêtes émotionnelles dont il connaît la venue.

C'est ainsi que nous concluons notre aperçu, année par année, de la moyenne enfance. En dépit de la grande diversité des étapes parcourues, la personnalité de votre enfant se maintient sous une forme relativement cohérente et stable depuis l'âge de 6 ans jusqu'à la fin de la dixième année. C'est la raison pour laquelle nous groupons toutes ces années dans cette période de la moyenne enfance.

De peur que vous ne soyez perdu dans cette description spécifique de chaque année, je veux vous donner un aperçu psychologique de la moyenne enfance dans son ensemble, et vous montrer ce qu'elle a d'unique en tant que stade de développement.

Vue d'ensemble sur la moyenne enfance

Nous avons vu que la fin de l'âge préscolaire entraînait une stabilisation et une intégration de la personnalité. Cet équilibre stable se maintient pendant toute la moyenne enfance, approximativement de 6 à 11 ans.

Dès le sixième anniversaire, la première adaptation à la société est terminée. Jusque-là, la société qu'il fréquente est exclusivement sa famille. Et c'est vrai même s'il a la chance de fréquenter la maternelle, qui demeure pour lui une excursion psychologique limitée. Son concept de soi s'est formé en se regardant dans les miroirs que sont pour lui les membres de sa famille : sa mère, son père, ses frères et sœurs. Il n'a pas encore intégré complètement les modèles que sont ses parents, ces modèles qui le guideront quand il sera loin d'eux.

Pendant les années préscolaires, votre enfant s'est vu accepté et aimé rien que du fait qu'il *existait*, qu'il était membre de la famille, et non pour ce qu'il pouvait faire et accomplir. Et maintenant, pour la première fois, tout cela va changer. Son concept de soi va se développer non plus en observant les miroirs que sont les membres de sa famille, mais en s'observant dans les miroirs du monde extérieur, dans la société au sens large. Et dans ces miroirs, son concept de soi dépendra dans une large mesure non pas de qui il est, mais de ce qu'il est capable de faire.

Pendant la moyenne enfance, votre enfant pénètre dans deux mondes nouveaux : le monde de l'école et le monde de sa bande ou groupe de ses pairs. A l'école son maître ou sa maîtresse, et les autres personnes, adultes ou enfants, l'évaluent d'après ce qu'il peut faire, d'après les techniques qu'il peut assimiler. Dans la bande aussi il est évalué d'après ce qu'il peut faire et non pour ce qu'il est.

Ces deux mondes nouveaux ont pour fonction de préparer votre enfant à vivre dans la société au sens large plutôt qu'au sein de sa famille. Pendant les années préscolaires il a découvert sa propre identité par rapport à un seul monde, celui de sa famille. Désormais il se voit confronté à l'épreuve psychologique consistant à découvrir et à apprendre sa propre identité par rapport à trois mondes différents, et cela en même temps. De plus, ces trois mondes ont des normes contradictoires. Ce qui définit la bonne conduite à l'école n'est pas nécessairement ce qui définit la bonne conduite à l'intérieur de la bande. Un enfant se fera chez lui pardonner facilement certains écarts de conduite, s'il est gentil et s'il sait manœuvrer papa et maman. Il découvre que cela ne marche pas à l'école avec la maîtresse ni avec les autres enfats. Maman, papa ou la maîtesse peuvent vouloir de leur côté qu'il dénonce « celui qui a cassé un carreau ». Mais simultanément, « moucharder » un camarade est une conduite inacceptable pour ses pairs.

Du fait qu'il essaie de se forger un concept de soi par rapport à trois mondes et trois sociétés différentes, il n'est pas surprenant qu'un enfant ait du mal à fixer son comportement pendant ces années de la moyenne enfance. Tout se passe comme si on lui apprenait en même temps l'espagnol, l'anglais et l'italien en pensant qu'il ne fera jamais de fautes et qu'il ne confondra pas les mots.

Quelles sont donc à ce stade les acquisitions que l'enfant

doit faire dans son développement ? Votre enfant apprend la *maîtrise* contre l'*inadaptation*. Sa propre identité s'établit maintenant sur la manière dont il maîtrise les techniques spécifiques et les travaux qui sont exigés à l'école, dans le groupe de ses pairs et à la maison. Votre enfant acquerra une bonne identité de soi s'il se sent en sécurité du fait qu'il sait pouvoir faire les choses qui lui sont demandées. Un enfant a besoin de voir ses compétences reconnues. S'il n'est pas en mesure de maîtriser les tâches et les techniques qui sont exigées de lui par la maîtresse et par ses camarades, il éprouve un sentiment d'inadaptation et d'infériorité.

En d'autres termes, pendant les années de moyenne enfance votre enfant quitte la sécurité de la maison et de la famille pour s'aventurer dans un univers beaucoup plus vaste, le monde de la société où il vit et même le monde au sens large. Pendant les années préscolaires, il a peut-être été conscient *intellectuellement* d'une société plus vaste existant à l'extérieur de sa maison et de sa famille, mais *affectivement* il n'avait qu'une vague conscience d'un monde élargi. Il en est maintenant arrivé au point d'être conscient de sa solitude individuelle dans un monde énorme et écrasant sur le plan émotionnel. Pendant les années préscolaires, votre enfant doit faire face à un sentiment d'infériorité dû à sa petite taille, à lui qui vit dans un monde de géants. Mais au cours de la moyenne enfance une nouvelle dimension intervient. Pour la première fois, votre enfant comprend intellectuellement l'étendue et la complexité du monde, en face de sa propre petitesse et de sa propre faiblesse.

Votre enfant aborde le problème de l'adaptation à une société plus large de deux façons. Premièrement, sur le plan du réel, il tente d'assimiler les techniques dont il a besoin à l'école et parmi ses pairs. A l'école il apprend à lire, à faire des exercices de mathématique et d'arithmétique, à penser logiquement, à manier des abstractions ; il découvre des objets et des lieux nouveaux et étranges. Il tente d'apprendre les techniques qui le feront admettre dans son groupe, telles que lancer et attraper la balle, à participer à des jeux collectifs. En assimilant les techniques requises à l'école et dans la bande, votre enfant acquiert un sentiment de compétence, de maîtrise ; sans ces techniques il se sent inadapté et inférieur.

Cependant votre enfant a aussi besoin de force émotionnelle pour affronter la société au sens large. Du fait qu'il s'embarque pour un voyage qui l'éloignera des amarres sentimentales de la maison et de la famille, il a besoin de trouver un nouveau soutien affectif. Il le trouve dans le groupe des enfants de son âge. Au lieu d'être soumis psychologiquement à l'autorité de ses parents, il va maintenant dépendre de l'autorité du groupe de ses semblables. En se conformant au moindre détail de ce que ses pairs exigent de lui, l'enfant leur montre qu'il est des leurs et qu'il a droit à la sécurité affective que lui apportent leur loyauté et leur soutien.

Non seulement votre enfant trouve un soutien affectif dans la société de ses pairs, mais il cherche à se rassurer au moyen de divers procédés psychologiques de magie qui constituent le rituel de la moyenne enfance. Il est peut-être utile pour illustrer ces procédés magiques de les comparer au comportement d'un adulte souffrant de contrainte névrotique.

Les contraintes névrotiques dont souffrent les adultes prennent plusieurs formes. Je me rappelle un de mes patients qui se sentait obligé de replacer minutieusement ses affaires de toilette sur sa commode toujours de la même manière, avant de pouvoir partir travailler le matin. Une telle névrose de la contrainte prend la forme d'un rite psychologique que le sujet doit accomplir d'une certaine façon sous peine d'éprouver de l'angoisse et de la peur. Le but de ces rites psychologiques est d'écarter l'angoisse et de permettre à l'adulte de se sentir plus à l'aise et plus détendu. En d'autres termes, le rite psychologique agit comme une espèce de tranquillisant contre l'angoisse.

Les rites de la moyenne enfance ressemblent à bien des

égards aux symptômes névrotiques des adultes. A cet âge, les enfants aiment le rite pour lui-même. Inconsciemment ils l'utilisent pour se donner le sentiment d'un pouvoir magique sur ce qui leur paraît, de temps en temps, ressembler à un monde vaste et effrayant avec lequel ils sentent qu'ils ne peuvent lutter.

Les enfants pratiquent des chants et des jeux rituels depuis des siècles. On les retrouve au Moyen Age et même avant notre ère. Ainsi le tableau *Les jeux des enfants* peint par le Flamand Brueghel au XVIe siècle, montre des enfants occupés à une foule de jeux qui non seulement remontent bien avant le XVIe siècle, mais qui pour la plupart sont pratiqués de nos jours par tous les enfants américains. Ce sont des jeux que les enfants se transmettent entre eux, comme la marelle, cache-cache, chat perché, etc.

En même temps que les jeux, il existe des chants ou plutôt des airs rythmés et monocordes, les comptines, que les enfants connaissent depuis des temps lointains et qu'ils continueront sans doute longtemps à pratiquer :

Une poule sur un mur
qui picotait du pain dur,
picoti, picota,
lève la patte et puis s'en va.

ou

Une souris verte
qui courait dans l'herbe
je l'attrape par la queue,
je la montre à ces messieurs:
Ces messieurs me disent
trempez-la dans l'huile,
trempez-la dans l'eau,
vous aurez un escargot
tout chaud !

Sans oublier le chant traditionnel des enfants annonçant la fin de l'année scolaire : « Vivent les vacances, à bas les pénitences... » La plupart du temps ces chants sont vides de tout sens littéral (l'enfant qui chante ainsi peut très bien aimer l'école) mais il a besoin de prononcer ces mots avec les autres, ces mots qui lui donnent le sentiment de la sécurité affective.

La moyenne enfance est aussi l'âge des superstitions : on évite sur le trottoir de marcher sur les limites des dalles, on s'astreint à toucher chaque lampadaire ou chaque poteau d'une clôture. Signalons aussi les acrobaties corporelles, les grimaces parfaitement absurdes aux yeux des adultes : l'enfant apprend à loucher, à se frotter le ventre en se frappant la tête, à faire d'horribles grimaces, et même à faire bouger ses oreilles. Autre moyen rituel de s'approprier le monde : les collections. Pour un père ou une mère, les collections de cailloux, de morceaux de bois, de ferraille rouillée n'ont aucun sens. Mais l'enfant proteste vigoureusement lorsqu'on veut jeter une pièce de ce précieux trésor.

Le comportement typique de la moyenne enfance pourra donc nous paraître ridicule ou stupide, au même titre que les contraintes névrotiques des adultes. Lorsque les parents ont compris que ces procédés magiques éloignent l'angoisse et aident l'enfant à pénétrer dans un monde nouveau et terrifiant, ils en saisissent mieux le sens et les acceptent avec l'indulgence amusée qui sied à des adultes.

Les rites et les collections apportent une domination magique sur le réel, rassurent l'enfant qui n'a pas encore assimilé toutes les techniques et les aptitudes du monde des adultes. Le comportement rituel remplace partiellement les réalisations pratiques. Un enfant réduit le monde complexe des adultes à une échelle où il peut mieux le dominer. Les parents avisés savent découvrir la signification de ces comportements ritualisés et laissent l'enfant les pratiquer. Lorsqu'il se sentira plus à l'aise et plus adapté au monde, il abandonnera ses rites puérils.

Les parents doivent comprendre l'attitude ambivalente de l'enfant de cet âge à l'égard de sa famille. Le Dr. Barbara Biber l'a résumée en une formule pénétrante : « L'enfant cherche en même temps à être un membre de sa famille et à s'en libérer [12]. »

Examinons ce double sentiment. D'abord, un enfant a besoin de se sentir libéré de ses parents. Pendant les années de moyenne enfance, il les détrône, et en même temps perd ses illusions à leur sujet. Pour les parents, cela peut sembler un mauvais comportement. Et cependant pour qu'il agisse ainsi, il a fallu que pendant l'âge préscolaire il les place sur un piédestal et entretienne l'illusion qu'ils savent tout et peuvent tout faire.

J'eus l'évidence de ce fait lorsqu'à 3 ans mon plus jeune fils Rusty me posa une question — j'ai oublié à propos de quoi — à laquelle je ne savais pas répondre. Je lui dis : « Rusty, je ne sais pas. » Alors, comme s'il n'avait pas entendu ma réponse, il me posa une nouvelle fois la question. Je lui répétai : « Rusty, je te l'ai déjà dit, papa ne sait pas. » Alors il me dit, très sûr de lui : « Mais si papa, tu sais tout, alors donne-moi la réponse. »

Même s'il est flatteur pour nous que nos enfants nous attribuent des qualités surnaturelles, il faut bien qu'un jour ils cessent de le faire pour leur substituer des vues plus réalistes. Et pourtant, il nous est pénible de constater qu'au cours de la moyenne enfance ils nous découvrent tels que nous sommes, comme de simples humains, avec les défauts, les faiblesses, les tares psychologiques et les contradictions des humains.

Maman dit bien qu'il ne faut pas mentir, mais elle-même dira un mensonge pour ne pas assister à une soirée qui l'ennuie. Ou bien l'enfant entend des adultes dire comment ils ont trompé un concurrent dans les affaires, ou s'arrangent pour payer moins d'impôts. Il découvre alors que les adultes, qui lui disent de toujours être honnête, ne le sont pas eux-mêmes.

Rappelez-vous que ces attaques contre vos points faibles sont un aspect important de la croissance. Chaque défaut décelé dans votre « divine perfection » apporte une brique à l'édifice de son individualité et de son indépendance. Vous vous valoriserez à ses yeux si vous reconnaissez vos fautes et vos imperfections, plutôt que si vous vous retranchez dans votre dignité offensée.

Votre enfant désire maintenant exprimer librement ses goûts dans de nombreux domaines : ses vêtements, ses livres et ses disques, l'ameublement et la décoration de sa chambre. Il veut donner son avis sur tout ce qui le touche, et les parents feront bien de le consulter (sans pour autant qu'il puisse décider seul) pour organiser les week-ends, choisir une promenade ou des vacances.

On note à cet âge de curieuses réactions auditives : les enfants ne vous entendent jamais lorsque vous leur demandez de ramasser leurs affaires, de ranger leur chambre, de vider les ordures et autres tâches ménagères. Simultanément les parents sont souvent étonnés de constater à quel point les mêmes jeunes oreilles savent capter les potins du quartier. De nouvelles antennes permettent alors aux enfants de saisir de nombreux renseignements sur ce monde des adultes.

Votre enfant découvre que les autres ont des opinions différentes des siennes. Il apprend aussi que des adultes, tels que les maîtres, les amis, les moniteurs, ont des idées et des évaluations différentes. Il commence à jauger les opinions de ses parents et à les comparer à ces idées nouvelles qui ont cours hors de chez lui. Il dépasse ainsi l'univers égocentriste de sa famille et peut contempler la vie dans une perspective plus large.

En d'autres termes, votre enfant effectue un itinéraire psychologique important au cours duquel il retire à ses parents et à sa famille son énergie affective pour la réinvestir chez d'autres personnes : son maître ou sa maîtresse, d'autres adultes ou les enfants de son âge.

Mais ce tableau de la moyenne enfance est encore incomplet, car au moment même où votre fils (ou votre fille) essaie de se dégager de sa famille, il essaie encore, paradoxalement, de trouver avec elle des liens nouveaux et plus conformes à sa maturité. Parfois le désir d'être indépendant prédomine, et vous avez l'impression que votre maison n'est plus qu'un dortoir. Aussitôt rentré de l'école, votre enfant s'empresse de repartir avec ses chers copains du quartier. Mais parfois aussi son désir de dépendance prédomine, il veut alors qu'on s'occupe de lui, en particulier s'il est malade ou ennuyé. Et même s'il n'est ni malade ni ennuyé, votre enfant a encore besoin de sa mère et de son père comme modèles idéaux de son moi, et comme alliés sentimentaux dans sa lutte pour apprendre à affronter le monde des adultes. C'est alors que les tête-à-tête revêtent toute leur importance. Votre fils a besoin de passer de nombreuses heures avec vous, de bien des manières, de façon à vous assimiler parfaitement afin de pouvoir vous imiter. Votre fille aussi a besoin de ces contacts avec vous afin d'apprendre à établir des rapports avec les hommes. Pour elle vous êtes le premier, celui qui compte le plus, et son attitude future devant les hommes sera déterminée par le genre de père que vous êtes.

Pour toutes ces raisons, c'est le moment de corriger les fautes que vous pensez avoir faites avec votre enfant au cours des années précédentes. (Et quel père peut affirmer ne jamais en avoir fait !) Malgré l'importance du groupe de ses pairs, votre fille ou votre fils cherche à se rapprocher de vous afin d'établir des relations plus profondes qu'auparavant. Si donc vous avez commis quelque maladresse au cours des années passées, saisissez la chance qui se présente à vous de repartir à zéro. Car lorsque votre enfant est entré dans l'adolescence, il est très difficile de renouveler vos rapports avec lui et de les rendre plus positifs. Si vous avez commis des erreurs, n'ayez pas peur de les admettre et de lui en faire part. Vous pouvez dire : « Larry, je crois que j'ai été trop occupé par mon travail quand tu étais plus jeune et que je n'ai pas été assez souvent avec toi. Mais cela va changer », ou bien : « Betty, je pense que j'ai trop voulu te voir agir comme une adulte ; mais maintenant je commence à me rendre compte de mon erreur. Alors, on pourrait peut-être revoir tout ça ! » Si vous êtes capable d'admettre des erreurs et des faiblesses humaines, vous établirez avec votre enfant des rapports plus profonds et plus positifs.

A certains égards, les jeunes d'aujourd'hui connaissent une moyenne enfance très semblable à celle que vous avez connue. Mais par ailleurs, des années-lumière les en séparent.

Le développement de la civilisation urbaine, l'ampleur de l'information et les mass media ont profondément transformé les enfants d'aujourd'hui, lesquels sont beaucoup plus « en avance » qu'il y a dix ou vingt ans. Ils sont beaucoup plus conscients du monde des adultes, plus intelligents qu'autrefois. Ils sont beaucoup plus sensibles à ce qui se passe dans le monde. Ils sont capables de poser des questions plus sérieuses et plus pénétrantes. Ils apprennent plus vite, non seulement du fait des nouvelles techniques d'enseignement, mais à cause de toutes les informations qui les assaillent, transmises par les mass media.

Soyez donc conscient de l'évolution et de la précocité de votre enfant. Sinon, sans même le vouloir, vous attendrez de lui qu'il se comporte comme vous le faisiez à son âge. Bien sûr, c'est vrai à bien des égards : il construit encore des forts et des cabanes au fond du jardin ou dans les bois, il est membre de clubs secrets, et chante encore des comptines. Mais sur d'autres points il est infiniment plus avancé que vous ne l'étiez. Il traite en classe de sujets que vous n'abordiez que plus tard. Il étudie des matières qui n'existaient pas quand vous aviez son âge. Sa conscience des problèmes sexuels est beaucoup plus vive que ne l'était la vôtre. A bien des égards sa moyenne enfance est absolument nouvelle ; ne comptez pas la saisir si vous vous contentez de faire appel à vos propres sentiments et à vos propres souvenirs d'enfance.

9

LA MOYENNE ENFANCE

(DEUXIÈME PARTIE)

Dans les cinq premières années de sa vie, votre enfant a assuré le concept de soi à travers le miroir d'un seul monde, celui de sa famille. Dans sa moyenne enfance, il le consolidera à travers les miroirs de trois mondes différents : l'école, la « bande » de ses camarades et la famille. Etudions plus en détail chacun d'entre eux.

Le monde de l'école

Le but de l'école est d'enseigner aux enfants les connaissances et aptitudes qui leur permettront de se comporter plus tard en adultes responsables. L'école a un rôle essentiellement social. Pour votre enfant, c'est la première fois qu'on va l'évaluer ou le juger en fonction de ses résultats, sur son seul mérite. Puisqu'on va le juger en fonction de sa réussite, il est essentiel qu'il sente que votre amour pour lui ne dépend pas de ses bulletins de notes ou de son classement. Plus que jamais il a besoin de savoir que vous l'aimez seulement pour lui. Il faut qu'il sache qu'il n'y a aucun rapport entre votre amour et ses résultats à l'école ou ailleurs.

Beaucoup de parents ne se rendent pas compte de la tension qu'éprouve un jeune enfant dans ses débuts à l'école primaire. Pour lui, c'est une expérience nouvelle et assez redoutable. Elle l'est doublement s'il n'a pas fréquenté un jardin d'enfants ou une école maternelle auparavant. Tous ceux qui ont été témoins du choc affectif ressenti par les élèves du cours préparatoire qui n'ont jamais été longtemps séparés de leur mère, comprendront quel bouleversement cela représente.

Même si votre enfant a fréquenté l'école maternelle, ces débuts à la grande école représentent une épreuve nouvelle. L'école maternelle et le jardin d'enfants ne sont pas des lieux d'étude formelle. L'enfant apprend au moyen de jeux détendus ou de matériel concret tel que cubes, voitures ou camions. A l'école primaire, l'enfant va apprendre par des symboles abstraits plutôt que des expériences concrètes. Pour beaucoup en effet, l'école primaire signifie l'apprentissage de la lecture.

L'enfant apprendra vite que son institutrice est très différente de sa mère. Elle n'est pas là pour satisfaire tous ses plaisirs. Elle peut ignorer ses besoins personnels, surtout dans une classe de 25 ou 30 enfants. Il ne peut plus user de son charme ou des ruses, qui marchaient si bien à la maison, pour échapper au règlement de l'école. Alors qu'à la maison les règles sont élastiques, elles sont à l'école assez rigides pour pouvoir supporter les assauts d'une classe entière.

Il faut donc admettre que l'entrée à l'école primaire entraîne un grand choc affectif chez l'enfant.

Une partie de lui-même souhaite être cet écolier plus mûr et plus indépendant, mais il y a en lui une autre partie qui souhaite demeurer le petit enfant dépendant, dont la maman s'occupe à la maison. Soyez compréhensif lorsque votre enfant cherche inconsciemment à éviter d'aller à l'école. Il se plaindra peut-être d'avoir mal aux jambes, au ventre, à la tête ou de tout autre malaise qui lui permettrait de rester à la maison. Renvoyez-lui ses sentiments grâce à la technique du feed-back. Par exemple : « Je comprends très bien que tu ne te sentes pas bien ce matin si tu as mal à la tête ; je vais te donner un comprimé d'aspirine. » Mais une fois que vous aurez réfléchi ses sentiments et que vous lui aurez laissé voir combien vous le comprenez il faut que vous lui expliquiez avec fermeté qu'il doit aller à l'école car c'est ce qu'on attend de lui. Ce problème sera généralement réglé de cette façon.

Après quelques semaines, quand il se sentira plus à l'aise, les malaises disparaîtront sans doute. Mais si votre enfant a une véritable phobie de l'école et s'il a de véritables crises de larmes à l'idée d'y aller le matin, il faudra peut-être que vous consultiez un psychologue ou un psychiatre. Dans la plupart des cas, la phobie de l'école n'est pas seulement la crainte de l'école mais la crainte d'être séparé de sa mère et le désarroi qui s'ensuit.

Admettons que votre enfant ait dominé le choc affectif de l'entrée à l'école, étudions ce que vous pouvez faire pour l'aider face au monde de l'école.

Il faut d'abord que vous sachiez ce qu'il va apprendre du cours préparatoire au cours moyen. A ce propos, consultez :

Mon enfant sera bon élève, de Laurence Pernoud (Pierre Horay).

Les parents, l'école, de Jean Vedrine.

Guide des parents (Ed. des Deux Coqs d'or).

Il est essentiel que vous soyez conscient du fait qu'il se passe quelque chose à l'école primaire, puis au C.E.S. et au lycée et plus tard à l'université, qui ne s'était jamais produit quand vous étiez élève. Quand vous étiez à l'école primaire, les programmes changeaient très lentement. Ce que vous avez appris n'était guère différent de ce que votre mère et votre père avaient appris. Ce n'est plus vrai maintenant. Les programmes scolaires changent et continueront à changer à un rythme accéléré. Il y a les « mathématiques nouvelles » et le « français moderne ». Nous abordons la « biologie nouvelle », la « chimie et la physique modernes » et « l'histoire moderne ».

Les programmes actuels sont modifiés par l'explosion des connaissances comme cela ne s'était jamais produit auparavant. Cette explosion est imputable essentiellement aux ordinateurs. Il est difficile à un profane d'évaluer l'impact extraordinaire des ordinateurs dans tous les domaines du savoir organisé. Alvin Toffler a très bien démontré leur importance dans son livre *Le Choc du futur*, que tous les parents devraient lire.

Qu'est-ce que cela signifie très précisément pour vous ? Cela veut dire que vous ne pouvez plus vous fier à votre propre expérience pour aider votre enfant. Pour vous maintenir au courant, vous devrez sans doute suivre un ou plusieurs cours de recyclage pour adultes. Alors seulement vous pourrez communiquer vraiment avec votre enfant à propos de ce qu'il apprend.

L'explosion des connaissances signifie qu'il s'agit maintenant pour parents et enfants d'étudier toute leur vie, ce qui effraie certains pères. Quand un enfant rentre à la maison en lançant des expressions nouvelles et inconnues comme la « base cinq », « l'arithmétique modulaire » ou les « phénomènes », le père dit alors : « C'est complètement stupide. De mon temps... » J'espère que vous ne réagirez pas de cette façon, mais que vous considérerez ces nouvelles méthodes comme un défi et une occasion intéressante pour vous deux d'accéder à de nouvelles connaissances sur l'univers.

Les ouvrages spécialisés vous donneront des généralités sur ce que les enfants apprennent à l'école primaire. Mais votre enfant est seul de son espèce. C'est un certain élève particulier dans une certaine école avec un certain maître. Il est donc très important que vous connaissiez bien son école et son institutrice. Assistez aux réunions de parents et à la journée « Portes Ouvertes » de son école s'il y en a une.

Il faut avant tout que vous connaissiez son institutrice. Un des moyens les plus sûrs d'aider votre enfant est d'être en termes amicaux avec ses maîtres. Je ne veux pas dire que vous deviez les flatter mais ayez avec eux des rapports courtois, chaleureux et pleins de respect, traitez-les comme vous traitez un client important dans votre travail.

Si vous prenez le temps d'avoir des relations amicales avec ses maîtres, il est simplement humain que ceux-ci accordent plus d'attention à votre enfant dans une classe de 30 élèves. L'instituteur ou l'institutrice trouveront en vous un allié pour l'éduquer et ils comprendront que vous êtes engagés dans la même tâche. Vous seriez surpris de savoir combien peu de parents réagissent ainsi. C'est probablement plus facile dans une petite ville mais je cite le Dr. Benjamain Fine, rapportant la réflexion d'une institutrice : « Voilà plus de trente ans que j'enseigne dans cette petite ville et pendant tout ce temps-là j'ai été invitée à dîner dans trois familles seulement. Nous sommes avant tout des étrangers dans la communauté, même si nous sommes des maîtres valables ou si nous restons longtemps[1]. » Faites donc la connaissance du maître de votre enfant et traitez-le en être humain. Il réagira de la même façon !

Supposons maintenant que vous avez de bonnes raisons de penser que votre enfant a une institutrice incompétente ou névrosée.

Il faut honnêtement reconnaître que cela se produit quelquefois mais dans la plupart des cas, son institutrice sera tout à fait valable.

Si elle est névrosée, ne laissez pas votre enfant entre ses mains. Soyez sûr des faits et si c'est nécessaire adressez-vous au directeur ou à l'inspecteur primaire. Veillez à ce que votre enfant change de classe. Cela peut se faire avec tact et fermeté. Rappelez-vous que vous payez des impôts si votre enfant fréquente une école publique ; s'il s'agit d'une école libre, vous payez chaque trimestre.

Ensuite, l'apprentissage essentiel à l'école primaire concernera la lecture, clé de toutes les autres matières. Si vous avez tenu compte de tout ce que j'ai dit dans les chapitres précédents, votre enfant est prêt à apprendre à lire. S'il n'a pas déjà commencé à l'école maternelle que pouvez-vous faire pour l'aider ?

Premièrement, continuez à lui faire la lecture comme auparavant. Ce n'est pas parce qu'il sait lire qu'il faut que vous cessiez pour autant de lui lire des histoires, surtout au moment du coucher. Cette lecture crée entre vous une grande intimité affective, et c'est aussi une manière de lui montrer l'importance des livres et de la lecture.

Deuxièmement, vous pouvez aussi placer des livres autour de lui. Si vous n'avez pas encore installé de rayonnages dans sa chambre, faites-le dès maintenant. Allez régulièrement à la bibliothèque avec lui et encouragez-le à prendre des livres qu'il aimera. Aidez-le à avoir des rapports amicaux avec la bibliothécaire qui pourra l'aider à trouver des livres intéressants. Emmenez-le dans une librairie. Laissez-le choisir le livre que vous lui achèterez pour enrichir sa bibliothèque personnelle. Aidez-le à se lier d'amitié avec le libraire.

Rappelez-vous, avant toute chose, que les livres de poche sont les amis de l'enfant. Particulièrement dans ses études secondaires, il semble s'intéresser davantage à eux qu'aux livres reliés. Il y a de plus en plus de livres publiés dans des collections à bon marché et cela n'entamera guère votre budget.

Essayez de trouver une bibliothèque tournante semblable à celle qu'on trouve dans les drugstores et dans les supermarchés. Placez-la dans la chambre de votre enfant et laissez-le choisir des livres brochés qu'il pourra y mettre. Vous pouvez aussi lui faire la surprise de lui rapporter les livres que vous pensez devoir lui plaire. En tout cas, il sera ravi d'avoir une bibliothèque tournante où il pourra choisir un livre avec plaisir puisqu'il verra la couverture au lieu de ne voir que le dos comme dans une bibliothèque ordinaire.

Troisièmement, admettez comme principe que tant que votre enfant lit, tout va bien, quel que soit le livre. Certains parents se tracassent parce qu'il lit des bandes dessinées ou *Charlie Brown* plutôt que de la « bonne littérature ». C'est une erreur. Laissez-le libre de lire ce qu'il veut. Son goût se formera en grandissant.

Quatrièmement, une fois que votre enfant saura lire assez couramment, vers 8 ou 9 ans, vous pourrez établir un nouveau rite pour « aller au lit ». Bordez-le comme d'habitude, dites-lui que comme il est un peu plus grand maintenant vous le laisserez lire au lit un moment jusqu'à ce qu'il ait sommeil. Les enfants sont généralement ravis de se voir accorder ce privilège et peuvent ainsi commencer à prendre l'habitude d'une demi-heure de lecture avant de s'endormir. Ils se reposent en étant étendus, apprennent en même temps à aimer la lecture et les livres grâce à cette demi-heure de lecture libre. Si vous voyez que l'enfant abuse et veille trop longtemps, vous lui direz qu'il est tard et qu'il doit éteindre la lumière.

Cinquièmement, essayez de l'abonner à un ou deux magazines pour enfants : *Babar, Okapi* et *Pomme d'Api* pour les tout-petits ; *Mickey, Picsou Magazine* de 7 à 11 ans ; *Spirou, Formule 1, Lucky Luke, Tintin* de 11 à 15 ans ; *Jeunes Années* pour les filles.

Une fois que votre enfant a commencé à manifester un intérêt particulier pour une activité de loisirs (en neuvième, huitième ou septième) abonnez-le à un journal spécialisé, *Sport-Auto*, par exemple, si c'est un garçon passionné de voitures. Consultez votre bibliothécaire pour cela.

Je vous suggère ces différentes techniques pour intéresser votre enfant à la lecture, car la télévision présente généralement plus d'attraits pour un jeune écolier. Je me rappelle qu'enfant j'adorais lire, mais que j'adorais aussi aller au cinéma. Quand le choix se présentait, j'optais toujours pour le cinéma. Seulement, on n'allait au cinéma qu'en fin de semaine, à cette époque-là. Maintenant le cinéma est à la disposition des enfants tous les après-midi, tous les soirs et à chaque fin de semaine, grâce à la télévision. Faites donc un effort particulier pour lui faire aimer les livres. Si vous ne l'aidez pas, cela ne se produira sans doute jamais.

Après la lecture, les mathématiques sont probablement le sujet le plus important dans tout le programme de l'école élémentaire. Si vous avez suivi les conseils que je vous ai donnés dans les chapitres précédents et dans *Tout se joue avant 6 ans*, votre enfant devrait avoir acquis des connaissances mathématiques en manipulant des objets concrets. Ce qui rend les mathématiques si difficiles à beaucoup d'enfants, c'est qu'on attend d'eux qu'ils les dominent en maniant des symboles abstraits (tels que les nombres qu'ils additionnent, soustraient, multiplient et divisent par écrit) sans avoir au préalable manipulé les objets concrets que remplacent ces symboles abstraits.

Si vous avez déjà commencé à utiliser des réglettes Cuisenaire vous pouvez continuer avec votre enfant à l'école primaire.

Vous pouvez lire également :

Comment donner à vos enfants une intelligence supérieure de Siegfried et Thérèse Engelmann (Laffont, Coll. Réponses).

Vous pouvez beaucoup aider votre enfant en équipant votre maison de quelques jouets éducatifs de base. Si vous avez suivi mes conseils, vous devez en avoir déjà un certain nombre. Vous avez installé un grand tableau noir dans sa chambre. Il y a un grand panneau où il peut épingler ses dessins et ses histoires.

A son entrée à l'école primaire, il vous faudra rajouter quelques auxiliaires. Vous aurez besoin d'un bon dictionnaire et d'un atlas. Donnez-lui plutôt un dictionnaire broché que relié.

Quant aux encyclopédies, l'Encyclopédie Hachette ou Bordas lui sera utile vers 10 ans.

Un magnétophone à bandes ou à cassettes peut servir à mille choses. Un enfant peut enregistrer des parties d'émissions radiophoniques ou télévisées. Il peut présenter des pièces qu'il a écrites, préparer à la maison ce qu'il dira à l'école.

Cinquièmement, vous pouvez continuer à pratiquer des jeux éducatifs comme vous le faisiez pendant la période préscolaire. A condition qu'ils soient amusants car s'ils ne vous amusent ni l'un ni l'autre et deviennent une corvée, ils perdent leur qualité de jeu. A tout âge, le mot jeu a une résonance magique pour l'enfant. Quand vous dites : « Nous allons jouer », vous pouvez généralement attendre une réponse positive. Mais s'il n'a pas envie de jouer à ce moment-là, remettez cela à plus tard.

Il y a beaucoup de jeux éducatifs comme le Scrable, les lotos éducatifs, le Monopoly, que vous trouverez dans n'importe quel magasin de jouets. Si vous avez la chance d'habiter près d'une librairie spécialisée dans l'éducation, ce sera pour vous une mine d'or. Je ne donnerai pas une liste détaillée de jeux éducatifs car les enfants ont leur individualité à cet âge et tel jeu qui provoquera l'enthousiasme des uns, laissera les autres de glace. A vous de réfléchir à ce qui vous semble le plus valable.

Mais encore plus précieux que ces jeux « tout faits » sont ceux qui naissent de votre imagination et que vous jouerez en voiture ou à table. Votre enfant est maintenant capable de comprendre des jeux assez compliqués. Ainsi, le jeu des 20 questions est excellent pour aider les enfants à avoir une pensée logique. N'oubliez pas non plus les charades.

La famille se divise en deux équipes, choisit des titres de

livres, de films ou de chansons et essaie par des gestes de mimer chaque mot du titre choisi par son équipe.

Les jeux éducatifs ont une grande valeur car ils initient l'enfant au savoir d'une façon agréable et facile. Ils peuvent l'aider à développer sa pensée logique, à élaborer des hypothèses scientifiques et à les vérifier, à enrichir son vocabulaire, à avoir une pensée abstraite et à en voir les liens, à cultiver sa mémoire et à bâtir son assurance en lui donnant l'occasion de résoudre des problèmes et de réussir dans des activités intellectuelles.

Sixièmement, vous pouvez enseigner à votre enfant comment étudier. Bien que l'étude fasse partie de chaque niveau scolaire, il est incroyable mais pourtant vrai que l'école n'enseigne généralement pas aux enfants la façon d'étudier. Par « façon d'étudier », j'entends prendre des notes en classe, faire la différence entre lire un livre et l'étudier, comment répondre aux différents types d'exercice. Les enfants feront cela jusqu'à l'université et pourtant vous ne pouvez pas compter sur l'école pour le leur apprendre.

Commencez lorsque votre enfant sera en huitième ou en septième et qu'il aura des devoirs. Ne commencez pas avant : il n'est pas prêt à assimiler ces méthodes d'étude et ne devrait pas avoir de devoirs à la maison.

Tout d'abord, il faut qu'il ait un endroit pour travailler. L'idéal serait un bureau dans sa chambre car il y sera là à l'abri des distractions. Cet endroit pour étudier devrait être protégé des bruits de la télévision ou de l'électrophone et il ne devrait pas avoir à lutter contre des frères ou des sœurs qui le gênent. Interdisez-lui d'étudier avec un poste de radio ou un électrophone en « fond sonore » même s'il proteste « qu'un peu de musique ne l'empêche pas de travailler ».

Ensuite, votre enfant devrait travailler à heures fixes. Il n'y a aucune heure « idéale » capable de convenir à tous les enfants, mais il faudrait absolument éviter le moment qui suit immédiatement le retour de l'école. C'est pourtant cette heure-là que choisissent beaucoup de parents parce qu'ils pensent qu'il vaut mieux travailler tout de suite et pouvoir jouer après. Psychologiquement, c'est une heure de peu de valeur puisque votre enfant a été enfermé toute la journée à l'école à étudier sous une forme quelconque. Il a besoin de ce moment pour jouer sans retenue, courir, hurler, chahuter et libérer son trop-plein d'énergie.

Pour certains enfants, le meilleur moment se situera tout de suite avant le dîner, pour d'autres ce sera après. Il se révèle que le moment qui suit le dîner est bon mais si votre enfant en souhaite un autre et qu'il s'y tienne, c'est parfait. Evitez de le laisser regarder la télévision tout de suite après le dîner en pensant qu'il travaillera plus tard. Il commencera alors à étudier quand il sera trop fatigué à la fin de la journée. De plus il demandera probablement à en regarder davantage en promettant de travailler tout de suite après. Il vaut beaucoup mieux qu'il commence après dîner et qu'il puisse regarder la télévision une fois qu'il aura terminé. Ceci le poussera à ne pas traîner puisqu'il voudra finir rapidement.

Si vous donnez à votre enfant l'habitude d'un endroit fixe et d'horaires d'étude réguliers il considérera l'étude comme une routine, exactement comme l'heure du coucher. Si vous attendez qu'il soit en sixième pour lui faire prendre des habitudes, ce sera trop tard.

Apprenez-lui à faire la différence entre lire un livre ou un chapitre et l'étudier. Expliquez-lui que maintenant qu'il est en septième, il est assez grand pour saisir cette différence. Expliquez-lui qu'on lit un livre seulement une fois, mais que si on veut l'étudier il faudra le lire plusieurs fois, puisque le but de l'étude est de transmettre les faits du livre à son cerveau pour les retenir. Quand on lit un livre pour se distraire on ne cherche pas à retenir son contenu.

On peut avancer sans erreur que 99 enfants sur 100 croient

avoir étudié un chapitre quand ils l'ont simplement lu une fois.

La première étape est la prélecture. Elle donne une vue d'ensemble sur le sujet du chapitre ou de la leçon. A votre façon, montrez-lui comment la faire. Il faut d'abord lire le titre du chapitre. Il vous apprend de quoi il va traiter essentiellement. Puis on lira les sous-titres qui donnent une idée des grandes divisions du chapitre. Puis il faut lire les phrases écrites en caractères gras au début de chaque partie ou de chaque paragraphe. S'il y a des cartes ou des diagrammes il faut les observer soigneusement. (La plupart des jeunes les ignorent.) En comprenant ces cartes, on est très aidé dans la compréhension de l'ensemble du chapitre.

S'il y a des questions ou un résumé à la fin du chapitre (et il y en a généralement dans les manuels scolaires), il faut les lire attentivement. Ces questions résument habituellement ce que l'auteur considère comme points essentiels. Quand l'enfant aura terminé la prélecture il devra résumer à voix haute les points essentiels et parler du contenu du chapitre. S'il n'y arrive pas, c'est que la prélecture a été insuffisante.

Prenez un chapitre d'un des livres de votre enfant et suivez cet itinéraire en lui montrant comment s'y prendre. Dites-lui ce que vous faites comme un reporter sportif commentant un match de football. S'il lui semble qu'il a compris, faites-lui faire la prélecture du chapitre suivant en commentant ce qu'il fait à chaque étape.

Essayez d'être patient pendant que votre enfant assimile cette méthode car il y a de grandes chances pour que ce soit nouveau pour lui. Le but de cette prélecture est de lui donner une idée du contenu de l'ensemble afin que la vraie lecture soit plus efficace.

Ensuite, apprenez-lui à lire un chapitre pour l'étudier et non pour le plaisir. A l'école primaire votre enfant ne possède pas ses livres et ne peut donc les annoter. C'est bien dommage pour apprendre à étudier. Beaucoup d'enfants considèrent qu'écrire sur un livre est une faute grave.

Cela vous aidera beaucoup si vous pouvez vous procurer un exemplaire des livres que votre enfant a à l'école. Il pourra alors les souligner ou marquer les passages les plus importants.

Ne comptez pas lui apprendre tout cela en une séance. Enseignez-lui la prélecture un soir et à étudier le chapitre le soir suivant.

Montrez-lui aussi que la lecture pour le plaisir est une lecture passive alors qu'une lecture pour étudier est active. La démonstration la plus éclatante est la méthode des questions-réponses.

Apprenez-lui à changer le titre du premier paragraphe d'affirmation en question. Si le titre de ce paragraphe est « La civilisation vient de la vallée du Tigre et de l'Euphrate », montrez-lui qu'il faut changer cette affirmation en question : « Pourquoi la civilisation est-elle venue de la vallée du Tigre et de l'Euphrate ? » Il lit alors le paragraphe afin de répondre : « La civilisation est venue de la vallée du Tigre et de l'Euphrate parce que... », en énumérant les différentes raisons données dans ce paragraphe. Et il continue ainsi tout au long du chapitre, paragraphe par paragraphe, à changer les affirmations en questions et à lire pour trouver les réponses. Prenez une partie du chapitre vous-même et laissez-lui prendre la suite pour voir s'il a compris.

Tout au long du chapitre, apprenez-lui à souligner les parties essentielles. Expliquez-lui que de cette façon, il n'aura qu'à revoir ces passages-là en vue d'un contrôle, plutôt que le chapitre entier. Quand vous aurez terminé, demandez à votre écolier de lire un chapitre de cette façon à haute voix. Vous verrez s'il a compris. Ensuite demandez-lui de résumer les points les plus importants. S'il en est incapable, c'est qu'il n'a pas assez étudié. Il faut qu'il revienne en arrière et qu'il clarifie ce qui lui semblait encore assez confus.

Des parents naïfs pourraient penser qu'on enseigne cette méthode d'étude à l'école. Hélas non ! On pourrait faire avec profit un cours entier sur la façon d'étudier en septième et le recommencer au lycée. Vous le chercherez vraiment dans les programmes.

Supposez donc que personne ne donnera ces notions à votre enfant si vous ne le faites pas. Personnellement je pense que le père est le plus capable de le faire. A l'école primaire nos enfants ont presque toujours des institutrices si bien qu'ils ne peuvent s'empêcher d'associer l'idée d'éducation à celle d'influence féminine. Il est donc très bon qu'un père se mêle d'enseigner. Il prouve non seulement à l'enfant qu'il veut s'occuper de lui mais il ajoute une note masculine à son enseignement. Le rôle de bien des pères se limite trop à commenter les bulletins. Ils sont pourtant souvent plus patients et plus réalistes que les mères quand ils apprennent à étudier. Si vous manquez de patience, laissez ce soin à votre femme.

Votre enfant devra aussi savoir prendre des notes et étudier pour un contrôle (savoir étudier différemment pour un test objectif tel que questionnaire à choix multiple ou vrai ou faux, et pour une dissertation), écrire un rapport d'enquête, étudier une langue étrangère, les mathématiques et les sciences, etc. Je n'ai ni le temps ni la place d'en dire davantage. Je vous conseille *Apprendre à étudier* (L'Ecole des parents).

Jusqu'ici je vous ai parlé de l'aide positive que vous pouvez apporter à votre enfant. Je voudrais maintenant vous parler de ce que vous ne devez pas faire. Ne faites pas ce qui risquerait de faire de lui un mauvais élève.

On utilise ce terme très facilement. Je pense qu'il devrait être réservé uniquement à un enfant qui réussit assez mal à l'école (niveaux D et E par exemple) alors que son niveau d'intelligence montre qu'il est capable de très bien faire. Tous les psychologues de l'enfance ont rencontré ce cas. Je vais vous brosser le portrait du mauvais élève type qui est un composé des mauvais élèves que j'ai rencontrés dans ma profession.

C'est un garçon de sixième, cinquième ou quatrième. Ses parents me l'amènent parce qu'il a des problèmes scolaires. Il obtient des D et des E et réussit mal dans l'ensemble. Il peut avoir ou ne pas avoir de problèmes de conduite en plus de ses difficultés scolaires. La raison essentielle qui pousse les parents à consulter un psychologue est la faiblesse des résultats. Je les interroge puis donne à l'enfant une série complète de tests d'évaluation de l'intelligence et de la personnalité. Vient ensuite un questionnaire clinique.

Voici ce qui en ressort dans 99 pour cent des cas. Pour le test d'intelligence, le test d'évaluation de Wechsler, l'enfant généralement obtient un niveau élevé, habituellement 90 ou même davantage, ce qui veut dire qu'il est parfaitement capable d'avoir des résultats A et B. Pourquoi ses résultats sont-ils beaucoup plus faibles que son niveau d'intelligence ?

Il y a sans doute deux facteurs psychologiques. D'abord, les parents ont eu recours aux sentiments pour que l'enfant réussisse à l'école. Les parents n'ont souvent pas conscience de l'avoir fait ou bien ils ont du mal à l'admettre. De façon assez typique, ils disent « qu'ils ont seulement essayé de l'aider à faire ses devoirs » ou bien qu'ils lui ont « rappelé » de faire son travail. Obligé ? Jamais. Mais consciemment ou non leur enfant a reçu d'eux clairement ce message : « Nous t'aimerons si tu réussis et c'est très important que tu réussisses à l'école. »

Le second facteur psychologique capable de produire un mauvais élève est une personnalité structurée sur le mode « passif-agressif ». C'est-à-dire que l'enfant n'a pas pu libérer ses sentiments de colère. Il a dû les refouler et il est submergé par la peur de sa propre agressivité.

Comme il ne peut pas la libérer et la chasser, il va l'exprimer sous une forme cachée. Il est agressif mais « passivement ». C'est le type même de l'enfant agréable et assez soumis. Il ne se rebelle pas contre ses parents. Mais puisqu'ils ont tant de considération pour ses succès scolaires, il frappe inconsciemment là où il sait les blesser. Passivement, il va exprimer son agressivité dans ses échecs. Un enfant l'a ainsi exprimé : « Ils peuvent supprimer la télévision et mon argent de poche mais ils ne peuvent pas m'empêcher de redoubler[1]. »

Voilà donc les deux causes essentielles des mauvais résultats : chantage affectif et refus de permettre à un enfant de libérer son agressivité.

Je veux insister sur ce point : évitez de faire du sentiment avec les résultats scolaires. D'abord par l'attitude que vous prendrez à propos des devoirs. Il n'y a aucune raison pour que l'enfant ait du travail à la maison dans les premières années de l'école primaire, les heures d'école sont bien assez longues. Les devoirs à la maison ne devraient pas commencer avant la huitième ou la septième.

A ce moment-là, choisissez un endroit et une heure. Apprenez-lui à étudier. Mais, une fois cette tâche accomplie, laissez votre enfant se débrouiller tout seul, à moins qu'il ne demande votre aide.

Autrement dit, montrez-lui clairement que ses devoirs sont « son travail », tout comme vous avez le vôtre. Trop de parents endossent la responsabilité du travail à la maison. Ne surveillez pas ses devoirs. Ne vérifiez pas. Par-dessus tout, ne le grondez pas pour qu'il finisse.

Expliquez-lui clairement que c'est son affaire, mais que s'il a besoin que vous l'aidiez, vous serez ravi de le faire. Si vous vous tenez à cela, il n'y aura plus de conflit possible et l'enfant ne fera pas de « chantage sentimental ».

Votre attitude à propos des bulletins et du classement est aussi très importante. Cela me fait songer à une commission présidée par le directeur d'une école locale, à laquelle j'ai participé avec d'autres éducateurs et psychologues. Les points de vue des cinq participants sur les méthodes pédagogiques et les buts de l'enseignement divergeaient complètement mais ils furent unanimes sur un point.

A l'école primaire et dans les premières classes de l'enseignement secondaire nous pensions tous qu'il serait préférable, d'un point de vue pédagogique, que notes et classement soient supprimés, ou tout au moins qu'on adapte un système de passage qui soit oui ou non. Nous fûmes tous d'accord pour dire qu'il était très difficile, sinon impossible, de classer avec justice et cohérence le travail d'un enfant dans une matière au moyen d'une seule lettre A, B, C, D ou E.

Nous fûmes tous d'accord pour dire que sans classement les réunions parents-professeur seraient beaucoup plus valables et que seule la notation du raisonnement devrait être appliquée si les parents continuaient à la demander.

De nombreuses études ont montré qu'il y a très peu de rapports entre le classement de l'école primaire, de la sixième ou de la cinquième et les succès de la vie d'adulte. On trouve une foule d'exemples d'hommes d'affaires et de savants célèbres dont les bulletins scolaires étaient assez faibles. Certains maîtres notent avec beaucoup d'indulgence, d'autres très sévèrement. Et pourtant les parents accordent toujours une valeur magique aux notes comme si elles donnaient une valeur absolue à leur enfant *.

En me lisant, certains pères vont peut-être penser : « Que racontez-vous là, Dr. Dodson ? Vous me conseillez de ne pas donner d'importance aux carnets de notes ? » Ce n'est pas ce que je veux dire. Selon les principes du renforcement positif

* Thomas Edison fréquenta l'école pendant trois mois... ce qui ne l'empêcha pas de déposer 1013 brevets d'invention au cours de sa carrière ; Abraham Lincoln ne fit que trois ans de scolarité ; Einstein n'était pas un brillant élève, etc. (N.D.E.)

que j'ai traité dans le chapitre de la discipline, je vous suggère seulement de complimenter votre enfant pour ses bonnes notes et d'ignorer les mauvais résultats. Par-dessus tout, vous ne chargerez pas ses mauvais résultats d'un contenu affectif et il ne pourra donc pas faire de « chantage sentimental » en étant mauvais élève.

Si vous voulez en savoir davantage sur l'enfant mauvais élève et si vous voulez empêcher votre enfant de le devenir, je vous conseille de lire *Mon enfant sera bon élève,* de Laurence Pernoud (Ed. Pierre Horay).

Si vous avez besoin des conseils d'un spécialiste consultez un psychologue scolaire.

Jusqu'ici je vous ai surtout parlé de ce que vous pouviez faire pour aider votre enfant en face des problèmes scolaires. Je n'ai encore rien dit de la qualité de l'école qu'il fréquente. Alors que beaucoup de parents manifestent un grand intérêt pour l'éducation, beaucoup d'enfants connaissent des expériences à peu près semblables à celle de Penrod Schofied, décrite avec tant de minutie il y a bien longtemps par Booth Tarkington :

> Pour Penrod l'école signifiait surtout un lieu de détention, rendu plus pénible encore par les mathématiques. Pendant d'interminables heures il devait apprendre des choses qui ne l'intéressaient pas ; il devait lire et relire les passages les plus ennuyeux de livres qui l'endormaient, tandis que menaçait toujours la tâche absurde de devoir trouver des dérobades plausibles pour cacher son ignorance de ce qu'il n'avait pas envie d'apprendre. On lui avait dit qu'il allait à l'école pour son bien ; on le lui avait dit et redit mais ces mots dépourvus de sens d'abord, devenaient spontanément à chaque répétition une insulte. Il lui était absolument impossible d'imaginer quelles circonstances, présentes ou futures, pourraient lui permettre d'avoir le moindre recours à l'enseignement qu'il recevait [*].

Les écoles se sont généralement améliorées depuis Booth Tarkington et pourtant l'école moderne ne réussit toujours pas à fournir une expérience éducative valable.

Certains peuvent songer aux écoles privées en se disant qu'elles sont meilleures. Ce n'est malheureusement pas le cas. La seule certitude à propos de ces écoles est que les effectifs sont moins chargés. Et on réussit toujours mieux avec 15 ou 20 élèves qu'avec 30 ou 40.

Si vous décidez d'inscrire votre enfant dans un établissement libre ne croyez pas que ce sera la panacée. Ne vous fiez pas à la « bonne réputation » de cet établissement. Visitez-le, ayez un entretien avec le directeur et les professeurs. S'il n'y a pas de différence entre l'école privée et l'école du quartier, inutile de dépenser votre argent. Si vous voyez au contraire de nets avantages, n'hésitez pas.

J'ai consacré beaucoup de pages à l'aide que vous pouvez apporter à votre écolier car les habitudes qu'il prendra vis-à-vis de l'école et de l'étude détermineront en grande partie son attitude au lycée et à l'université. Le monde de l'école est très important mais celui que nous allons aborder maintenant, celui de la bande, l'est presque autant.

Le monde de la bande

Les psychologues et les éducateurs parlent du « groupe des pairs » mais je préfère utiliser le terme plus familier de « bande ». Ne confondez pas pourtant avec un groupe de jeunes délinquants. Les parents doivent comprendre les raisons psychologiques de l'existence de la bande et ce qu'elle représente.

C'est dans cette période de la moyenne enfance que votre enfant abandonne le petit monde protégé de sa famille et qu'il recherche une organisation semblable dans un monde plus vaste, celui de la société. C'est une épreuve épouvantable pour lui et il cherche une aide affective en appartenant à une bande. Il ne peut pas encore assumer sa liberté tout seul, mais seulement en se séparant de ses parents et de sa dépendance envers eux. En se libérant d'eux, il accentue sa dépendance vis-à-vis de la bande. Il sent qu'il doit se conformer à ses lois.

Il gagne une nouvelle paire de lentilles à son concept de soi par rapport au groupe de ses pairs. La bande a ses propres critères pour définir un bon membre. Elle approuve des qualités comme la loyauté au groupe, la recherche d'un compromis en cas de conflit, le fait de ne pas être pleurnichard, de ne pas rapporter, auprès du maître ou d'autres adultes, de ne pas être mauvais perdant, et d'avoir certaines aptitudes, particulièrement en sports.

La bande crée sa propre organisation sociale, complètement indépendante des adultes. Elle est très différente du groupe d'enfants de l'école maternelle, qui n'était pas si secret et indépendant vis-à-vis des adultes. Cette sous-culture devient un monde particulier à l'intérieur de notre monde et elle offre de nombreuses similitudes avec les sociétés primitives, qu'un anthropologue reconnaîtrait tout de suite. Cette culture se transmet oralement, elle est très traditionaliste et résiste aux influences étrangères (aux parents en l'occurrence).

Elle est pourtant très importante dans le développement psychologique de l'enfant. Aidé par sa bande, il apprendra à être sociable et il l'apprendra *en dehors de l'évaluation des adultes.* C'est la raison de son caractère secret, si caractéristique. Les associations secrètes sont nombreuses. Booth Turkington quand il décrit la fondation de « l'ordre indépendant de l'Infidélité » par Penrod et Sam témoigne de ce besoin de la moyenne enfance qui n'a pas changé depuis le début du siècle.

> Personne ne pouvait se rappeler qui avait suggéré le premier de fonder un ordre secret, mesure d'exclusivité pour garder leur cabane rien que pour eux ; mais cette idée devint plus envahissante et plus satisfaisante que la cabane. On aurait pu en observer les signes extérieurs dans les quelques cérémonies du culte livrées aux regards publics. Ainsi, Mrs. Williams à qui il est arrivé de regarder par la fenêtre à 4 heures, un après-midi, eut l'attention attirée par un drapeau qui s'élevait lentement devant la cabane. Sam, Herman et Verman se tenaient au garde-à-vous, épaule contre épaule, tandis que Shofiels, en face d'eux, avait l'air de faire un discours qu'il lisait sur une feuille de papier ministre toute gribouillée. Pour conclure, il souleva une espèce de perche longue et un peu tordue, au bout de laquelle pendait un fanion blanchâtre portant une inscription. Sam, Herman et Verman levèrent la main droite, tandis que Penrod enfonçait l'autre extrémité de la perche dans un trou, et l'étendard se mit à flotter au-dessus de la cabane. Il leva lui aussi la main droite et les quatre garçons répétèrent ensemble des paroles inaudibles pour Mrs. Williams ; mais elle put déchiffrer l'inscription du fanion. C'était une phrase étrange : « Dans ou Dans » écrite en peinture noire sur fond de mousseline [4].

Les parents restent souvent perplexes devant le caractère renfermé de leur enfant. C'est une attitude normale, et il ne faut surtout pas la considérer comme le reflet de vos rapports.

Psychologiquement, le fait est que dans la moyenne enfance, les enfants ont une vision de la vie tout à fait différente de la nôtre. Ils apprennent à l'affronter sans que nous tirions les ficelles.

Les parents doivent garder à l'esprit que le « bon petit garçon » qui s'en tient aux normes de ses parents et se montre trop « adulte », est incapable de se joindre librement à la bande avec ses critères et perd un enseignement social décisif.

Toutes les bandes se livrent à des activités que les adultes considèrent comme peu souhaitables, que ce soit à la campagne ou en ville. Les parents se font souvent beaucoup de souci pour les « mauvaises fréquentations » de leurs enfants. C'est là qu'un père sensé saura faire la différence entre des espiègleries et la délinquance juvénile. De nos jours, les adultes manifestent moins de tolérance amusée devant les sottises des enfants, et la pensée qu'il faut que jeunesse se passe n'est pas très répandue. Les bandes de filles sont beaucoup plus calmes et plus dociles à cet âge.

Cette période de la bande se caractérise par une séparation très stricte des sexes. Ils s'excluent réciproquement pour une raison psychologique très simple : chaque sexe essaie d'être plus sûr de son identification au genre qui est le sien. Et c'est beaucoup plus facile en excluant le sexe opposé. Dans notre société, les garçons sont habituellement moins sûrs de leur identification au genre et c'est peut-être pour cette raison qu'ils situent l'exclusion des filles sur un plan beaucoup plus sentimental qu'inversement.

La bande joue donc un rôle très important. C'est la première expérience de l'enfant avec une sous-culture qui n'est pas dirigée ou dominée par les adultes. Elle joue un rôle déterminant dans leur avenir d'hommes et de femmes. Peut-être regarderons-nous d'un œil amusé leurs affaires, leurs clubs et leurs sociétés secrètes. Mais ce sera un champ d'expérience pour leurs rôles futurs.

Beaucoup de ces activités ne sont pas organisées. Il n'y a pas de meilleure expression que de dire qu'ils « traînassent » ou « passent leur temps à ne rien faire ».

Quand les garçons se livrent à des jeux plus organisés, ils jouent aux cow-boys et aux Indiens, aux gendarmes et aux voleurs, à cache-cache, aux corsaires, au prisonnier délivré, aux billes, au cerf-volant, à faire de la bicyclette, du patin à roulettes, de la planche à roulettes, du patin à glace.

Quand ils se mettent à faire du sport en dehors de leur Association sportive, ils jouent au football avec des discussions innombrables sur les règles et les tricheries. A la maison, ils jouent aux cartes, construisent des modèles réduits et collectionnent n'importe quoi. Ou bien la bande joue des tours (qui sont à la limite du vandalisme) aux filles, à d'autres garçons, à des adultes. Les garçons défient les adultes plus couramment que les filles. Il faut essayer de faire aussi bien que le plus dur des garçons, rivaliser en adresse physique et en bravoure, se dégager des règles imposées par les adultes.

Les bandes de filles sont plus calmes et moins rebelles. Elles passent davantage leurs loisirs à la maison et elles sont généralement plus proches de leurs parents pendant cette période. Cela reflète probablement l'assurance plus grande des filles en ce qui concerne l'identification à leur genre.

Elles n'ont donc pas besoin de fuir la maison comme les garçons. Elles ne se valorisent pas vis-à-vis d'elles-mêmes en fonction de leurs capacité athlétiques, de leur courage ou de leur aptitude au commandement.

Elles passent leur temps à jouer à la poupée, à se déguiser avec les vieux vêtements de leur mère, à jouer à la maman, à faire la cuisine et à coudre. Elles sautent à la corde, jouent à la marelle. Plus que les garçons, elles se plaisent à avoir des activités tranquilles. Elles adorent bavarder et partager des secrets. Elles aiment autant que les garçons les clubs secrets.

Elles ont moins d'esprit de compétition dans les activités avec leur pairs. Elles s'intéressent davantage aux autres et à la complexité des rapports entre individus. Comme les garçons, elles forment des bandes et excluent les indésirables. La petite fille solitaire rejetée par le groupe de ses pairs peut connaître des moments difficiles.

Que pouvez-vous faire pour aider votre enfant à franchir cette étape ?

1. Essayez de comprendre l'importance psychologique qu'a pour lui une bande libérée de toute influence adulte. Acceptez cette nécessité et ne prenez pas pour une offense personnelle la préférence qu'il manifeste pour sa bande. Un père a du mal à accepter que son fils préfère aller retrouver ses camarades plutôt que d'aller avec lui voir un match de football ou à la pêche, comme il l'avait prévu. Rappelez-vous que vous avez réussi en tant que père si votre fils a le courage de vous dire ce qu'il pense. Il y aura d'autres jours où votre fils préférera venir avec vous.

2. Si vous avez assez d'espace chez vous pour que la bande puisse venir jouer, ce sera d'un grand secours pour votre enfant. Une pièce du sous-sol (si possible blindée) ou un garage ou une cour peuvent servir de lieu de rencontre. Vous n'avez pas besoin d'un équipement particulier. L'essentiel est que ce soit un endroit que les enfants puissent emplir de leurs cris en toute liberté. Ce qu'il y a de mieux est une « cour à bric à brac ». On en trouve dans certains pays scandinaves et on peut l'adapter très simplement à n'importe quelle cour assez vaste. Entourez d'une palissade une partie de la cour. Un bac à sable devrait passer en priorité. Faites-le de grande taille pour que plusieurs enfants puissent y jouer en même temps. Un tuyau d'arrosage relié au bac lui donnerait encore plus de charme. Faites une ample provision d'animaux, soldats et astronautes en plastique. Ajoutez-y des morceaux de bois venant de chez un ébéniste ou d'un chantier voisin : ils leur permettront de faire des constructions à l'infini.

Ramassez une quantité d'objets disparates. Laissez-les simplement dans le bac à sable pour que la bande puisse construire selon ses vœux. Comme me le dit un jour mon fils alors âgé de 10 ans, alors que je lui demandais ce qu'il allait faire avec une planche énorme qu'il rapportait à la maison : « Mais, papa, une planche est toujours utile ! »

Faites aussi provision de marteaux et de gros clous que vous entreposerez au garage, par exemple. Votre enfant et sa bande pourront construire et reconstruire autant de maisons, forts et cabanes qu'ils le voudront. Cela convient si parfaitement aux garçons de cet âge que, lorsque vous aurez essayé, vous vous demanderez pourquoi toutes les familles concernées n'ont pas recours à ce système pour canaliser de façon constructive la formidable énergie de leurs fils.

3. Vous pouvez aussi enseigner à votre enfant des activités physiques qui non seulement lui conféreront le prestige auprès de ses pairs mais qui seront aussi excellents pour sa santé et qui l'amuseront. Je pense tout particulièrement aux garçons, bien que les filles puissent aussi avoir besoin de votre aide pour apprendre à nager, skier ou jouer au tennis. Vous pouvez aider un garçon à jouer correctement au football ou au basket-ball. Vous pouvez lui apprendre les mouvements essentiels, attraper un ballon, dribbler, faire une passe avant. Et vous pouvez lui donner l'occasion de vous entraîner avec lui.

Il y a peu de chances pour que le professeur d'éducation physique de l'école primaire enseigne ces pratiques élémentaires à votre enfant ou que celui-ci ait la possibilité de s'entraîner quand il joue avec la bande. Il ne se livrera pas à ce genre d'activité avec ses camarades. Entraînez-le en vous amusant, dans la détente et ne ressemblez pas à un sergent de Marines faisant faire l'exercice à une jeune recrue.

Vous pouvez aussi lui apprendre à faire de la bicyclette, du patin à roulettes et à glace et à nager. Les pères sont souvent impatients, s'irritent et transforment ces séances, où ils devraient se réjouir d'être ensemble, en périodes de tension fort désagréables.

4. Vous pouvez aussi l'aider à acquérir des habitudes sociables qui faciliteront ses rapports avec la bande. Un enfant n'est pas toujours capable de supporter les insultes ou les taquineries. Vous pouvez l'aider en reprenant l'incident et en suggérant quelques insultes bien senties à répondre dans ce cas.

Votre garçon peut aussi être réticent devant les contacts physiques. Là aussi vous pouvez l'aider en le bousculant gentiment ou en faisant de la lutte avec lui. S'il a du mal à se défendre contre les brutes de la classe, des cours de judo ou de karaté peuvent être utiles. Si vous n'avez qu'un seul enfant, il aura peut-être plus de difficultés à s'habituer aux façons brutales de ses camarades que s'il avait des frères et sœurs. (Quand vos enfants se disputent et se battent, consolez-vous en pensant « qu'au moins ces bagarres en famille l'aident dans ses rapports avec ses pairs ! »)

5. Vous pouvez aussi apprendre à votre enfant à se servir d'outils, marteau, scie, rabot, pinces, clés à molette. C'est le meilleur moment pour apprendre à se servir de vrais outils. Une fois qu'il aura bien compris, il n'aura plus toujours besoin de vous pour faire un tas de choses dans son « atelier ».

6. Vous pouvez l'encourager à inviter ses camarades à passer la nuit chez vous. Ils l'inviteront à leur tour. Rappelez-vous que c'est une aventure passionnante pour un enfant ; à cette occasion, assouplissez l'horaire du coucher.

Cela ne veut pas dire qu'ils puissent faire du bruit tard le soir et qu'ils vous gênent. Quelle que soit l'heure à laquelle un enfant se couche, il se réveillera à la même heure. Les filles aiment également inviter leurs amies à passer la nuit. Encouragez donc votre enfant à emmener un camarade quand vous partez en fin de semaine ou en vacances.

Que faire lorsque votre enfant a des fréquentations que vous n'appréciez pas ? Même si vous considérez que certains enfants n'ont pas une influence très bénéfique, la règle d'or est de ne pas lui interdire de jouer avec eux à moins qu'ils ne frôlent la délinquance en volant ou en se droguant par exemple. Sinon, contentez-vous de faire la grimace et de laisser cette amitié suivre son cours. Faites en sorte cependant qu'il ait l'occasion d'inviter d'autres amis.

7. Vous pouvez envoyer votre enfant camper l'été. Il vaut

mieux ne pas commencer brutalement. L'éloignement de la maison la première fois, pour deux semaines ou même pour une semaine, peut le perturber. Le meilleur moyen consiste à commencer avec des sorties d'un jour vers 7 ou 8 ans. Vers 9 ans seulement, il pourra faire un camp d'une semaine. Vers 10 ou 11 ans, il sera prêt à partir deux semaines. S'il s'y plaît vraiment, il peut demander une troisième semaine. Renseignez-vous bien avant d'inscrire un enfant dans un camp d'été.

8. Encouragez-le à appartenir à des organisations de louveteaux, jeannettes, scouts, guides, éclaireurs et éclaireuses. Les louveteaux s'occupent des garçons de 8 à 11 ans et les préparent à devenir scouts. L'ensemble des activités est dirigée par une cheftaine ce qui est, à mon avis, une erreur psychologique. Un garçon de cet âge n'a pas besoin d'une autre activité supervisée par une femme. J'espère que le jour viendra où les organisateurs de ces mouvements s'apercevront de leur erreur.

Les guides ou éclaireuses et les jeannettes jouent le même rôle pour les filles et je vous les conseille.

Nous arrivons enfin aux amicales et associations sportives dirigées par des adultes. Je dois avouer que mes sentiments à leur égard sont mêlés. Certains garçons en tirent grand profit, mais ils ont un effet malheureux sur d'autres, physiquement et psychologiquement. Il est difficile d'empêcher des garçons de cet âge de se faire des claquages musculaires ou de se démettre l'épaule. Un garçon peut ne pas remarquer ou ne pas oser dire à son moniteur qu'il a mal au bras car il déteste qu'on le considère comme une poule mouillée. Il se peut donc qu'il refuse de reconnaître qu'il est fatigué. La musculature d'un enfant n'est pas encore assez forte pour se livrer à des activités d'adulte.

La tension affective et le trac de jouer en public peuvent s'ajouter à cela. Psychologiquement, je pense que c'est trop tôt pour soumettre un enfant à cette épreuve. Quand des enfants jouent entre eux au football ou au basket-ball ils ne sont pas exposés à l'épreuve de la compétition comme lorsqu'ils jouent des matches dans un club sportif avec un arbitre et des adultes concernés.

Je crois que si mon fils voulait appartenir à une amicale sportive, je le laisserais faire mais je ne l'y encouragerais pas. Je dois avertir mes lecteurs que je suis plein de préjugés à ce sujet. Je suis d'accord avec la Société des pédiatres américains qui suggère qu'on ne devrait pas commencer de sports de compétition avant 12 ans. Psychologiquement et physiquement, cela me semble beaucoup plus raisonnable. Je ferai peut-être une exception pour le football. Il y a moins d'exigences psychologiques et plus d'esprit d'équipe dans ce jeu.

Le monde de la famille

J'ai insisté sur le rôle capital que jouent pour votre enfant les mondes de l'école et de la bande. Ce serait une erreur grossière que de sous-estimer l'importance du monde de la famille. Rappelez-vous la phrase du Dr. Barbara Biber que j'ai déjà citée : l'enfant « cherche simultanément les moyens d'appartenir à sa famille et de s'en libérer ».

Ne vous méprenez pas sur la déclaration d'indépendance de votre enfant. Sous son moi qui s'affirme se trouve sa personnalité de bébé et il va passer son temps à osciller entre ces deux états. Par moments, il vous paraîtra très mûr, indépendant, sûr de lui, et il recherchera très peu les contacts avec ses parents. Et puis, surtout s'il a des difficultés à l'école ou avec sa bande, ou s'il est malade, ou s'il se sent en situation d'infériorité sur le plan physique ou psychologique, il redeviendra l'enfant dépendant que vous avez connu dans la période préscolaire.

J'ai montré, précédemment, comme il était important que

votre enfant apprenne à se séparer de vous et de la famille et à trouver sa place dans le monde nouveau de l'école et de la bande.

J'insiste sur le caractère hésitant de ce processus : votre enfant fera deux pas en avant dans la voie de la séparation puis il fera un pas en arrière.

C'est le caractère ambivalent et oscillatoire de ce processus qui rend cette période de la moyenne enfance si pénible aux parents. A certains moments, le père verra à quel point son fils de 8 ans est hermétique et essaiera à contrecœur de s'habituer à l'idée qu'il ne cherche plus à être proche de lui. Et puis, le jour suivant, il aura peut-être besoin d'une conversation intime avec lui. Mais aveuglé par ce qu'il aura observé précédemment, le père ne saisira peut-être pas les tentatives de contact de son fils.

Il faut comprendre qu'un garçon ou une fille, à cet âge, vivent le processus paradoxal à la fois de s'identifier à leurs parents et de leur résister pour grandir en s'éloignant d'eux. Puisque, à cet âge, ils désobéissent si souvent aux ordres de leurs parents dans leurs actes, il est essentiel que les parents sachent qu'ils assimilent cependant leurs sentiments et leurs attitudes. Ce sont des années décisives, car c'est là que les valeurs et comportements des parents sont transmis à l'enfant. Si tous les parents comprenaient cela, ils pousseraient un immense soupir de soulagement.

Ce sont les années où votre enfant apprend à cultiver sa conscience. J'entends par là qu'il apprend à être parent lui-même. Il sera parent à votre image. Si vous avez été trop strict et autoritaire, sa conscience sera trop sévère. Il se fera du souci pour des riens et se demandera si « ce qu'il fait est bien ». Si vous avez été trop permissif, il aura l'impression que tout lui est permis et il ne réussira pas à contrôler correctement ses élans. Si vous avez eu des exigences raisonnables en rapport avec ce qu'on peut attendre à cet âge et à ce stade du développement, alors il aura vis-à-vis de lui-même des exigences raisonnables liées à ce qu'il attend et aux critères qu'il s'est fixés pour lui.

En d'autres termes, c'est pendant ces années que l'enfant forme l'image de l'adulte qu'il souhaite devenir. Il se servira des autres adultes comme modèles et il vous racontera ce que sa maîtresse, sa cheftaine ou son moniteur de sports lui disent. Mais c'est vous et sa mère qui êtes ses modèles les plus importants. Cette notion essentielle échappe souvent à beaucoup de parents. Quand un enfant n'est pas sur la même longueur d'onde, répond par monosyllabes et considère la maison uniquement comme un endroit où on vient rapidement se restaurer et trouver un lit pour la nuit, beaucoup de parents concluent à tort qu'ils ont perdu toute influence sur leur enfant. C'est une erreur.

Il faut donc qu'un père prenne l'initiative de rechercher la compagnie de son fils ou de sa fille à cet âge même s'il essuie des rebuffades de temps en temps.

Etre membre du même club sportif que votre enfant peut être également utile dans cet esprit.

En dehors des activités de groupe, les pères ne devraient pas négliger les nombreuses occasions de rapports de père à enfant. Elles dépendront des centres d'intérêt du père. S'il n'aime pas pêcher, il serait certainement ridicule d'emmener son garçon de 9 ans à la pêche. Souvent un grand-père peut suppléer le père dans les domaines qui ne l'intéressent pas. C'est ainsi que le grand-père de mes enfants, pêcheur fanatique et expert, leur a appris à pêcher, à mon grand soulagement.

Laissez-moi vous citer quelques activités qu'un père peut partager avec son fils de 8 ou 9 ans. Il peut bien sûr l'emmener avec lui quand il a besoin d'acheter quelque chose dans une quincaillerie, dans une pépinière ou dans un magasin d'articles de sport. Il peut l'inviter à venir se promener jusqu'à la bibliothèque, chez un glacier ou à l'épicerie. Il peut lui enseigner les rudiments du football ou du basket-ball. Il peut l'emmener assister à des matches de football, de basket-ball ou de hockey. Il peut l'emmener se promener, camper, à la pêche. Cela aidera peut-être votre enfant à emmener un camarade en pique-nique ou en camping. Les rapports seront psychologiquement plus faciles. Vous pouvez aussi emmener votre enfant au cinéma.

S'il s'agit d'une petite fille, emmenez-la déjeuner au restaurant, ce qui sera pour elle une fête et une expérience appréciée. Les pères consacrent souvent beaucoup de temps à leurs fils mais ils sont un peu désemparés avec leurs filles. Ils oublient qu'ils incarnent pour la petite fille le modèle de mari qu'elles rechercheront plus tard. Des relations chaleureuses sont donc précieuses, quelle que soit leur expression.

Il n'y a aucune raison pour que vous n'emmeniez pas votre petite fille faire des courses dans les magasins, chercher une glace, à la bibliothèque, en promenade ou camper tout comme votre petit garçon. Et elle sera très heureuse si vous l'emmenez toute seule au cinéma.

Avec les uns et les autres, vous pourrez jouer tous les jeux à deux personnes tels qu'échecs, échecs chinois, dominos, jeux de cartes comme la bataille. Par-dessus tout soyez disponible à toutes les occasions spontanées de camaraderie et de complicité. Ne vous méprenez pas sur les airs d'indépendance et de supériorité de votre enfant. Rappelez-vous que sa personnalité de bébé se situe tout juste sous son moi qui s'affirme et sachez qu'il a encore besoin de liens affectifs très étroits avec vous et avec sa mère.

J'ai insisté sur l'importance des moments de tête-à-tête avec votre enfant. Ne négligez pas pour autant les activités familiales. Bien des familles devraient essayer de jouer ensemble une demi-heure après le dîner à des jeux tels que celui des vingt questions, le scrabble, les charades, le loto et les cartes. Chaque soir, chacun choisit un jeu à son tour.

Notre famille a toujours beaucoup aimé le cinéma, les randonnées en camping avec un break puis avec un camping-car. Les enfants sont beaucoup plus prêts à aider à faire un feu, faire la cuisine ou la vaisselle en camping qu'à la maison.

Les activités familiales nous font aborder le sujet délicat de la jalousie entre frères et sœurs. En tant que psychologue, l'expérience m'a prouvé qu'aucun sujet ne soulève autant d'intérêt à la fin d'une conférence que la jalousie, les querelles et les bagarres entre enfants.

Il faut d'abord comprendre les raisons de la jalousie. Chaque enfant, au plus profond de lui-même, voudrait se débarrasser de ses frères et sœurs et avoir l'amour et l'intérêt de ses parents pour lui seul. D'où les querelles et les batailles. L'animosité de l'enfant se cristallise généralement sur celui de ses frères et sœurs nés tout de suite après lui. Une fois que vous aurez compris la cause profonde de cette rivalité, vous verrez que vous ne pourrez jamais éliminer ces luttes de jalousie ; vous pourrez seulement les atténuer.

Le meilleur système pour les affronter est celui de la technique du « hors-jeu » que j'ai citée dans le chapitre 5. Quand deux enfants se disputent, envoyez-les chacun dans une pièce pendant 5 minutes au calme. Ainsi, leur bagarre n'est pas récompensée par l'attention des parents. Cette pratique évite aux parents de se dresser en juges et arbitres, devant décider qui a commencé, etc.

Ce problème nous conduit tout naturellement à celui de la discipline avec les enfants de cet âge.

D'abord le père doit accepter la puérilité de l'enfant. Cela variera beaucoup selon que votre attitude est souple ou stricte avec lui. J'ai observé le plus souvent que de très nombreux pères attendent de leurs enfants, surtout des garçons, qu'ils soient calmes, convenables, rapides, courtois, généreux, prêts à faire n'importe quelle corvée, propres, soigneux, pleins d'attention pour ne pas salir ou déchirer leurs vêtements, toujours prêts à écouter les ordres des adultes, prenant soin que leur chambre soit toujours rangée et leurs vêtements suspendus aux cintres. De toute évidence, les garçons (et les filles) de cet âge ne sont pas comme cela. Plus le père acceptera vite ces qualités de puérilité, plus faciles et meilleures seront les relations avec son enfant. Un père devrait garder à l'esprit les paroles de tante Sarah Orim, cette vieille dame de 90 ans qui parle de Penrod à sa mère et qui définit fort bien cette période de la moyenne enfance : « J'espère que tu n'attends pas des garçons qu'ils se montrent civilisés ; tu pourrais aussi bien attendre que les poules aient des dents. Il faut prendre les garçons comme ils sont et apprendre à les connaître comme ils sont[5]. »

Deuxièmement, beaucoup de parents craignent que leurs enfants acquièrent de mauvaises habitudes et que si on ne les corrige pas immédiatement, ils les gardent définitivement. Ils pensent que si leur garçon de 8 ans déteste se laver ou prendre un bain, il en sera toujours ainsi. Et si une petite fille de 9 ans raconte des mensonges quand il est plus facile de mentir que d'être confrontée à une vérité déplaisante, les parents imaginent qu'elle deviendra une adulte à laquelle on ne pourra jamais faire confiance.

Je veux rassurer les pères à ce sujet. Ces habitudes désagréables qui sont caractéristiques du comportement d'un enfant de cet âge seront surmontées s'ils rencontrent la compréhension et la discipline appropriées chez leurs parents. L'enfant de cet âge n'est absolument pas le modèle en miniature de ce qu'il sera plus tard. J'aimerais que les pères équilibrés et établis qui sont devenus des professeurs respectables, des banquiers, des réparateurs, agents d'assurance, acteurs, ingénieurs, maçons ou médecins, puissent voir un film d'eux-mêmes à 7, 8 ou 9 ans ! Je crois que cela leur permettrait de moins s'en faire pour les « mauvaises » habitudes de leur rejeton.

Troisièmement, j'ai remarqué que le sermon est la méthode préférée des pères. Long ou court vous pouvez voir cette méthode appliquée n'importe où : dans les sorties en famille, en avion, au restaurant. Ainsi les pères croient sincèrement qu'un sermon compassé expliquant à l'enfant qu'il se conduit mal va changer son comportement. L'enfant se sentira si mal à l'aise, croient-ils, qu'il ne recommencera plus jamais ! Il devrait donc travailler davantage en mathématiques puisqu'il a eu un si mauvais résultat et il réagira quand on lui aura dit ce qu'il doit faire d'une façon logique et raisonnée.

Bien entendu, si l'enfant essuie ce sermon (surtout en public), il se sentira honteux, mal à l'aise, plein de ressentiment : il y aura encore moins de chances pour qu'il tienne compte des observations de son père.

Quatrièmement, au lieu de sermons, apprenez donc à complimenter votre enfant. Et j'entends très peu de pères le faire. Et pourtant vous avez là la meilleure récompense à votre envie de pousser votre enfant à se conduire comme vous le souhaitez. Même l'enfant le plus indépendant et le plus lointain est touché par les compliments de ses parents, même s'il ne le laisse pas voir. Habituez-vous à guetter ce que vous pouvez louer dans sa conduite. Si votre fils de 8 ans accroche son pantalon au cintre et fait un tas informe de sa chemise et de ses chaussettes, complimentez-le d'avoir accroché son pantalon et ne pensez pas au reste !

Cinquièmement, si vous vous êtes conformé aux méthodes de discipline positive dans leur ensemble, vous ne ressentirez sans doute plus le besoin de donner des fessées à votre enfant vers 8 ou 9 ans. Si vous vous emportez encore et y avez recours il vaudrait mieux que vous consultiez un psychologue. Si vous utilisez la punition comme moyen de discipline, la meilleure est sans doute de priver l'enfant de son émission de télévision préférée.

Sixièmement, votre enfant a maintenant besoin d'avoir le droit d'exprimer son avis sur ce qui le concerne. Le père doit s'habituer à ne plus lui dire, comme dans la période préscolaire, ce qu'il doit faire et ne pas faire. De plus en plus, il faudrait que l'enfant participe aux décisions familiales qui le touchent : s'il peut avoir un animal et lequel, quel film voir, quelle randonnée faire en camping, où passer les vacances. Ce qui ne veut pas dire que sa voix soit prépondérante dans la décision finale. Il faut seulement le consulter.

Nous arrivons maintenant à un domaine très délicat et dans lequel un père peut jouer un rôle décisif, c'est celui de l'éducation sexuelle.

Depuis plus de vingt ans de pratique, je pose comme question de routine à mes patients : « Quelle éducation sexuelle avez-vous reçue chez vous ? » Environ 90 pour cent d'entre eux me répondent : « Aucune. » Le sujet n'était jamais abordé. Donc la fameuse conversation de père à fils sur les soi-disant « faits de la vie » n'est effectivement qu'un mythe.

Presque toutes les enquêtes pour savoir quelles sont les origines de l'information sexuelle des enfants montrent qu'ils la tiennent de leurs pairs. Qu'il s'agisse du coït, des contraceptifs, de la prostitution, de l'homosexualité, etc. Les enfants échangent des informations sexuelles sur des bases sporadiques, hasardeuses et chargées de culpabilité. A cet égard, le monde des enfants ressemble à une société secrète qui garderait jalousement ce qu'elle sait à l'abri des parents.

C'est une bien triste réalité. Je demande à tout père de se poser cette simple question : votre père vous a-t-il donné des informations sexuelles de quelque genre que ce soit, dans ces années de la moyenne enfance ? Ne lui auriez-vous pas été reconnaissant s'il l'avait fait et si vous aviez été rassuré sur ces problèmes sexuels inquiétants et culpabilisants ?

Vous vous rappelez que je vous ai conseillé dans ces années préscolaires de lire à votre enfant des livres traitant de la sexualité, de l'amour et du mariage. Ce sont des informations qui suffisent à cet âge, mais c'est très différent pour la moyenne enfance. L'enfant d'âge préscolaire est plus capable que l'enfant d'âge scolaire de poser des questions innocentes et directes. Il est alors beaucoup plus circonspect pour exprimer ses sentiments et violer les tabous des adultes. Il aimerait peut-être poser certaines questions mais il hésitera à le faire.

Il y a un élément qui complique cette image du sexe à cet âge, c'est que de nos jours, les enfants sont probablement plus blasés qu'ils l'ont jamais été. Les mass média, les films, la TV, les magazines sont beaucoup plus explicites qu'il y a dix ans. Et pourtant, malgré ce savoir apparent, les garçons et les filles sont tristement ignorants en matière de sexualité et ils ont bien besoin d'être rassurés et informés. Quel rôle un père peut-il jouer ?

Laissez-moi vous faire une suggestion peu orthodoxe. La plupart des familles emmènent leurs enfants voir seulement les films de Walt Disney ou ceux du type « visibles pour tous ». Nous n'avons pas agi ainsi. Nous n'avons jamais cru qu'il était bon de censurer les films ou les émissions de télévision ou les livres. Nous emmenions nos enfants voir n'importe quel film pour adultes que nous désirions voir. Et cela s'est révélé une source surprenante d'éducation sexuelle. Je me rappelle, par exemple, un film où on utilisait le mot « prostituée », ma fille de 9 ans se tourna vers moi pour me demander ce qu'était une prostituée. Je lui répondis : « Une prostituée est une femme qui a des rapports sexuels pour de l'argent. » « Ah ! » dit-elle seulement, et nous continuâmes à regarder le film.

J'ai déjà conseillé *Ainsi commence la vie,* de Jules Power (Ed. Laffont). Vous pouvez aussi consulter *L'Encyclopédie de la vie sexuelle,* (Ed. Hachette). C'est un livre excellent. Si certains parents sont choqués par les photos, qu'ils ne le donnent pas. Si par contre, après l'avoir examiné, vous vous sentez rassuré, je crois que cela pourrait beaucoup l'aider.

Le problème est que les enfants de cet âge ont besoin de savoir sur la sexualité autre chose que la façon dont naissent les enfants. Beaucoup de choses les intriguent. Les pères peuvent alors jouer un rôle très important. Très souvent, parents et enfants sont plus à l'aise quand ces connaissances sont transmises par les livres. Même si les parents se sentent très libres devant ces problèmes, il se peut que les enfants le ressentent différemment. Un enfant de 10 ans disait à son institutrice : « Mes parents sont très compréhensifs mais il y a certaines choses dont il est plus facile de discuter avec d'autres personnes. »

Le moins que puisse faire un père est de discuter aussi librement et objectivement de ces problèmes que des autres, de donner à l'enfant des livres utiles sur ce sujet et de lui dire qu'il est toujours prêt à répondre à n'importe quelle question.

Après cet exposé sur le rôle de la famille, vous voyez que l'école et la bande ne sont pas les seuls milieux influant sur l'enfant, le rôle de la famille est aussi essentiel. Et dans la famille même, le rôle du père est déterminant.

Nous passerons dans le prochain chapitre de la stabilité relative de la moyenne enfance à l'étape suivante, ébranlée par la tempête : la préadolescence.

10

LA PÉRIODE DE LA PRÉADOLESCENCE 11 ET 12 ANS

On pourrait appeler l'année des 10 ans l'aboutissement de la moyenne enfance, et les 11 ans, le début de la préadolescence.

L'enfant de 10 ans aime s'entendre avec les adultes autant qu'avec le groupe de ses pairs. C'est une période heureuse. Il est fidèle à sa bande et aux groupes, mais il est capable aussi de manifester de la considération pour les autres et de répondre raisonnablement aux désirs des adultes.

Pourtant, la poussée psychologique de l'adolescence travaille déjà en profondeur sous son comportement calme et ouvert. Elle surgit parfois au cours de la onzième année et annonce la préadolescence.

L'enfant de 11 ans manifeste tout à coup son indifférence devant les critères de ses parents et il résiste, ouvertement ou non, à l'autorité parentale ou scolaire. Il arrive aux parents de se plaindre que leur enfant a perdu toutes ses bonnes manières à table et qu'il est aussi hargneux avec ses frères et sœurs qu'avec eux-mêmes.

En un mot, l'enfant de 11 ans devient difficile à vivre. Il défie constamment ses parents. On dirait tout à coup qu'il s'est transformé en homme d'affaires malhonnête, il aime discuter de subtilités et prouver à ses parents qu'ils ont tort. C'est une épreuve que de le faire participer aux tâches ménagères. Ses parents peuvent le trouver « égoïste et complètement égocentriste ».

A l'école, il est généralement agité et bavard. Il aime passer des mots en classe, jouer des tours à ses camarades et cancaner. Il observe les travers des adultes d'un œil critique. Pour toutes ces raisons, les élèves de sixième ne sont pas faciles. Il leur faut un professeur intéressant et combatif qui sache se montrer ferme et refuse le chahut.

J'insiste de nouveau sur le fait que cette description est valable pour tous les préadolescents mais qu'ils traverseront cette période très différemment selon leur individualité. Certains la franchiront assez aisément. D'autres seront si exaspérants qu'on aura envie de les mettre dehors ou de les confier à des parents lointains jusqu'à ce que la crise soit terminée.

Ainsi ma fille aînée se contenta de claquer quelques portes et d'avoir plusieurs crises de larmes et de colère. Par contre, mon fils aîné Randy fut si pénible que nous rêvions de quelque machine de science-fiction capable de le conserver en hibernation pendant environ deux ans. Heureusement pour notre santé mentale, il s'adoucit considérablement vers l'âge de 12 ans.

Cette période de la préadolescence s'étend à peu près de la onzième à la treizième année. Garçons et filles sont plus séparés psychologiquement qu'auparavant. Ainsi, lorsque des garçons voient des acteurs s'embrasser sur l'écran, ils manifestent dégoût et aversion. C'est un mécanisme de défense fondamental contre la puberté qui se manifeste et leur intérêt grandissant pour le sexe opposé. Généralement, les garçons ne sont pas prêts à affronter leurs sentiments hétérosexuels et ils y échappent en se limitant à la compagnie des garçons.

Si les parents n'ont pas de données psychologiques sur ce stade du développement, ils seront probablement très désemparés.

LA PÉRIODE DE LA PRÉADOLESCENCE

Il faut comprendre que la stabilité de la moyenne enfance ne peut pas durer éternellement, ou bien l'évolution psychologique ne se ferait pas et l'enfant ne deviendrait jamais adulte. Il faut que les vieux schémas de l'enfance éclatent pour laisser la place à ceux de l'âge adulte. Et la première étape se localise dans la préadolescence. Une fois que les parents auront compris que le défi et l'agressivité morose font partie du développement normal, ils l'accepteront plus aisément.

Les étapes précédentes comportaient chacune des acquisitions positives que votre enfant devait apprendre à maîtriser. Voilà venir maintenant la première période, dont le but est, paradoxalement, la *désorganisation*. Ce n'est pas, bien sûr, un bouleversement permanent de la personnalité de votre enfant mais un préalable nécessaire à son évolution psychologique future, pour que sa personnalité puisse s'organiser de façon plus *élaborée*. Avant d'atteindre l'âge adulte, il faut qu'il détruise une partie de sa personnalité d'enfant et qu'il devienne « autre » à bien des égards.

C'est entre 13 et 21 ans que se situe cette évolution psychologique. La préadolescence est une période où la structure de la personnalité commence à se relâcher pour permettre aux changements de l'adolescence de se manifester.

Biologiquement, votre enfant est en quelque sorte dans une zone crépusculaire. Ce n'est plus exactement un enfant, mais ce n'est pas non plus un adolescent. Son corps change et se prépare à la puberté. Mais il est généralement peu conscient de ces bouleversements hormonaux et glandulaires.

Si un anthropologiste étudiait un groupe de préadolescents, il remarquerait d'abord leur agitation physique incessante. Ils sont doués de tant d'énergie physique que les normes de notre civilisation sont insuffisantes. Il leur semble plus naturel de courir que de marcher. Ils manipulent constamment quelque chose : ils plient les pages du livre qu'ils lisent, ils tordent leurs crayons ou jouent avec divers objets qu'ils ramassent dans leurs poches ou dans leur porte-monnaie.

Ils font des mimiques et des singeries sans raison apparente. Après avoir péniblement appris à se tenir correctement à table, ils semblent retrouver maintenant les manières des hommes des cavernes.

On connaît l'appétit dévorant des préadolescents, qui n'est qu'une autre manifestation de besoins biologiques impérieux. Une mère raconte que sa fille « a deux occupations dans la vie : manger et parler ».

Bentz Plagemann décrit ainsi le goûter de préadolescents :

> L'école finie, les enfants s'approchaient de la maison comme la populace assiégeant la Bastille. Ils s'abattaient sur l'allée dans un nuage de gravier comme de la mitraille et attaquaient la cuisine qui se rendait sans combat, après que Kate eut appris à laisser de quoi faire des sandwichs sur la table et à battre en retraite. Le carnage qui suivait était horrible à contempler : cartons de lait écrasés, paquets de pain en tranches éventrés, pots de beurre d'arachide violés. La nature avait oublié de doter les garçons de mâchoires pivotantes comme le boa constrictor, mais ils réussissaient malgré tout à enfourner des mélanges hauts comme des tours qu'ils préparaient avec du bœuf froid, du fromage et tous les condiments relevés qu'ils rencontraient, de la purée de pommes de terre, du ketchup, de la guimauve, des cornichons... Ensuite, restaurés et éructants, ils repartaient comme une nuée de sauterelles laissant derrière eux un silence interrompu seulement pas le lait renversé qui tombait goutte à goutte entre les fentes de la table [1].

Les parents acceptent mieux cette activité biologique et cette agitation physique que l'attitude négativiste et contrariante que les enfants adoptent généralement à leur égard. Même ceux qui adorent leurs parents et ont des rapports fondamentalement bons deviennent méfiants et irritables. Il vous arrivera de penser qu'inconsciemment, il a fait sienne cette devisc : « A bas les parents. Vivent tous les autres ! »

Votre préadolescent s'oppose à toutes les contraintes et obligations de la vie familiale : rentrer à la maison à l'heure prévue, se coucher à une heure raisonnable, porter un pull-over ou un manteau quand il fait froid, autant d'exigences subies comme le joug cruel et capricieux de dictateurs avides de puissance déguisés temporairement en parents. Les parents harassés trouvent que la vie quotidienne se limite à une série de contrariétés épuisantes à propos de rien et à des scènes de rancune apparemment irraisonnées.

S'il y a de jeunes frères et sœurs dans la famille, le préadolescent devient tout à fait intolérant à leur égard. La jalousie réprimée pour le jeune frère ou la sœur, qu'il avait maîtrisée jusqu'ici, éclate avec une intensité nouvelle au grand étonnement des parents qui pensaient que les deux enfants « commençaient finalement à bien s'entendre ».

Les critères des parents que les enfants ont assimilés dans la moyenne enfance perdent temporairement tout pouvoir. La conscience individuelle de l'enfant semble s'estomper et le contrôle de ses instincts asociaux s'affaiblir. Il a beaucoup de mal à se plier à des règles de comportement qu'il acceptait sans difficulté quelques années auparavant.

Mais au delà du conflit avec les parents, si caractéristique de cette période, le tourbillon affectif de la préadolescence dépasse la relation parents-enfant. Les parents représentent le système de valeurs de la société adulte qu'il doit combattre pour se préparer à sa propre vie d'adulte. Autrement dit, beaucoup des réactions agressives des préadolescents à l'égard de leurs parents ne sont pas dirigées contre eux, mais contre les adultes qu'ils représentent. Beaucoup de parents ont du mal à le comprendre car ils sont les témoins passionnés de la révolte de leurs préadolescents contre la société adulte en général. Une telle révolte est non seulement parfaitement normale, mais absolument nécessaire pour préparer l'enfant à l'adolescence.

Jusqu'alors il a vécu dans les limites du système de valeur des adultes. « Bien » et « mal », « juste » et « faux » se définissaient en fonction de ce système. Il a peut-être parfois désobéi à ce système mais il sentait au plus profond de lui-même qu'il avait tort.

Et voilà que pour la première fois dans l'histoire de son développement psychologique, il commence à mettre en question la valeur du système lui-même, d'une façon vague et hésitante. Il commence à adopter le système de valeurs de ses pairs. Et ce code diffère considérablement de celui des adultes. Pour ces derniers, par exemple, un « bon » enfant est celui qui travaille bien à l'école, est apprécié de ses maîtres, obéit aux lois des adultes, parents, professeurs, chefs scouts, etc. Les valeurs du groupe des pairs sont diamétralement opposées.

Généralement, plus un préadolescent est supportable aux adultes, moins il est acceptable par ses camarades. Les activités de la bande que les préadolescents apprécient le plus sont celles que les adultes, selon leurs critères, considèrent comme subversives.

Selon les pairs, il faut simplement rejeter certaines valeurs d'adultes, d'autres sont compatibles à certains moments et inacceptables à d'autres. Les bandes de préadolescents vont fumer en cachette, se livrer à des activités interdites qui peuvent aller jusqu'au vandalisme, au vol et relever de la délinquance. Mais l'attitude psychologique reste la même, que le groupe soit simplement rebelle ou délinquant. La bande doit s'adonner à des activités réprouvées par le code des adultes et que ceux-ci ignorent. Il est remarquable que tant de parents fassent semblant de ne « voir aucun mal » à cette étape décisive du développement de l'enfant.

Ce changement d'un code à l'autre ne se fait pourtant pas sans peine. Cette transition est pleine de conflits. L'enfant veut que sa bande l'admire selon les critères du groupe. Mais en même temps, il aime ses parents et déteste les voir malheureux ou déçus.

A ce propos, je me rappelle très bien ma propre expérience. J'avais toujours été bon élève et m'étais toujours bien entendu avec mes professeurs. Mais en cinquième, je pris conscience que si j'avais de si bons rapports avec mes maîtres, cela ne marcherait pas si bien avec mes camarades. Je commençai donc à me moquer d'eux dans leur dos et à les imiter devant mes camarades. J'eus beaucoup de succès. Un de mes professeurs, qui était une femme très gentille et très compréhensive, me surprit en train de l'imiter devant le reste de la classe. Elle me garda après la classe. Elle était assez bouleversée et surprise par ma conduite car elle n'avait rien fait pour mériter mes moqueries. Et elle avait tout à fait raison, cela n'avait aucun rapport avec elle. Je me moquais d'elle en tant que représentant d'une société adulte pour me valoriser auprès de mes camarades.

Vers la même époque, je me mis à commettre de petits larcins. Je volais des journaux à la boutique du coin, des disques et des sucres d'orge au distributeur de l'école. Je devins un des chefs de la bande. Heureusement pour moi, mes parents n'eurent jamais idée de mes activités. Un commerçant y mit fin quand il me découvrit en train de sortir de son magasin avec un journal bourré sous ma veste et qu'il me fit rendre. Il me dit que si je recommençais, il préviendrait mes parents. Cela mit brusquement fin à ma carrière de bandit.

Simultanément, le préadolescent commence à piétiner les valeurs de ses parents, là où il sait les gêner le plus. Voilà des années que l'enfant a eu tout loisir pour commencer une étude psychologique de ses parents. Et il va maintenant utiliser toutes ses connaissances négativement. Quand il voudra montrer à quel point il est émancipé, il choisira précisément les actes et les attitudes qu'il saura devoir irriter le plus ses parents. En d'autres termes, il manifestera des symptômes de la préadolescence qui seront liés à l'étude approfondie de leurs réactions. Si ce sont des moralistes stricts, il essaiera de les scandaliser. S'il sait que les résultats scolaires comptent beaucoup à leurs yeux, il commencera tout à coup à avoir des D et des E. Il commettra des agressions psychologiques, là où ses parents sont vulnérables. Et il saura par leurs plaintes inquiètes qu'il a atteint son but.

Aussi déplaisant que ce soit, il faut admettre que nos préadolescents vont essayer de toucher nos points faibles. Ils vont se révolter non seulement contre nous, mais contre toute la société adulte que nous représentons.

Même si c'est une position très désagréable pour nous, il faut nous faire à l'idée que tout préadolescent doit avoir l'occasion de manifester sa nature brutale. Celui qui ne défie jamais les règles des adultes et n'a pas de problèmes aura beaucoup de difficultés à trouver l'équilibre dans l'adolescence et l'âge adulte. Il faut donc que les parents ne considèrent pas cette opposition comme une atteinte personnelle.

Après cette brève étude, regardons la période des 11 ans et celles des 12 ans de plus près.

Le 11 ans

De même que les 5 ans couronnent les années préscolaires, les 10 ans couronnent la moyenne enfance. On aborde avec les 11 ans une étape de croissance tout à fait nouvelle. Nous l'avons appelée préadolescence mais en un sens, on pourrait dire que c'est le vrai début de l'adolescence.

L'enfant de 11 ans sort de la moyenne enfance dans le bruit et la fureur. Le voici devenu très autoritaire, d'une façon souvent irritante. Il est rétif, bavard et curieux. Il aime le mouvement. Il s'agite beaucoup. Il a un appétit dévorant. Il aime discuter et ne s'en prive pas chaque fois qu'il en a l'occasion. Il interrompt les autres mais se délecte à raconter des histoires impossibles. Il traverse la maison comme un ouragan, claque les portes et fait du bruit. Il fait hurler son poste de radio, l'électrophone ou la télévision.

Et surtout, il est sujet à des sautes d'humeur et à des revirements sentimentaux qu'il n'avait jamais connus jusqu'ici. Le Dr Gesell exprime fort bien les sentiments des parents devant ce phénomène tout à fait nouveau :

> Il se peut que les parents de l'enfant de 11 ans ressentent un malaise vague et étrange. On dirait que quelque force de la nature s'est emparée de leur rejeton comme s'il agissait sous une influence complètement étrangère au monde qui l'entoure [2].

Voilà donc votre enfant de 10 ans mesuré, raisonnable et agréable qui semble brusquement remplacé par un étranger maladroit et lourdaud. Il est souvent déplaisant, raisonneur, rancunier, remuant, impoli et maussade. Il se sent devenir grincheux par moments, sans savoir pourquoi. Il se réveille certains jours de mauvaise humeur, irritable et cafardeux. Il se met facilement en colère, surtout contre ses frères et sœurs. Il est souvent déçu au point de pleurer à chaudes larmes, et à cet âge les garçons pleurent autant que les filles.

Sa vie affective connaît des périodes très intenses. On a parfois des difficultés à affronter un enfant qui manifeste une émotion tout à fait disproportionnée à la situation.

Il peut se mettre en rage en faisant des mots croisés et puis il peut changer tout à coup et laisser exploser sa joie. Sa voix peut monter de plusieurs décibels en quelques minutes. Mais ce qui est le plus surprenant c'est qu'il est complètement inconscient du fait que ces excès le rendent pénible à vivre.

Les pères doivent garder en mémoire que ces désordres de l'affectivité sont un phénomène de croissance. Tout l'organisme de l'enfant est soumis à des changements profonds. Et ces sautes d'humeur sont un aspect de ce processus général de *réorganisation.* Nous ne pouvons voir les changements chimiques subtils et la croissance du système nerveux qui annoncent le commencement de l'adolescence, ce sont des changements silencieux mais considérables. C'est pour cela que je disais précédemment que la onzième année annonce le commencement de l'adolescence.

Il faut nous rappeler que les *changements biologiques sont plus profonds que les changements psychologiques* chez l'enfant. Pendant la moyenne enfance le système biologique était à peu près équilibré. La préadolescence est l'époque des grands bouleversements biologiques. Il y a une nette progression au niveau de l'activité.

L'enfant est comme une machine à mouvement perpétuel, doué d'un appétit énorme, non seulement pour la nourriture mais aussi pour toutes les expériences nouvelles, particulièrement dans les rapports avec les autres.

Même les fonctions physiologiques comme la régulation thermique deviennent très anarchiques et ont tendance à osciller entre les extrêmes.

De façon générale, l'enfant de 11 ans se conduit beaucoup mieux quand il n'est pas chez lui. A l'école, il n'a pas à lutter contre ses frères et il n'a pas à atteindre le degré de tension affective dont il a besoin chez lui pour briser ses rapports de dépendance vis-à-vis de ses parents. A l'école, il se retrouve au milieu de ses pairs et en est heureux. Il y a donc, à cet âge, deux personnages complètement différents.

Quand la préadolescence commence, on pourrait comparer votre enfant à celui qui n'a jamais joué au tennis et se retrouve une raquette à la main. Ne soyons pas surpris de ses maladresses. En fait de tennis, notre préadolescent apprend le comportement social et les relations avec les autres.

Une fois qu'un père aura compris cela, il ne sera plus déconcerté par la conduite désordonnée et maladroite de son enfant.

Pour beaucoup ces activités semblent dépourvues de sens. Il gaspillera beaucoup de temps en jeux brutaux, en éclats de rire, en taquineries, en crises de colère — toute une gamme de rapports affectifs avec ses camarades.

Les rapports sociaux des garçons de cet âge sont plus grossiers et brutaux que ceux des filles, plus subtils, complexes et plus riches aussi sur le plan sentimental. Les filles ont une tendance plus marquée à former des clans assez fermés, avec des intrigues, des préférences, des disputes et des flatteries.

Les garçons et les filles ont des clubs plus ou moins organisés avec leurs règles particulières qui sont le banc d'essai de leurs futures relations sociales. Le préadolescent change de régime sur le plan affectif. On ne peut plus le considérer comme un enfant ; il est en train de devenir un jeune homme ou une jeune fille.

Ses émotions entament un processus d'apprentissage nouveau et dynamique, dont une des caractéristiques est le retour périodique et alterné de l'hostilité suivi de la réconciliation.

Les parents sont souvent déconcertés par les renversements soudains dans les amitiés des 11 ans. Mais ces changements doivent être perçus comme l'apprentissage maladroit des rapports sociaux de l'adolescence. Une jeune fille exprimait cela en disant : « J'aime tout le monde, mais il faut bien nous disputer de temps en temps pour rompre la monotonie [3]. » En d'autres termes, le préadolescent apprend à définir son nouveau moi en réagissant positivement et négativement en face de ses pairs.

Les garçons et les filles ne s'entendent pas très bien à cet âge. A ne voir que ce qui se passe superficiellement on ne peut pas découvrir l'attrait mutuel qu'ils éprouvent et qui se manifeste par des taquineries. C'est un garçon qui nous donne l'exemple du comportement type à l'égard des filles quand il dit : « Nous ne nous occupons pas des filles et d'habitude nous ne jouons pas avec elles. Je pense que nous le ferions s'il le fallait [4]. »

Cependant, sous ce dédain apparent pour le sexe opposé, les attirances sexuelles de l'adolescence commencent à se manifester. Du côté des garçons elles s'expriment par les taquineries. Ainsi un garçon dit à propos des filles : « Il n'y a pas de meilleure cible [5]. » Et les filles tout en protestant vivement apprécient beaucoup les plaisanteries et les taquineries des garçons. C'est comme si les uns disaient aux autres : « Officiellement je ne peux pas me permettre de dire que les personnes du sexe opposé m'intéressent beaucoup. Mais si je peux dissimuler mes sentiments sous les taquineries, je peux exprimer l'attirance que j'éprouve au moyen d'une sorte de code du comportement. »

Un garçon peut avoir une « girl friend », c'est-à-dire une fille qu'il aime bien et à qui il pense. Mais personne d'autre, même pas son meilleur ami et certainement pas la fille elle-même ne se doutera le moins du monde qu'il s'intéresse à elle.

Malheureusement pour les parents, le comportement du 11 ans est le plus mauvais qui soit à l'égard de la famille. Il faut que le père se rappelle que l'esprit d'opposition, le mauvais caractère, l'esprit raisonneur, le refus d'aider aux travaux de la maison, l'acrimonie à l'égard des frères et sœurs sont autant d'exemples du besoin de s'affirmer en tant qu'adolescent. Votre fils ou votre fille connaissent parfaitement le rôle de l'enfant, mais ils ne connaissent pas encore celui de l'adolescent. A 11 ans la sottise acerbe du comportement social est due au fait que l'enfant commence tout juste à apprendre à établir les accommodements interpersonnels de l'adolescence. A cet égard, il nous rappelle l'enfant de 2 ans 1/2 qui veut dire à un autre enfant qu'il voudrait bien jouer avec lui dans le sable, et pour cela lui lance du sable à la figure !

Le 11 ans provoque les autres, en particulier ses parents, afin d'obtenir des réponses qui lui serviront de points d'application pour opposer son moi tout neuf de préadolescent au moi des autres personnes, afin de pouvoir mieux définir qui il est et qui ils sont. Cette définition de soi, il la trouve dans la confrontation avec les autres et en particulier avec ses parents. Il les provoque par ses critiques et ses questions. Pour lui, toute réponse vaut mieux que le silence. Parfois il harcèle littéralement ses parents sans même savoir pourquoi.

Les pères doivent savoir que ces manifestations déplaisantes du 11 ans — agressivité, esprit raisonneur, méfiance — ne font qu'exprimer la recherche de sa personnalité radicalement différente de la personnalité infantile qui a été la sienne jusque-là. Il se trouve, il se pose en s'opposant et ce faisant, il met en pratique un principe psychologique que j'ai déjà énoncé à propos de la première adolescence (de 2 à 3 ans) et qui sera essentiel pour comprendre la véritable adolescence (de 13 à 21 ans) : l'identité négative du moi doit précéder l'identité positive du moi. L'enfant doit d'abord réagir négativement à ce que les parents veulent qu'il soit et qu'il fasse, avant de découvrir, de manière positive, ce que lui-même désire.

Il est donc important de comprendre ce que les forces de croissance sous-jacentes sont en train d'accomplir chez l'enfant de 11 ans. Sinon, un père se contentera peut-être de lever les bras, en disant que son rejeton n'est qu'un gosse gâté et égoïste et en éprouvant une forte envie de démissionner.

Mais même si un père perçoit ces forces de croissance sous le négativisme et l'esprit de rébellion de l'enfant de 11 ans, toutes les difficultés ne sont pas aplanies. Par exemple, tout en ayant la connaissance psychologique de ce qui se passait chez mon fils aîné à cet âge, je le trouvais extrêmement difficile et exaspérant. Sa onzième année fut certainement celle où je fus le plus mauvais père. Heureusement pour l'équilibre et la paix de mon esprit, il se calma considérablement quand il atteignit 12 ans et devint beaucoup plus facile à vivre.

Il est surprenant de constater à quel point l'enfant de 11 ans est incapable de percevoir son attitude irritante et l'effet qu'elle peut avoir sur les autres. « Qu'est-ce que tu racontes, quelles réflexions grossières ? » dira-t-il à son père d'un ton provocant et hostile. On peut constater qu'il n'est pas conscient de ses manières bruyantes et rustres en observant l'attitude « sur la défensive » qu'il prend souvent pour dire : « Tout le monde me fait des reproches » ou bien : « Vous avez tous l'air de penser que tout ce que je fais est mal. »

Comme je l'ai fait remarquer précédemment, n'oubliez pas qu'à 11 ans votre enfant est différent de ce qu'il a été, sur le plan *biologique* autant que sur le plan psychologique. C'est comme si on lui avait injecté une énorme dose d'énergie biologique. Comme le dit le Dr. Gesell : « Son activité, surtout s'il vit enfermé dans un appartement, est tellement incessante qu'on a presque le mal de mer rien qu'à le regarder[6]. »

Manger est une de ses occupations favorites. Il a souvent des lubies à ce sujet et mangera d'énormes quantités d'un même plat. Il peut aussi « détester » un met dont il raffolait quelques années auparavant. Les fluctuations de son appétit suivent souvent celles de son humeur. « Certains jours rien ne passe, d'autres jours j'ai un appétit de lion ! »

C'est souvent une démarche pénible et irritante que de faire se coucher un enfant de 11 ans, à cause de son besoin tout récent d'être indépendant et « adulte ». Il exige de veiller plus tard, retarde par tous les moyens l'heure du coucher. Quelle qu'elle soit, c'est toujours « trop tôt » ou « bon pour les bébés ».

Les pères obtiennent plus facilement que les mères une heure de coucher raisonnable. Cela est dû au fait qu'à ce moment la mère essaie déjà depuis le retour de l'école de faire face à l'opposition de l'enfant. Cette dernière tâche devient souvent la fameuse goutte qui fait déborder le vase. Il faut avant tout que les parents se montrent souples quant à l'heure du coucher car pour l'enfant de 11 ans elle cristallise ses tentatives d'indépendance et d'affirmation.

A ce sujet, je vous ferai deux suggestions : d'abord dites à votre enfant qu'il doit aller se coucher à une certaine heure, mais qu'il peut lire au lit pendant une demi-heure avant de s'endormir. S'il peut s'installer avec son livre ou son illustré préféré, cela risque de diminuer sa résistance. Ensuite, laissez-lui une plus grande liberté dans l'heure du coucher pendant le week-end et les vacances.

Grandes difficultés aussi pour obtenir qu'il participe aux tâches ménagères, même s'il le faisait volontiers auparavant. D'autre part il dépense une énergie considérable à éluder un travail ou à le faire de façon à manifester clairement son hostilité. Si on lui demande de faire son lit, il étendra la couverture sur ses jouets et ses livres et considérera que le lit est « fait ». Et tandis qu'il manifeste une réticence remarquable à lever le petit doigt pour aider aux travaux de la maison, il dépense une énergie fantastique pour faire les travaux de son choix, par exemple construire une cabane.

Ainsi la fille qui a refusé obstinément de nettoyer la cuisine va tout à coup se mettre à confectionner un gâteau compliqué tout simplement parce qu'elle a choisi de le faire.

Les parents disent tous qu'il est très difficile d'obtenir que l'enfant range sa chambre. Je suggère ceci : demandez-vous : « Est-il si important que sa chambre soit propre et rangée ? » Les parents ont tendance à oublier que cette période ne durera pas toujours. Personnellement, je pense que l'épreuve serait moins dure pour les parents s'ils fermaient la porte pour ne plus voir le « carnage » de la chambre des enfants. Quitte à organiser de grands nettoyages de temps en temps.

Bien entendu, les vêtements sont disséminés dans toute la pièce. Quand un enfant de 11 ans ne peut retrouver ses chaussures ou ses chaussettes, il dégage sa responsabilité pour la « perte » de l'objet. Mais il s'en prendra au destin et dira : « Pourquoi est-ce que je ne peux jamais rien trouver dans cette maison ? » pour découvrir cinq minutes plus tard qu'il les a glissées sous le poste de télévision ou sous un fauteuil de la salle de séjour.

Les garçons de 11 ans ne se préoccupent guère de leurs

vêtements et ils accepteraient fort aisément de porter la même chemise et le même pantalon pendant des semaines. Les filles sont plus coquettes et elles aiment s'habiller. Mais elles ont souvent des idées très précises sur ce qu'elles veulent acheter et porter.

La plupart des enfants de 11 ans continuent à aimer l'école. Mais certains peuvent éprouver de grandes difficultés d'adaptation. Leur énergie inépuisable et l'attitude critique qu'ils viennent d'adopter ne rend pas la tâche facile à leurs maîtres. S'ils aiment l'école, c'est essentiellement parce qu'ils y retrouvent leurs camarades. Ils ont un besoin insatiable d'être en contact permanent avec leurs pairs, même si leurs rapports manquent de douceur. L'enfant de 11 ans taquine, tourmente, poursuit et frappe ses camarades de classe. Il est agité, bavard et critique. En classe, il ne peut tenir en place, passe des mots, joue des tours et cancane. Le Dr. Gesell décrit ainsi un groupe à l'école : « Si l'enfant de 11 ans n'est pas assez guidé par les adultes, son comportement fait un peu penser à celui de la jungle [7]. »

Pour toutes ces raisons une classe de sixième est difficile à mener. Il ne faut pas que le professeur soit un dictateur mais il faut tout de même qu'il contrôle fermement la classe et le caractère expansif des enfants. Un professeur faible et hésitant est sûr d'échouer. Par contre, s'il a une bonne dose d'humour, s'il sait faire de bonnes plaisanteries, tout se passera bien. On ne trouve donc pas facilement un bon professeur de sixième et si votre enfant a la chance d'en avoir un, exprimez-lui votre satisfaction.

Même avec le meilleur des maîtres, votre enfant peut se fatiguer rapidement, sur le plan physiologique ou affectif, ou les deux à la fois. Cette fatigue peut se manifester par une certaine irrégularité de ses facultés intellectuelles. Un jour, il réussira très bien, le jour suivant ses résultats seront désastreux.

Des parents avertis acceptent ce comportement en dents de scie. Une des meilleures choses que vous puissiez faire est d'accorder par surprise deux ou trois jours de repos à votre enfant dans l'année. Cela l'aidera beaucoup et peut-être son attitude vis-à-vis de l'école changera-t-elle, surtout s'il s'en est plaint.

Généralement, les enfants de 11 ans s'adaptent mieux à l'école, aux scouts et autres activités extérieures qu'au milieu familial. Vous et votre femme avez définitivement perdu votre prestige. Votre enfant vous a étudiés pendant trop longtemps pour ignorer vos faiblesses. Il n'hésite pas habituellement à faire remarquer que vous avez tort. Il aime par-dessus tout discuter de points de détail surtout s'il a fait ce qui était défendu.

Et pourtant, vos rapports ne sont pas complètement négatifs. Il ne faut pas que ses façons détestables vous amènent à penser que votre enfant ne veut plus avoir de rapports avec vous. Il vous contredira bruyamment, mais dans ce cas ne faites pas l'erreur de penser que vous ne comptez pas pour lui. C'est exactement le contraire. Même s'il repousse vos avances, il faut que vous les fassiez ; il serait très malheureux dans le cas contraire. Rappelez-vous que si tous les enfants de 11 ans sont plus ou moins désagréables, il est beaucoup plus facile de s'entendre avec certains. Si votre préadolescent est de ceux-là, profitez-en et prenez le temps de vous occuper de lui. S'il est plus difficile, il y aura tout de même des moments d'entente.

Il faut plus que jamais songer à faire des choses à deux, sans lui demander quoi que ce soit pendant ce temps-là. Soyez simplement ensemble et faites quelque chose qui vous plaise à tous deux. Un enfant a merveilleusement décrit ce besoin dans un devoir dont le sujet était « Ce que mon chien représente pour moi. »

> Mon chien est gentil et tranquille quand je suis avec lui. Il ne me dit pas comme maman : « Fais ceci » et comme papa : « Ne fais pas cela » et comme mon grand frère : « Arrête ». Mon chien Spot et moi nous nous asseyons tranquillement, je l'aime et il m'aime [8].

C'est sans doute le pire moment dans les rapports avec les frères et sœurs. L'enfant de 11 ans est très jaloux et peut accuser ses parents de préférer ses frères puisqu'ils font pour eux des choses qu'ils n'ont jamais faites pour lui. (Ce genre d'accusation laisse généralement un père muet de stupeur car il vient peut-être, justement, de faire une gentillesse à l'enfant sans en avoir fait aux plus jeunes !)

Dans ce cas, il est essentiel de ne pas adopter une attitude logique mais de comprendre ses sentiments et d'utiliser la technique de la rétroaction. Je me rappelle une randonnée en camping alors que Randy avait 11 ans et Rusty 5. Randy était si odieux avec son frère que je lui proposai finalement de venir se promener avec moi. Je lui demandai ce qui l'excitait pareillement et il explosa : « Toi et maman vous aimez mieux Rusty que moi et je ne peux pas le supporter !

— Dis-moi pourquoi tu penses que nous préférons Rusty.

— C'est évident, non ? Vous faites toujours des tas de choses pour lui et rien pour moi. » (Je résistai à l'envie de lui faire remarquer que nous lui avions permis d'emmener un de ses camarades mais que nous n'avions pas autorisé Rusty à en faire autant.)

Au lieu de répondre logiquement et de lui dire que nous l'aimions et que nous ne faisions rien de plus pour Rusty, je l'encourageai simplement à me dire ce qu'il pensait. J'utilisai la méthode du feed-back pour lui faire savoir que je le comprenais. Nous passâmes ainsi un quart d'heure, lui à libérer sa colère et sa jalousie et moi à les lui réfléchir. Quand il eut complètement exprimé ce qu'il pensait, je le serrai dans mes bras et proposai de retourner au camp. Randy ne devint pas un ange en une nuit après ce dialogue de père à fils, mais il devint plus facile à vivre et ses rapports avec Rusty s'améliorèrent pendant le reste du voyage.

Malgré ces conflits avec les autres membres de la famille,

les enfants de 11 ans choisissent rarement de rester seuls. Ils recherchent le cercle familial. Ils aiment bien observer les autres et surtout parler.

Voilà votre enfant de 11 ans. On peut le qualifier à juste titre de préadolescent. C'est en effet la première fois que se manifestent clairement certains des changements psychologiques si typiques de l'adolescence.

Le rythme de croissance physiologique et psychologique commence à s'accélérer et l'activité et la dépense d'énergie s'accroissent de façon étonnante. L'enfant se trouve dans une phase négative de l'identité du moi qui précède la découverte de son identité positive. Il recherche avec agressivité et souvent de façon très déplaisante de nouveaux schémas dans ses relations sociales afin de se définir. Il a des rapports tumultueux avec ses parents et surtout ses petits frères et sœurs. Le doute et l'inquiétude l'assaillent et il est par moments très méfiant. L'école risque de le décevoir et il peut être difficile à diriger. (Bien qu'en règle générale il se comporte mieux à l'école qu'à la maison.) Seuls ses rapports avec ses pairs deviennent relativement faciles.

Que le père qui se désole devant ce comportement se rassure. On retrouvera beaucoup de ces thèmes psychologiques à 12 ans mais très atténués. L'enfant aura vaincu son angoisse et comme il se sentira beaucoup plus à l'aise avec lui-même il sera beaucoup plus facile avec les autres.

L'enfant de 12 ans

Il semble que la nature sache que les parents ne pourraient pas supporter deux années aussi pénibles à la suite. Sagement, elle va apporter une accalmie. L'enfant de 11 ans se débattait aveuglément et brutalement pour gagner son nouveau statut. Il peut maintenant se détendre et être plus agréable ; l'enfant de 11 ans se cherchait, à 12 il commence à se trouver.

Ce commentaire d'un enfant de 12 ans résume l'attitude typique envers le moi : « Je ne suis ni méchant ni très gentil. Si on est trop gentil, les copains ne vous aiment pas. » Cette phrase souligne l'importance du groupe des pairs. Garçons et filles sont toujours inquiets de l'opinion de leurs camarades. Ils n'aiment pas être en dehors du groupe. Ils accordent une importance primordiale à la façon dont leurs camarades s'habillent, se coiffent, à la musique qu'ils écoutent et aux attitudes sociales à la mode.

La personnalité de l'enfant de 11 ans qui se cherchait commence à s'édifier harmonieusement. Il est plus raisonnable, il manifeste un sens nouveau de l'humour que parents et maîtres considèrent comme un atout très encourageant.

Il se caractérise aussi par l'enthousiasme. Qu'il s'intéresse au cinéma, au football, à la cuisine ou aux sciences, c'est toujours avec *frénésie*. De façon typique, il s'exclamera qu'il adore la pizza aux anchois, que c'était formidable, « extra »... Il sera tout aussi excessif dans le sens contraire. Il *détestera* beaucoup de choses. Son enthousiasme le poussera à certaines activités qu'il aura choisies lui-même. (Si les adultes ont choisi, aucune chance.) A l'école, il va aimer les débats. Les garçons vont surtout manifester leur ardeur dans la pratique des sports. Non seulement ils aiment jouer mais ils suivent avec ferveur leurs équipes favorites et leurs joueurs préférés.

Avec une telle dépense d'énergie, l'enfant de 12 ans a parfois besoin de se calmer et de récupérer, physiologiquement et psychologiquement. Il traversera peut-être des périodes de grande fatigue où il détestera tout le monde et tout ce qu'on peut lui demander de faire. Certains enfants ont des rhumes et ont besoin de se reposer pendant un ou deux jours. D'autres rechargeront leurs batteries en traînant sans but, sans rien faire. Le père avisé laissera son enfant tranquille, car il sait que l'enfant a besoin de laisser ses forces affectives au repos. Il n'aura aucune exigence à ce moment-là.

Les bouleversements physiologiques se manifesteront dans l'appétit de l'enfant. Comme à 11 ans, il est insatiable. L'enfant de 12 ans aime un goûter pantagruélique quand il rentre de l'école. Il est de nouveau tenaillé par la faim au moment de se coucher. Les parents qui ne connaissent pas cette faim dévorante, refusent parfois ces repas à leurs enfants parce qu'ils craignent qu'ils grossissent. C'est une erreur. Il faut comprendre que l'appétit insatiable des préadolescents est un phénomène de croissance tout à fait normal et qu'il reflète les changements physiologiques qui s'effectuent dans leur organisme.

A 12 ans, l'enfant cesse généralement de lutter pour aller se coucher. Encore une fois, laissez-le lire au lit et il résistera beaucoup moins. Il aime garder son poste de radio auprès de lui comme « compagnon ».

Il discute moins pour savoir quels vêtements il va porter. Il veut être à la mode. Les filles, particulièrement, veulent essayer leurs vêtements pour voir comme ils leur vont. Elles n'aiment pas que leurs mères choisissent sans elles.

Il n'y a aucune raison pour que ce soit toujours la mère qui aille faire les achats avec les enfants. Il serait bon que le père s'en occupe de temps en temps. Les filles aiment beaucoup faire des achats avec leur père surtout s'il les emmène au restaurant.

Les enfants, à cet âge, savent beaucoup mieux choisir leurs vêtements qu'en prendre soin. La chambre est *un peu mieux* rangée que l'année précédente, sans plus. On trouve généralement les vêtements partout, les collections aussi.

Donnez-lui un panneau d'affichage où il pourra accrocher ce qu'il aime : des photos de champions, des dessins humoristiques arrachés dans les journaux, des photos de vedettes de cinéma ou de chanteurs pop.

Il est un peu moins rétif qu'à 11 ans pour aider dans les tâches ménagères. Il n'offrira pas ses services mais acceptera plus facilement si on le lui demande. Les garçons peuvent laver la voiture, nettoyer le garage ou l'atelier ou faire quelques travaux de menuiserie, réparer une palissade cassée par exemple. Les filles peuvent s'intéresser à la cuisine et seront fières de préparer des plats nouveaux avec l'aide de leur mère. Avec plus de réticence, elles accepteront peut-être de faire le ménage.

Sur le plan affectif, les enfants de 12 ans sont plus calmes. Les discussions agressives et déplaisantes n'ont pas entièrement disparu, mais elles sont plus supportables. Le Dr. Gesell parle d'une « amélioration miraculeuse ». Les parents trouvent l'enfant gentil, capable d'entendre raison, agréable à vivre. Mais il aura encore des accès de colère, généralement contre ses frères et sœurs.

Il se rattrape par un sens de l'humour très nouveau. A 11 ans il aurait dit à son père un peu gros : « Comme tu es gros. Tu as du ventre. Tu devrais faire de la gymnastique. » A douze ans, il dira : « Papa, tu as ce qu'on pourrait appeler un physique exceptionnel ! »

Comme un an plus tôt, les professeurs ont besoin d'être fermes. S'ils font preuve de faiblesse ou manquent d'assurance, les enfants le comprennent très vite et lui donneront « du fil à retordre ». Ils peuvent lancer des boulettes, tousser ensemble à un moment prévu d'avance ou faire n'importe quoi pour provoquer le chahut.

Malgré certains intérêts communs, les garçons et les filles commencent à être très différents. Sauf pour les romans de mystère et d'aventure que tous apprécient, leurs goûts en lecture sont généralement dissemblables. Les garçons aiment lire les ouvrages de sport, traitant de motos, de chasse, de pêche. Les filles aiment lire des histoires qui décrivent les aventures de toutes jeunes filles, avec une intrigue sentimentale.

Beaucoup de garçons ont un sujet favori comme l'atelier et beaucoup de filles aiment l'économie familiale. Cependant beaucoup d'enfants de nos jours empiètent sur les sujets favoris du sexe opposé. Les filles aiment généralement la cuisine et la couture. Elles aiment manger ce qu'elles ont préparé. Les garçons aiment le basket-ball, le football et les filles continuent à aimer le volley-ball ou le patinage.

La personnalité de l'enfant s'est donc considérablement adoucie par rapport à 11 ans. Il s'entend mieux avec sa famille. Ce n'est pas encore un ange et il a encore des problèmes avec ses jeunes frères, qui le taquinent et touchent à ses affaires. Par contre, s'il a eu la chance d'avoir un frère ou une sœur plus âgés, il peut les idolâtrer et les prendre pour confidents plutôt que ses parents.

Les garçons et les filles s'intéressent beaucoup au sexe opposé mais ils peuvent manifester cet intérêt assez curieusement. Une fille peut être amoureuse d'un garçon et le garçon l'ignorer complètement ! Il peut en être de même pour un garçon vis-à-vis d'une fille. Garçons et filles passent d'une amitié à une autre. Les filles s'intéressent davantage aux garçons qu'inversement. Les garçons aiment taquiner les filles, les poursuivre, leur prendre leur porte-monnaie et leur prouver leur intérêt très indirectement.

Quant au développement physique et sexuel, c'est une période ou les filles grandissent et grossissent beaucoup. A la fin de la douzième année, les filles ont atteint 95 pour cent de leur taille adulte. Leur poitrine augmente nettement et on note l'apparition de pilosité aux aisselles.

Pour la plupart des filles, la menstruation se produit dans la douzième année. Il est souhaitable que votre fille y ait été préparée à la fois à la maison et à l'école.

Un trait typique de notre culture veut qu'à l'apparition des premières règles, la mère aborde le sujet avec sa fille alors que le père n'en parle jamais. Je pense que c'est regrettable.

Par son silence le père semble dire : « Il s'agit d'un détail que les hommes n'acceptent pas de considérer et vous voyez bien que je n'aborde jamais ce sujet. »

Au lieu de ne rien dire quand votre fille a ses premières règles, vous pouvez choisir le moment où vous êtes seul avec elle pour lui faire savoir que vous en êtes satisfait, par des paroles telles que : « Je sais que tu as tes règles. C'est très bien. Je suis très fier de te voir devenir une belle jeune fille. » Bien entendu ne dites pas exactement ces mots-là. Trouvez le moyen de lui parler naturellement et ne soyez pas inquiet si votre fille paraît gênée de vous entendre lui en parler. Il vaut beaucoup mieux que vous lui en parliez que de rester silencieux. Il est important qu'elle sache que vous aussi vous avez à ce sujet une attitude positive.

Au moment opportun, rappelez à votre fille que vous êtes prêt à répondre à toutes les questions qu'elle souhaite vous poser sur la sexualité et les rapports filles-garçons. Parfois les pères pensent que l'éducation sexuelle de leur fille est uniquement l'affaire de la mère. En fait, une fille posera plus facilement ce genre de question à sa mère qu'à son père. Mais cela n'implique pas que les pères ne doivent pas en parler. A l'âge de la préadolescence, les filles ont besoin de connaître le point de vue masculin et l'opinion de leur père sur les problèmes sexuels.

Les garçons sont plus enclins que les filles à s'intéresser à l'aspect physique de la sexualité. C'est l'âge où ils s'intéressent aux photos de nus, aux magazines qui en proposent et aux plaisanteries « salées » faisant allusion directe à la sexualité.

C'est l'âge où beaucoup de garçons commencent à se masturber. Si vous n'avez pas encore eu l'occasion d'en parler à votre fils pour le rassurer et lui dire que c'est un comportement normal (et que vous avez eu vous-même quand vous étiez adolescent), le moment est venu de le faire.

Quand mon fils eut 12 ans, je jugeai bon de compléter ses connaissances acquises en classe sur la reproduction et la sexualité. Je lui dis que désormais ses glandes sexuelles arrivaient à leur développement final et sécrétaient des hormones dans son sang. Que ces hormones l'amèneraient à penser au sexe, aux filles, que ses organes sexuels allaient devenir plus sensibles et capables de lui procurer de nouvelles sensations de plaisir. A ce moment il m'interrompit et me dit : « Oui, je sais, la puberté, etc. Le Dr. X nous a dit tout ce qu'il fallait savoir là-dessus ! » (Il faisait allusion à l'excellente éducation sexuelle qu'il avait eue au collège.) J'étais décidé à mener le dialogue un peu plus loin et lui dis :

« Est-ce que le Dr. X vous a parlé de pollution nocturne ?

— Oui.

— Et de la masturbation ?

— Oui, il nous a expliqué tout cela !

— Et il vous a dit que c'était normal et que presque tous les adolescents le font ?

— Oui, il nous a dit tout cela aussi. »

Je me rendis compte que le Dr. X avait traité la question à fond et je lui dis : « S'il y a quelque chose que tu ne comprends pas, n'hésite pas à le demander à ta mère ou à moi. »

Bien que le médecin de l'école ait traité la question, et malgré une certaine gêne de la part de Randy, j'ajoutai : « La sexualité est une chose normale et naturelle. La masturbation aussi. A la maison nous pouvons parler de tout cela naturellement et franchement. Demande-nous tout ce que tu voudrais savoir. »

Des attitudes très différentes peuvent se manifester à ce sujet. Un garçon ou une fille timides préféreront se renseigner d'une manière plus impersonnelle qu'auprès de leurs parents : professeur, moniteur de mouvement de jeunes, etc. ; alors qu'un enfant plus ouvert et moins inhibé harcèlera son père ou sa mère de questions directes et précises sur la sexualité.

Un père peut quelquefois se trouver très embarrassé par certaines questions très intimes, mais franches d'un enfant de 12 ans. Un de mes clients en psychothérapie m'avoua s'être trouvé comme frappé d'apoplexie lorsque sa fille âgée de 12 ans 1/2 lui demanda : « Est-ce que vous avez des rapports sexuels fréquents, maman et toi ? » et : « Est-ce que je pourrais vous voir faire ? » Suffoqué, il grommela : « Il faudra que je réfléchisse », et s'esquiva.

A la séance suivante, il me demanda comment je pensais qu'il faille répondre à de telles questions. Il ne voulait pas transmettre à sa fille les tabous et les interdits qu'il avait lui-même connus, mais il se trouvait cette fois désemparé. Je lui fis remarquer qu'il n'était pas question de répondre à des questions personnelles et intimes concernant sa femme et lui-même. Je lui proposai donc de dire à sa fille qu'elle pouvait lui poser toutes les questions qu'elle voudrait sur la sexualité mais qu'il s'agissait là de relations personnelles profondes et intimes entre un homme et une femme et qu'en conséquence il ne pouvait parler de sa propre vie sexuelle, et que pour la même raison il ne pouvait laisser sa fille y assister. Je lui suggérai à ce propos de dire à sa fille qu'il respectait son intimité et qu'il fallait aussi qu'elle respecte celle de ses parents.

Je cite cette anecdote pour vous montrer que lorsqu'on aborde les questions sexuelles avec un enfant de 12 ans, on ne sait jamais quel tour la conversation peut prendre !

Il est important aussi qu'un père ait le même genre de conversation générale avec sa fille qu'avec son fils. Même si votre fille éprouve quelque embarras à aborder les problèmes sexuels avec vous, cela la rassurera à un niveau profond de sa personnalité.

Donnez-lui un ouvrage traitant de cette question, dites-lui que la masturbation est normale et que vous serez toujours prêt à répondre à ses questions. Dans trop de familles, même si la mère et la fille parlent entre elles des problèmes sexuels, la fille risque de grandir et de se marier sans avoir jamais abordé cette question essentielle avec son père. Dans son inconscient, c'est comme si son père par son silence signifiait que le sexe est tabou et qu'il ne faut pas en parler. Puisque vous êtes le modèle de l'homme qu'elle épousera, ne dressez pas involontairement des obstacles qui l'empêcheraient d'aborder ces questions avec son mari.

Notre description de l'enfant de 12 ans s'achève. A mi-chemin de l'enfance et de l'adolescence, ce n'est plus un enfant. C'est un modèle amélioré de celui de 11 ans. Il n'a pas encore atteint le début de l'adolescence qui sera l'étape suivante de son développement.

Les relations avec le préadolescent

J'ai décrit aussi clairement que possible les enfants à ce stade. Venons-en maintenant à la partie la plus importante de ce chapitre : comment un père peut-il diriger intelligemment son enfant pendant cette période difficile ?

Avant toute chose, souvenez-vous que cette attitude désagréable n'est que temporaire. Je constate toujours avec surprise qu'à notre époque, où nous avons un certain nombre de données psychologiques, rares sont les pères qui comprennent que la préadolescence est une étape *normale*. Beaucoup agissent comme si ce comportement devait se prolonger pendant des années, s'ils n'essaient pas de l'arrêter immédiatement. Ils vous disent parfois que de nos jours les enfants se comportent mal parce que nous sommes trop permissifs. Quand les pères agissent lourdement, il en résulte que le comportement de l'enfant empire, ce que n'importe quel psychologue aurait pu prévoir. Ou bien il est encore plus provocant et difficile à contraindre ou bien il se plie en apparence et continue des activités interdites en cachette. La sévérité rend les choses encore plus difficiles. Pour éviter cette maladresse, pensez que l'enfant grandira et qu'il dépassera cette étape.

Deuxièmement, évitez une attitude d'opposition hystérique. C'est une réaction qui transforme en problème majeur ce qui n'était qu'une petite question.

En vous conseillant d'éviter cette hystérie de parent, je ne veux pas dire que vous devez lui laisser faire tout ce qu'il veut et ne jamais lui dire non. Essayer de dépouiller vos efforts de discipline de toute hyper-émotivité.

Voici un exemple de ce qu'il faut éviter :

Une de mes patientes me téléphona très contrariée un matin :

« Dr. Dodson, ma fille (12 ans) a pris de la marijuana.

— Comment le savez-vous ? dis-je.

— J'ai trouvé un sac plein, caché sous ses vêtements dans le tiroir de son bureau. C'est affreux. Il faut absolument que je vous voie tout de suite. »

Je consultai mon livre de rendez-vous. « Mrs. Jones, lui dis-je, je ne peux vous voir ni aujourd'hui ni demain, pas avant jeudi. Ne dites rien à votre fille, pas d'affolement, nous aurons tout le temps d'en parler jeudi. »

Mrs. Jones accepta à regret, parla encore quelques minutes et raccrocha.

Elle me rappela l'après-midi et au seul ton de sa voix, on pouvait imaginer son air gêné.

« Dr. Dodson, inutile de vous faire du souci pour jeudi. Je crois que ce que j'ai trouvé était un sac d'herbe-aux-chats. »

Essayez de garder votre sang-froid, ne dramatisez pas.

Troisièmement, à propos de discipline, la préadolescence est avant tout l'âge où il faut qu'un père fasse la distinction entre ce qui est important et mérite son intervention ferme et ce qu'il vaut mieux laisser de côté. Les rapports avec les préadolescents sont déjà assez difficiles sans qu'un père soit sur tous les fronts en même temps ! Gardez votre artillerie lourde pour les cas graves et ne tirez pas sur les mouches au canon !

Quatrièmement, essayez d'ignorer le comportement provocant de votre préadolescent. Son attitude désagréable a été inconsciemment programmée pour vous irriter et ses efforts sont habituellement couronnés de succès. Au lieu de vous énerver et de condamner ce comportement nouveau et inconnu, tentez une réaction différée au lieu de donner une réponse immédiate sous le coup de l'agacement et de l'énervement. Essayez de voir ce qui se cache derrière son choix d'amis que vous trouvez détestables, ses échecs à l'école, ses imbécillités, son habitude de fumer et son défi à vos restrictions les plus raisonnables.

Ne vous trompez pas sur son comportement extérieur. Ne combattez pas ce comportement mais recherchez en profondeur ce que votre enfant veut exprimer par ces sentiments et ces attitudes. Dites-vous que tout cela, ces mauvais résultats alors qu'il en avait de bons, cette habitude de fumer sont autant de messages codés qu'il vous envoie. Essayez de les déchiffrer et de découvrir la teneur du message.

Cinquièmement, donnez-lui l'occasion de libérer ce comportement « sauvage » en tout sécurité. Même si cela vous déplaît, c'est une nécessité. S'il ne peut le faire dans un cadre social admis, il le fera dans des actes réprouvés par la société.

Par exemple, supposons que votre garçon de 11 ans ait besoin de faire l'expérience d'une situation où il puisse se prouver à lui-même et aux autres qu'il est devenu indépendant, agressif et qu'il n'est plus le petit garçon de sa mère. Si vous lui donnez cette possibilité, par exemple en participant à un camp d'été où il pourra faire une randonnée sac au dos, ou faire une descente en canoë, il prouvera son assurance et son indépendance sans gêner personne. Mais s'il n'a aucune possibilité de manifester son esprit d'indépendance, il peut se mettre à voler au supermarché pour se valoriser auprès de ses camarades et de lui-même.

J'ai le souvenir très vif de mes propres parents, trop protecteurs, qui refusèrent de m'inscrire aux scouts de peur que je me fasse du mal. C'est probablement une des raisons pour lesquelles je commençai à voler pour montrer que j'étais un dur.

Sixièmement, respectez ce sentiment nouveau d'indépendance. C'est une épreuve pour un père. Pendant dix ans vous avez été habitué à le traiter comme un enfant. Vous lui avez parlé comme tel. Vous l'avez complimenté et puni comme on complimente et punit un enfant.

Comme il vient d'atteindre une nouvelle étape de son développement, vous devez, en tant que père, adopter une nouvelle attitude en face de lui.

Vous devez le « promouvoir » à un autre niveau où il sera davantage sur un pied d'égalité avec vous. Cette progression continuera tout au long de l'adolescence et quand il deviendra un jeune adulte vous aurez des rapports d'adultes, dont l'un est plus âgé que l'autre. Et il faut commencer ce processus dès qu'il a 11 ans ! Je suis persuadé que vous trouverez difficile de changer des habitudes vieilles de dix ans. Mais il faut que vous appreniez à respecter ses essais nouveaux et maladroits vers l'autonomie et à lui accorder davantage un statut d'adulte.

Septièmement, ne prenez pas l'attitude rebelle de cet âge comme une offense personnelle. C'est le cas pour beaucoup de pères. Ils se sentent blessés ou furieux ou les deux à la fois devant la conduite déroutante de leur préadolescent. Ils réagissent comme si ce comportement était dirigé contre eux.

C'est une erreur. Le père ne fait que représenter la société adulte contre laquelle il se révolte. Essayez de penser que vous n'êtes qu'un spectateur innocent. Cela vous permettra de garder votre sang-froid et d'agir avec beaucoup plus d'efficacité.

Huitièmement, laissez-moi vous donner trois règles de base qui résumeront ce qu'un père doit faire pour survivre à cette période :

Règle 1. — Laissez-vous porter par les événements.
Règle 2. — Laissez-vous porter par les événements.
Règle 3. — Laissez-vous porter par les événements.

11

LES PREMIÈRES ANNÉES DE L'ADOLESCENCE DE 13 À 15 ANS

(PREMIÈRE PARTIE)

De tous les stades de développement que votre fils ou votre fille doit franchir, l'adolescence est le plus complexe et le plus difficile. Difficile pour eux, et difficile pour vous. L'adolescence est déroutante pour l'adolescent lui-même, autant que pour ses parents et professeurs. Ne soyons pas surpris si Anna Freud, célèbre pour ses travaux sur les enfants et les adolescents, écrit : « Il y a peu de situations dans la vie qui soient plus difficiles que d'avoir un fils ou une fille adolescent qui tente de se libérer [1]. »

En parlant de l'adolescence, j'entends la transition entre l'enfance et l'âge adulte telle qu'elle s'opère aux Etats-Unis (et à un degré moindre dans les autres pays industrialisés du même type). Dans les sociétés primitives, on ne trouve rien qui ressemble à notre concept d'adolescence. En fait dans certaines tribus primitives, le passage de l'enfance à l'âge adulte s'opère si doucement que personne ne s'en aperçoit. Souvent, dans ces sociétés, le jeune homme ou la jeune fille parviennent au seuil de l'âge adulte après être passés par une cérémonie qui abrège énormément l'adolescence.

On confère aux jeunes le rang d'adulte au cours de cérémonies qui portent plusieurs noms : rites de passage, de puberté, ou rites d'initiation. La plupart de ces cérémonies sont des épreuves qui, au moins en partie, servent à éprouver le caractère de l'initié. Elles durent rarement plus de quelques semaines. Une fois ces cérémonies terminées, le jeune homme ou la jeune fille ont obtenu leur statut d'adulte ; on les traite comme tels. Un tel passage est net et spectaculaire. Avant le rite le jeune est un enfant, traité comme un enfant. Après avoir subi l'épreuve avec succès, il est devenu un adulte qu'on va désormais traiter en adulte.

Dans notre société les jeunes n'ont pas d'initiation de ce genre. Dans une civilisation complexe et technologique comme la nôtre, un enfant doit avoir plusieurs années d'expérience avant de pouvoir assumer son rôle d'adulte. Même à l'intérieur de notre société, la durée de l'adolescence varie beaucoup suivant les individus, leur catégorie socio-économique, le métier qu'ils souhaitent faire, et d'autres facteurs encore. Comme le fait remarquer Theodore Lidz : « Pour le jeune homme dont le père est ouvrier, qui quitte l'école à 16 ans pour prendre un travail non spécialisé et se marie à 18 ans, l'adolescence est brève. Au contraire, celui qui fait des études supérieures, qui à 23 ans ne sait pas encore quelle sera sa carrière, mais qui a encore trois ou quatre années d'études à faire, celui-là est encore un adolescent à certains égards, car il n'est pas encore prêt à assumer les responsabilités d'adulte auxquelles il se prépare [2]. »

Il est donc évident que le phénomène de l'adolescence n'a pas de limites bien fixes. Cependant nous pouvons le définir arbitrairement comme le stade de développement qui se situe entre la puberté et le début de l'âge adulte. Aucun de ces termes ne peut être situé exactement dans le temps. La puberté intervient à des époques variables ; on peut dire pourtant que chez les garçons elle survient en moyenne deux ans plus tard que chez les filles. Mais dans un souci de clarté, je dirai que la puberté commence vers la douzième ou treizième année, et que de ce fait l'adolescence commence approximativement à 13 ans.

Et qui pourrait dire avec précision le moment où un individu atteint l'âge adulte ? Je le fixerai donc arbitrairement au vingt et unième anniversaire. Ainsi, pour des raisons pratiques, je définis l'adolescence comme la période de la vie qui se situe entre 13 et 21 ans. Auparavant votre rejeton est un enfant. Quand il sort de l'adolescence, c'est un adulte, pouvant vivre sans sa famille, ayant choisi sa voie, et capable d'avoir une vie sexuelle adulte.

Pendant les huit ans de cette période décisive on remarque des différences très grandes entre les groupes d'âge. Un adolescent de 14 ans est très différent sur le plan psychologique d'un adolescent de dix-neuf ans. Pour plus de simplicité, je diviserai l'adolescence en deux périodes : les premières années ou adolescence initiale, et les dernières années ou adolescence finale. Ne perdons pas de vue le fait que ces deux périodes se chevauchent. Pour trancher, je dirai que la phase initiale de l'adolescence recouvre les treizième, quatorzième et quinzième années, la phase finale allant de la seizième à la vingtième année inclusivement.

Qu'est-ce que l'adolescence apporte d'essentiel au développement de la personnalité ? Elle doit permettre à l'individu de créer l'identité du moi. Pour la première fois de sa vie, l'adolescent se pose inconsciemment la question : Qui suis-je ? Il y aura répondu à la fin de son adolescence, si celle-ci s'est déroulée de manière satisfaisante.

Au début de l'adolescence le jeune essaie de trouver la réponse à la question « Qui suis-je ? » en restant malgré tout dans le cadre de la famille, mais en manifestant sa rébellion. Pendant les dernières années, c'est dans le cadre plus large de la société, où se pose pour lui la question de son avenir professionnel et conjugal, qu'il cherche la réponse à cette question.

Pour présenter les choses d'une manière différente, on peut dire qu'avant l'adolescence un jeune ne possède pas son identité parce qu'il est encore dépendant de sa famille. Après une adolescence réussie, il possède cette identité parce qu'il ne dépend plus de ses parents ni de sa famille. Vue sous cet angle, l'adolescence n'est autre que le voyage de la dépendance vers l'indépendance.

Cependant, ce voyage n'est pas un cheminement régulier. Il ressemble plutôt à trois grandes étapes vers l'indépendance, interrompues par deux pas en arrière, comme pour revenir à la dépendance. Voici une anecdote qui aidera peut-être les parents à mieux comprendre l'attitude déroutante des adolescents. Il s'agit d'une histoire vraie :

> Un jeune homme de 17 ans écrit à son père du collège où il est pensionnaire, pour se plaindre des remontrances que ses parents lui ont faites sur ses résultats scolaires : « Vous oubliez que je ne suis plus un enfant, et que je ne veux plus qu'on me traite comme un enfant. Respectez mon indépendance et laissez-moi vivre ma vie. Rappelle-toi, papa, que maintenant je suis indépendant et n'ai besoin de personne. »
>
> Le lendemain, ce fils « émancipé » téléphonait à ses parents et renversait les rôles pour demander un supplément de 25 dollars afin de payer quelques dépenses imprévues [3].

Tout adolescent est le terrain d'une vraie guerre civile. Une partie de son moi désire se libérer de ses parents, sur le plan affectif, tandis que l'autre partie de son moi désire rester un enfant dépendant d'eux, bien à l'aise et en sécurité. Un père doit comprendre que son fils (ou sa fille) oscille de jour en jour et de semaine en semaine (quelquefois même d'heure en heure) entre le désir d'être indépendant et le besoin d'être dépendant. Lorsqu'un père a compris cela, un grand nombre des incohérences apparentes de l'adolescence trouvent leur explication.

Ces quelques points concernaient l'adolescence dans son ensemble. Parlons maintenant plus précisément des premières années de la phase initiale, qui se situe entre le treizième et le seizième anniversaire.

L'adolescence commence avec la puberté, c'est-à-dire au moment où les glandes sexuelles commencent à fonctionner. Le mot « puberté » vient du latin *pubertas* qui veut dire « adulte ». Il y a des différences importantes d'un sujet à l'autre mais pour les filles la puberté commence en général au cours de la douzième année. Chez les garçons elle intervient deux ans plus tard, soit au cours de la quatorzième année. Chez les filles elle se manifeste par l'apparition des premières règles, et chez les garçons par la présence, visible au microscope, de spermatozoïdes dans les urines. Cependant la puberté n'est pas un phénomène instantané. Les premières règles peuvent être très peu abondantes et irrégulières, avec quelquefois des mois d'intervalle entre les apparitions. Les garçons peuvent avoir de fréquentes érections sans être encore capables d'éjaculation.

Qu'elle soit précoce ou tardive, l'arrivée de la puberté signifie que votre enfant va devoir tenir compte d'un phénomène intime entièrement nouveau : les pulsions sexuelles. Un des aspects importants de la recherche de l'identité du moi consiste à apprendre à contrôler ces pulsions. C'est un cheminement aveugle et primitif si on le compare au processus plus délicat et plus compliqué qui mène à la fin de l'adolescence, à la maturité sexuelle.

Avec le déclenchement de la puberté, le jeune homme ou la jeune fille doit s'adapter à son corps en pleine transformation. Les caractères sexuels secondaires apparaissent. Les seins de la jeune fille se développent, ses hanches s'élargissent, les poils apparaissent sous les aisselles et sur le pubis. Chez le garçon aussi, les poils commencent à pousser sous les aiselles et sur le pubis, en même temps que, sur le visage, un fin duvet indique que dans quelques années il devra se raser. Les filles et les garçons commencent une phase de croissance accélérée, au cours de laquelle les parents vont constater qu'à peine achetés, robes et pantalons sont déjà trop justes.

Il est essentiel de savoir que dans la première partie de l'adolescence le jeune homme, la jeune fille doivent s'adapter non seulement aux forces puissantes et nouvelles des pulsions sexuelles mais aussi à un corps nouveau, très différent de celui auquel ils s'étaient habitués dans leur enfance. Ils deviennent tout à coup plus grands, plus lourds, leur stature change, ainsi que les traits du visage, qui dans certains cas se couvre d'acné. N'oublions pas que l'adolescent a des sentiments intenses. Il se croit trop grand ou trop petit, trop gros ou trop maigre ; elle trouve qu'elle a trop de poitrine ou pas assez, qu'elle a des boutons sur la figure, que son visage est trop rond, etc. Le concept de soi s'en trouve affecté. Quoi d'étonnant si beaucoup de jeunes gens se sentent alors mal dans leur peau et gênés à l'égard des autres ? Les adultes ont eu tellement d'années pour se familiariser avec leur corps qu'ils ne le mettent plus en question.

L'adolescent ne réagit pas encore ainsi ; son corps lui paraît trop nouveau, il s'y sent encore mal à l'aise. Il est surprenant de constater combien l'image que se fait de lui l'adolescent peut avoir des effets lointains dans la suite. Une de mes malades, très belle, âgée de trente ans à peu près, se croyait encore laide. Elle avait souffert d'une légère obésité pendant son adolescence et gardait inconsciemment le concept de soi d'une personne laide.

Les jeunes dont la puberté intervient ou particulièrement tôt ou particulièrement tard ont souvent des difficultés d'adaptation La jeune fille dont la puberté vient tôt, qui dépasse ses camarades de la tête, que ses formes de femme font remarquer parmi les autres, ou qui doit faire face plus tôt que les autres à l'éveil de la sexualité, risque d'avoir de graves difficultés à admettre les sentiments nouveaux et inconnus que lui impose son développement précoce.

A l'inverse, la jeune fille dont la puberté survient particulièrement tard et qui ne comprend pas le soudain attrait de ses camarades pour les garçons, se sent seule et isolée de ses anciennes amies. Elle risque d'être très gênée de son retard et se demandera avec anxiété si elle sera femme un jour. Un développement précoce chez le garçon cause beaucoup moins d'inquiétude que l'inverse. Il ne change pas l'image que le garçon se fait de son corps autant que chez la fille. Il l'accueille souvent avec satisfaction parce qu'à ses yeux, cela fait de lui un « mâle » et lui assure un certain prestige dans sa bande. Le développement tardif est plus traumatisant du fait que ses amis se moquent de lui en lui disant qu'il est encore un enfant.

En plus de s'adapter aux changements sexuels et physiques, le jeune adolescent commence véritablement ce qu'il n'avait fait que tenter au stade de la préadolescence : dominer son attachement émotionnel à ses parents et à sa famille et parvenir à l'indépendance affective.

Il n'est pas facile pour lui de briser des liens qui durent depuis des années. La façon la plus courante d'y parvenir est de se révolter contre ses parents et de leur trouver des défauts. Il n'est pas facile pour un père ou une mère de supporter ces attaques contre son autorité ou son personnage. Malheureusement beaucoup de parents croient qu'elles sont dirigées contre eux personnellement. Ils seraient rassurés s'ils se rendaient compte que bien loin d'être l'expression d'une véritable hostilité contre eux, la violence et l'intensité de cette révolte est au contraire le signe du degré d'affection que l'adolescent leur porte. C'est en se montrant hostile et critique qu'il peut rompre les liens affectifs de l'enfance et s'affirmer en tant que personne indépendante.

Mais sa confiance en soi est encore trop fragile pour qu'il soit vraiment indépendant sur le plan affectif. Il lui faut, pour rompre ces liens, le soutien émotionnel que lui procure le groupe de ses pairs. Ainsi la banderole des premières années de l'adolescence doit contenir ces impératifs : « Révoltons-nous » et « Conformons-nous ». L'adolescent ne parvient à se révolter contre ses parents qu'en se conformant strictement au groupe de ses pairs et en imitant servilement leurs façons et leurs mœurs. Il s'habille comme eux, se coiffe comme eux, écoute la même musique, admire les mêmes chanteurs et parle le même langage. C'est là le paradoxe de l'adolescence. Ces jeunes qui se rebellent contre la culture des adultes sont en même temps les plus conservateurs à l'égard de la culture des jeunes. Les parents trouvent toujours assez drôle de voir comment l'adolescent qui leur reproche si vivement d'être conformistes dans leurs vêtements ou leurs habitudes n'est absolument pas conscient de l'être lui-même envers son groupe.

A l'intérieur de la culture des jeunes, l'adolescent fait ses premiers pas, timides et incertains, vers la maturité sexuelle. Les relations entre les sexes sont compliqués par le fait que, comme je l'ai dit, le garçon se développe en moyenne deux ans plus tard que la fille. C'est l'âge où les garçons n'osent pas inviter les filles à danser, et se vantent entre eux de toutes les audaces.

Les garçons peuvent ainsi avoir en même temps deux personnalités opposées sur le plan sexuel. D'une part, ils lisent avec avidité *Playboy* ou des magazines du même genre, collectionnent les photos sexy et pratiquent la masturbation. Ils ont en imagination une vie sexuelle très active, avec pour objet des vedettes de cinéma, des cover-girls ou des femmes mûres en général. Et simultanément, s'il s'agit d'embrasser une fille de leur âge, ils sont paralysés par la peur. Bien que la liberté sexuelle ait tendance de nos jours à gagner les couches de plus en plus jeunes de la société, il n'y a pratiquement pas d'activité sexuelle véritable entre garçons et filles avant la deuxième phase de l'adolescence. (Néanmoins dans les classes socio-économiques les moins favorisées cette activité sexuelle existe.)

Autre aspect du développement auquel les parents ne prêtent pas toujours attention : l'intelligence de l'adolescent fait un immense progrès, bien qu'il ne soit pas aussi spectaculaire ni aussi visible que les transformations physiques et sexuelles.

Ce progrès intellectuel, qui joue un rôle important dans la façon d'être et d'agir de l'adolescent, revêt quatre aspects principaux.

Tout d'abord, l'adolescent est maintenant capable, pour la première fois de sa vie, de réfléchir logiquement aux propositions verbales. Ce qui est nouveau par rapport à l'enfance, c'est sa faculté de réflexion et son aptitude à résoudre les problèmes.

Quoiqu'un enfant soit capable de raisonner en présence d'objets concrets, il ne peut le faire sur des données abstraites ou simplement énoncées devant lui. Si vous lui montrez trois petites voitures de tailles différentes, il verra que si la voiture A est plus grosse que la voiture B, et la voiture B plus grosse que la voiture C, la voiture A est plus grosse que la voiture C. Cependant, si vous lui demandez : « Si Pierre est plus grand que Jean, et Jean plus grand que Daniel, lequel des trois est le plus grand ? » Il ne pourra pas, la plupart du temps, donner une réponse correcte, bien que le problème soit le même que pour les voitures, mais énoncé verbalement. Un adolescent, lui, donnera la réponse.

Deuxièmement, l'adolescent est maintenant capable d'introspection. Pendant de longs moments il semble ne rien faire ; ce n'est qu'une illusion ; il est en fait en train de s'introspecter. Ce que les enfants ne font pas. Les jeunes adolescents commencent à parler de leurs propres idées, de leurs croyances, en étant conscient qu'elles sont bien leurs. Les enfants affirment qu'un certain nombre de choses sont vraies ou fausses mais ils ne comprennent pas que ces affirmations sont en fait des idées créées par leur esprit et qu'elles ne sont pas nécessairement vraies dans la réalité.

Troisièmement, les adolescents commencent à comprendre les métaphores, et à pouvoir saisir une interprétation qui ne soit plus littérale. Les parents peuvent considérer ce changement comme un fait mineur mais ils ne devraient pas le sous-estimer. Les enfants comprennent les mots dans leur sens propre. Ils ont beaucoup de mal à saisir que le mot « chameau » puisse s'appliquer à une personne, car ils ne peuvent comprendre qu'un individu s'apparente à un chameau sous certains aspects mais pas d'autres. Cette aptitude à comprendre les métaphores augmente considérablement le champ de leur compréhension du langage mais aussi de la vie. Ils commencent à saisir les significations multiples d'un mot ou d'un geste.

Quatrièmement, le jeune adolescent commence à idéaliser sa pensée et à recourir à l'abstraction. C'est un grand changement par rapport à l'époque où, enfant, il vivait exclusivement dans le présent, là où il était. Si vous dites à un enfant : « Imagine que nous vivions en Chine au lieu de vivre en Californie », il risque de vous répondre : « Oui, mais nous vivons en Californie ! » Maintenant, le jeune adolescent peut admettre une proposition imaginaire et la raisonner.

Cette aptitude nouvelle à l'abstraction a des conséquences très importantes. Elle lui permet d'organiser le futur avec réalisme, y compris ses occupations, ce dont il était incapable quand il était enfant. Elle établit les fondement de perspectives nouvelles et différentes sur ses parents, ses professeurs, son école, son milieu, son pays et le monde. L'adolescent peut maintenant comparer les peuples et les structures sociales à la version idéale qu'il en a mentalement. Ces comparaisons sont aussi à la base des déceptions de l'adolescent et à l'origine des attaques qu'il lance contre ses parents pour s'émanciper affectivement.

Cette même aptitude est cause de l'idéalisme qui caractérise tant d'adolescents. Les adultes le méprisent souvent, c'est pourtant un idéalisme sincère et une force essentielle pour bâtir leur identité. Cet idéalisme peut se manifester par un besoin passionné de refaire la société. Ce n'est pas par hasard que tant d'adolescents connaissent des conversions religieuses profondes. Quand votre fille vous déclare que « le problème de nos jours tient à ce que les adultes sont si matérialistes », ne montez pas sur vos grands chevaux pour lui répondre : « Et qui paie tes robes, tes notes de téléphone, chère amie ? » Au contraire, essayez de comprendre que votre fille exprime à sa façon son souci de voir tant de gens dans notre société ignorer l'importance des valeurs philosophiques et spirituelles.

Cette nouvelle capacité intellectuelle à raisonner sur ce que l'avenir apportera, cet effort pour mener sa vie au moyen d'idéaux, tout cela lui permet de maîtriser ses instincts et ses sentiments avec plus d'efficacité. C'est essentiel à cette époque de sa vie où l'on essaie de maîtriser ses instincts sexuels nouveaux et les besoins que l'on ressent.

Après cette vue d'ensemble des débuts de l'adolescence, revenons en détail aux 13, 14 et 15 ans. Souvenez-vous une fois de plus que ce sont des descriptions généralisées, essentiellement fondées sur les adolescents américains de classe moyenne et ne pouvant caractériser les adolescents de tous les pays. Il ne faut pas que les parents pensent : « A 13 ans, les adolescents doivent évoluer de telle façon. Ma fille doit être en retard. Il faudrait faire quelque chose. » N'utilisez pas ces profils pour considérer que votre enfant « réussit » ou « échoue ». Leur seul but est de fournir une description générale qui vous permette de mieux les comprendre.

Les parents commettent souvent l'erreur d'attendre de leurs enfants et de leurs adolescents une maturité plus grande que celle dont ils sont capables. J'espère que les parents abaisseront leurs prétentions dépourvues de réalisme et laisseront à leurs enfants la liberté de se conduire en enfants de 13, 14 ou 15 ans.

L'adolescent de 13 ans

Le mot clé pour comprendre l'enfant de 13 ans est sans doute qu'il « s'intériorise ». Il se tourne vers lui-même, et semble maussade, perdu dans sa rêverie intérieure.

Ce n'est pas un âge très communicatif. L'enfant peut soudain devenir distant et inaccessible. Il va rejeter comme une atteinte à son intimité les efforts des adultes et surtout des parents pour lui parler. Il commence à se révolter, silencieusement. Il vaut peut-être mieux que nous n'entendions pas ce qui trotte dans sa tête !

L'adolescent de 13 ans est souvent « susceptible ». C'est l'époque des portes qu'on claque et des retraites boudeuses dans la chambre. Il croit toujours qu'on le méprise ou qu'on le traite avec dédain. A bien des égards c'est l'âge le moins heureux de l'adolescence. C'est l'année de nulle part. Phyllis McGinlen l'a fort bien saisi dans son poème « Portrait of Girl with Comic Book ». En voici un extrait :

Treize ans n'est pas un âge. Treize ans n'est rien.
Ce n'est pas être spirituel, avoir le visage poudré,
Aller aux matinées ou porter des vêtements de dame,
Etre intelligent ou gracieux...
A treize ans, on écrit son journal, on élève des poissons [exotiques

(Pendant un mois, au plus) ; on méprise celles qui sautent à
[la corde au printemps ;
On n'a pas de vœu que la Fortune puisse exaucer ;
On ne veut rien, et on veut tout ;
On a des secrets, on méprise ses amis ;
On ne confie ses craintes à personne ;
On a une demi-centaine de masques mais aucune fourberie ;
Et on marche sur les talons[4].

L'adolescent essaye de se trouver et il est soucieux de lui-même. Il compare son moi réel au moi idéalisé. Comme il se transforme d'une façon extraordinaire, il se désole d'être trop grand ou trop petit, trop gros ou trop mince ou trop faible. Le 13 ans se fait beaucoup de soucis. A propos de quoi ? De tout et de rien. Il s'inquiète de son apparence physique, de l'école, de ce qu'il fera plus tard, de savoir s'il réussira. Il s'inquiète même de ses soucis futurs. Avec beaucoup de lucidité, un 13 ans a pu dire : « Je traverse une période où tout me préoccupe[5]. »

Beaucoup de parents prennent cet isolement sentimental et social comme une offense personnelle. Ou ils se sentent blessés ou ils pensent qu'ils ont dû commettre une erreur en tant que parents.

J'espère que vous n'en arriverez pas à ces conclusions. Essayez plutôt de comprendre que cet isolement est nécessaire. Cette « intériorisation » affective lui permettra d'affirmer son sens du moi. Des expériences nouvelles assaillent votre enfant — croissance et nouvelle image de son corps, éveil sexuel, développement intellectuel et nouvelle conscience du monde extérieur. Elles provoquent chez lui un choc psychologique profond à intégrer dans les structures de sa personnalité qu'il est en train de construire lentement et avec peine. Cette intériorisation est un élément positif et constructif de la croissance. En tant que père, respectez-la. Le Dr. Gesel donne un exemple très utile :

> Un garçon de 13 ans s'apprête à regarder avec sa famille un programme de télévision qui l'intéresse. Mais au milieu de l'émission, son visage devient grave et comme absent. Il se lève brusquement et sans un mot s'enferme dans sa chambre, pour réfléchir, pour ruminer [6].

Une telle conduite n'est pas une tentative pour échapper à la réalité. Au contraire, c'est une exploration plus profonde *de sa propre réalité psychologique.*

Les adultes parlent souvent des flâneries et de l'inactivité des adolescents. Et pourtant ces flâneries ne sont jamais inactives. Elles sont faites de désirs, d'imagination, d'idées, d'ambitions. Elles peuvent aboutir à des décisions importantes pour la vie future de l'adolescent qui est en train de clarifier et d'organiser ses expériences en répétant intérieurement son mode d'introspection.

Quelquefois, lorsqu'un adolescent est perdu dans ses pensées, ses parents trouvent qu'il est triste et qu'il fait la tête. Mais en réalité il n'en est peut-être rien. Si nous le taquinons et si nous commettons l'erreur de vouloir le « tirer de sa mélancolie », nous risquons de le frustrer.

Les garçons et les filles évitent à cet âge les rapports étroits et confidentiels avec leurs parents. Une mère peut en souffrir, surtout si jusque-là elle avait des rapports confiants avec son fils, et plus encore avec sa fille. Il vous faudra vous montrer à cette occasion compréhensif avec votre femme et l'aider à supporter cette épreuve.

L'enfant de 13 ans se montre aussi plus sélectif dans le choix de ses amis. Généralement, il a moins d'amis, et se montre capable de jouer seul ou avec le camarade qu'il préfère vraiment aux autres.

C'est l'âge où il découvre le miroir qui constitue, comme le fait remarquer le Dr. Gesell, « un ustensile de développement », un outil supplémentaire pour construire sa propre identité. Les garçons comme les filles passent des heures à s'y regarder, pour y trouver leur véritable image. Ils s'y étudient longuement pour y tester les changements apportés à leur tenue, à leur coiffure, à leur maquillage et même les expressions de leur visage. (Bien des pères ont surpris leur enfant devant une glace en train de sourire ou de froncer le sourcil.) Le miroir peut aussi entraîner le désespoir de ceux qui se trouvent laids, ou dont le visage est marqué par l'acné. Mais quoi qu'il en soit, il joue un rôle constructif en aidant le jeune adolescent à définir sa propre identité.

Les films et la télévision constituent un miroir d'un autre genre. L'adolescent y voit une grande variété de jeunes gens et d'adultes qui représentent chacun à leur manière un modèle de la personne qu'il voudrait devenir. Et par sa lecture des journaux, des magazines et des bandes dessinées, il s'identifie consciemment ou inconsciemment à certains personnages.

Mais c'est à l'école ou au collège, avec le groupe de ses pairs qu'il est confronté aux images les plus marquantes, celles de ses camarades en chair et en os. Il pense qu'il doit en imiter un, dans sa tenue, sa coiffure, ses manières, son jargon. Un moyen très répandu de rester en relation avec les autres même quand on est seul : le téléphone. Une mère me décrivit un jour l'amie de sa fille en ces termes : « C'est la jeune fille qui téléphone à ma fille pendant des heures. »

Les parents se rendent compte qu'à 13 ans le jeune adolescent commence à se montrer plus soucieux de sa personne et de son aspect extérieur. Cela vient en partie de l'utilisation du miroir. En tout cas, certains jeunes, particulièrement négligés auparavant, améliorent tout à coup leur tenue.

Malheureusement pour les parents, l'intérêt que l'adolescent manifeste pour sa personne ne va pas jusqu'à lui faire prendre soin de ses vêtements ou de sa chambre, qui est pourtant sa retraite favorite. Il y passe de nombreuses heures à écouter la radio ou des disques, à faire ses devoirs, à lire ou simplement à « bricoler ».

En ce qui concerne les émotions, l'exubérance et l'enthousiasme des 12 ans sont maintenant calmés. 13 ans marque un certain retour au calme, avec des périodes de bouderie que les parents qualifient suivant les cas de pessimisme, de tristesse, de repli sur soi ou de cafard.

Les émotions sont marquées par le thème principal de la retraite et de l'hibernation. Beaucoup de jeunes de 13 ans veulent se cacher ou dissimuler leurs sentiments. Souvent ils se confient seulement à leurs amis intimes.

Ils savent mal exprimer l'affection et l'amour. Ils sont facilement hautains. Il ne faut pas les contraindre dans ce domaine. Un père doit savoir aussi qu'à cet âge on se vexe très facilement.

Si vous avez tendance à faire des remontrances à votre enfant parce qu'il n'est pas soigneux, se tient mal à table, ne range pas sa chambre, ne participe pas assez aux travaux de la maison, ne travaille pas en classe, sachez que les reproches ne sont pas un bon moyen de le motiver. Mieux vaut tout simplement y renoncer. L'enfant de 13 ans est susceptible et prendra ces critiques pour de l'hostilité de votre part, ce qui aura pour résultat de l'éloigner encore plus du milieu familial. Rendez-vous compte que le temps travaille pour vous. L'adolescent finit toujours au bout d'un moment par faire ce que vous le pressez d'accomplir immédiatement.

Les frères et sœurs plus jeunes ne le laissent jamais tranquille. C'est pour cela qu'il se retire dans sa chambre.

On remarque une grande différence entre les garçons et les filles dans leurs relations avec les personnes de leur sexe. Une fille de 13 ans tient beaucoup à l'amitié parce qu'elle a besoin de quelqu'un à qui confier ses secrets et ses réflexions. De ce fait les filles se réunissent souvent par trois. Ce groupe de trois devient parfois un groupe de deux liguées contre la troisième. A 13 ans les filles sont très facilement vexées d'être exclues des groupes qui se font et se défont sans cesse.

Les garçons n'ont pas de groupes aussi étroitement liés. Ils forment plutôt des bandes de quatre ou cinq, où chacun considère les autres comme ses meilleurs amis. Les garçons n'ont pas besoin de l'atmosphère intime des confidences partagées. Ils se groupent non pas tellement pour parler et se faire des confidences que pour *faire* des choses entre copains : jouer au football ou pratiquer un autre sport, aller au cinéma, à la pêche.

Quoiqu'il ait déjà commencé à se masturber et connaisse en imagination une vie sexuelle active, le garçon est plutôt timide et inhibé en présence d'une jeune fille de son âge. Les rendez-vous sont peu fréquents. Les filles de 13 ans méprisent souvent les garçons de leur âge, et les traitent de « gourdes » ou d' « idiots ». Elles préfèrent rencontrer des jeunes gens plus âgés, dont la maturité est plus proche de la leur.

Les intérêts et les activités des 13 ans s'individualisent. Ils se consacrent à des passe-temps plus spécialisés et s'intéressent généralement à une activité unique. Pour les garçons, ce sera la radio ou la photographie, dessiner des avions ou des bateaux, et bien sûr construire des maquettes. Ils continuent par ailleurs à s'intéresser aux sports. Les filles sont plus attirées par la couture, le tricot et la cuisine. Souvent, elles aiment exercer leur créativité à travers le dessin, la peinture ou la littérature. Les parents sont en général agréablement surpris de constater le peu de temps que leur enfant passe maintenant devant l'écran de télévision, en comparaison des années précédentes.

On aime de plus en plus lire, on dévore livres et magazines. Les journaux de vulgarisation scientifique ont beaucoup de succès auprès des garçons. La musique tient, elle aussi, une grande place dans la vie du jeune de 13 ans, et il adore écouter pendant des heures son groupe préféré.

En résumé, 13 ans est une année d'introspection et de consolidation personnelle des ressources psychologiques. Le jeune adolescent a été touché très fortement par les stimuli des forces de croissance, par les changements physiques qui se sont opérés en lui et par les nouveaux élans de sa sexualité. Sur le plan psychologique, il se retranche dans sa tour d'ivoire afin de pouvoir mieux affronter ces puissants stimuli.

Il effectue ses premiers pas, importants mais hésitants, vers la construction de l'identité du moi. Il commence à y voir plus clair en lui-même. Il se soucie avant tout de son *moi externe*, de sa personne visible. Le miroir l'attire comme un aimant pour y trouver la solution à ses problèmes de chevelure, de vêtements, d'expressions et de gestes, et pour ce qui concerne en général son apparence corporelle.

Mais il scrute aussi son *moi interne*, grâce à ses toutes nouvelles capacités d'observation. Il peut maintenant prendre du recul et se voir d'une manière proche de celle des adultes. Il n'a pas encore la force de pouvoir changer certains comportements, mais il peut du moins reconnaître que de temps en temps il se met en colère, ou se montre paresseux, égoïste ou indifférent aux autres. La capacité de se voir sur le même plan que les autres représente un très grand pas en avant.

Ainsi, même si les parents risquent d'être contrariés parce que leur enfant leur échappe, ou à cause de sa susceptibilité et de sa mauvaise humeur, cet âge d'hibernation psychologique est une période très importante du développement au cours de laquelle votre jeune adolescent cherche à bâtir l'identité de son moi.

L'adolescent de 14 ans

A 14 ans l'adolescent s'adapte déjà depuis un an au choc des stimulations nouvelles qui le poussent, aux transformations de son image corporelle et aux sentiments et stimulations sexuelles. Il n'éprouve donc plus le même besoin de se replier sur lui-même qu'à 13 ans, il peut maintenant quitter son attitude d'ermite. Il est plus ouvert, plus sûr de lui, moins « sur ses gardes », moins susceptible, moins sensible. Il s'accorde mieux avec ses parents comme avec ses frères et sœurs. Il ose davantage exprimer ses sentiments.

Il vous a fallu bien souvent « marcher sur des œufs » quand votre enfant avait 13 ans. Cela n'est plus vrai maintenant. Il est beaucoup plus apte à communiquer et crée autour de lui une atmosphère sympathique et détendue. Il ne craint plus que toute question soit une atteinte à sa vie privée, et de ce fait parle plus librement, d'une manière directe et franche. C'est sa personne tout entière, physique et morale, qui se projette et se développe. Ses rapports à l'intérieur de la famille sont plus cordiaux et moins tendus.

C'est l'âge où l'amitié et la participation sociale à la bande reprennent de l'importance. Les garçons comme les filles se groupent en bandes. Le jeune de 14 ans passe la plus grande partie de son temps libre avec d'autres jeunes, et les contacts se poursuivent entre-temps au téléphone, dont l'utilisation est infiniment plus fréquente qu'auparavant.

Gardez-vous de considérer ces conversations incessantes, directes ou téléphoniques, comme des bavardages inutiles qui font perdre du temps. La conversation est pour le jeune de 14 ans un moyen de découvrir l'humain et d'apprendre les rapports sociaux. Les filles s'y adonnent beaucoup plus que les garçons. De quoi parlent-elles ? De leurs parents, de leurs professeurs, des garçons, des vedettes de cinéma, des orchestres et des groupes à la mode, des idoles de la pop'music, et avant tout d'*elles-mêmes*. Elles parlent de tout et de n'importe quoi. On peut dire que la conversation constitue un véritable cours de psychologie appliquée.

L'adolescent découvre de nouveaux domaines où exercer son intelligence. Il acquiert une maîtrise nouvelle du langage, qu'il comprend plus à fond et pratique plus aisément. Il éprouve du plaisir à assimiler des mots nouveaux et à les introduire dans sa conversation. L'esprit logique et les facultés de raisonnement se développent considérablement. Ainsi le célèbre philosophe et humaniste Albert Schweitzer raconte qu'à l'âge de 14 ans il éprouva « un besoin passionné de penser[7] ». Du fait de ses nouvelles facultés de raisonnement, l'adolescent est désormais capable d'autocritique, ce qu'il n'aurait pas pu faire auparavant. Et en même temps que cette nouvelle faculté d'auto-évaluation, une plus grande aptitude à s'accepter soi-même se manifeste.

Le développement physique et sexuel des garçons et des filles suivent des rythmes très différents. Presque toutes les filles sont définitivement formées à 14 ans. Le corps de la jeune fille est désormais celui d'une jeune femme. Sa croissance est presque terminée, ses seins ont atteint leur taille définitive, les poils pubiens sont denses et fournis.

Par contraste, c'est une année de transition pour presque tous les garçons. A 13 ans ils sont encore de petits garçons. A 15 ans, ils sont comme des hommes. La quatorzième année est un no man's land, une période de croissance extrêmement rapide.

A la fin de la treizième année, presque tous les garçons ont eu leur première éjaculation soit sous la forme d'émission durant le sommeil (pollution nocturne), soit par masturbation. Beaucoup de garçons se masturbent depuis l'âge de 12 ans, quelques-uns commencent à 14 ans, et quelques-uns encore plus tard.

C'est l'âge où les garçons et les filles cherchent à se renseigner davantage sur la sexualité, mais avec cette fois le besoin d'en savoir plus sur les rapports sexuels, le contrôle des naissances, les maladies vénériennes, l'homosexualité, la prostitution, etc. Les scènes et les situations précises que nous montrent les films et les mass media encouragent aussi la curiosité des adolescents et les poussent à poser des questions très précises. Par exemple, il n'est pas rare qu'un garçon de 14 ans achète *Playboy* ou un magazine du même genre et y lise des articles (en plus des photos de nus) où la sexualité est évoquée dans ses détails les plus subtils.

A ce stade, il peut être utile de procurer à votre fils ou à votre fille le livre du Dr. David Reuben : *Tout ce que vous avez toujours voulu savoir sur le sexe (sans jamais oser le demander)*, (Ed. Stock) qui fournit dans l'ensemble un grand nombre d'informations utiles pour les adolescents.

En plus de l'information, votre adolescent recherche l'occasion de discuter des questions sexuelles, de se former son propre jugement. Si votre fils ou votre fille désire en parler avec vous et que vous ne vous sentiez pas gêné de le faire, saisissez l'occasion, car elle ne se représentera peut-être plus dans les années qui vont suivre. Mais votre adolescent préférera peut-être en parler dans une atmosphère plus neutre qu'en famille, comme un cours ou une conférence d'éducation sexuelle en classe, ou entre jeunes.

Sur le plan affectif, le jeune de 14 ans adopte des sentiments nettement optimistes. Il va résolument et joyeusement au-devant de la vie. Il est plus « ouvert » qu'à 13 ans, et n'hésite plus à exprimer son affection ou son hostilité. Il est beaucoup plus souvent de bonne humeur que de mauvaise humeur. Les parents apprécieront aussi le sens de l'humour qui se manifeste à cet âge. Pourtant l'adolescent peut encore avoir de violents accès de colère ou pleurer de désespoir. Parfois les pères estiment qu'à cet âge, un garçon en particulier est « trop grand pour pleurer ». Ils ont alors tendance à sermonner leur fils, en l'incitant à se montrer plus viril, plus courageux, etc. Ces mêmes pères doivent comprendre que pleurer constitue la réaction normale à une trop grande tristesse, à tous les âges de la vie. Les glandes lacrymales dont la nature nous a pourvus ne se dessèchent pas lorsque nous atteignons l'âge adulte.

En général, le jeune de 14 ans est doté d'une affectivité plus robuste quà 13 ans. Moins vulnérable, il s'accepte tel qu'il est, fait qui rend l'atmosphère familiale infiniment plus plaisante. Les parents peuvent mieux atteindre l'adolescent. Tout au long de la treizième année, ils ont appris à craindre une réponse négative à toutes leurs propositions. Les réactions positives qu'ils enregistrent maintenant leur apportent un immense soulagement.

N'allez pas croire que tout soit pour autant clair et facile. On « s'accroche » encore à propos de l'heure où il faut rentrer le soir, du travail scolaire à la maison, du soin, des travaux ménagers, etc. Là encore il convient de faire la distinction que j'ai déjà signalée entre les sentiments et les actes, c'est-à-dire laisser votre fils ou votre fille exprimer ses sentiments librement, mais délimiter strictement ce qu'il est autorisé ou interdit de faire. Pour citer les propres paroles d'une jeune fille de 14 ans : « Il faut absolument qu'un père soit ferme et maintienne tout en ordre[8]. »

C'est aussi l'année où l'intérêt croissant pour les rapports humains et la société pousse les garçons et les filles à rechercher les contacts avec le sexe opposé. Dans les surprises-parties ou les bals d'école, les garçons n'hésitent plus à inviter les filles. Ils leur parlent plus volontiers. Néanmoins les filles préfèrent encore sortir avec des garçons plus âgés qu'elles, du fait de leur plus grande maturité.

Les garçons préfèrent les sorties à quatre, deux garçons donnant rendez-vous à deux filles, pour aller au cinéma, à la piscine, faire du patin, etc.

On remarque que les filles s'intéressent beaucoup moins aux sports que les garçons. L'intérêt porté aux disques, au jazz et au rock, déjà grand à 13 ans, s'accroît à 14. Les garçons se passionnent souvent pour les voitures et les motos et pour la lecture des magazines *(Sport auto, L'Auto-journal)* spécialisés en ce domaine.

Voilà votre fils ou votre fille de 14 ans : exubérant, expansif et enthousiaste. Terminé l'isolement d'ermite des 13 ans. C'est maintenant un individu plus heureux, mieux intégré à sa famille, à son milieu scolaire et extra-scolaire, que nous avons devant nous.

L'adolescent de 15 ans

Malheureusement pour les parents, l'attitude franche et enthousiaste des 14 ans fait place au déséquilibre des 15 ans. Le contraste est si net que certains psychologues ont pu parler de « la chute des quinze ans ».

Depuis le début de l'adolescence, votre enfant s'avance à grands pas vers l'état d'adulte. Résumons ce qui s'est passé année par année. A 13 ans votre fils (ou votre fille) est assailli par les stimulations des forces de croissances, une nouvelle image de son corps et les pressions intenses de sa sexualité naissante. Ces stimulations lui paraissent démesurées et il réagit en se repliant dans sa coquille. A 14 ans il a appris à contrôler ces stimulations et à vivre avec elles, et peut donc se montrer enthousiaste, sûr de lui et ouvert. Mais la quinzième année assure la transition avec l'étape suivante — les dernières années de l'adolescence, ou adolescence finale — au cours de laquelle votre fils ou votre fille doit absolument accomplir la tâche qui consiste à assumer sa propre identité. Ce qui veut dire en particulier qu'il doit choisir sa voie, définir quelles études il faut suivre pour y parvenir, et apprendre en même temps à établir des rapports d'adultes avec l'autre sexe. Ce stade des dernières années de l'adolescence commence à peu près à

16 ans, mais à 15 ans votre enfant commence à percevoir les problèmes, ce qui est déjà difficile.

Il faut bien comprendre qu'à 15 ans votre adolescent commence vraiment à « quitter » ses parents et les autres adultes. C'est l'époque où il préférerait ne plus exister plutôt que d'être vu en compagnie de ses parents. S'il doit absolument se rendre avec eux à une cérémonie, il se tiendra obstinément deux ou trois pas à l'écart, comme pour dire aux témoins de la scène : « Non, je ne suis pas avec ces personnes qui marchent devant moi ! » C'est une attitude typique des jeunes de 15 ans que de refuser toutes les invitations à participer aux sorties en famille et de préférer la solitude ou la compagnie des jeunes du même âge. Et si on les y contraint, ils font en sorte qu'on sache bien qu'ils sont là contre leur gré.

Votre problème essentiel sera de ne pas prendre cette envie de fuir la famille pour un besoin de vous éviter personnellement. Il s'agit seulement d'un processus psychologique nécessaire : le désir d'indépendance, de liberté, et d'intimité avec soi-même.

La tendance à rester sur ses gardes et à refuser la communication vous rappellera l'attitude de l'adolescent de 13 ans. Le jeune de 15 ans agite la bannière de la liberté et de l'indépendance, et se révolte contre tout ce qui à ses yeux les restreint. Ce qui vous paraît une question tout à fait anodine (Où vas-tu ? Que vas-tu faire ?) risque d'être pris comme un interrogatoire de la Gestapo.

Cet esprit d'indépendance naissant s'exprime souvent d'une manière très grossière et très naïve. L'adolescent est renfermé, ne dit pas bonjour quand il rentre, s'insurge systématiquement contre toutes les restrictions qui lui sont imposées, même si elles sont très justifiées, quitte la table furieux en claquant les portes. Certains déclenchent même une véritable guerre froide contre leurs parents, qui ont alors l'impression d'entretenir chez eux un étranger, hostile et maussade. Un certain nombre pourtant conservent un caractère assez facile, mais avec un goût plus marqué pour la solitude.

Il faut que les pères sachent bien que ces manifestations d'indépendance, quelle que soit leur violence, doivent être prises au sérieux. Le jeune de 15 ans sent qu'il n'est plus un enfant et ne veut plus être traité comme tel. Il pense qu'il est presque un adulte même si vous voyez qu'il en est encore loin. On peut illustrer ce désir d'indépendance en citant cette réflexion d'une jeune fille de 15 ans : « Je voudrais être riche pour pouvoir donner des bourses à toutes les filles de quinze ans afin qu'elles puissent aller au lycée loin de chez elles [9]. » (A ce propos, je signale que je suis contre le fait de mettre les jeunes de 15 ans en pension. Malgré leurs exigences d'indépendance, ils ont encore besoin de la sécurité que leur apportent le foyer et la famille, même s'ils se révoltent contre eux. On peut mettre un adolescent en pension pour faire ses études supérieures, mais pas pendant ses études secondaires.)

En plus de ce violent désir d'indépendance, l'adolescent de 15 ans entame une phase de conscience de soi accrue, et de perception plus aiguë. A cet égard, comme le Dr. Gesell l'a dit : « Ce n'est pas un adolescent de 14 ans qui aurait grandi, mais presque déjà un adolescent de 16 ans [10]. » Il apprend à mieux observer ses pairs et les adultes. Il apprécie ses parents de manière plus objective (ce qui le déçoit souvent), et ses professeurs, avec qui il se montre très critique. Pour toutes ces raisons, ce n'est pas une tâche facile d'enseigner à cette classe d'âge.

Vous vous rappelez que l'adolescent de 14 ans acceptait la vie telle qu'elle se présentait et lui-même tel qu'il était. A 15 ans son attitude est plus complexe. On pourrait dire qu'il est « un psychologue amateur », car il est animé d'un immense désir de se comprendre et de comprendre les autres. Il veut savoir pourquoi il éprouve de tels sentiments à l'égard des gens et des choses et pourquoi il agit comme il le fait.

Les sentiments du jeune de 14 ans sont frustes et simplistes si on les compare aux sentiments complexes du jeune de 15 ans. Il est maintenant sensible à des réalités psychologiques plus subtiles, ce qui se manifeste par des sensibilités, des joies, des doutes nouveaux. Cette perception nouvelle des réalités psychologiques s'étend aux domaines intellectuel et esthétique, et le met en état de comprendre des œuvres artistiques et littéraires qui jusqu'alors le dépassaient de très loin.

Ce que les adultes considèrent souvent comme apathie et paresse ne sont en fait que désir de solitude. Il a l'air de ne rien faire. Mais en réalité il « rumine » et médite afin de mieux comprendre ses sentiments et ceux des autres. Après bien des années, je me rappelle que lorsque j'avais 15 ans, je passai tout un samedi dans ma chambre à écouter ce que je croyais être de la musique « romantique » et à me demander ce que je ferais dans la vie et quelle carrière je choisirais.

Parfois cette conscience exacerbée de soi peut mener l'adolescent à une attitude négative contre lui-même. Il peut connaître des moments de dépression, de découragement, ou simplement de perplexité. A cet âge, les dépressions proviennent du fait que les adolescents prennent *affectivement* conscience que l'heureuse servitude de l'enfance est terminée. Tout à coup ils découvrent *dans leur affectivité*, qu'ils sont au bord de l'âge adulte, et qu'ils vont de ce fait avoir à prendre des décisions essentielles concernant leur carrière et leur mariage. Si on le compare à l'adolescent de 14 ans, le jeune de 15 ans est beaucoup plus apte à se projeter dans sa vie future d'adulte. A cet égard, le jeune de 15 ans garde encore un pied dans la première partie de l'adolescence, tout en ayant l'autre, tâtonnant et hésitant, dans la deuxième partie, qui va commencer bientôt. D'une manière générale, 15 ans est un âge calme, sombre et soucieux. Les parents ne doivent pas s'y tromper, lorsque leur enfant donne l'impression qu'il est un « dur », il veut simplement cacher l'aspect sombre et découragé de son caractère.

C'est malheureusement ce côté sombre et découragé qu'il réserve plutôt à ses parents, alors qu'il le dissimule aux copains ou au groupe des pairs. Il aime être en groupe, ou dans la communauté de l'école. Il est grégaire, même s'il joue à la maison le rôle du solitaire. Il aime les réunions spontanées et sans protocole qui réunissent garçons et filles.

C'est ce besoin du groupe qui fait aimer le lycée à 15 ans, et non le contact avec les professeurs, que les jeunes critiquent volontiers. La vie scolaire leur fournit un moyen d'échapper aux contraintes familiales et d'accéder à une plus grande indépendance. Cependant, même si le jeune de 15 ans vit beaucoup en groupe, le cercle de ses amis perd souvent à ses yeux de son importance.

Il préfère des rapports spontanés et changeants. Il aime l'atmosphère détendue des lieux de rencontre passagers, comme le café, où garçons et filles peuvent se rencontrer, discuter en buvant un coca-cola, écouter un juke-box, un endroit où il peut entrer et qu'il peut quitter à sa fantaisie.

C'est un âge difficile pour les enseignants, car il est fait à la fois de sagesse et de folie.

Malgré son esprit rebelle, son acceptation des conditions scolaires ou familiales dépend beaucoup de la façon dont l'autorité s'exerce sur lui. L'attitude la meilleure en face de l'adolescent de 15 ans consiste, pour les parents comme pour les professeurs, à s'abstenir consciemment de répondre à leurs provocations. Certains parents « marchent » à tout coup lorsque leur fils ou leur fille leur dit : « Vous êtes primaires et matérialistes » ou : « Une seule chose compte pour moi, la Révolution » ou encore : « Vous êtes vieux jeu et dépassés, vous appartenez encore au XIXe siècle ! » Des conflits peuvent naître aussi entre élèves et professeurs lorsque ces derniers prennent au pied de la lettre des provocations du même style.

Les adolescents de 15 ans s'amusent bien dans les surprise-parties et les activités de groupe. La sexualité les préoccupe presque tous, mais avec d'énormes différences quant à savoir « jusqu'où » le flirt peut aller. Dans un certain nombre de cas, le comportement est encore absolument négatif : pas de sorties, pas de flirts. Qu'on ne s'y trompe pas ; même dans ce cas l'adolescent pense beaucoup à sa vie sexuelle. Certains adolescents n'éprouvent aucun intérêt pour l'autre sexe, du fait qu'ils sont complètement absorbés par des activités sportives, ou (pour les filles surtout) par leurs études. Mais pour les autres, des rapports assez fréquents s'établissent entre garçons et filles.

Les garçons s'intéressent toujours vivement aux sports, comme joueurs et comme spectateurs ; mais commencent à se passionner pour les motos, avec la perspective d'obtenir bientôt leur permis de conduire. Certains garçons font preuve d'un grand intérêt pour la mécanique automobile et s'attardent volontiers dans les garages pour demander des renseignements. Si vous êtes vous-même expert en automobile ou en moto, et si vous aimez faire vous-même des travaux de mécanique ou d'entretien, cela peut vous fournir un excellent terrain d'entente avec votre fils.

Les filles ont des activités fort différentes de celles des garçons mais aiment comme eux les rencontres entre jeunes. Elles sont en général moins sportives, mais pratiquent très volontiers les sports individuels comme le ski, le patin à glace, la natation, le tennis, la voile ou l'équitation. Elles aiment se réunir et bavarder ; les garçons préfèrent se retrouver pour faire quelque chose. La plupart du temps, la conversation des filles a pour thèmes les garçons.

Voilà pour notre rapide description des 15 ans ; âge difficile à comprendre, pour nous et souvent pour l'adolescent lui-même. Son cri de guerre, qu'il soit exprimé ou non est : « Je veux plus d'indépendance, je ne veux plus qu'on me traite en enfant ! » Il se montre rebelle, critique, parfois ingrat, désemparé, insatisfait, et sombre. Tous ces sentiments négatifs ne sont pourtant que les manifestations superficielles d'un développement positif qui conduit l'adolescent jusqu'à l'assurance et l'indépendance non défensive qui commence à s'épanouir à 16 ans.

Après cette description des premières années de l'adolescence et un croquis sommaire des réactions psychologiques propres à chaque année (13, 14, 15 ans), je vais maintenant exposer ce que vous pouvez faire en tant que père pour aider votre adolescent à accomplir sa croissance affective et intellectuelle dans les meilleures conditions. Je vous indiquerai aussi comment on peut éviter les nombreux problèmes qui se posent aux parents d'adolescents.

12

LES PREMIÈRES ANNÉES DE L'ADOLESCENCE CONSEILS AUX PARENTS

(DEUXIÈME PARTIE)

Il serait peut-être plus réaliste d'intituler ce chapitre « Conseils aux parents pour agir avec plus de sagesse au cours des premières années de l'adolescence de leur fils ou de leur fille. » Au chapitre précédent j'ai décrit certains des changements biologiques et psychologiques typiques entre 13 et 16 ans.

C'est là malheureusement que la plupart des articles de journaux et des livres s'arrêtent. Ils mentionnent les changements psychologiques qui bouleversent l'adolescent, mais ils ignorent les forces psychologiques qui animent la réaction des parents.

Ces articles, ces livres fournissent aux parents des recettes pour telle ou telle phase de la croissance de leur adolescent, mais ils négligent la réalité de forces psychologiques que les parents ne soupçonnent pas eux-mêmes puisqu'elles se situent au niveau de l'inconscient. Et ce sont précisément ces forces inconscientes qui les empêcheront de réagir raisonnablement en face de l'adolescent.

Si elles n'existaient ni chez l'adolescent ni chez les parents, on pourrait dire que l'adolescence constitue essentiellement un apprentissage qui dure environ huit ans.

Pendant tout ce temps l'adolescent répète son rôle d'homme sous la direction pleine d'expérience d'adultes indulgents, ses parents. Je vais vous donner un exemple très caricatural pour essayer de vous montrer comment ces forces psychologiques inconscientes à la fois chez l'élève et chez le maître rendent cette situation difficile pour l'un et pour l'autre.

Supposons donc que le père d'une jeune adolescente de 15 ans soit un excellent joueur de tennis. Imaginez que pendant sa quinzième année, elle n'ait besoin que d'apprendre à bien jouer. Et les rapports du père avec elle se bornent à lui enseigner le tennis. Il organise des séances régulières d'entraînement, lui apprend le coup droit, la volée, le revers, à servir, à monter au filet, etc.

Au début, tout va bien. Elle commence à maîtriser les différents coups et la technique du jeu sous la conduite experte de son père. Puis voilà tout à coup que des événements étranges et troublants surviennent. Un matin, elle explose et se met à invectiver son père : « Je te déteste, tu te mêles toujours de mes affaires ! » Elle ne vient pas à la séance de l'après-midi. Quand son père lui demande pourquoi, elle ne répond même pas. Le jour suivant, tandis qu'elle s'entraîne aux balles de volées, elle lance la balle de toutes ses forces, délibérément en direction de son père. Quand il lui adresse des reproches, elle murmure quelque remarque acide entre ses dents.

Tout cela rend le père fou de rage : « Je lui consacre tout ce temps précieux et voilà comment elle me remercie ! » pense-t-il. Tandis qu'il bouillonne de rage intérieurement, il lui devient très difficile de lui apprendre à jouer d'une façon amicale ou encourageante. Cela lui est d'autant plus pénible qu'il est complètement décontenancé. Il ne la comprend plus. Il se résigne à ronger son frein et à patienter, puisque après tout c'est son devoir de lui apprendre à jouer au tennis.

Au moment où il commence à s'adapter à ses mouvements de colère, la voilà qui s'exhibe sur le court en bikini. Elle avance de façon provocante, met sa poitrine en valeur en jouant. Il est bouleversé de découvrir qu'il éprouve un désir sexuel intense. Il pense que c'est épouvantable d'avoir de telles pensées vis-à-vis de sa propre fille. Bien pire, elle suggère avec aplomb qu'ils pourraient aller prendre un verre dans un bar voisin, puis aller dans un motel et « coucher ensemble ». A ce moment, le père : « Qu'est-ce que ces propos inconvenants ? Est-ce l'enfant que j'ai élevée pour en faire une jeune fille respectable qui parle comme une dévergondée ? »

En lisant cette comparaison, certains pères vont peut-être penser qu'elle est stupide. Je veux pourtant vous prouver que les échanges psychologiques qui ont eu lieu entre le père et la fille et ont troublé les cours de tennis, sont exactement semblables aux échanges psychologiques, au niveau de l'inconscient, qui brisent les efforts du père cherchant à guider son fils ou sa fille à travers ces années difficiles.

Revoyons un peu ce qu'a été le développement de l'enfant jusqu'à l'adolescence pour comprendre plus clairement les bouleversements auxquels un père est confronté.

Pendant des années, le père a été habitué à voir son fils ou sa fille se comporter en enfant. Il savait qu'il rentrerait de l'école avide de raconter ce qu'il y avait fait. Malgré ses désobéissances, il était tout prêt à aller au cinéma, à partir en camping ou à la campagne avec sa famille.

Et tout à coup cet enfant n'existe plus. Il est devenu un étranger au sein de la famille. Il ressemble encore à l'enfant du passé mais il agit différemment. Il est parfois hermétique, secret, déraisonnable, sarcastique et sujet, sans rime ni raison, à des accès de passion subite. Toute tentative amicale pour atteindre cet étranger se heurte à une méfiance accrue.

Et comme si ces difficultés ne suffisaient pas, la nature rend encore plus troublant l'enfant que vous pensiez connaître. Vous souvenez-vous de « l'idylle familiale » que nous avions évoquée au chapitre 5 ? C'était l'époque où le garçon d'âge préscolaire sentait naître des sentiments romanesques pour sa mère et de la jalousie pour son père. C'était une étape normale de son développement. Il avait ensuite dominé ce sentiment vers 6 ans et voulait alors ressembler à son père. Il avait compris qu'il ne pouvait épouser sa mère et souhaitait, quand il serait grand, rencontrer une femme qui lui ressemble. C'était naturellement l'inverse pour la petite fille. Si un père comprend ce « ménage à trois », il peut prendre la situation en main et ne pas s'en faire.

De 6 ans à la puberté, cette idylle sommeille. A certains égards (mais pas tous) on peut considérer l'enfant comme « neutre ». Puis, tout à coup, avec le choc de la puberté, les rapports se chargent d'une intensité dramatique. L' « enfant » de jadis devient un *être sexuel,* épanoui, mais dépourvu de maturité ou de subtilité.

Le père peut avoir des difficultés à s'adapter à cette nouvelle sexualité. « L'idylle familiale » resurgit pendant l'adolescence. Mais elle diffère beaucoup cette fois de la simple attirance des années préscolaires — les glandes sexuelles de l'enfant n'étaient pas encore développées et ses besoins n'étaient en aucune façon aussi intenses qu'au début de l'adolescence. On peut deviner à quel point ce problème est difficile pour les pères et les mères d'après la « conspiration du silence » qui se fait sur ce sujet. On publie des milliers d'articles dans les magazines sur l'éducation des enfants. Mais je n'ai encore jamais vu un seul article traiter ce sujet en profondeur, au niveau de l'adolescence. Certains pères seront choqués que j'affirme qu'il en est ainsi. Mais choquant ou non, c'est la vérité. « L'idylle familiale » se répète à un niveau plus complexe et plus sexualisé. Les adolescents nourrissent un intérêt romanesque et sexualisé pour leur mère et considèrent leur père comme un rival — et les filles inversement. Cette idylle se situe généralement au niveau de l'inconscient.

J'insiste sur le fait que c'est un aspect *normal* du développement de l'adolescent. Dans les années préscolaires son but est de préparer le garçon et la fille à un attachement romanesque et sexualisé pour celle ou celui qu'ils épouseront. Dans la première adolescence, cet attachement continue à se porter sur le parent de sexe opposé. A la fin de l'adolescence, si le développement psychologique s'est déroulé normalement, le garçon ou la fille ont brisé les liens et ont évolué vers des relations hétérosexuelles.

Certains pères restent sereinement inconscients de tels troubles car ces sentiments n'apparaissent pas directement. Ils peuvent se manifester de façon si lointaine que les parents surpris peuvent n'y voir aucun lien.

Ainsi la mère d'un garçon de 14 ans vint me demander conseil à propos de son fils. Elle me dit qu'elle ne comprenait pas ce qui se passait, qu'elle ne savait plus comment réagir avec lui. Je lui demandai ce qui la gênait dans son comportement, elle me répondit qu'elle était bonne cuisinière et qu'il avait l'habitude d'apprécier ce qu'elle préparait. D'un seul coup, il s'était mis à détester ses plats et ne se gênait pas pour le lui dire. Il avait même ajouté récemment au moment où elle servait le dîner : « Est-ce qu'il faut que je mange ces ordures ? » Elle était sans cesse en butte à ses critiques. Il lui disait qu'elle grossissait et qu'elle devrait suivre un régime. Il essayait délibérément de se rendre aussi désagréable que possible. Il était très différent avec son père. Elle se demandait ce qui se passait, si elle avait commis une maladresse énorme en tant que mère. Je lui dis que je procéderais à une étude psychologique approfondie de son fils et que je lui transmettrais les résultats. Nous verrions ensuite ce qu'il faudrait faire.

Quand j'eus terminé, la situation s'éclaira. J'appelai la mère pour lui expliquer ce qui se passait. Je lui dis : « Votre fils commence à être amoureux de vous et cela l'égare. Il ne sait comment réagir à ces sentiments qui se situent au niveau de l'inconscient. La seule possibilité pour lui est d'être aussi désagréable que possible, pour créer sentimentalement des distances entre vous. C'est seulement ainsi qu'il se sent en sécurité devant ces sentiments nouveaux et troublants dont il se croit coupable envers vous qui êtes sa mère. Loin d'être un signe de haine, c'est en fait une façon d'exprimer l'amour intense qu'il vous porte. »

Les tests prouvèrent que le garçon était normal et qu'une psychothérapie n'était pas nécessaire. Quand sa mère eut compris ce qui se passait, elle fut en mesure de dominer la situation, aussi irritante qu'elle soit. Il continua ainsi pendant six ou sept mois, puis il se trouva une petite amie. Il n'avait désormais plus besoin d'être aussi désagréable avec sa mère.

Voici un autre exemple cité par le Dr. Anita Bell, d'une situation se présentant cette fois entre un père et sa fille. Elle avait une poitrine déjà développée, portait un soutien-gorge et n'était déjà plus une enfant. Elle se confiait fréquemment à son père en se plaignant de la sévérité de sa mère. Elle se blottissait contre lui, s'asseyait sur ses genoux et bavardait. A son grand étonnement et à son grand embarras, il s'aperçut que cela provoquait souvent chez lui une érection. Le père acceptait les avances de sa fille, mais refusait de leur donner une signification en pensant que sa fille n'était qu'une enfant. Elle contribuait à cette idée en se comportant alors en toute petite fille et non pas en fillette de 14 ans.

Cependant un an plus tard environ sa fille commença à sortir avec des garçons et son père réagit en tartuffe en disant qu'elle était trop jeune. Mais son attitude vertueuse était un moyen de défense psychologique contre son attirance sexuelle pour sa fille. En fait, elle lui échappait sentimentalement, elle essayait de reporter son amour sur le garçon avec lequel elle sortait. Son père, ignorant ses propres sentiments, ne pouvait le supporter et ne pouvait donc aider sa fille à résoudre « l'idylle familiale » de façon normale [1].

Ce dernier exemple nous conduit à aborder un autre problème. Les parents se trouvent confrontés au fait que leur enfant n'est plus un être « neutre », qu'il est sexuellement attirant avec ses sentiments romanesques et sexuels pour ses parents. Ils doivent subir, eux aussi, une attirance sexuelle nouvelle pour leur enfant. C'est une situation d'autant plus difficile que personne dans notre culture n'avertit les parents de l'existence de tels sentiments. C'est une véritable conspiration du silence, hantée par ce mot affreux et inavouable d'inceste.

Naturellement, parler d'inceste pour décrire ces sentiments serait se méprendre complètement sur la situation. Rappelez-vous que tout au long de ce livre j'ai insisté sur le fait *qu'il y a une énorme différence entre les sentiments et les actes.* L'inceste est un acte. Il existe parfois dans notre société, mais exceptionnellement entre père et fille et encore plus rarement entre mère et fils.

Je ne parle donc que des *sentiments.* Dans toute famille où il y a des adolescents, ces derniers sont attirés sexuellement par leur parent du sexe opposé et réciproquement beaucoup de parents ont complètement refoulé ces sentiments et n'en sont pas conscients, les jugeant trop affreux à l'égard de leurs propres enfants. S'engager dans des *actes* sexuels avec ses propres enfants serait bien sûr néfaste et psychologiquement désastreux. Mais on ne peut pas empêcher des *sentiments* normaux. Aucun mécanisme n'existe pour que les glandes sexuelles d'un père ne fonctionnent pas normalement quand sa fille, jeune et jolie, passe à côté de lui !

J'essaie donc de rompre le silence et je veux vous dire qu'il est absolument normal qu'un père ait une attirance sexuelle et des fantasmes vis-à-vis de sa fille adolescente. Il en est de même pour sa femme et son fils. Ce qui compte c'est que vous considériez ces sentiments comme *normaux* et que vous ne les rejetiez pas dans votre inconscient comme s'ils étaient « obscènes » ou « coupables ». Quand les pères refoulent de tels sentiments, cela les empêche de pouvoir aider vraiment leurs filles en les guidant à travers « l'idylle familiale » jusqu'à ce qu'elles trouvent l'homme de leur choix.

J'ai eu ainsi à traiter en psychothérapie une jeune fille complètement désorientée par l'attitude de son père à son égard. Elle me disait les larmes aux yeux : « C'était un si bon père et nous étions si proches l'un de l'autre. Et puis il y a quelques années il a commencé à me traiter comme s'il avait peur de m'approcher, même à distance. Il trouve des défauts à tous les garçons avec lesquels je sors, et m'accuse de ce que je n'ai jamais fait. Je n'ai jamais eu de rapports sexuels avec un garçon et il me traite pourtant de coureuse. »

En fait, le père ne pouvait maîtriser ses élans sexuels pour sa fille, ou même admettre qu'il en avait. C'est pour cela qu'il la traitait avec une telle sévérité.

Considérez que ce que vous ressentez est normal et naturel, et gardez-le pour vous. N'allez pas en informer votre fille qui serait probablement effrayée. Acceptez seulement tout cela comme une étape normale de l'idylle familiale.

Vous feriez mieux d'apprécier les côtés positifs de cette idylle, car un peu plus tard votre fille aura sûrement des soupirants et vous ne serez plus l'objet de ses rêves romanesques. Ainsi je me souviens qu'un jour, je discutais au salon avec ma fille de 14 ans. Elle me regarda avec les yeux qu'une adolescente peut avoir pour son chanteur préféré et me dit : « Oh ! papa, j'ai vraiment beaucoup de chance d'avoir un père comme toi. Tu es si intelligent, tu sais tellement de choses ! »

Quand vous connaissez de tels moments, profitez-en, car votre fille ne vous dira *plus* cela à 17 ou 18 ans !

J'ai passé beaucoup de temps à vous décrire l'idylle familiale au niveau de l'adolescence. Je ne voudrais pourtant pas que vous pensiez que c'est l'aspect le plus important de la relation parent-adolescent. La conquête de son indépendance est beaucoup plus importante.

Pensez seulement que vous vous trouvez en face d'un semi-adulte et ce n'est pas facile !

De l'enfant au semi-adulte

Pour illustrer la difficulté à opérer la transition entre le moment de l'enfance et celui de l'âge semi-adulte je vais avoir recours à une analogie.

Au long de ma carrière, j'ai enseigné à tous les niveaux, de l'école maternelle jusqu'à l'université. Sans aucun doute, ce sont la cinquième et la quatrième qui sont les plus difficiles, c'est-à-dire le début de l'adolescence.

Jusqu'en septième les enfants considèrent leur maître comme quelqu'un de tout-puissant. Il peut leur arriver de désobéir mais ils sentent qu'ils ont tort. Ils rapportent ses paroles. Cette attitude commence à changer en sixième et il est définitivement tombé de son piédestal dans les deux années suivantes. Ce ne sont plus des enfants obéissants (ou désobéissants) mais des semi-adultes provocateurs.

Ce qui arrive aux professeurs arrive aussi aux parents. Au plus profond de nous-mêmes, nous nous sentons mis à l'écart et cela nous blesse sans que nous voulions le reconnaître. Nous pensons que pour notre enfant la maison n'est plus qu'un endroit où il mange et dort et ne cesse de converser au téléphone. Et nous nous demandons comment il peut en être arrivé là après tout ce que nous avons fait pour lui.

Pour beaucoup, cette amertume se transforme en colère. Ils pensent qu'ils ont été trop permissifs et que c'est pour cela que leur enfant agit ainsi. Ils décident donc d'être inflexibles et de leur montrer une fois pour toutes qui commande à la maison.

Bien sûr, quand des parents adoptent une attitude aussi stricte, ce qui a été chez l'adolescent une révolte tout à fait normale, devient un conflit pénible et stérile. Plus les parents engagent leur artillerie lourde et plus l'adolescent s'engage dans la guérilla, l'escalade commence pour aboutir à une rupture complète du dialogue.

Pour éviter d'en arriver là, j'ai insisté pour que vous appreniez à considérer la révolte de l'adolescent comme une *étape positive* de son développement, mais même si *intellectuellement* nous pouvons la considérer comme telle, cela nous blesse dans nos sentiments. Les parents doivent la tolérer et la maîtriser. Il pourra vous être utile de parler à d'autres parents d'adolescents et de voir qu'ils agissent de la même façon. J'ai remarqué que les pères, plus que les mères, refoulent ces sentiments et se bloquent. Ils ont généralement conscience d'être furieux mais ils comprennent très rarement que derrière leur colère se cache l'amertume. Il est important qu'un père puisse l'exprimer et en parler à sa femme ou à un ami. Tant qu'il les refoulera et les gardera au niveau de l'inconscient, il ne pourra les maîtriser.

Une fois de plus, je ne peux que dire aux pères : Vous avez l'impression de perdre votre fils ou votre fille et que vous ne comptez plus beaucoup. Ne vous méprenez pas sur ce comportement extérieur. Vous comptez encore beaucoup pour eux, mais plus autant que lorsqu'ils étaient enfants.

Vous comptez d'une façon nouvelle et quelque peu difficile ; vous avez en face de vous, non plus un enfant, mais un semi-adulte. Reprenez courage, quand votre enfant sortira de l'adolescence, vous aurez un autre rôle auprès de lui, celui d'un adulte plus âgé en face d'un jeune fils, d'une jeune fille adultes.

Les ouvrages insistent sur les bouleversements de la vie d'adolescent et les difficultés que ce dernier éprouve pour atteindre la maturité psychologique. J'essaye de faire remarquer qu'il en est exactement de même pour les parents. On leur demande un effort psychologique difficile pendant qu'ils s'adaptent à l'évolution radicale de leurs enfants. Je pense parfois que les parents d'adolescents devraient pouvoir suivre des sessions hebdomadaires de thérapie de groupe. Nous pourrions alors libérer nos inquiétudes sur les autres et recevoir leur aide affective, nous aidant ainsi à diriger notre barque au milieu des tourbillons de l'adolescence.

Les adolescents et la drogue

Je ne connais rien de plus épouvantable que de traiter de la drogue. Le fait est qu'elle terrifie les parents. C'est un monde mystérieux. Les parents ne se sentent pas capables d'y faire face. L'information est la meilleure façon de la démystifier. Je vais donc vous expliquer ce que sont les drogues pour vous permettre d'empêcher votre adolescent d'en user ou quelle conduite adopter s'il se drogue.

Il nous faut d'abord définir quelques termes.

Une *drogue* est une substance chimique qui agit sur le corps ou sur l'esprit.

Une *drogue psychoactive* est une drogue qui modifie l'esprit d'une certaine façon.

Quand nous parlons des jeunes et de la drogue, il ne s'agit pas d'aspirine mais de drogues psychoactives comme la marijuana, le L.S.D., les amphétamines, les alcools ou les barbituriques. Je ne fais pas de distinctions stupides pour vous dire que techniquement la marijuana et les alcools ne sont pas des drogues. Je trouve plus simple de classer parmi les drogues tout ce qui altère la conscience. L'important c'est que les adolescents utilisent toutes sortes de substances chimiques pour se sentir plus en forme, s'évader ou modifier leur conscience. Il y a quelques années, le bruit courait que si on faisait sécher des peaux de banane et si on les fumait, l'effet était presque le même qu'avec la marijuana. Dans ce cas, on pourrait définir les peaux de banane comme drogue psychoactive de par leur fonction.

Tout adolescent qui a essayé, pour quelque raison que ce soit, une ou plusieurs drogues psychoactives est un *expérimentateur de drogues*. Il essaie et après quelques tentatives, renonce. Tout adolescent qui est allé plus loin qu'un bref essai et qui utilise des drogues de façon excessive pour répondre à un besoin psychologique est un *drogué*. Il importe peu de savoir quelles drogues il utilise, si elles entraînent une intoxication physique ou non. L'adolescent qui en abuse comme d'un auxiliaire clinique, est un *drogué*.

Tout adolescent qui utilise des drogues qui entraînent un besoin permanent est un *toxicomane*. L'exemple classique d'une telle drogue est l'héroïne. L'absorption d'héroïne entraîne l'accoutumance et un besoin de doses de plus en plus grandes pour obtenir le même effet. L'adolescent devient alors dépendant de la drogue physiquement et affectivement. Si on cesse brusquement l'absorption d'une drogue intoxicante comme l'héroïne, la période qui suit se caractérise par des symptômes physiques extrêmement pénibles et des réactions affectives désagréables.

Il est nécessaire de donner des définitions précises car, malheureusement, beaucoup de parents assimilent tout en bloc comme si les drogues avaient toutes le même effet. Ils peuvent découvrir que leur adolescent a fumé de la marijuana une ou deux fois et le traiter, dans leur colère, « d'intoxiqué dépravé » alors que la marijuana, d'après toutes les données scientifiques actuelles, ne peut être considérée comme un stupéfiant au même titre que l'héroïne.

Comment empêcher l'adolescent d'abuser des drogues

Certains parents voudraient empêcher leur enfant de jamais toucher à une drogue. En d'autres termes, ils voudraient connaître le moyen d'empêcher leur adolescent d'essayer toute drogue. De tels parents pensent sans doute que les adolescents psychologiquement les plus sains sont ceux qui n'ont jamais tenté de se droguer. A mon grand regret, je ne le pense pas. Il est vrai que beaucoup d'adolescents très sains psychologiquement n'ont jamais essayé de le faire. Mais il est vrai aussi que beaucoup d'entre eux essaient. Certains s'abstiennent de se droguer, non pas parce qu'ils sont forts psychologiquement, mais au contraire par faiblesse. Ils n'essayent pas, uniquement parce qu'ils ont peur de toute forme de révolte, y compris celle-ci. Ce sont les bons petits garçons qui n'ont jamais le courage de se rebeller pendant l'adolescence et qui connaissent souvent une crise d'adolescence tardive vers 30 ou 40 ans.

Ce que je veux dire c'est qu'il n'est pas réaliste de votre part de penser que votre adolescent traversera cette période sans jamais essayer. Par ailleurs, vous pouvez ne jamais savoir que votre adolescent a essayé. A mon avis, les parents doivent être vigilants pour empêcher l'adolescent de devenir un *drogué* ou *toxicomane*.

Comment un adolescent ou un adulte peuvent-ils donc le devenir ?

L'individu qui se drogue le fait généralement pour résoudre un problème affectif ou pour répondre à un manque affectif. Il s'en abstiendrait s'il trouvait la solution ou la réponse sans ce secours chimique.

Je dis quelquefois à mes patients adultes : « Vous savez, il n'y a pratiquement aucun problème affectif pour lequel les gens suivent une psychothérapie, qui ne pourrait se régler *temporairement* par trois Martini bien tassés ! » Les crises d'anxiété, de dépression, les malheurs conjugaux, les obsessions, les impulsions... tout cela peut s'effacer en un instant devant trois Martini. Bien sûr, une fois que l'effet de l'alcool a disparu, le problème sous-jacent est toujours là, puisque le patient n'a rien fait pour le supprimer. Il en est de même pour la drogue. Elle ne résout pas les problèmes affectifs en profondeur ; elle les efface temporairement.

La première chose que vous puissiez faire pour empêcher votre enfant de devenir un drogué est de l'élever de telle sorte qu'il ait un psychisme équilibré. Si vous l'avez élevé selon les principes psychologiques que je vous ai décrits dans ce livre et si vous avez satisfait à ses besoins profonds, il doit avoir un concept de soi fort et sain, il est capable de s'aimer et d'aimer les autres, et alors, souhaitons-le, le problème de la drogue ne se posera jamais pour lui. Vous pouvez cependant concentrer votre attention sur certaines attitudes spécifiques qui seront une assurance affective contre la drogue.

Premièrement, la chaleur de vos rapports avec votre enfant est un de vos meilleurs garants. Si les liens qui vous unissent sont solides, profonds et pleins d'amour, vous avez toutes les chances pour que son adolescence soit normale. La drogue est le signe d'une révolte anormale. Bien des pères sont absorbés par leur travail et consacrent peu de temps à leurs adolescents. Il y a un grand vide affectif dans la vie de ceux-ci et ils se tournent vers la drogue pour le combler. Evitez cela en passant du temps avec votre enfant et en apprenant à l'apprécier en tant qu'individu.

Deuxièmement, vous pouvez l'aider à éviter de devenir un drogué en maintenant un dialogue sincère avec lui pendant les années de la préadolescence. Je l'ai déjà dit. laissez votre enfant exprimer ses sentiments verbalement et faites-lui voir que vous le comprenez par la méthode de la rétroaction. Certains adolescents se droguent pour libérer des sentiments agressifs longtemps refoulés. Si au contraire votre enfant a appris à s'exprimer librement et verbalement, il n'aura pas besoin de drogue. Rappelez-vous l'incident décrit au chapitre 6 à propos de Randy faisant pipi dans un vase pour exprimer sa colère. Beaucoup d'adolescents manifestent leur colère, bien plus tard, en se droguant.

Les rapports ouverts et sincères sont valables pour une autre raison. Supposons que votre enfant sente qu'il peut discuter librement avec vous d'autres sujets mais que vous ne l'écoutez pas quand il parle de drogue. Vous le privez alors de la possibilité d'absorber une partie de votre force psychologique pour résister à la tentation. S'il vous dit : « Tu sais, papa, je me demande ce qu'il y aurait de si dangereux à essayer la marijuana » et si vous répondez : « Tu divagues, mon garçon. Tu connais bien tous les dangers d'une drogue comme la marijuana », votre réponse supprime toute possibilité de communication. Il ne vous recherchera sûrement pas pour discuter de ses sentiments, de ses fantasmes et de ses désirs contradictoires à propos de la marijuana. Supposons que vous ayez répondu : « Tu as pensé sérieusement à fumer la marijuana. Cela t'intéresserait d'essayer. Dis-m'en davantage sur ce que tu ressens. » Avec une telle réponse vous laissez la porte ouverte pour d'autres confidences et peut-être pour une conversation très utile. Votre adolescent a peut-être besoin de pouvoir discuter librement avec vous pour puiser cette force morale nécessaire pour résister à la tentation.

La drogue parmi les adolescents se répand comme une épidémie. Ceux qui se droguent déjà jouent le rôle de « prosélytes » pour convertir leurs amis. Dans la plupart des cas, ceux qui entraînent les adolescents ne sont pas « de vieux vicieux qui proposent la drogue » mais leurs amis. Il faudra donc que votre enfant soit assez fort pour résister aux pressions du groupe de ses amis.

S'il est déchiré intérieurement pour savoir s'il doit céder aux instances de ses camarades ou non, à qui peut-il confier ses doutes ? Sûrement pas à ceux qui font pression sur lui. Si vous avez pu maintenir une attitude ouverte et objective, il vous confiera peut-être ses hésitations. D'un côté, il ne veut pas décevoir ses camarades et de l'autre, il veut rester à l'écart de la drogue. Peut-être pourrez-vous lui donner, par quelques conversations vraiment sincères, la force morale nécessaire pour ne pas se laisser entraîner.

Troisièmement, vous pouvez l'aider en lui fournissant des renseignements sûrs et précis sur la drogue dans les années qui précèdent l'adolescence, entre 5 et 13 ans. De quelle façon ? En faisant ce que j'appellerai « semer le bon grain ». Quand vous voyez un article de journal ou de magazine traitant d'une certaine drogue ou du problème de la drogue en général, vous pouvez en parler, à table, en voiture... Ainsi vous pouvez dire : « J'ai lu dans le journal qu'un adolescent est mort en absorbant une dose massive d'amphétamines » ou : « J'ai vu que l'Institut d'hygiène mentale est en train d'étudier les différences entre les adolescents qui fument la marijuana et ceux qui ne fument pas. » Prenez un ton anodin. Abstenez-vous de sermonner ou de moraliser.

Vous pouvez aussi lire des livres sur la drogue à votre écolier comme sur n'importe quel autre sujet. Gardez-vous de donner à cette lecture un caractère sensationnel.

Si vous agissez ainsi pendant les années qui mènent à l'adolescence, votre enfant sera déjà très informé. Il aura assimilé l'idée que les drogues sont dangereuses. Si on lui en parle à l'école, tant mieux. Mais rappelez-vous que ce sont les parents qui sont la source première d'information (ou de non-information) dans ce domaine.

Dès le début de l'adolescence, votre enfant aura besoin de notions plus compliquées, comme pour les questions sexuelles. D'abord, il sera soumis à la pression d'arguments très discutables de ses camarades. Si vos rapports sont faciles, il vous lancera probablement : « Les gens de ta génération prennent bien des Martini et des cocktails ; pourquoi ne pourrait-on pas se droguer ? » Pour répondre à de telles questions, il faut bien connaître les faits bruts sur les différentes drogues couramment utilisées. Souvent, les adolescents en savent plus que leurs parents. Et cela sape leur autorité.

Comment les parents peuvent-ils s'informer ?

Je vous suggère de lire au moins un livre. *Qui sont les drogués ?* par le Dr. P. Bensoussan (Laffont) ou *Dossier D... comme drogue*, par E. Alain Jaubert.

Il vous faut des données scientifiques objectives sur les différentes drogues et les dangers potentiels et réels de chacune.

Et surtout, tenez compte de toutes ces informations pour vous composer un jugement d'ensemble, une sorte de « philosophie de la drogue ». Alors seulement votre adolescent pourra connaître votre opinion sur les drogues en général et chacune en particulier. Il ne sera peut-être pas d'accord mais il vous respectera d'abord parce que vous êtes informé et deuxièmement parce que votre point de vue est clair.

Il faut qu'un père admette que la génération des adultes est concernée par ce problème. C'est un point qui fait naître la colère des jeunes quand on leur dit hypocritement que le problème de la drogue ne concerne que les adolescents.

Bien plus que les adultes ne le comprennent, toute la culture américaine est devenue une culture de la drogue. La télévision ne cesse de conseiller d'avaler une pilule pour calmer les nerfs, l'estomac ou le mal de tête. Comment nos enfants qui ont vu cette publicité pendant dix ans pourraient-ils rester insensibles à ce message : « Quels que soient vos ennuis, prenez une pilule ? »

Vos rapports avec votre enfant seront fortifiés si vous admettez que le problème de la drogue concerne à la fois les parents et les jeunes dans notre civilisation. Chaque année aux Etats-Unis les médecins prescrivent pour plus de 125 millions de dollars de sédatifs et de tranquillisants et pour plus de 25 millions de stimulants.

A la vérité, nous sommes devenus un pays d'intoxiqués des médicaments. Si vous le reconnaissez honnêtement devant votre adolescent, vous faciliterez probablement des rapports francs et ouverts.

Quatrièmement, votre exemple sera certainement des plus efficaces pour le décourager de la drogue. Vous ne pouvez sans doute rien faire de mieux que de recenser votre armoire à pharmacie et de jeter tout médicament qui ne soit pas d'usage courant, sur ordonnance du médecin et absolument indispensable. Beaucoup de lycéens commencent à se droguer en essayant les médicaments de l'armoire à pharmacie familiale. Si votre adolescent sait que vous êtes opposé à l'utilisation des médicaments et que vous n'y recourez pas (par exemple aux tranquillisants pour lutter contre les difficultés de la vie, pour mieux dormir ou pour maigrir), c'est la meilleure aide que vous puissiez lui apporter.

Cinquièmement, il faut que les parents offrent à leur adolescent la possibilité de prendre part à des activités constructives et valables. Il lui faut un but, il a besoin de croire à une cause qui le dépasse. Rappelez-vous que j'ai traité de l'idéalisme de l'adolescent au chapitre précédent. Il a besoin d'un moyen d'exprimer ses idées. S'il ne le trouve pas, il se tournera vers la drogue. Le Dr. Donald Louria qui fait autorité en la matière, expose ainsi le problème : « Je vois sans cesse de jeunes drogués qui semblent ne pas avoir de but et ne semblent s'intéresser à rien. D'une façon ou d'une autre, ils disent que rien ne leur plaît [2]. »

Il y a pour eux toutes sortes d'activités intéressantes, dynamiques et constructives. Il y a assez de problèmes dans notre société que les jeunes peuvent aider à résoudre. Ils peuvent participer à des projets lancés dans leur paroisse, aider aux œuvres sociales, visiter des personnes âgées, militer dans un parti. Dans un autre domaine, ils peuvent se consacrer aux sports. Je connais nombre d'adolescents qui ne songeraient même pas à se droguer parce que le sport joue pour eux un rôle décisif.

En résumé, *beaucoup d'adolescents se sentent inutiles*. Ce ne sont plus des enfants, mais pas encore des adultes. Ils se trouvent dans une sorte de no man's land. Donnez-leur l'occasion de se rendre utiles, vous éviterez ainsi le vide psychologique que tant d'entre eux comblent par la drogue.

Encore une fois, l'exemple que vous donnez est décisif. Si vous passez votre temps à travailler ou à vous détendre à la maison devant votre poste de télévision, et si vous manifestez peu d'intérêt pour les problèmes encore non résolus de notre société, il y a peu de chances que votre adolescent s'y intéresse.

J'ai essayé de ne pas donner trop de détails sur les « activités constructives et valables ». Elles dépendront beaucoup de l'endroit où vous vivez, mais le fond reste le même : l'adolescent qui croit en une cause plus importante que lui-même, qui se dépense en activités extra-scolaires constructives, risque beaucoup moins de se droguer que celui qui n'a aucune motivation idéaliste et qui vit dans l'ennui et l'apathie.

Je vous ai donné cinq conseils. Malheureusement, beaucoup de parents dans leur désir trop grand d'empêcher leur enfant de se droguer, font inconsciemment le contraire de ce qu'il faudrait. Au lieu de l'en détourner, ils l'y conduisent. Voici donc maintenant cinq attitudes à *éviter*.

Premièrement, évitez d'être indiscret et de vous transformer en « détective ». Beaucoup de parents le font, tant ils ont peur que leurs enfants se droguent. Ils écoutent les conversations téléphoniques, passent leur chambre au peigne fin. Or vous savez que les adolescents tiennent par-dessus tout au respect de leur intimité. Si votre enfant hésite à se droguer, votre espionnage peut l'y pousser.

Deuxièmement, ne faites pas de leçon de morale, ne faites pas de « grandes scènes ». Quand j'étais étudiant à l'université Yale, un de mes amis, fils de pasteur, nous annonça un jour : « Vous savez ce que je vais faire ? Je vais acheter une bouteille d'alcool, aller dans un hôtel à New Haven, vider ma bouteille et me soûler pour voir ce que ça fait ! Toute ma vie, on m'a sermonné sur les méfaits de l'alcool, j'ai décidé de voir par moi-même ! » De toute évidence, les sermons avaient eu l'effet inverse de celui que ses parents avaient recherché.

Ceci se passait bien sûr avant que le problème de la drogue se pose en Amérique, mais les ressorts psychologiques sont les mêmes. Si la drogue devient un sujet tabou, c'est là qu'il fascinera l'enfant.

Troisièmement, évitez de faire des reproches à votre enfant à propos de ses amis. Par le téléphone arabe les parents apprennent parfois qu'ils se droguent ; sans avoir de preuves en ce qui concerne leurs enfants, ils leur interdisent de les fréquenter. Je pense que c'est une erreur. C'est comme si vous disiez à votre enfant que vous ne pouvez lui faire confiance puisque ses amis se droguent. Ce fut le cas pour ma fille quand elle était au lycée. Nous avions des rapports empreints de confiance, par notre attitude nous lui fîmes comprendre que nous ne pensions pas qu'elle se droguerait uniquement parce que ses amis le faisaient.

Les amis jouent un rôle très important pour l'adolescent. Si vous lui interdisez de les voir, il y a de grandes chances pour qu'il les voie en cachette. Il vous en voudra de votre action punitive et s'il ne s'est pas encore drogué, le fera peut-être pour exprimer son ressentiment.

Quatrièmement, ne portez pas d'accusations sans être sûr de votre fait. Le Dr. Donald Louria cite à ce propos cet exemple navrant :

> J'ai donné récemment une conférence dans le Connecticut. Les organisateurs avaient préparé des cartes dont je pouvais choisir les plus caractéristiques pour y répondre pendant une période assez limitée. Après avoir consulté la moitié à peu près de ces cartes, je tombai sur une d'entre elles qui me laissa interdit. L'adolescent avait noté : « Mes parents pensent que je me drogue. Ce n'est pas vrai. Comment les convaincre ? » Peut-on exprimer de façon plus nette et plus désolante le fossé d'incompréhension entre parents et enfants ? Ce mot est une démonstration éclatante

que là où il n'y a pas communication, la confiance est impossible [8].

Rien n'est plus accablant pour un adolescent que d'être accusé à tort. Dans ce cas, il raisonnera de la façon suivante : « Mes parents pensent que je me drogue de toute façon ; dans ce cas je ferais aussi bien d'essayer ! » Apprenez à dominer votre angoisse, ne lancez pas d'accusations pour la calmer et rejeter la faute sur votre enfant.

Cinquièmement, beaucoup de livres et d'articles ont établi une liste des « symptômes » qui peuvent indiquer que votre adolescent se drogue. Cette liste varie, on y trouve que l'adolescent a les yeux rouges, un excès ou un manque d'appétit énormes, un goût excessif pour les sucreries, qu'il est angoissé, qu'il néglige sa mise, etc.

Je désapprouve vivement cette méthode. Les parents ne sont pas des spécialistes compétents, habitués à rencontrer de nombreux adolescents qui ont utilisé toutes sortes de drogues. Si des parents prêtent attention à une telle liste, ils vont se transformer en détectives trop zélés, et ils arriveront à considérer comme signe d'intoxication toutes les bizarreries normales de l'adolescence.

Je vous donne à la place un *seul* conseil, qui relève du bon sens. Voilà de nombreuses années que vous connaissez votre enfant au moment où il entre dans l'adolescence. Vous savez quelle est sa personnalité. Si l'enfant que vous connaissez bien commence à avoir un comportement étrange, alors seulement vous pourrez vous inquiéter.

Prenons l'exemple de l'adolescent qui fait brûler de l'encens dans sa chambre. Vous trouverez sans doute cette attitude symptomatique sur la liste car beaucoup d'adolescents essaient ainsi de couvrir l'odeur de la marijuana. Mais, beaucoup aussi utilisent l'encens parce que c'est la mode. Vous risquez de rompre les chances de dialogue en faisant irruption dans sa chambre pour lui dire vos soupçons.

Faites appel à votre bon sens. Ne restez pas à ignorer un comportement bizarre. Même si le problème de la drogue n'existait pas, des parents ne peuvent pas rester indifférents aux bizarreries de leur enfant. Dites-lui : « Tu sais que je m'intéresse à toi. Il me semble que tu agis d'une façon qui n'est pas la tienne. (Précisez comment.) J'en arrive à penser que tu te drogues. Est-ce vrai ? »

Utilisez une méthode simple, n'espionnez pas les faits et gestes de votre enfant. N'ignorez pourtant pas tout changement évident.

Que faire si vous découvrez que votre enfant s'est drogué ?

Le moment est venu de classer très succinctement les drogues :

1. Les euphorisants. Ce sont les amphétamines. Ils remontent le moral, augmentent les facultés intellectuelles, et accentuent l'acuité sensorielle. Beaucoup d'adultes les utilisent comme « pilules de régime » mais n'en attendent pas consciemment qu'elles leur donnent un coup de fouet. On les trouve dans de nombreuses armoires à pharmacie. La méthédrine est la plus forte. On la trouve sous des formes diverses : benzédrine, dexédrine, et bien d'autres. Le bruit court parmi les adolescents « qu'elle tue » et beaucoup savent que la dépression qui suit une dose excessive peut tuer une personne.

La cocaïne est un autre euphorisant. On se contente souvent de la « priser ».

2. Les barbituriques ou calmants. Ce sont des drogues comme le Seconal, le Tuinal, le Nembutal. Ce sont des pilules pour dormir qu'on trouve aussi dans la pharmacie familiale. Beaucoup de sédatifs provoquent l'intoxication et sont particulièrement dangereux quand on les mêle à l'alcool.

Les adolescents essayent souvent différents mélanges d'euphorisants et de calmants pour se trouver en état d'euphorie permanente.

3. Les tranquillisants. Les adultes ont de plus en plus recours aux méprobamates et tranquillisants dérivés. On les trouve aussi dans toutes les maisons. Les tranquillisants entraînent moins d'abus que les autres drogues dans la mesure où ils ont pour effet de réduire une anxiété excessive qui, au mieux est une sensation spécifique désagréable et au pire un mal qui paralyse la vie.

A doses normales, les tranquillisants ne nous remontent pas, ne ralentissent pas nos facultés et ne développent pas l'esprit. Cependant, les adolescents préparent souvent leur propre mélange d'euphorisants et de tranquillisants pour connaître un état d'euphorie spécifique qui leur convient.

4. Les hallucinogènes. Ces drogues altèrent la conscience, donnant à l'utilisateur la possibilité de voir, de sentir, ou d'apprécier des choses qui n'existent pas. Elles déforment toutes la réalité.

La marijuana est la drogue hallucinogène la plus utilisée. Les effets psychologiques sont variables, et peuvent entraîner une distorsion des facultés auditives, de la vision, et de la conscience du temps. La pensée devient onirique. Elle donne habituellement une sensation passive d'euphorie et de bien-être.

Bien qu'il n'y ait pas d'accoutumance, les adolescents qui y ont recours de façon chronique, à haute dose, manifestent souvent ce qu'on a appelé le « syndrome de la non-motivation » : l'adolescent perd le désir de travailler, de lutter et de relever les défis. Il s'abrite au contraire dans la passivité où toute sa vie semble se cristalliser autour d'un besoin contraignant de marijuana.

Les autres drogues hallucinogènes sont le L.S.D., la mescaline tirée du cactus peyotl, la psilocybine qu'on trouve dans le champignon mexicain, des graines de volubilis contenant des acides lysergiques qui ont un pouvoir hallucinogène mais moindre que le L.S.D.

L'état qu'elles procurent varie beaucoup suivant la personnalité de l'utilisateur, l'endroit où elles sont absorbées, et la dose. D'une façon générale, elles altèrent énormément la perception du réel. Les changements de vision sont très frappants. La pensée peut se matérialiser en images. La notion du temps et du moi s'altèrent de façon dramatique. On peut avoir des illusions et des hallucinations.

Sous l'influence du L.S.D., l'individu fait ce qu'il appelle un « bon voyage » ou un « mauvais voyage ». Le bon voyage consiste en images et sensations agréables. C'est l'inverse pour le mauvais voyage : les images sont terrifiantes et on ressent une crainte et une angoisse immenses. L'émergence soudaine de ces sentiments plonge l'utilisateur dans un état de panique. Un garçon de 16 ans est venu me consulter à la suite d'un mauvais voyage qui avait fait surgir des sentiments homosexuels réprimés jusque-là. Il avait une peur panique de l'être. Les voyages désagréables connus sous le terme de « flash-back » peuvent se produire des mois ou des années après.

Il n'y a aucune possibilité de savoir si un voyage sera bon ou mauvais. Le L.S.D. est sans aucun doute le plus puissant des hallucinogènes. Quand on songe à tous les dangers qu'un mauvais voyage peut entraîner, on doit classer le L.S.D. parmi les drogues les plus nocives. Les adolescents en ont entendu parler et l'utilisation du L.S.D. ou « acide » a beaucoup diminué.

5. Les narcotiques. Ce sont des drogues qui soulagent la douleur et font dormir. La plupart sont des dérivés de l'opium du pavot. La morphine en est un dérivé, comme l'héroïne qui est de la morphine ayant subi un traitement chimique pour être six fois plus puissante. L'héroïne est le narcotique interdit le plus fort au marché noir de la drogue et est responsable à 90

pour cent du problème de la toxicomanie. Elle a toutes sortes d'appellations argotiques.

Avec une injection d'héroïne, l'individu se sent détendu, en forme, dans un état agréable semi-onirique. Il lui faut des doses de plus en plus élevées pour trouver cet état et pour éviter les symptômes extrêmement pénibles du manque. En d'autres termes, l'héroïne est intoxicante physiquement et psychologiquement. Les tissus du corps ont un besoin pressant de la drogue ; comme l'alcoolique dont le seul but est de trouver de l'alcool, l'héroïnomane centre sa vie quotidienne sur sa dose d'héroïne.

Heureusement pour les habitués de l'héroïne, le nombre et la qualité des narcotiques de remplacement a augmenté. Un médecin peut désintoxiquer un héroïnomane en lui donnant un narcotique de substitution tel que la méthadone et en réduisant lentement les doses. Pendant qu'il continue à prendre de la méthadone, une psychothérapie peut l'aider à régler les problèmes affectifs qui l'ont poussé à se droguer au début.

Après ce bref aperçu, vous comprendrez leur attrait, surtout pour un adolescent qui souffre d'un vide dans sa personnalité. La drogue comble temporairement ce vide. Elle offre un « bonheur immédiat ». Tous les adolescents affrontent des difficultés affectives qu'il leur faut maîtriser. Comment s'étonner que dans notre société qui prend des pilules à tout propos, les adolescents soient tentés de trouver « le bonheur instantané » plutôt que de choisir une voie difficile et pénible pour résoudre leurs problèmes ?

Supposons donc que vous découvrez que votre adolescent a succombé au piège et qu'il est devenu un drogué. Que faire ?

D'abord, essayez de ne pas vous affoler. Il semble à beaucoup de parents que quelle que soit la drogue utilisée, leur enfant a fait le premier pas sur la voie sans retour de l'enfer de la drogue. Ce n'est pas vrai. Et c'est pourtant une attitude courante. Et naturellement, ils sont pris de panique. Ils prononcent des paroles ou commettent des actes, auxquels ils ne recourraient pas s'ils étaient plus calmes.

Mon conseil le plus impérieux est que si vous êtes certain que votre enfant s'est drogué, *vous ne devez pas intervenir le jour même.* Attendez au moins vingt-quatre heures. Laissez la question mûrir. Confiez-vous à votre femme. Parlez-en tous deux à un tiers : votre médecin de famille, un prêtre, un psychologue ou un psychiatre. Ne vous précipitez pas dans l'affolement. Prenez votre temps. Assurez-vous que vous consacrerez le meilleur de vos pensées aux problèmes de votre enfant, et non le pire.

Deuxièmement, n'agissez pas brutalement en pensant qu'une attitude punitive éclaircira cette situation malheureuse. En voici un exemple :

> Quand Tracy, âgé de 15 ans, rentra un soir à la maison, il trouva ses parents courroucés. Avant d'avoir pu demander ce qui n'allait pas, son père lui lança au visage un paquet de marijuana et hurla : « Tu ne te soucies pas beaucoup de nous, n'est-ce pas ? » Sa mère fondit en larmes. Entre deux sanglots, elle lui dit : « Je t'ai donné tout ce que tu voulais. Comment peux-tu me faire aussi mal ? » Dans le sermon qui suivit, Tracy n'entendit pas une phrase qui indiquât que ses parents cherchaient à savoir pourquoi il se droguait. Ils ne s'intéressaient qu'à eux-mêmes mais Tracy ne réussit pas à le leur faire comprendre [4].

Cette réaction est typique de beaucoup de parents. Ils ne prennent pas le temps ou ne font pas l'effort de chercher à trouver ce qui a mené leur enfant à se droguer. Ils ne lui offrent pas la possibilité d'exprimer et de fouiller ses sentiments. Ils ne font rien pour faire naître une communication dans les deux sens entre eux et l'adolescent. Ils se contentent d'une communication unilatérale, leur enfant étant le récepteur du sermon et d'une punition sévère. Ils peuvent le priver de sortie pendant un mois. Ils peuvent essayer de le séparer définitivement de ses amis. Dans une telle situation, les parents semblent déployer une imagination sans limites.

Toutes ces mesures portent l'échec en elles. La plupart du temps, un adolescent, surtout s'il est jeune, se sent coupable et il acceptera volontiers de faire honnêtement des efforts pour renoncer. Des mesures sévères atténuent son sentiment de culpabilité et le transforment en colère. Il perd alors toute raison de changer de conduite. Il ressentira sans doute beaucoup d'hostilité contre ses parents et il aura envie de se venger. Quelle que soit sa motivation au départ, il aura maintenant très envie de continuer pour contrarier ses parents.

Troisièmement, ne tentez pas la « cure géographique ». Nombre de parents envoient leurs enfants en pension ou vivre un moment avec des membres de leur famille. J'ai même connu des parents qui songeaient très sérieusement à déménager afin de soustraire leurs enfants à ce qu'ils considéraient comme des « influences peu souhaitables ».

Ces tentatives sont vouées à l'échec, pour une raison bien simple : l'adolescent se drogue pour des raisons psychologiques qui ne seront pas transformées par un simple déménagement.

Quatrièmement, évaluez la gravité du problème. Il n'y a aucune commune mesure entre le cas de l'adolescent de 14 ans qui a essayé la marijuana deux ou trois fois et celui de 16 ans qui prend des doses d'héroïne depuis six mois. Les parents sont trop concernés pour rester objectifs.

Je veux dire qu'un psychologue ou un psychiatre, habitué par son métier à évaluer les adolescents et à les conseiller aussi bien que les adultes, peut jouer un rôle déterminant. S'il ne se trouve pas une telle personne dans votre entourage, allez consulter à la ville voisine, cela en vaut la peine, même si c'est à une cinquantaine de kilomètres de chez vous. Ne serait-ce que pour une chose : en passant votre temps et en dépensant votre argent, vous transmettez ce message à votre enfant : « Nous nous intéressons beaucoup à toi. Cela vaut la peine de faire tous ces efforts pour t'aider. »

S'il n'y a vraiment pas de psychologue averti ou de psychiatre dans un rayon de 100 kilomètres, vous trouverez peut-être de l'aide en vous confiant à un médecin de famille ou à un prêtre compréhensifs. Mais si ce sont des gens stricts et sévères, ils ne pourront qu'aggraver la situation.

Si personne ne peut vous aider, il faudra que vous discutiez de la situation en toute confiance avec votre femme, et que vous soyez capables d'évaluer la gravité du problème. Il vous faut pour cela avoir des années de base, savoir si votre adolescent n'a fait qu'essayer ou s'il est devenu un habitué. Quelle drogue il utilise, plus ou moins dangereuse. Considérez comme « bénignes » (pour autant qu'une drogue puisse l'être) : la marijuana, les antitussifs, la codéine, la noix de muscade, les stimulants à faible dose, les sédatifs, les tranquillisants absorbés par voie orale. Considérez comme « sérieuses » : le L.S.D., la cocaïne, l'opium, la morphine, la mescaline, la méthédrine, l'héroïne et tout ce qui s'administre par injection.

Pour évaluer le problème, les parents commettent quelques erreurs essentielles, ils réagissent de façon disproportionnée et souvent inversement à l'importance de la drogue.

Cinquièmement, rappelez-vous *que les sentiments comptent plus que les faits*. Je n'insisterai jamais assez sur ce point, car il est déterminant. Trop de parents ne cherchent qu'à s'informer sur les « faits ». Ce faisant, ils ignorent les sentiments de l'adolescent. Ils utilisent la méthode de l'interrogatoire au tribunal et bombardent de questions : « Depuis combien de temps fumes-tu ? Où te l'es-tu procuré ? Lesquels de tes camarades se droguent ? Où as-tu trouvé l'argent pour l'acheter ?... » Une telle démarche met l'adolescent sur la défensive, et lui donne l'impression d'être au banc des accusés. Si vous l'encouragez patiemment à exprimer ses sentiments, les « faits » surgiront, tôt ou tard

Une fois de plus, en cette situation de crise, comme dans tous les rapports parents-enfant, vous ne pouvez rien faire de plus décisif que d'encourager votre enfant à s'exprimer, puis utiliser la technique du feed-back pour lui faire savoir que vous le comprenez. Vous pourriez peut-être ouvrir la conversation de la façon suivante : « Pourrais-tu te rappeler quand tu as essayé la marijuana la première fois ? Que pensais-tu ce jour-là ? Qu'est-ce qui t'a poussé à essayer ? Qu'as-tu ressenti une fois drogué ? Qu'as-tu pensé après ? » Une telle approche ne comporte pas d'accusation. Votre adolescent ne sera donc pas sur la défensive. La communication se fait au niveau où elle doit se faire, c'est-à-dire celui des sentiments.

J'ai essayé de montrer que c'est toujours un besoin affectif de l'adolescent et des relations difficiles avec ses parents qui l'incitent à se droguer. Si vous découvrez donc que votre adolescent se drogue, ce que vous devez faire avant toute chose, c'est d'essayer d'améliorer vos rapports. Maintenez le dialogue, n'hésitez pas à dire à votre enfant que ce qui le concerne vous concerne également, pleurez si vous en avez envie, prenez-le dans vos bras. Tout ce qui vous permettra d'exprimer vos sentiments à l'un et à l'autre et de vous rapprocher sentimentalement l'aidera à lutter contre l'attrait de la drogue.

Ne croyez pas, comme trop de parents, que l'information sur les conséquences désastreuses de la drogue est capable de dissuader un adolescent. La seule information ne peut entraîner un changement du comportement. *Seuls les changements au niveau des sentiments entraînent un changement du comportement.* Prenons un exemple au niveau des adultes. Il y a un lien évident entre le cancer des poumons, les crises cardiaques et les cigarettes. Si les adultes étaient des êtres purement rationnels, on pourrait supposer que la consommation des cigarettes deviendrait nulle. Ce n'est manifestement pas le cas. La seule information sur les dangers des cigarettes ne suffit pas à arrêter les adultes de fumer. Le fait de fumer correspond à un besoin affectif. C'est ce besoin qu'il faut essayer de satisfaire pour que l'adulte puisse s'arrêter.

Voici maintenant un exemple au niveau de l'adolescent. Il y a quelques années, quand le L.S.D. fit son apparition, j'eus à soigner un adolescent de 16 ans qui l'avait essayé et avait eu « un voyage particulièrement éprouvant » qui l'avait terrifié. Un article sur le L.S.D. avait paru récemment dans le magazine *Life*, je lui demandai donc s'il l'avait lu. Il me répondit que oui et comme je lui disais qu'il connaissait donc les dangers auxquels il s'exposait, il me répondit qu'il avait pensé que ça ne lui arriverait pas à lui.

Donc ne pensez pas que l'information, même scientifique et précise, soit suffisante pour décourager votre enfant de se droguer.

Peut-être aurez-vous besoin de l'aide d'un professionnel pour évaluer la gravité du problème. Peut-être aurez-vous aussi besoin de son aide pour ouvrir le dialogue et renforcer les liens affectifs qui vous unissent. Si vous vous apercevez que votre adolescent a absorbé une drogue aussi dangereuse que le L.S.D. ou l'héroïne, je vous conseille instamment de consulter un psychologue ou un psychiatre.

Sixièmement, faites appel aux services spécialisés, aux groupements de jeunes qui s'occupent de ce problème. Vous trouverez dans les grandes villes des centres de réadaptation. Une fois encore, n'attendez pas que le désastre se produise pour agir. Recensez par avance les ressources de la ville ou de la région où vous vivez au cas où votre enfant se droguerait. Votre médecin de famille ou le prêtre de votre paroisse seront généralement en mesure de vous les donner.

Septièmement, ne vous découragez pas si c'est une tâche de longue haleine que de détourner votre enfant de la drogue. Ce n'est pas un problème qui se règle en un jour. S'il est lié à un problème de la personnalité ou des relations parents-enfant, cela demandera beaucoup de temps, de peine, et de patience.

Huitièmement, il se peut qu'il y ait des rechutes. J'insiste de nouveau pour vous dire que l'adolescence n'est pas une période facile, les tracas de la vie quotidienne ou l'influence d'amis qui se droguent peuvent pousser votre adolescent à recommencer. Vous serez alors particulièrement éprouvé. Vous serez tenté de tout abandonner et de renoncer. Résistez et gardez votre sang-froid. C'est à ce moment-là que votre adolescent a encore plus besoin de votre aide. Ne le réprimandez pas ; croyez-moi, il s'en veut suffisamment. Il faut qu'il ait la possibilité de libérer ses sentiments, qu'il puisse raconter sa tentation, sa déception en face de lui-même, sa crainte que vous le condamniez. Si vous l'aidez, il peut encore prendre un bon départ.

Ainsi, je vous ai décrit ce que peut faire un père pour empêcher son adolescent de se tourner vers la drogue et ce qu'il peut faire s'il découvre que c'est chose faite. Beaucoup de mes lecteurs vont trouver que je brosse un tableau bien déprimant. Mais il l'est à beaucoup d'égards. Même si un seul adolescent mourait d'avoir absorbé une dose trop massive, ce serait déjà beaucoup trop. Je suis certain que nous voudrions tous revenir en arrière à l'époque où les adolescents ne se droguaient pas. C'était déjà une période difficile pour parents et enfants, mais c'était au moins une crainte que les parents ignoraient. Mais nous ne pouvons pas revenir en arrière. Il faut donc savoir affronter la réalité.

J'ai traité ce problème au chapitre des jeunes adolescents car c'est un moment où beaucoup de jeunes essaient. Il se peut que ce ne soit pas le cas de votre enfant et qu'il commence seulement plus tard, entre 16 et 21 ans. Quel que soit l'âge, les principes pour affronter le problème restent les mêmes.

Avant de terminer ce chapitre, je voudrais ajouter quelques mots sur l'alcool. Assez étrangement, beaucoup de parents de nos jours sont terriblement effrayés par la drogue, mais ils restent relativement indifférents devant l'alcool. J'ai connu des parents qui en découvrant que leur fils de 16 ans avait fumé de la marijuana eurent cette réaction de panique : ils lui interdire de recommencer à fumer, mais lui dirent qu'il pouvait boire n'importe quoi dans leur cave ! C'est incroyable mais vrai. Les alcools sont un danger pour l'adolescent, surtout quand le problème de la voiture s'y ajoute.

L'excès d'alcool est aussi dangereux que la drogue. Et dans beaucoup de « parties » les jeunes ont recours à l'un et à l'autre. Que vous buviez ou non, vous avez un argument solide en disant que la loi interdit aux jeunes de moins de 18 ans de boire des alcools car ils n'ont pas une maturité psychologique suffisante pour bien les supporter. A mon avis, le plus sage serait de ne pas autoriser votre enfant à boire des alcools avant d'entrer à l'université. Si vous vous apercevez que votre enfant s'enivre, vous pouvez agir de la même façon que s'il se drogue.

Je terminerai ce chapitre en vous rappelant que votre meilleure garantie est de concentrer vos efforts pour entretenir des liens étroits et chaleureux entre lui et vous. Ne vous trompez pas sur la façade de pseudo-indépendance de votre adolescent. Il a encore besoin de vous. Trouvez des occupations à faire à deux, qui auront un contenu affectif très riche. Plus simplement, je parle de l'amour, de l'intérêt, et du respect. Si vous manifestez un respect profond de l'amour et de l'intérêt pour lui, il y a très peu de risques qu'il ait de sérieux problèmes de drogue ou d'ivresse. La drogue et l'alcool ne sont après tout que de bien lamentables substituts chimiques à l'amour paternel.

13

LES DERNIÈRES ANNÉES DE L'ADOLESCENCE DE 16 ANS À L'AGE ADULTE

Il est très difficile de dire avec précision quand se termine la première partie de l'adolescence et quand commence la seconde et dernière partie. Les différences sont parfois importantes d'un sujet à l'autre. Cependant le seizième anniversaire correspond en général à cette démarcation, au moins dans la société américaine.

Aux Etats-Unis c'est à 16 ans que les jeunes ont le droit d'entrer dans la vie professionnelle. Un grand nombre d'entre eux attendent avec impatience leur premier travail et bien sûr leur premier salaire. Je me rappelle avec quelle joie j'ai moi-même travaillé la première fois comme secrétaire chez un architecte, quand j'avais 16 ans, pendant les vacances, puis à mi-temps pendant l'année scolaire chez un imprimeur. C'est une grande satisfaction d'être vraiment payé par un employeur, au lieu de se voir rétribuer un travail fait à la maison.

Mais le plus caractéristique est sans doute le contraste avec les premières années de l'adolescence, en ce qui concerne la lutte pour l'indépendance. Le jeune de 16 ans pense qu'il est maintenant parvenu à ses fins et peut se permettre une attitude plus détendue. Il a beaucoup plus d'assurance que lorsqu'il avait

15 ans. L'humeur renfermée et maussade des quinze ans devient beaucoup plus stable et avenante, au grand soulagement des parents. Du fait qu'il pense avoir acquis l'indépendance qu'il désirait, il ne sent plus la nécessité de défier les adultes. Ce nouvel équilibre à l'intérieur de lui-même entraîne un meilleur équilibre dans les relations familiales.

J'ai fait remarquer, vous vous en souvenez, que 10 ans était un âge équilibré qui tout à la fois résumait la moyenne enfance, et se trouvait au seuil de la préadolescence, avec ses forces prêtes à se libérer. A cet égard 16 ans ressemble beaucoup à 10 ans. Après avoir résolu l'antagonisme qu'il éprouve en lui-même entre son désir d'indépendance et son besoin de dépendance, l'adolescent est prêt à se lancer dans les luttes plus complexes qui doivent se dérouler entre 16 et 21 ans.

16 ans est donc une année de transition, entre la phase initiale et la phase finale de l'adolescence. Le Dr. Gesell décrit ainsi l'adolescent de 16 ans : « Au milieu de l'adolescence, il est le prototype du préadulte [1]. »

Sa vie affective présente maintenant plus d'équilibre et de modération. Il est plus ouvert, plus sociable, plus affable, moins susceptible. Les parents sont en général d'accord pour dire qu'il est plaisant et équilibré.

Comme le 10 ans, il vit dans le présent. Il s'accepte, ainsi que les autres personnes et la vie, sans se poser de questions. Le Dr. Gesell fait ce commentaire : « Lorsqu'on lui demande quel âge il préférerait avoir, il répond : Celui que j'ai en ce moment — montrant ainsi qu'il accepte la vie telle qu'elle est [2]. »

Sa maturité toute récente se manifeste dans l'aisance de ses rapports avec les autres personnes. Il n'éprouve plus le besoin de s'isoler dans un coin parce que, pense-t-il, « ce sont des adultes et je n'aime pas les adultes ». Il pense au contraire : « Ce sont des adultes et je suis moi-même un adulte, nous pouvons discuter d'égal à égal. » Quelquefois sa façon d'être aimable avec les invités et les amis de la famille étonnera littéralement ses parents.

Malgré cette amélioration des relations familiales, l'adolescent de 16 ans passe plus de temps hors de chez lui qu'au sein de sa famille. Il considère son foyer comme une sorte de décor permanent à ses activités nombreuses et variées. Gesell décrit très bien cette situation lorsqu'il dit qu'il vit avec sa famille dans un état d' « heureux éloignement[3] ». Ses amitiés avec filles et garçons deviennent plus profondes. Garçons et filles aiment les « parties » où la musique est forte, le rythme marqué, où on peut tout à la fois danser, parler ou ne rien faire. 16 ans est l'âge des réceptions sans façon. L'adolescent se crée de nombreuses amitiés et c'est un des éléments du développement de son sens social. Les garçons choisissent leurs amis surtout en fonction d'intérêts communs pour les sports ou d'autres activités ou passe-temps. Les filles choisissent les leurs pour des raisons plus personnelles, sans avoir toujours de goûts communs. Elles consacrent beaucoup de temps à parler des relations qu'elles ont avec les autres et à se confier leurs secrets les plus intimes. Leur conversation peut porter essentiellement sur les traits de caractère de leurs amis garçons. Les garçons et les filles se choisissent pour les raisons innombrables qui font qu'hommes et femmes sont attirés mutuellement. D'une façon générale, les garçons et les filles sont beaucoup plus concernés affectivement et sexuellement que les parents le pensent. Nous discuterons plus tard dans ce chapitre des différentes façons dont les parents peuvent y faire face.

Une étude nous montrerait qu'à 16 ans, l'adolescent consacre la plus grande partie de son temps à avoir des rapports sociaux avec ses amis.

Avec son sens nouveau de l'indépendance, l'adolescent de 16 ans agit généralement en adulte et se débrouille seul allègrement. Il est assez raisonnable pour se tenir propre, prendre soin de ses vêtements, s'occuper de sa chambre et faire son travail.

Pour se coucher, il se considère maintenant comme un presque adulte qui sait qu'il a besoin de sommeil et que c'est un problème qui le concerne. Cela supprime beaucoup de conflits qui éclataient précédemment. Votre 16 ans est maintenant beaucoup plus raisonnable là où il sentait auparavant le besoin de s'affirmer en défiant ses parents.

Il est souvent prêt à prendre un emploi à plein temps l'été et à mi-temps durant l'année scolaire. Cela symbolise pour lui le fait qu'il est adulte ou en passe de le devenir. Il veut un vrai travail hors de la maison, travailler dans un magasin, servir derrière un comptoir ou travailler dans une station-service. Il est fier de lui et cela renforce son concept de soi. Jadis, les filles aimaient surtout garder des enfants, mais de plus en plus de garçons acceptent de le faire parce que l'image stéréotypée de la fille qui s'occupe des enfants disparaît. Personnellement, je pense que c'est une excellente préparation pour le père qu'il sera.

Les garçons et les filles, s'ils sont assez bien payés, peuvent aussi acheter leurs vêtements, ce dont ils sont très fiers.

En ce qui concerne leurs études, leur orientation commence à se dessiner plus nettement. Les uns pensent entreprendre des études supérieures, les autres comprennent qu'ils ne sont pas vraiment intéressés par les études et songent à s'orienter vers la vie active. Malheureusement, beaucoup de parents refusent la vérité et insistent pour que leur adolescent continue à suivre des cours. D'autres adolescents n'ont pas encore trouvé leur voie, ce sont ceux qui connaissent une « maturité tardive » ou que leurs problèmes affectifs empêchent de voir clairement la direction qui leur convient. Il faut que parents et enseignants fassent preuve de patience et de compréhension.

Pour toutes ces raisons, il est difficile de faire un portrait aux lignes précises de l'adolescent type de 16 ans. Comme il devient psychologiquement plus adulte, il diffère individuellement autant qu'un groupe d'adultes (on y trouve le mécanicien, le professeur, le programmeur, l'esthéticienne, l'officier de marine aussi bien que l'homme de loi).

C'est un âge-passerelle qui relie le début de l'adolescence aux dernières années. Pour écrire ce livre, je dois beaucoup aux travaux de recherche du Dr. Arnold Gesell et de ses assistants. Pour leurs recherches, ils ont étudié un groupe d'enfants de la naissance jusqu'à 16 ans et ont esquissé un profil de chaque âge. Leurs travaux s'arrêtent à 16 ans et comme l'a fait remarquer un père sur le ton mi-plaisant mi-sérieux : « Le Dr. Gesell s'est arrêté à 16 ans et m'a abandonné sans pagaie au milieu des remous ! Comment vais-je comprendre mon enfant de 17 ans, puis de 18 ans ? »

Il serait intellectuellement malhonnête de dire que nous possédons les mêmes données sur la période allant de 17 à 21 ans. Ce qui ne signifie pas que des recherches considérables n'aient pas été faites sur ces âges, mais elles n'ont pas été classées par année, comme le Dr. Gesell et ses assistants l'ont fait pour les autres âges.

On peut subdiviser les dernières années de l'adolescence en deux groupes : 16 et 17 ans, qui correspondent à peu près aux dernières années du lycée, et 18 et 19 ans, qui correspondent à peu près aux premières années d'université, d'un institut de technologie ou de la vie active.

A quelle tâche du développement votre adolescent se trouve-t-il confronté maintenant ? Je l'ai déjà dit au chapitre 12, la tâche essentielle de l'adolescence est de trouver une identité. Dans les premières années de l'adolescence, le jeune essaie de répondre à la question : « Qui suis-je ? » surtout dans le cadre de sa famille. Il se débat avec cette question en se demandant s'il est indépendant ou s'il vit encore sous l'aile de ses parents. Après avoir lu les deux derniers chapitres, vous avez vu que pour qu'un jeune s'assume en tant que personne indépendante il lui faut se révolter beaucoup et obtenir de grands dédommagements, même si l'autorité des parents est parfaitement raisonnable.

Plus tard, votre adolescent commence à comprendre que « c'est gagné » en ce qui concerne son indépendance, donc son concept de soi devient celui d'un presque adulte. C'est seulement alors qu'il peut affronter les autres éléments de cette tâche essentielle de son développement qu'est la quête de son identité.

Il doit : 1. Décider de son avenir et le préparer ; 2. Entretenir des rapports satisfaisants vis-à-vis des adolescents du sexe opposé et établir les schémas d'une vie fondée sur l'amour hétérosexuel ; 3. Achever son émancipation par rapport à ses parents et à sa famille.

Au début donc, cette quête d'identité se fait surtout au sein de la famille. Plus tard, le champ s'élargit à toute la société. Dans les premières années, la vocation de votre adolescent relevait surtout de la fantaisie. Entre 16 et 21 ans, ses intentions se matérialisent puisqu'il doit choisir son orientation au lycée, quelles études entreprendre, quel métier choisir... Au début, ses relations avec le sexe opposé étaient maladroites ; entre 16 et 21 ans, il va établir des rapports forts et positifs — ou alors il abandonnera l'hétérosexualité pour se tourner vers l'homosexualité, ou il se précipitera vers un mariage hâtif (peut-être même y sera-t-il forcé par une grossesse prématurée).

Etudions d'abord cette étape du développement qu'est le choix de la profession. C'est une arme à double tranchant. D'une part, et sans tenir compte des problèmes économiques, la structure de sa personnalité détermine son choix. L'un sera heureux d'être architecte, l'autre d'être mécanicien, ingénieur ou professeur. Si vous transplantez l'ingénieur à la faculté et si vous le mettez à la place de celui qui voudrait enseigner la littérature, l'un et l'autre seront malheureux parce que leur profession ne satisfait pas leurs besoins psychologiques.

D'autre part, ce choix aura une influence définitive sur l'adulte qu'il deviendra. Une profession donne certains collègues, un rôle lié au métier, avec des buts, des idées, des habitudes et un style de vie bien particuliers.

Tout ceci montre bien que le choix d'une profession est essentiel dans le problème du développement. Beaucoup de pères n'aident pas leurs fils ou filles comme ils le devraient. Je constate que beaucoup de pères ont été poussés à exercer leur profession par *leurs* pères, et sont décidés à ne pas agir ainsi avec leurs propres enfants. Je crois que c'est une erreur d'adopter une attitude extrême.

Notre société technologique est de plus en plus complexe, le choix d'une profession de plus en plus difficile ; *le moins* qu'un père puisse faire est de garder le contact. Il peut servir de table d'harmonie, grâce à la technique du feed-back, aux idées de son enfant à l'égard de ses doutes et de ses difficultés à faire un choix et à trouver les études qui conviennent. Malheureusement, peu de pères le font. Une discussion sérieuse à propos du métier futur n'intervient presque *jamais* entre le père et son enfant. Si le garçon ou la fille ne peuvent en discuter qu'avec leurs camarades, c'est à peu près comme si des aveugles guidaient d'autres aveugles.

Beaucoup de pères ne discutent pas de ce choix de peur de passer pour autoritaires ou parce qu'ils se sentent incapables de guider correctement leur enfant dans cette décision importante. Trop de pères ignorent qu'ils peuvent trouver une aide scientifique. Faites passer des tests à votre enfant dans un centre d'orientation ou chez un psychologue. Ces tests devraient, à mon avis, traiter des quatre aspects de l'intelligence et de la structure de la personnalité de l'adolescent : 1. Son intelligence évaluée selon un test d'intelligence individuel plutôt que de groupe ; 2. Ses centres d'intérêt ; 3. Ses aptitudes ; 4. Sa personnalité évaluée en tests tels que celui des taches d'encre de Rorschach, le test de perception thématique et le test des phrases à compléter.

Il est indispensable d'évaluer le niveau d'intelligence, car s'il n'est pas assez intelligent pour l'orientation qu'il envisage, il ne réussira pas. S'il est plus intelligent que l'exige le métier qu'il souhaite faire, il s'ennuiera vite. Je me rappelle l'exemple d'un adolescent, fils de médecin. Il voulait devenir médecin lui-même, mais son niveau d'intelligence était insuffisant. Ses aptitudes indiquaient qu'il pourrait satisfaire ses aspirations en devenant technicien médical et que ce serait plus conforme à son niveau d'intelligence. Je suis stupéfait de voir comme les parents sont peu réalistes en ce qui concerne l'intelligence de leurs enfants. C'est pourquoi des tests, faits par un psychologue confirmé, sont d'une telle utilité.

Les centres d'intérêt devraient être évalués dans le test des aptitudes. Il faut en effet s'intéresser aux domaines qui toucheront la profession choisie. Nous pouvons pourtant nous intéresser à des questions pour lesquelles nous n'avons pas d'aptitudes. Je me souviens avoir répondu à un test que j'aimerais devenir chef d'orchestre. Mais la nature a oublié de me donner les dons nécessaires.

Les aptitudes de l'adolescent jouent un rôle décisif pour décider de son succès ou de son échec. Beaucoup d'adolescents ont des aptitudes pour des métiers dont ils ignorent l'existence.

C'est mon cas. J'ai toujours éprouvé un grand intérêt pour les professions à tendance sociale. J'avais fréquenté des pasteurs depuis ma tendre enfance, et je connaissais bien ce qu'être pasteur représentait en tant que vocation sociale. Je n'avais jamais entendu parler de la psychologie clinique, et n'aurais pas pu dire en quoi cela consistait. Rien d'étonnant donc à ce que j'aie plutôt choisi de devenir pasteur que psychologue. Ce ne fut qu'après avoir fait des études de théologie et avoir exercé mon ministère pendant plusieurs années que je songeai à m'orienter vers la psychologie. C'est pendant que je préparais mon doctorat qu'un test révéla mon intérêt et mes aptitudes pour la psychologie. Si j'avais été testé dans mon adolescence, j'aurais choisi la psychologie au lieu de changer de voie au milieu de mes études avec beaucoup de difficultés.

Le test de la personnalité est également important. Les adolescents ont une image stéréotypée de la personnalité nécessaire pour assumer un métier avec succès, soyez donc sur vos gardes. J'ai testé un jour un garçon qui révéla une intelligence supérieure, un intérêt et des aptitudes au niveau le plus élevé pour le droit. Mais il était très timide, et introverti. Bien qu'attiré par le droit, il s'était découragé en pensant qu'il n'avait pas assez de personnalité pour réussir. Il avait en tête l'image stéréotypée du brillant avocat, plein d'allant, d'aisance, capable de parler en public et de tenir le jury sous le charme de ses discours. Je lui expliquai que ce n'était qu'un aspect des professions juridiques, qu'il y avait des hommes de loi qui se spécialisaient dans la recherche et qui n'avaient jamais fait un seul discours devant un jury. Cela lui donna une vision différente de la profession et lui donna le feu vert pour devenir juriste, ce qui lui convenait profondément.

Un autre avantage de ces tests de la personnalité c'est qu'ils peuvent faire apparaître certains blocages affectifs, qui, s'ils n'étaient pas traités, nuiraient à la réussite dans le domaine professionnel choisi. En présentant la situation avec tact mais carrément on peut convaincre l'adolescent de faire appel à un praticien pour l'aider à vaincre ces blocages. Sinon, un jeune homme intelligent, plein d'intérêt et d'aptitude pour la médecine risque d'échouer en faculté à cause de problèmes affectifs avec ses condisciples ou les malades. On aurait pu résoudre ces difficultés des années plus tôt s'il avait été testé.

Ces tests ne sont pas la panacée pour régler toutes les difficultés et ambivalences dans le choix d'une profession. Les tests d'orientation ne vont pas non plus vous annoncer : voilà *le domaine spécifique* (médecine ou dentisterie ou carrières juridiques ou enseignement, etc.) que vous devriez choisir. Ils révéleront plutôt, grâce à l'interprétation d'un psychologue averti : *Voilà les domaines où vous pouvez réussir,* et ce sont les professions où vous avez toute chance de réussir et d'être heureux.

Un effet secondaire de l'orientation professionnelle est qu'elle peut beaucoup aider l'adolescent dans son choix de l'université et aussi dans son attitude au lycée ou à la faculté même. J'ai ainsi testé un adolescent qui souhaitait devenir architecte. Ses tests confirmèrent que ses désirs étaient réalistes. Il avait toutes les qualités nécessaires pour faire un bon architecte. Il était très ouvert et très sincère. Je lui demandai comment il réussissait dans ses études et il me répondit que tout allait bien, sauf en maths. Je lui demandai pourquoi et il répliqua : « Vous savez, je ne veux pas que mes études gênent ma vie sociale. Je peux bluffer partout sauf en maths. »

Je lui dis alors que les mathématiques jouaient un rôle déterminant en architecture ; il n'y avait jamais songé. Quelques mois plus tard son père m'appela pour me dire : « Je ne sais pas ce que vous avez pu raconter à Anthony mais ça a été très efficace. Il a des notes excellentes en maths maintenant. » Avant le test, Anthony avait considéré les maths comme un cours stupide exigé par le lycée. Après le test, il les avait considérées sous un angle complètement différent. Il fallait désormais qu'il les prenne au sérieux s'il voulait réussir.

L'orientation peut aussi permettre d'éviter ce genre de drame professionnel auquel j'ai assisté il y a quelques années en testant un homme de 42 ans malheureux dans son travail. Son père, juriste, l'avait forcé à faire des études de droit. Il eut son diplôme mais n'exerça jamais. Il se laissa engager dans une grande compagnie d'assurance où il était employé quand il vint me voir. Il s'avéra qu'il désirait secrètement être ingénieur. Je lui fis faire la batterie de tests habituelle, et il apparut qu'il aurait été tout à fait heureux s'il avait choisi de faire des études d'ingénieur quand il était jeune. Il avait une femme et trois enfants et n'avait pas assez d'argent pour suivre des études à plein temps. Il lui faudrait huit ans pour avoir son diplôme en allant aux cours du soir, et comme il me le dit avec réalisme : « Qui voudra engager un ingénieur de 50 ans ? » On aurait pu éviter ce drame si on avait eu recours aux tests d'orientation.

Les tests cependant ne sont pas une réponse complète. Quand

je conseille les adolescents, je les encourage toujours à décrire les professions qui les intéressent. Ils devraient connaître des points tels que les besoins futurs dans cette profession, le salaire possible ou les avantages économiques, les heures de travail, les vacances, les autres avantages, le niveau et la durée d'études exigées... Je les encourage aussi à questionner des gens exerçant cette profession, en écrivant d'abord puis en téléphonant pour avoir un rendez-vous. Car il est vrai qu'à bien des égards le choix de tous est en partie teinté et déformé par l'imagination. Vous ne pouvez jamais *vraiment* savoir ce qu'est une profession, pas plus que le mariage, avant d'y être entré.

L'orientation professionnelle doit être faite par une personne ou un groupe de gens qualifiés. Vous pouvez vous adresser aux centres d'orientation ou à un psychologue en privé. Cela vaut la peine même s'il faut vous déplacer. Si vous ne pouvez vraiment pas le faire, jouez le rôle d'un conseiller d'orientation en lui demandant de décrire les professions qu'il souhaiterait exercer, en lui conseillant d'interroger des gens, etc. Même si vous ne faites que garder le dialogue sur son choix futur et si vous ne faites qu'enregistrer ses doutes, vous lui rendrez un service énorme.

Le problème de choix de l'orientation se pose différemment pour un garçon et pour une fille. En général, l'adolescent doit décider de sa profession, suivre les études nécessaires, et si son choix est sage, il l'exercera pour le restant de sa vie. Par le passé, la situation pour une fille était très différente. Bien qu'elle ait peut-être fait des études pour exercer une profession, elle se mariait habituellement et commençait à élever ses enfants. Il est possible à une femme avec un enfant ou des enfants d'âge préscolaire de continuer à travailler, mais ce n'est pas facile. Il lui faut exiger beaucoup d'elle-même psychologiquement pour faire les deux.

Sur les différences entre le choix professionnel des femmes et des hommes, je sais que certains vont considérer que mon point de vue est désespérément démodé, mais, psychologiquement, je crois que le choix le plus satisfaisant devrait comporter trois phases : d'abord, décider d'une profession et faire les études nécessaires ; deuxièmement, se marier et fonder une famille (ceci peut se passer pendant qu'elle est encore étudiante ou au début de sa vie professionnelle) ; troisièmement, plus tard, reprendre son activité (ou une autre peut-être). Cette troisième phase pourrait se situer à des époques différentes suivant les femmes. Pour certaines, ce sera quand le dernier enfant aura quitté la maison ; pour d'autres, quand tous les enfants iront à l'école. Elle pourra alors prendre un emploi à plein temps ou à mi-temps, sans ressentir une trop grande tension psychologique à la fois comme mère et comme travailleuse dans les affaires ou l'industrie. Il est certain que les femmes sont de plus en plus nombreuses à travailler aux Etats-Unis. L'ancienne distinction entre celles qui travaillent et celles qui prennent soin des enfants dans la famille évolue rapidement.

Il est donc plus difficile d'aider votre fille que votre fils. Ainsi, en admettant que votre fille veuille se marier et avoir des enfants, pensez qu'il lui faut choisir une orientation facile à reprendre une fois les enfants élevés (l'enseignement par exemple) de préférence à une profession difficile à reprendre comme la médecine. J'insiste sur le fait que je parle d'une fille qui veut se marier et avoir des enfants. Dans le cas contraire (mais les femmes changent d'avis à ce sujet), le choix se pose dans les mêmes conditions que pour un garçon.

Je ne voudrais pas abandonner le sujet de la vocation sans faire remarquer que beaucoup d'entre nous la comprennent dans un sens trop étroit. C'est pratiquement le synonyme de la profession par laquelle nous gagnons notre vie. Je crois que la plus négligée est la vocation de parent et que c'est celle pour laquelle nous sommes le moins formés. En dehors des considérations économiques, c'est une des raisons pour lesquelles tant de femmes cherchent à travailler au-dehors même lorsque leurs enfants sont petits, et pourquoi tant d'hommes et de femmes ne se sentent pas des parents capables. Une femme aura été formée pour être professeur, sociétaire, médecin ou avocate, mais personne n'a pensé qu'il était important de lui apprendre à élever des enfants. De même pour un homme : on le forme pour être plombier ou comptable mais pas pour être père.

J'espère que vous y penserez avec vos propres enfants. Vous pouvez y être amené très naturellement quand ils font du baby-sitting et se plaignent du « moutard » qu'ils ont dû garder. Profitez de l'occasion pour faire remarquer qu'on ne devrait pas s'occuper d'un enfant sans un minimum de notions sur la psychologie. Vous pouvez leur suggérer de lire des livres susceptibles de les aider.

La seconde tâche fondamentale des dernières années de l'adolescence est d'établir des relations satisfaisantes avec le sexe opposé et d'esquisser les schémas stables d'une vie fondée sur l'amour hétérosexuel. Dans les chapitres consacrés aux premières années de l'adolescence, j'ai signalé que votre adolescent devait maîtriser le choc énorme des élans sexuels nouveaux de la puberté et que ses premiers efforts étaient habituellement maladroits. Un garçon peut avoir deux types de « vie sexuelle » complètement différents : l'un solitaire qui consiste à se masturber en exerçant son imagination à partir des magazines et photos érotiques, l'autre fondé sur les faits, quand il est attiré par une fille de sa classe mais trop timide pour le lui dire. De plus, garçons et filles, au début de l'adolescence, connaissent une nouvelle fois « l'idylle familiale » et doivent la dominer avec leur parent du sexe opposé (sans en être généralement conscients). Ainsi, un garçon peut se sentir trop attaché à sa mère pour sortir avec des filles de son âge. Ce problème est normalement réglé dans les trois premières années de l'adolescence. Plus tard, le garçon ou la fille sont prêts à se donner rendez-vous et à sortir ensemble

L'attitude varie suivant les individus, mais les adolescents commencent généralement par aller à des réunions en groupe. Ensuite, ils sortent à deux couples, pour ensuite sortir à deux. Il y a bien sûr de nombreuses variantes. Un garçon de 16 ans peut ne manifester aucun intérêt pour les parties ou les sorties à quatre puis tout à coup ses parents apprennent qu'il sort avec une fille et qu'il la voit beaucoup.

Ce mouvement progressif du groupe vers le couple indique que les adolescents dominent leurs craintes et leurs inhibitions. Ce schéma est resté le même depuis des années. Ce qui a changé, c'est la rapidité avec laquelle les adolescents de nos jours chassent leur crainte du sexe opposé. Une étude scientifique récente faite par le Dr. Robert Sorensen, intitulée *Adolescent Sexuality in Contemporary America* a mis ce fait en évidence.

Cette étude, fondée sur une enquête à l'échelon national, correspond à ma propre expérience et à celle d'autres psychothérapeutes qui ont reçu les confidences d'adolescents. Beaucoup de parents seront sans doute bouleversés en la lisant. Ne vous perdez pas dans le dédale des statistiques. Cette étude pourrait être une comparaison entre les Etats-Unis et la Suède. Par le passé, la plupart des adolescents américains n'avaient pas de rapports sexuels complets avant de se marier. (Certains en avaient, comme l'a révélé le rapport Kinsey vers 1948, mais selon les critères de notre culture, ils n'étaient pas censés en avoir). On pensait que les femmes et les hommes tombaient amoureux l'un de l'autre (peu importait ce que cela voulait dire) et se mariaient. Alors seulement ils pouvaient avoir de véritables rapports sexuels. Il en allait différemment en Suède — les grands adolescents avaient des relations hétérosexuelles, et l'intimité affective allait de pair avec l'intimité sexuelle. Ensuite, avec une expérience sexuelle beaucoup plus riche que les Américains, les jeunes Suédois choisissaient leur partenaire pour le mariage.

Et voilà que les relations sexuelles aux Etats-Unis se sont étonnamment rapprochées de celles pratiquées en Suède. Ainsi aux Etats-Unis, 52 pour cent des jeunes entre 13 et 19 ans ont eu des rapports sexuels. Près de 40 pour cent des premiers rapports sexuels ont eu lieu au domicile du garçon ou de la fille. Pour 20 autres pour cent, cela se passait en voiture. Parmi les adolescents non vierges, 71 pour cent des garçons et 56 pour cent des filles avaient déjà eu des rapports sexuels à 15 ans. 5 pour cent seulement des garçons non vierges et 17 pour cent des filles attendaient jusqu'à 18 ou 19 ans pour avoir leur première expérience. Les adolescents de nos jours ont une attitude extrêmement différente de celle des adolescents d'il y a dix ans. 85 pour cent des adolescents pensent que la vie sexuelle est « tout à fait normale à mon âge ». 84 pour cent pensent qu'ils sont arrivés à une conclusion définitive sur ce qu'ils considèrent comme bien ou mal. Contrairement aux générations précédentes où il était admis qu'un garçon voulait épouser une fille vierge et ne respecterait pas celle qui ne le serait pas, 65 pour cent des garçons refusent une telle attitude.

Le rapport du Dr. Sorensen montre aussi qu'une minorité d'adolescents restera fidèle aux anciennes attitudes vis-à-vis de la vie sexuelle. 21 pour cent de tous les adolescents consultés n'ont encore eu ni activité sexuelle ni rapports sexuels. Ce rapport définit par l' « inexpérience sexuelle » une « absence totale de tout contact sexuel avec une autre personne, autre que de s'embrasser, qui aurait pour but ou pour aboutissement des réactions de plaisir physique [4] ». Il faut noter que, selon cette définition, l'adolescent qui se masturbe est considéré comme sexuellement inexpérimenté, puisqu'il n'a pas eu de rapports sexuels intimes avec une autre personne. L'inexpérience sexuelle diminue au fur et à mesure que l'adolescent grandit. 68 pour cent des adolescents de 15 ans ont eu des expériences sexuelles, 90 pour cent à seize ans et 95 pour cent à 19 ans.

L'auteur résume ainsi le contenu de son rapport : « On

peut voir que les adolescents américains sont en train de créer une nouvelle forme d'amour dans un contexte fortement sexualisé. Les jeunes insistent sur la réciprocité et le don de soi dans la définition qu'ils donnent de l'amour. Il en résulte que les rapports sexuels ne sont plus la condition fondamentale de l'amour pour plus de 82 pour cent des adolescents américains, qu'ils aient eu des relations sexuelles ou non [5]. »

Quel est le sens de toutes ces statistiques ? D'abord, en tant que psychologue je ne peux conseiller aucune attitude morale ou religieuse. Nous vivons dans une société où les valeurs morales et religieuses sont multiples. A l'intérieur d'un même groupe confessionnel, les parents d'adolescents expriment des souhaits très différents en ce qui concerne le comportement sexuel de leurs enfants. Par conséquent, prenez position à partir de vos convictions religieuses ou de votre absence de convictions, de votre propre système de valeurs morales ou éthiques, pour savoir quelle attitude vous attendez de votre adolescent. Je ne peux que vous apporter des données psychologiques.

Nous pourrions classer les parents de grands adolescents en quatre groupes, suivant leurs attitudes et leurs critères à propos de la sexualité. D'abord ceux qui conservent le point de vue des années passées et pensent que les rapports sexuels devraient être réservés au mariage. Je connais des parents qui ont cette opinion et qui la font comprendre clairement à leurs adolescents. Mais, en tant que psychologue, je sais aussi que beaucoup de ces parents ignorent complètement les activités sexuelles de leurs adolescents. Pour d'autres bien sûr, leur point de vue a été accepté par leurs enfants qui réservent leur expérience sexuelle au mariage.

Deuxièmement, il y a les parents qui adoptent la politique de l'autruche. Ils soupçonnent les activités sexuelles de leurs enfants, mais refusent d'y penser. Comme me disait un père : « Betty a peut-être des rapports avec ce garçon mais je ne veux pas le savoir ! » Le fait qu'il en parle révèle bien sûr *qu'il le savait parfaitement* à un certain niveau de conscience et qu'il s'en souciait. Le message du premier groupe de parents est clair : « Attendez le mariage. » Celui des parents du second groupe est ambigu : « Nous ne savons pas quels critères sexuels nous souhaitons pour vous, nous ferons donc semblant de croire que vous n'avez pas d'activités sexuelles. De cette façon, nous n'aurons pas à régler le problème. »

Il y a un troisième groupe de parents qui envoient ce message : « Nous pensons qu'il vaudrait mieux attendre que vous soyez plus mûrs pour avoir des relations sexuelles. Nous pensons aussi qu'une naissance non souhaitée est bien triste. Nous voulons que vous soyez informés des moyens de contraception, ceux qui sont sûrs et ceux qui ne le sont pas. » Pour une fille, ils peuvent ajouter : « Nous n'approuvons pas les relations sexuelles à ton âge, mais si tu sens qu'il te faut prendre la pilule nous préférons cette solution à une grossesse non souhaitée. » Les statistiques du Dr. Sorensen (et le témoignage des psychologues et psychiatres) montrent que les grossesses non désirées sont un problème pour beaucoup d'adolescents. 11 pour cent des filles non vierges entre 13 et 15 ans et 28 pour cent des filles non vierges entre 16 et 19 ans disent avoir été enceintes au moins une fois.

Beaucoup de gens croient que de nos jours les adolescents ont recours à la pilule comme méthode contraceptive. Ce rapport et notre expérience clinique prouvent que c'est une supposition erronée. 55 pour cent des adolescents non vierges ont reconnu qu'à la première expérience sexuelle ni eux ni leur partenaire n'avaient utilisé une méthode contraceptive ou avaient fait quoi que ce soit pour diminuer les risques de grossesse. La méthode la plus utilisée pour les filles est la pilule (33 pour cent). La seconde est celle du coït interrompu (17 pour cent). J'ai rencontré la naïveté la plus incroyable à propos des méthodes contraceptives quand les adolescents me parlaient de leurs expériences sexuelles. Je songe à une fille qui pendant un an n'a utilisé aucun contraceptif et qui par une chance miraculeuse ne s'est pas trouvée enceinte. Je pense à tous ceux qui ont eu recours au coït interrompu sans savoir que c'est une méthode contraceptive peu sûre. Par expérience, je pense que loin d'être blasés sur les techniques contraceptives, les adolescents sont très ignorants.

Comment pourrait-il en être autrement ? Où pourraient-ils trouver l'information scientifique nécessaire ? Beaucoup de prétendus cours d'éducation sexuelle la passent sous silence et les adolescents ne la reçoivent pas de leurs parents. 68 pour cent des filles et 80 pour cent des garçons interrogés par le Dr. Sorensen ont reconnu que leurs parents ne leur avaient rien dit. Ce troisième groupe de parents que j'ai décrits, tout en conseillant une attitude modérée, parlent franchement des contraceptifs avec leurs enfants.

Il y a enfin le quatrième groupe de parents. On peut résumer leur position de la façon suivante. Ils pensent qu'il y a deux dangers réels pour leurs adolescents : une grossesse non désirée, un mariage précoce. Ils projettent cette attitude sur leur adolescent. « Les temps ont changé. Quand j'avais ton âge, on était très hypocrite à propos du sexe. Je faisais beaucoup de choses que mes parents ignoraient et je me sentais très coupable. Je ne veux pas que tu souffres des mêmes scrupules. Je veux que tu épouses quelqu'un avec qui tu feras un mariage heureux et satisfaisant avec une vie sexuelle harmonieuse. Je sais que tu y arriveras d'une façon différente de la mienne quand j'étais adolescent.

« Je veux que tu évites une grossesse que tu ne désires pas. Je vais donc t'informer des méthodes contraceptives sérieuses et je t'autorise à utiliser des contraceptifs si c'est nécessaire. Je te fais confiance et j'espère que tu ne vas pas avoir des relations avec n'importe qui. Je sais qu'il faut que tu ressentes un amour profond pour quelqu'un, afin de connaître une intimité physique satisfaisante.

« Je ne veux pas non plus que tu te maries trop tôt. Les statistiques prouvent qu'un mariage sur trois se termine par un divorce, et s'il s'agit d'un couple d'adolescents, c'est un mariage sur deux. Je sais que beaucoup de couples se marient hâtivement pour pouvoir légalement avoir des rapports sexuels, d'autres parce que la fille est enceinte. Je sais aussi, et les statistiques confirment mes dires, que si tu es plus mûr quand tu te marieras, tes chances de réussite sont beaucoup plus grandes. Je souhaite que tu aies une grande expérience de l'autre sexe avant de te marier. Les Drs Masters et Johnson estiment que 50 pour cent des couples mariés américains ont des problèmes sexuels. Une expérience de plus en plus grande de l'intimité entre couples, y compris l'intimité sexuelle, pourra peut-être y remédier. De toute façon, je ne veux pas que tu croies que les expériences sexuelles ne peuvent se faire que dans le mariage et que tu te hâtes de te marier pour satisfaire tes désirs sexuels.

« Je souhaite aussi que tu saches que tu peux toujours me poser n'importe quelle question à propos de la sexualité sans penser que je vais te condamner. »

Bien sûr, ces attitudes et ces opinions seront exprimées de façons différentes, verbalement ou non, et non pas dans les termes exacts que je viens de citer.

Au cours des années, j'ai vu combien peu de parents ont fourni des informations sexuelles à leurs enfant ou même cherché à garder le dialogue possible. C'est pourquoi la plupart du temps l'adolescent pense que s'il exposait ses problèmes à ses parents, ils le condamneraient.

Ce n'est pas mon rôle de vous dire à quel groupe vous devriez appartenir ou quels critères vous devez adopter. C'est une question de morale personnelle. Ce qui compte c'est que *vous sachiez communiquer ces principes à votre adolescent.* C'est dans ce domaine de la sexualité que le fossé est le plus grand entre parents et enfants. Une des découvertes les plus capitales de l'étude du Dr. Sorensen est que 80 pour cent des adolescents respectent beaucoup les opinions de leurs parents. Dites ce que vous pensez à votre adolescent ! Même s'il se rebelle plus tard contre vos idées, *il veut savoir ce que vous en pensez.*

Beaucoup de parents pensent qu'ils ne comptent pas beaucoup dans la vie de leurs adolescents qui n'écoutent pas ce qu'ils disent. Ils ont généralement tort. J'insiste encore une fois, ne vous fiez pas aux apparences extérieures. Même si psychologiquement vous passez au second plan dans la vie de votre adolescent, vous comptez beaucoup pour lui. Il veut savoir quel est votre avis sur les questions importantes, sans que vous le condamniez si son avis diffère du vôtre. Il a besoin que vous lui parliez franchement quand vous sentez qu'il va commettre une faute grave.

Le rapport du Dr. Sorensen pourra choquer certains pères. Vous souhaiterez peut-être avec ferveur que ce soit comme au « bon vieux temps » quand les parents n'avaient pas à s'occuper de la liberté sexuelle de leurs adolescents. Les vœux ne changent rien. Et c'est ainsi que les adolescents se comportent aujourd'hui. Il vous faudra sans doute lutter contre les retards psychologiques venus de votre propre adolescence. Essayez surtout de garder le contact.

Les adolescents essayent de devenir capable *d'intimité* avec un membre du sexe opposé, et la sexualité n'est qu'un aspect de cette lutte. Les « premières amours » sont des expériences significatives. Jadis elles n'entraînaient pas de relations sexuelles, il est très probable que c'est le cas maintenant. Il y a un problème plus important. Donner et prendre en amour, apprendre à être proche, franc et sincère dans ses relations, gagner la certitude qu'on peut aimer et être aimé en tant qu'individu, tout cela est nouveau pour votre adolescent.

Même s'il a eu des expériences sexuelles dans les premières années de l'adolescence, elles ont sans doute été très égoïstes et narcissiques. Il n'était pas prêt à affronter le problème de l'intimité, maintenant, ses besoins sexuels et affectifs commencent à être moins égoïstes. Il commence à apprendre que le bonheur de l'autre est aussi important. Pour la première fois de sa vie, un lien affectif profond, sentimental et érotique à la fois, remplace l'attachement à ses parents.

Quand cela se produit, beaucoup de parents, consciemment ou non, sont jaloux. Ils trouvent pénible qu'un « étranger » ou une « étrangère » occupe maintenant une place de choix dans les pensées de leur enfant.

Les amours précoces de lycée durent rarement, mais elles sont très éducatives pour l'avenir. C'est une étape importante vers la maturité, une sorte de répétion générale. Les parents devraient toujours les prendre au sérieux et ne pas s'en moquer ou en plaisanter.

Nous en arrivons maintenant à la troisième tâche fondamentale du développement, celle qui achève l'émancipation par rapport aux parents et à la famille.

Dans les premières années de l'adolescence, le jeune était encore tout proche de l'enfance et il luttait contre son besoin de dépendance ; il essayait donc de s'émanciper brutalement et de façon désagréable. Avec confiance, votre adolescent dominera ces sentiments de bonne heure et il pourra s'émanciper de sa famille plus tranquillement dans les dernières années de l'adolescence.

Le voilà autonome, dans ses études et dans ses activités extrascolaires. Il fera des essais d'orientation. Il consacrera beaucoup de temps à ses amis, filles et garçons. Il connaîtra ses premières amours. La famille est un fond psychologique stable à toutes ces activités et il a besoin de savoir qu'il est là. Les parents sont un soutien agréable, plutôt que ces monstres indiscrets qu'il avait l'habitude de combattre.

Votre adolescent avait peut-être été conformiste dans les

premières années et avait peut-être repoussé sa rébellion ouverte jusqu'aux dernières années de l'adolescence. Chaque adolescent a son individualité et il cheminera à travers ces années d'une façon qui est sienne. En atteignant la fin de l'adolescence, il commence à agir en presque adulte, sur le point d'être un adulte complet. Il perd sa vision d'enfant sur le monde. Il commence à vous considérer, vous et sa mère, comme des personnes avec une vie à elles plutôt que comme « quelqu'un qui essaye de me mater et que je vais combattre ».

Si votre adolescent se révolte maintenant, c'est que jusqu'ici il n'avait pas été capable de se libérer de sa dépendance affective vis-à-vis de vous. Voilà des années qu'il étudie vos défauts et vos points faibles et il commence à vous attaquer. Personne n'aime se voir critiquer et un adolescent possède beaucoup d'armes affectives et intellectuelles. Malheureusement, beaucoup de parents répondent à ces attaques et critiquent amèrement l'adolescent. Le fossé se creuse, les hostilités sont ouvertes, et la situation ne fait qu'empirer. Il est parfois difficile de comprendre qu'un adolescent désire seulement être libre de ses sentiments et trouver son équilibre. Il ne cherche pas à vous détruire mais à rompre les liens qui l'attachent à vous.

C'est une période particulièrement pénible pour les parents. Vous avez passé des années à faire certaines choses pour lui et avec lui, à le guider, à lui donner beaucoup de votre amour. Même si vous le comprenez intellectuellement, sentimentalement il vous semble un ingrat. Il se détache de vous et vous abandonne. Comment peut-il, après tout ce que vous avez fait pour lui ? Vous ne pouvez voir et imaginer le futur, vous ne comprenez donc pas qu'après s'être éloigné de vous affectivement dans l'adolescence, vous pourrez établir de nouveaux rapports satisfaisants entre adultes, l'un plus âgé que l'autre.

Cette période est doublement pénible car elle coïncide avec une période très difficile de votre vie, celle de l'âge moyen, avec la crise qui en résulte.

Tôt ou tard chaque individu doit admettre la réalité de ses réussites et de ses échecs. Pour un homme, cela concernera essentiellement son travail. Pour beaucoup, le métier auquel ils ont consacré tant d'années a perdu de son intérêt. Il leur faut constater que leurs rêves anciens de succès n'ont pas toujours été réalisés. Ou bien ils peuvent se demander si cela valait bien la peine.

Pour une mère, cette crise se situe au moment où ses enfants ne sont plus dépendants d'elle, et elle peut coïncider avec la ménopause. De toute façon, elle doit vaincre un sentiment de vide dans sa vie.

Jusqu'aux premières années de l'adolescence, l'équilibre affectif de son mariage reposait sur ses efforts joints à ceux de son mari pour élever les enfants, maintenant le couple a besoin d'un certain réajustement.

Confrontés à ces deux problèmes, comment s'étonner que les parents de grands adolescents traversent une période difficile ? Rappelez-vous que voilà une éternité que les parents doivent la vaincre. Vous connaîtrez des moments de découragement en essayant de réussir l'éducation de votre adolescent, mais vous y arriverez.

J'ai peut-être brossé un tableau un peu trop sombre de cette période, entre 16 et 18 ans, avec ses nouveaux critères sexuels, la menace de la drogue, l'éloignement affectif et les problèmes d'adaptation à l'âge moyen pour les parents.

N'oubliez tout de même pas le côté agréable. Beaucoup d'adolescents n'ont pas de problèmes de drogue, par de conflits avec leurs parents. Même si leurs activités sont bien personnelles, ils peuvent maintenir des rapports amicaux et chaleureux avec leur famille. A 17 ou 18 ans, beaucoup d'adolescents se trouvent en terminale ; ils apprécient d'être les grands, objets de la considération de leurs camarades plus jeunes. En même temps, ils connaissent l'inquiétude d'un avenir incertain.

Que feront-ils l'année suivante ? Ils auront peut-être besoin de votre aide pour aborder ces problèmes sous une optique d'adulte. Quelle que soit la décision pour l'avenir, l'examen comptera beaucoup. En tant que père, donnez-lui de l'importance.

Trop de parents, une fois que leur enfant a quitté le lycée, pensent qu'il est assez grand pour se débrouiller tout seul. Je ne le crois pas. Il n'a pas besoin bien sûr que vous imposiez les mêmes limites et les mêmes interdits qu'au lycée, mais intérieurement, il se sent encore plus vulnérable en face de ce monde immense dans lequel il va pénétrer. Il a donc besoin *de votre aide à l'arrière-plan.* Il faut que vous soyez là, prêt à l'aider en cas d'urgence.

Si votre adolescent commence des études supérieures, aidez-le dans son choix de l'école ou de l'université.

Si vos moyens financiers vous le permettent il vaut beaucoup mieux que votre adolescent vive près de son université qu'à la maison *. Il va connaître de grands changements affectifs et psychologiques, pendant ces années d'étudiant. S'il demeure à la maison, il sera difficile de maintenir des rapports amicaux. Même si votre adolescent *désire* rester à la maison, je crois que les parents *devraient* insister pour qu'il vive à l'université pour acquérir une certaine expérience.

Une fois qu'il sera loin de vous, il vous faudra accepter certains faits peu agréables. A moins que votre enfant soit exceptionnel, il vous écrira très rarement. Comme nous le disait notre fille dans sa première lettre, alors qu'elle était à l'université depuis déjà deux mois et demi : « Tout le monde dit en plaisantant qu'on écrit à ses parents seulement quand on a besoin d'argent, et c'est pour cela que je vous écris ! »

---

* Ce problème se pose surtout aux Etats-Unis, où les étudiants sont logés dans les universités (N.D.T.).

Vous pouvez ressentir de l'amertume mais rappelez-vous que ce n'est pas parce que votre fils ou votre fille ne vous écrivent pas qu'ils ont cessé de vous aimer. Ils sont seulement absorbés par leurs propres affaires, ils écrivent peu, mais apprécient que vous leur écriviez. Surtout si vous joignez à votre lettre un article de journal susceptible de les intéresser. Votre étudiant, qui se retrouve seul pour la première fois de sa vie sans doute, a besoin de savoir qu'il a la sécurité d'une maison, que vous êtes là et que vous pensez à lui. C'est une relation à sens unique, vous donnerez beaucoup sans qu'il vous donne beaucoup en retour. Rencontrer d'autres parents et vous lamenter ensemble pourrait vous aider. Retenez seulement que c'est le comportement habituel d'un étudiant que de ne pas écrire. Vous saurez que ce n'est pas un échec en tant que parent.

Quand votre fils reviendra au week-end, pour Noël ou pour Pâques, il est important de savoir ce qui se passera. S'il amène des amis avec lui, traitez-les avec respect. Ne vous moquez pas de leurs vêtements, de leurs cheveux longs si différents de votre jeunesse. Il ne vous consacrera probablement pas beaucoup de temps, préférant être avec ses amis.

Les parents ont tendance à le prendre très mal. Encore une fois, c'est le comportement habituel des étudiants. Si vous pensez intérieurement que vous dépensez beaucoup d'argent pour lui payer ses études et que lorsqu'il revient, il se comporte en étranger, ne vous désolez pas : ce n'est pas encore un adulte. Quand il aura franchi le cap de l'adolescence, quand il aura ses diplômes et qu'il commencera à travailler, vous pourrez alors vous apprécier réciproquement en tant qu'adultes. Vous sentirez cette progression entre ces premières années d'études et les dernières.

Espérons que vous serez à l'abri de tout appel d'urgence : avertissement parce qu'il ne travaille pas, grossesse non désirée, problèmes d'ivresse ou de drogue. Mais si vous recevez ce genre d'appel téléphonique désagréable, ne tombez pas à bras raccourcis sur votre adolescent. Ecoutez-le, laissez-le vous dire ce qui s'est passé, utilisez la technique du feed-back et il saura que vous le comprenez. Quel que soit le problème, maintenez le dialogue. Votre réaction peut être déterminante pour le reste de sa vie.

Envisageons maintenant le cas où votre adolescent vit à la maison tout en étudiant. Je ne le conseille pas d'un point de vue psychologique, mais cela peut être nécessaire sur le plan financier. Votre jeune va connaître des changements intellectuels et affectifs énormes pendant ces années d'études. S'il vit à la maison, vous aurez peut-être du mal à y faire face. Quand j'étais étudiant, j'ai vécu chez mes parents et mes relations avec eux furent assez orageuses.

L'étudiant qui vit chez ses parents n'a le choix qu'entre des points de vue révolutionnaires, comme « le mariage est une institution qui disparaît ; l'avenir est dans la sexualité de groupes » ou « la plupart des types à l'université se droguent ». Résistez à la tentation de mordre à l'appât de telles provocations. Si vous le pouvez, discutez calmement. Sinon, évitez le sujet.

Un autre phénomène courant chez l'étudiant qui vit chez ses parents est qu'il transforme sa chambre en forteresse et qu'il y passe la plus grande partie du temps sauf à l'heure des repas. Dans certains cas, il parle à peine à ses parents et agit plutôt comme un étranger qui vivrait temporairement sous votre toit. C'est parce que ses intérêts se trouvent ailleurs. Cela ne signifie pas qu'il vous déteste ou vous rejette, mais il est dans la phase finale de la séparation affective. Cette étape finale risque d'être pénible sentimentalement et si vous pouvez vous le permettre, louez-lui une chambre en ville. Vous ne vous en apprécierez que davantage.

Ses amis peuvent trouver ses parents merveilleux mais l'adolescent lui-même ne peut les supporter. C'est parce qu'il lui faut s'émanciper. Et parfois le seul moyen est de dresser un certain nombre de griefs psychologiques contre eux.

Bien sûr, il se peut que rien de tout cela ne s'applique à votre fille ou à votre fils. S'il peut vivre chez vous, suivre ses cours et garder des rapports amicaux avec vous, c'est merveilleux. C'est une vraie bénédiction, gardez-le chez vous !

Supposons maintenant que votre adolescent ait choisi une orientation technique. Beaucoup de parents dissuadent leurs enfants de faire un tel choix parce que pour eux il est essentiel d'aller à l'université. Or les études universitaires ne conviennent pas à tous. Il faut que les parents les soutiennent dans leur choix.

Enfin, votre adolescent voudra peut-être travailler tout de suite. S'il le désire, aidez-le. Mais s'il travaille, il faut qu'il subvienne à ses besoins. Le mieux serait qu'il loue un studio, mais s'il demeure chez ses parents, il faut qu'il paie sa chambre et sa pension.

La seule erreur que vous devez éviter est de l'autoriser à continuer à vivre à la maison *sans* travailler, après avoir refusé d'aller à l'université ou dans un établissement technique. Il faudra que vous preniez position, tendrement mais avec fermeté. Dites-lui que vous êtes prêt à payer ses études et que vous considérez que c'est votre devoir de parents, mais que s'il veut travailler, il doit alors se débrouiller tout seul.

Je fais allusion à ce problème car je connais nombre d'adolescents qui traînent ou vivent en communautés en essayant de « se trouver ». Ils peuvent survivre financièrement parce que leurs parents leur envoient des chèques. Je pense que c'est une erreur et que les parents subventionnent le fait « de ne pas se trouver » sous le prétexte « de chercher son identité ». Le plus grand service que les parents puissent leur rendre est de leur couper les vivres. Il faudra bien alors qu'ils trouvent une solution financière.

Vos rapports avec votre grand adolescent sont donc loin d'être harmonieux et sans nuages. J'insiste pourtant sur le fait que vous n'aurez peut-être aucun problème et que vos relations seront peut-être paisibles, stables et réconfortantes. Il se peut aussi qu'elles soient pénibles et que l'un comme l'autre vous vous sentiez blessés et aigris. Je préfère pourtant conclure sur une note positive. L'essentiel est que votre adolescent se détache définitivement de la dépendance de l'enfance, qu'il trouve son identité et qu'il trouve son équilibre d'adulte. Certains adolescents, grâce à leur tempérament facile et aux rapports satisfaisants qu'ils ont eus avec vous pendant leurs années préscolaires, couperont les derniers liens avec tendresse et douceur. Ceux qui sont d'un tempérament plus explosif et qui n'auront pas eu des rapports aussi satisfaisants avec vous dans leur première enfance le feront dans la contrainte et l'effort.

Cependant, si vous gardez le dialogue, le changement sera total quand il atteindra l'âge adulte. C'est en brisant les derniers liens que votre adolescent pénètre dans l'âge adulte. Il n'a plus à vous combattre sentimentalement pour être libre. Il *est vraiment* libre et vos relations peuvent changer par voie de conséquence. C'est maintenant que vous devriez être récompensé de l'amour, des efforts et de la patience que vous avez manifestés. De nouvelles relations peuvent s'établir. Ce ne sont plus celles de parent à enfant, mais celles d'un jeune adulte envers un individu plus âgé. Vous pouvez espérer qu'elles dureront jusqu'à la fin de vos jours.

Si vos rapports sont orageux, rappelez-vous que vous avez traversé l'épreuve des « 2 ans terribles » et de la « préadolescence », que cette épreuve nouvelle passera et que vous connaîtrez des liens plus heureux et plus positifs quand votre enfant sera devenu un adulte.

14

DIVORCE, REMARIAGE, ENFANTS DE PLUSIEURS COUPLES

Dans la société d'aujourd'hui où le taux des divorces est élevé, il est indispensable d'aborder les problèmes particuliers qui se posent au père divorcé, au beau-père, et aux familles réunissant les enfants de parents différents.

Ce chapitre s'adresse aux pères divorcés ou en train de divorcer. D'autres qui n'en sont pas encore à cette situation peuvent néanmoins l'envisager sérieusement. Si tel est le cas, je vous conseille vivement ainsi qu'à votre femme d'aller consulter un psychologue, un psychiatre ou un conseiller conjugal, vous aurez tout à y gagner.

Ils peuvent vous aider l'un et l'autre à résoudre vos problèmes personnels et à rétablir entre vous une communication nécessaire à la consolidation de votre couple. D'autre part, après une série de consultations, vous pourrez décider qu'il vaut mieux mettre un terme à votre mariage dans l'intérêt des parties concernées. Mais il est préférable d'avoir pris conseil au lieu d'en arriver à une aussi grave décision à la hâte au cours d'une crise. Vous saurez au moins que vous aurez fait de votre mieux pour résoudre vos problèmes, et parvenir à une union satisfaisante pour les deux partenaires.

Je pense très sincèrement que sauvegarder à tout prix un mariage malheureux « pour les enfants » est une erreur grave. Il n'est pas certain qu'un enfant issu d'un foyer désuni risque davantage d'être névrotique ou délinquant qu'un enfant soumis aux scènes et aux conflits journaliers de parents persistant à vivre ensemble.

Dans presque tous les cas, le divorce est une expérience éprouvante pour le mari comme pour la femme. Peu importe qui prend l'initiative de mettre fin au mariage. Le résultat psychologique — d'une extrême gravité — est que le mari comme la femme se sentent rejetés. Le divorce porte atteinte à votre concept de soi, à votre estime de soi. De plus, même si vous pensez que votre mariage était une « erreur », le divorce entraîne avec lui un profond sentiment de frustration et de perte : perte d'un foyer où vous aviez votre place, perte d'une femme, perte du libre contact avec vos enfants. A bien des égards, un père vit le moment de la séparation et les deux ans qui suivent le divorce comme s'il connaissait l'enfer sur la terre. Un homme a pu écrire à ce propos :

> Le soir où j'ai quitté mon foyer fut le plus triste de ma vie. Bien d'autres jours et bien d'autres nuits de désespoir et de solitude devaient suivre, tandis que j'essayais désespérément de m'adapter, de me situer, de définir ma situation dans ce qui n'était plus qu'un monde hostile et cruel [1].

C'est seulement si vous pouvez vous-même résister aux tempêtes affectives que vous serez en mesure d'apporter à vos enfants le soutien et la compréhension dont ils ont besoin pendant cette période difficile. L'investissement le plus judicieux que vous puissiez faire en cette circonstance consiste à vous faire aider par un psychologue ou un conseiller conjugal, jouant alors le rôle de « conseiller en divorce ». Assurez-vous au moins la présence d'un ami sûr, à qui vous puissiez vous confier et parler de vos problèmes au long de cette épreuve.

En d'autres termes, le divorce implique un « travail » psychologique important. En quoi consiste-t-il ? Lorsque nous perdons quelque chose ou quelqu'un de cher, il nous faut subir ce que les psychologues appellent « le deuil ». Quelles que soient les conditions, vous avez perdu votre mariage, votre femme et une partie de vos enfants. Le deuil qu'il vous faut supporter est le même que celui entraîné par la mort de quelqu'un qu'on aime. Vous traversez une période de deuil psychologique, pendant lequel vous « pleurez » la « mort » de votre mariage. Les souvenirs des jours heureux passés avec votre femme et vos enfants vous reviennent et vous accablent. Ils sont à peine supportables parfois. Il faut alors parler de tout cela, vous confier à un psychiatre ou à un ami sûr. C'est la meilleure façon d'affronter ce « deuil » qui est le vôtre. Ne gardez pas pour vous seul tous ces sentiments. Ce « deuil » exige du temps ; on ne peut l'accélérer. Sans pouvoir donner un ordre de durée très précis, disons d'après le témoignage même d'un grand nombre de pères divorcés, qu'une période d'un an représente un minimum.

Il sera bon aussi pendant la période de « deuil » de parler à d'autres divorcés des deux sexes. Demandez-leur comment ils ont réussi à passer les premières années de leur divorce. Les personnes qui comprennent le mieux votre situation sont en général des divorcés eux-mêmes. De plus, le livre *Les problèmes du divorce,* de Simone et Jean Cornec (Laffont éd. Coll. Réponses) vous aidera beaucoup à vous adapter à votre nouvelle situation psychologique.

Après avoir franchi cette étape de « mort psychologique », vous entamez une période de « retour à la vie ». Pendant les années de votre mariage, seule une partie de vous-même s'est révélée. Il vous faut maintenant découvrir d'autres aspects de vous-même. En d'autres termes, votre mariage malheureux a plus ou moins limité votre concept de soi, et maintenant c'est un nouveau concept de soi qui se crée en vous. C'est là un processus tout aussi éprouvant que le « deuil » dont j'ai parlé. Il vous faut briser les vieux moules, tenter de vous adonner à de nouveaux passe-temps et pratiquer d'autres sports, vous livrer à des activités auxquelles vous avez peut-être songé autrefois sans pouvoir les entreprendre.

Ce « retour à la vie » est nécessaire, même s'il est difficile, parce qu'en divorçant vous faites naître en vous un sentiment de honte et une tendance à vous mépriser. Votre femme vous a transmis ce message : « Je ne te désire plus en tant qu'homme. » Même si l'initiative du divorce vient de vous, ce message demeure perçu. C'est ainsi que j'ai pu dire comment contre toute attente, le sentiment de rejet est ressenti par les deux parties. Il vous faut redécouvrir que vous pouvez encore être aimé et désiré par le sexe opposé. Ce n'est pas toujours chose facile. Une fois rejetés, nous sommes naturellement tentés d'éviter tout nouveau risque en ce domaine. De ce fait beaucoup de pères vivent psychologiquement comme des ermites pendant la période qui suit leur divorce. Je pense que c'est une erreur. Replacez-vous dans le circuit, rendez-vous disponible à nouveau. Un des moyens les plus rapides de recouvrer le respect de soi consiste à découvrir que d'autres femmes ont de vous une opinion différente de celle qu'avait votre épouse.

Il vous faut trouver les moyens de lutter contre l'isolement et la solitude. Pour cela fréquentez les associations où se réunissent les gens seuls. Conservez vos relations avec vos amis mariés chaque fois que c'est possible. Je connais un père divorcé qui demanda à un couple de ses amis, ayant lui-même des enfants, s'il pouvait venir dîner chez eux « en famille » une fois par semaine. Le couple accepta ; le père en question les considéra comme sa nouvelle famille et y trouva un grand réconfort psychologique. Il existe bien d'autres façons de recréer un cadre de relations affectives pour remplacer l'ancien. Un de mes patients me dit un jour : « Plus jamais je ne considérerai qu'il est banal de rentrer chez soi le soir, de dîner en famille, de voir ses enfants, de dormir avec sa femme et de la trouver à côté de soi au réveil. » Souvent nous ne sentons pas toute la valeur de ces choses avant de les avoir perdues.

De nombreux magazines donnent des conseils bien intentionnés aux pères, en leur disant ce qu'il convient de faire en fonction des enfants, mais sans tenir compte de leur solitude psychologique. C'est pourquoi j'insiste sur ce que vous devez faire *pour vous-même* avant d'aborder le problème sur le plan des enfants.

Naturellement chaque divorce est unique, le couple qui se sépare après vingt ans de vie commune, avec des enfants de 18 ou 20 ans, se trouve dans une situation très différente de celui qui divorce après un an de mariage avec un bébé de 8 mois. Mais dans chaque divorce, et quelles que soient les circonstances, le père et la mère doivent chacun de leur côté subir un « deuil » et faire ensuite renaître leur respect de soi.

Comment annoncer le divorce aux enfants

Du fait de la grande variété des situations, il n'existe naturellement aucun moyen psychologiquement acceptable d'annoncer le divorce aux enfants. Parfois ils s'y attendent à cause de la tension et du désaccord qui règnent au foyer. Parfois la nouvelle leur arrivera comme une bombe (particulièrement si une autre femme ou un autre homme en sont la cause). Lorsque vous en parlerez aux enfants, rappelez-vous le serment qu'on prête devant la loi, « dire la vérité, toute la vérité, rien que la vérité ». Les enfants sont capables d'accepter la vérité bien mieux qu'on ne le croit, alors que les mensonges ne peuvent que leur faire perdre leur confiance en vous. Et les enfants détectent rapidement les mensonges. Cependant, cela ne signifie pas qu'il faille dire à un enfant « toute la vérité ». Les détails sordides de ce qui ruina votre mariage ne sont pas bons à divulguer.

Si les enfants ont entre 10 et 13 ans, et si cela vous est possible, parlez-leur ensemble, vous et votre femme, de la situation, vous pouvez procéder de la façon suivante et dire : « Nous avons quelque chose à vous dire, une nouvelle peu agréable. Dans les premières années de notre mariage nous étions heureux d'être ensemble, mais nous ne le sommes plus maintenant. Vous vous êtes sans doute aperçus que nous ne nous entendions plus très bien. Nous avons décidé qu'il valait mieux nous séparer. Nous ne serons plus mari et femme, mais nous voulons que vous sachiez bien que vous n'y êtes pour rien. Papa va aller vivre ailleurs, mais vous pourrez le voir souvent. Vous resterez avec maman, et papa lui enverra tous les mois de l'argent pour vous. Papa sera toujours papa, et maman sera toujours maman qui vous aime. Si vous avez des questions à nous poser, vous pouvez le faire quand vous voudrez. » Il est préférable que vous teniez ces propos ensemble. Toutefois vos rapports peuvent rendre la chose impossible. Dans ce cas, il faut vous mettre d'accord sur ce que vous direz aux enfants, et le leur dire si possible à tous en même temps. Alors personne ne s'inquiétera de savoir ce qu'on a dit aux uns et aux autres.

N'annoncez pas votre décision le jour où le père s'en va. Certains pensent qu'ainsi tout sera réglé plus rapidement. Choisissez plutôt de le faire une semaine environ avant la séparation. Les enfants auront ainsi le temps de vous poser toutes les questions qu'ils voudront.

Les enfants ont presque toujours le sentiment d'être responsables du divorce, même si le contraire est évident. C'est particulièrement vrai pour le garçon qui, entre 3 et 6 ans, se trouve en pleine « idylle familiale ». Il souhaite que son père s'en aille afin d'avoir sa maman pour lui tout seul. Et lorsque son vœu secret se réalise, il pense que c'est lui, en y pensant, qui a provoqué la rupture. Il s'agit là bien sûr d'un processus inconscient, et il ne vous en parlera jamais mais veillez à lui faire bien comprendre que c'est vous qui avez pris la décision. Il vous faudra sans doute revenir sur ce thème et le rassurer plusieurs fois.

L'effet immédiat de la séparation

L'effet immédiat du divorce sur l'enfant est qu'il se sent abandonné. Sentiment qu'il éprouve au moment où vous-même vous sentez abandonné. J'insiste encore sur le fait que vos contacts avec d'autres personnes vous aideront à vous rééquilibrer, et à apporter à votre enfant le soutien et la compréhension dont il a besoin pendant cette période délicate de réadaptation.

Que pouvez-vous donc faire pour lui apporter ce soutien ?

Tout d'abord lui montrer que vous l'aimez et l'aimerez toujours. Vous pouvez le faire de plusieurs manières, par exemple en lui téléphonant. Cela vous prendra seulement quelques minutes, mais qui voudront dire : « Papa m'aime, bien qu'il n'habite plus ici. » Ne comptez pas trop le trouver bavard au bout du fil. Dans de telles circonstances, un enfant parle peu. N'allez pas en déduire qu'il ne veut pas vous parler, et cesser de lui téléphoner. Il n'en est rien. Chaque appel lui transmet votre message : Papa t'aime.

Vous pouvez aussi lui écrire. Par ce moyen vous pouvez garder le contact avec votre enfant. Vous ne savez peut-être pas à quel point ces lettres de vous sont importantes ; un enfant les relira souvent, pour s'assurer qu'il n'est pas abandonné. Et n'allez pas croire que les grands enfants y soient insensibles. Un garçon ou un fille de 16 ans reliront eux aussi ces preuves de votre sollicitude.

Il faut par ailleurs que votre enfant puisse vous atteindre facilement. Faites votre possible pour qu'il sente que vous n'êtes pas « loin ». S'il vous téléphone pour vous dire des choses sans importance, sachez comprendre qu'il veut dire : « Papa, j'ai besoin de te parler, pour être sûr que tu es là et que tu penses à moi. »

Bien sûr les visites à votre enfant sont les meilleures occasions de le rassurer, surtout pendant les semaines qui suivent le divorce. Ces visites peuvent être prévues à l'avance ou impromptues. Il est bon que votre enfant vous rencontre régulièrement, parce que cela le rassure en donnant un rythme régulier à sa vie. Le rythme des rencontres pourra varier suivant les cas. Mais il faut absolument vous conformer au calendrier que vous aurez établi. Si, en plus des visites prévues, vous avez envie un soir de payer une glace à votre enfant, n'hésitez pas à vous arranger avec votre ex-femme pour pouvoir le faire. Cette possibilité peut être stipulée dans le jugement de divorce. Si les parties y consentent, l'enfant y trouvera un grand réconfort.

Visites à votre enfant

Dans les premiers mois de la séparation et du divorce il vaut mieux, dans l'intérêt du père et de l'enfant, que les visites soient plus courtes et plus fréquentes. Je l'ai déjà dit, c'est un moment très difficile pour le père d'un point de vue sentimental, et il n'est peut-être pas encore prêt à faire une visite prolongée ou à emmener l'enfant en week-end. Ce premier week-end seul avec les enfants provoque souvent un choc psychologique brutal car il s'aperçoit que ce n'est pas vraiment un plaisir que de s'occuper d'eux et d'être avec eux continuellement pendant deux jours, au moment où il se sent solitaire et peu en forme.

C'est peut-être la première fois qu'il se rend compte qu'il n'était jamais seul avec ses enfants auparavant pendant une période aussi longue. Il va peut-être se demander ce qu'il va pouvoir faire pour les distraire. Le père qui réagit de cette façon commet l'erreur de penser que la *longueur* du temps qu'il passe avec ses enfants est plus importante que la *qualité*.

Pour certains pères, des visites plus courtes et plus structurées sont préférables ; il peut emmener les enfants déjeuner, manger une glace, au cinéma, assister à un événement sportif ou dans un parc d'attractions. Psychologiquement, il est plus facile de faire cela que d'avoir les enfants pendant deux journées complètes. Autrement dit, un père ne devrait pas considérer que puisqu'il a eu des relations satisfaisantes avec ses enfants pendant des années, il va de soi que ce sera la même chose maintenant qu'il est séparé ou divorcé. Les rapports quotidiens dans une famille unie diffèrent complètement des rapports qu'il peut avoir quand il leur rend visite en père divorcé. Il faut qu'il considère ces visites comme un *apprentissage* pour les enfants et pour lui.

Cela bien sûr ne s'applique pas à tout le monde. Un père divorcé qui avait l'habitude d'emmener ses enfants camper aura peu de difficultés à continuer. La plupart devraient prévoir ce qu'ils feront, surtout pour le premier week-end. Ayez plusieurs programmes à proposer au cas où le temps serait mauvais. Ne croyez pas que vous devez leur consacrer chaque minute de votre week-end. Lorsque vous étiez une famille unie, vous n'étiez pas sans arrêt avec eux — ils jouaient dehors ou regardaient la télévision. Cette situation se renouvellera tout naturellement pendant votre premier week-end, vous n'aurez pas à les amuser à chaque instant, mais par ailleurs ils apprécieraient fort peu que vos rencontres consistent à être plantés devant la télévision pendant la plus grande partie du temps.

Il faut *apprendre* à faire de ces visites une expérience gratifiante. N'attendez pas que ça se produise naturellement. Il vous faudra du temps, de la patience et de l'organisation. Cela dépendra beaucoup des liens que vous aviez auparavant avec eux. Beaucoup de pères voient rarement leurs enfants. Quand un divorce survient, ce sont ceux qui ont le plus de difficultés à réussir leurs visites.

Dans les mois qui suivent immédiatement la séparation un père divorcé doit se garder de tout sentiment de culpabilité. Il lui semble souvent, inconsciemment, qu'il doit compenser le divorce. Il craint de punir ses enfants ou de leur refuser quelque chose, il les couvre de cadeaux. Il se comporte plus en « papa gâteau » qu'en père.

Il y a aussi des pères qui s'occupaient beaucoup de leurs enfants avant le divorce et qui ne savent plus quoi faire avec eux dans les mois qui suivent immédiatement la séparation. Leurs amis s'en étonnent. Une telle attitude vient de ce que leur rôle de père à mi-temps éveille en eux des souvenirs trop pénibles pour qu'ils puissent les affronter. Ils se consacrent alors fiévreusement à d'autres activités et gardent leurs distances avec les enfants. Un père qui agit de la sorte cherche à éviter sa part du travail de deuil. Si vous vous apercevez que vos affaires ou d'autres occupations vous empêchent de voir régulièrement vos enfants, demandez-vous si vous ne cherchez pas inconsciemment à chasser des souvenirs pénibles.

Si vous avez plus d'un enfant, devez-vous les voir séparément ou tous ensemble ? Ce qui est vrai pour une famille unie l'est également pour une famille séparée : il vaut mieux parfois que le père voie les enfants tous ensemble, et à d'autres moments il vaut mieux les voir en tête à tête. Malheureusement, les jugements des tribunaux sur le droit de visite ne traitent généralement pas de cette question. Dans la plupart des cas, c'est le père qui s'en va et il doit rendre visite à tous ses enfants en même temps. La situation est donc plus aisée pour la mère qui agit comme un parent qui élève ses enfants seul. Quand le père aura ses enfants pour tout le week-end il s'apercevra vite que ce n'est pas une sinécure que d'être seul. Une mère divorcée a besoin d'un peu de temps à elle et ce n'est possible que si le père prend tous les enfants en même temps.

Le plus facile pour satisfaire les besoins psychologiques de tous est que le père prenne tous les enfants à intervalles réguliers mais qu'il puisse aussi emmener un enfant avec lui inopinément. Un tel programme dépendra beaucoup de la maturité du père et de la mère et de leur aptitude à être solidaires vis-à-vis des enfants même s'ils ont des griefs réciproques.

Le père (ou la mère) devrait venir chercher les enfants et les emmener chez lui (ou chez elle). Malheureusement beaucoup de pères et de mères insistent pour que les visites se fassent chez eux, en leur présence. C'est un cadre psychologiquement peu propice. Les enfants sont conscients de la présence de l'un et de l'autre et des sentiments qu'ils éprouvent ; ils en ressentent un malaise. Si votre ex-femme refuse de vous laisser voir vos enfants hors de chez elle ou de sa présence, vous pouvez avoir recours au juge car ce n'est pas un « droit de visite raisonnable ».

Si vous donniez de l'argent de poche à vos enfants avant de divorcer, vous devez naturellement continuer. Dans le cas contraire, c'est le moment de commencer. Vous leur donnez une certaine somme chaque semaine, non pas en échange d'un travail quelconque, mais parce que ce sont vos enfants et que vous les aimez. S'ils veulent toucher davantage en lavant la voiture par exemple, c'est très bien. Mais je ne crois pas qu'un enfant doive gagner son argent de poche. C'est le symbole de votre amour.

Je crois aussi que vous devriez dire à vos enfants que vous envoyez chaque mois de l'argent à leur mère pour eux. Expliquez-leur que vous envoyez cet argent parce que vous les aimez et que cela l'aide à les entretenir. Très peu de pères divorcés en parlent et ils négligent un moyen très efficace de prouver leur amour et leur intérêt à leurs enfants.

Quand vous les voyez, essayez de les garder pour la nuit chaque fois que c'est possible. Cela signifie beaucoup pour eux, qu'ils font autant partie de la maison de leur père que de celle de leur mère. Autrement, l'enfant vous considérera comme un étranger qui le sort, plutôt que comme son père. Si vous avez une maison assez vaste pour avoir une chambre installée en permanence pour votre enfant, ce serait l'idéal. Si vous n'avez qu'une chambre, achetez des sacs de couchage que vous disposerez dans la salle de séjour.

Ce serait une bonne idée d'avoir des jouets et des jeux, vos enfants penseront qu'ils ont une place spéciale dans la maison de leur père puisqu'ils y ont des jouets et des livres. Il en sera de même pour les objets familiers.

Essayez de ne pas les mêler à vos affaires sentimentales à moins que vous ne soyez sérieusement engagé avec une autre femme. Surtout au début, il est suffisamment pénible pour les enfants de vous avoir perdu. Ce l'est encore bien plus s'ils doivent vous partager avec quelqu'un d'autre — une autre femme, dans ce cas. Quand un certain temps se sera écoulé et que vos enfants seront plus à l'aise dans cette situation, vous pourrez alors sortir ensemble avec une autre femme ou une autre famille.

Tout cela devrait vous permettre de continuer à faire partie de l'univers de votre enfant. Tant de pères, dans les foyers unis, sont absorbés par leur carrière qu'il leur reste peu de temps à consacrer à leurs enfants. Dans ce cas, le père est plutôt un invité dans la maison. Même divorcé, vous pouvez donc être davantage avec vos enfants que certains pères et jouer un rôle plus important.

Soyez très informé des différences étapes du développement de l'enfant, sinon, vous risqueriez de penser que certains aspects du comportement sont dus au divorce (et de vous sentir coupable) alors qu'ils seraient advenus de toutes façons. N'interprétez pas faussement un comportement négatif ou une attitude hermétique.

Vous savez que dans l'adolescence les enfants se détournent de leurs parents pour trouver leur identité parmi leurs pairs.

Vous en ferez l'expérience quand vous verrez votre enfant pendant cette période. Plus tard, il se peut que de façon assez surprenante votre enfant cherche à discuter et qu'il vous consulte sur ses études ou le choix d'un métier. Soyez prêt pour ce genre de question vers 16, 17 ou 18 ans. C'est le moment de l'emmener déjeuner au restaurant en tête à tête, c'est l'occasion de se confier et de parler de décisions importantes.

Tôt ou tard, vous vous apercevrez qu'un ou plusieurs de vos enfants ne veulent plus vous voir. Ils auront peut-être une sortie avec un ami ce soir ou ce week-end-là. Ils peuvent avoir des raisons évidentes ou confuses. Ne prenez pas cela comme une offense personnelle. Vous serez bien sûr blessé par ce refus mais faites preuve d'assez de maturité pour ne pas réagir comme un martyr. Usez de la méthode du feed-back, dites que vous comprenez parfaitement et que vous les verrez la semaine suivante.

Si vous pouvez adopter une telle attitude, par laquelle vous permettez à votre enfant de vous faire don d'une visite mais lui donnez la liberté de refuser, c'est un des cadeaux les plus précieux que vous puissiez lui faire. Vous lui montrez que vous l'aimez mais vous lui laissez le choix de recevoir cet amour quand il le désire.

Comment aider votre enfant à bien s'adapter

On peut affirmer que sans considération d'âge tous les enfants de parents divorcés ont des sentiments négatifs désagréables, de colère, de culpabilité, de crainte, et de peine. Beaucoup d'enfants sont troublés et ne comprennent pas ce qui se passe. Beaucoup voudraient que leurs parents se rapprochent pour retrouver leur famille comme autrefois. Il y a en outre des sentiments profonds que les enfants ont du mal à exprimer, comme : « Je vous déteste tous les deux parce que vous gâchez ma vie », « Ai-je mal agi et est-ce pour cela que vous divorcez ? » ou : « Qui va s'occuper de moi ? Papa est déjà parti. Est-ce que maman va me quitter aussi ? »

Les parents divorcés ont besoin d'être guidés pour affronter ces sentiments. Il faut qu'ils aident leurs enfants à comprendre le divorce et à s'y adapter raisonnablement.

Les enfants sont capables d'accepter une réalité pénible, beaucoup plus que les adultes le pensent. Ils ont plus de difficultés à dominer l'inquiétude que leur inspirent les dérobades de leurs parents, les pires suppositions qui ne sont jamais ni confirmées ni réfutées. Quand un enfant sait la vérité, même désagréable, il est rassuré de savoir à quoi s'en tenir, et de pouvoir aussi vous faire confiance.

Aucun livre, bien sûr, ne pourra remplacer les parents. Il faut que votre enfant puisse exprimer ses soucis à son père et à sa mère. La plupart du temps, il ne les exprimera pas verbalement. Mais vous verrez que quelque chose ne va pas à l'expression de son visage, à son attitude distraite ou à l'impossibilité qu'il éprouve à s'amuser en jouant. Dites-lui alors que vous sentez qu'il est malheureux, demandez-lui pourquoi. S'il peut l'exprimer, renvoyez lui ses sentiments par la technique du feed-back. Cela prendra peut-être du temps, il vous faudra peut-être beaucoup l'encourager. Ne croyez pas que ses sentiments négatifs sur le divorce disparaîtront en un mois ou deux, pas plus que les *vôtres*.

Votre enfant aura peut-être besoin de l'aide d'un psychologue ou d'un psychiatre. N'hésitez pas à consulter si c'est nécessaire.

Les enfants utilisés comme moyen de pression contre votre femme

C'est une tentation pour l'un des conjoints que de lutter contre l'autre au moyen des enfants. N'oublions pas que l'expérience du divorce crée chez l'homme et la femme un choc affectif déchirant d'une très grande intensité. Pendant que l'action en divorce suit son cours, des sentiments très violents se manifestent tels que le refus, la colère, le sentiment d'échec, la douleur, surtout pendant les affrontements qui précèdent le jugement final. Un divorce « amical » n'existe pas. Et donc l'une et l'autre des parties sera peut-être tentée d'atteindre l'adversaire à travers les enfants. Tout cela est bien sûr plus inconscient que conscient. Mais cela se produit. Le père est en retard pour payer la pension alimentaire, la mère supprime les visites ou « oublie » que le père devait venir ce soir-là. Le père se venge alors en retenant la pension d'un mois et c'est l'escalade.

En d'autres termes, les parents sont divorcés mais ils n'ont pas encore dominé l'hostilité qu'ils éprouvent l'un pour l'autre. Ils essayent de dire du mal de l'autre, parfois ouvertement, et d'autres fois insidieusement.

Tout cela, bien sûr, perturbe beaucoup les enfants sur le plan affectif car ils aiment généralement l'un et l'autre. Et voilà que leur père et leur mère semblent leur dire par leur attitude : « Si tu aimes l'autre, tu ne peux m'aimer et cela me fait de la peine. » Les enfants sont écartelés et plongés dans le doute.

J'espère que vous résisterez à la tentation (car vous serez tenté) d'agir de cette façon. J'espère que vous ne calomnierez pas votre ex-femme, car, après tout, c'est la mère de vos enfants et ils l'aiment, même si c'est un personnage méprisable. Si vraiment vous ne pouvez vous empêcher de mêler vos enfants à votre vengeance, c'est que vous avez besoin de consulter un psychologue ou un psychiatre.

Si vous avez la garde de l'enfant

Lorsque le tribunal juge que la mère est inapte à s'occuper des enfants, ou si elle-même le demande, le père se voit accorder la garde des enfants. C'est-à-dire environ dans 10 pour cent des cas.

Si tel est votre cas, engagez une gouvernante ou une femme qui pourra remplacer la mère pendant que vous travaillez. Le problème consiste à trouver quelqu'un qui puisse apporter à vos enfants assez de chaleur humaine. Essayez avant de l'engager définitivement de voir comment elle se comporte avec vos enfants. Laissez-vous guider par votre cœur, en vous demandant : Aime-t-elle les enfants ? Et ne soyez pas trop exigeant sur ses qualités de ménagère. Et s'il s'avère que vous vous êtes trompé, n'hésitez pas à engager quelqu'un d'autre. Votre choix dépendra aussi de l'âge et du sexe de vos enfants. Il vaut mieux en tout cas laisser un jeune enfant aux soins d'une femme gentille et dévouée que de le mettre à la crèche de 7 heures du matin à 6 heures du soir. Certes elle pourra le conduire à la maternelle de 8 heures et demie à 11 heures et demie mais une journée entière loin de chez lui est beaucoup trop longue pour un enfant d'âge préscolaire.

Vous vous rendrez vite compte, en tout cas, à quel point s'occuper seul d'un ou de plusieurs enfants peut être une tâche harassante. Mais si vous vous sentez débordé, consolez-vous en pensant à la solitude du père qui vit seul, séparé de ses enfants.

Comment réussir votre divorce pour vos enfants

Puisque vous n'avez pas pu réussir votre mariage, vous devez essayer pour vos enfants que votre divorce soit un succès. L'échec de votre mariage ne doit pas condamner vos enfants au naufrage psychologique, à la névrose ou à la délinquance. Un préjugé existe à ce sujet, suivant lequel un enfant issu d'un foyer brisé est psychologiquement condamné. C'est une absurdité. Lorsque j'entends des instituteurs ou des éducateurs me dire à propos d'un enfant qui pose des problèmes : « Bien sûr, ma famille est désunie » (comme si cela expliquait tout), j'ai envie de leur répondre, à propos d'autres enfants qui ont aussi des difficultés : « Bien sûr, sa famille est unie ! »

Nombreux sont par exemple les gens qui pensent que le fait d'être issu d'un foyer désuni est une cause majeure de délinquance juvénile. Or les statistiques prouvent le contraire. Une étude portant sur 18 000 jeunes délinquants a montré que seulement un dixième des garçons et un cinquième des filles étaient issus de familles divorcées [2]. De quelles familles venaient donc les autres ? De foyers restés unis, mais marqués par l'échec et le malheur.

Souvent, comme le dit le Dr. Louise Despert « la saine chirurgie du divorce légal [3] » est meilleure pour l'enfant que le « divorce affectif et émotionnel [4] » qui les détruit.

Débarrassez donc votre esprit de ces vieux mythes. Certes le divorce est pour les enfants une expérience bien triste, surtout au début. Mais avec le temps, ce qui détermine leur équilibre n'est pas le divorce en soi, mais le degré de maturité psychologique avec lequel vous et votre ex-femme maîtrisez la situation. A mesure que se dissipe l'amertume de la séparation, vous apprendrez, si vous avez vraiment le souci de rendre vos enfants heureux, à *travailler ensemble* pour les élever.

Malgré le divorce, vous êtes le père et la mère et vous pouvez constituer une véritable *équipe* au service des enfants. Si vous adoptez cette attitude de maturité et de sagesse, vos enfants seront plus équilibrés et plus sains que ceux de bien des couples chez qui le divorce ne franchit pas le stade émotionnel.

La tâche n'est pas aisée pour un père ou une mère divorcés. Vous pouvez faire appel à un spécialiste : psychologue ou conseiller conjugal. L'argent que vous dépenserez pour quelques consultations de ce genre sera peut-être le meilleur investissement que vous puissiez faire pour le bonheur de vos enfants.

Le remariage

Vous avez six chances sur sept de vous remarier. Et il est fort probable que votre nouvelle femme aura elle-même des enfants. Vous aurez alors à résoudre le problème psychologique du beau-père et de la famille issue de plusieurs mariages.

Il n'y a aucune raison pour qu'un beau-père ne soit pas meilleur père qu'un vrai père. Ils sont même des millions à se préoccuper tellement de leur travail et de leur carrière qu'ils accordent très peu d'attention à leurs enfants et sont en définitive de bien mauvais pères.

Là encore la situation peut être très différente d'un cas à un autre. Si vous êtes le beau-père d'une petite fille de 2 ans à laquelle son père, vivant très loin, ne s'intéresse pas et que vous pourrez adopter facilement, vous n'aurez pas les mêmes problèmes que si vous épousez la mère de trois garçons de 9, 11 et 14 ans, dont le père vit tout près de chez vous, et qu'il emmène tous les quinze jours passer le week-end à la campagne.

Malgré ces différences, les enfants éprouvent à l'égard du beau-père des sentiments qui fondamentalement sont les mêmes, mais plus ou moins intenses, suivant que la mère est veuve ou divorcée depuis plus ou moins de temps. Ce sont des sentiments complexes. Comme le dit le Dr. Despert : « L'enfant désire un père et redoute en même temps d'en avoir un [3]. » D'une part, il le désire afin de retrouver une famille au complet, avec le couple père-mère. D'autre part, il aime avoir sa mère pour lui tout seul. En devenant beau-père, soyez conscient de ces sentiments contradictoires.

Cela signifie qu'il vous faudra aller lentement dans l'établissement des rapports avec les enfants de votre femme. Nombreux sont les hommes qui commettent l'erreur de trop insister, d'être trop pressés de faire la conquête de leurs beaux-enfants. Veillez à ne pas les submerger d'attentions et de cadeaux. Nc soyez pas surpris s'ils restent réservés au début. Rappelez-vous que pour eux vous êtes nouveau et inconnu. Ils se montrent naturellement prudents et se disent sans doute : « Puis-je faire confiance à cet homme ? Partira-t-il lui aussi comme mon premier père ? Puis-je vraiment lui faire confiance ? Sera-t-il gentil avec moi ? »

Ne vous étonnez pas s'ils commettent à votre égard des actes hostiles ou agressifs pour vous mettre à l'épreuve. Il s'agit là de manifestations inconscientes. Si l'enfant découvre que son agressivité ou son hostilité se heurtent à votre bonne humeur et à votre gentillesse, il reprendra confiance et consentira à vous accorder son amour.

Si le vrai père se désintéresse de ses enfants et qu'il vous permette de les adopter, votre tâche sera facilitée dans la mesure où vous n'aurez pas à lutter contre l'influence d'un autre. Mais si le père se manifeste fréquemment, prend ses enfants tous les quinze jours, leur téléphone, envoie régulièrement la pension alimentaire (ce que vous faites, espérons-le, pour les enfants de votre premier mariage), la situation est différente. Dans ce cas n'oubliez jamais ce principe : vous ne pourrez jamais supplanter le père naturel, *n'essayez donc pas de le faire.* Vos beaux-enfants sentiraient que vous voulez prendre la place de leur père, et ne vous le pardonneraient pas. Soyez donc vous-même. Vous n'êtes pas leur vrai père, qui a vécu avec eux pendant les premières années de leur vie. Vous êtes le nouveau mari de leur mère, leur nouvel ami et père suppléant. A ce propos, il vaut mieux qu'ils vous appellent par votre prénom. N'insistez pas pour qu'ils vous appellent « papa », car ils auraient l'impression de trahir leur vrai père à qui ils ont donné ce nom pendant de nombreuses années.

Sachez surtout qu'il vous faudra du temps pour établir des rapports harmonieux avec vos beaux-enfants. Pour cela laissez-les exprimer leurs sentiments et utilisez encore une fois la technique de la rétroaction affective ou feed-back. Mais grâce à votre sens psychologique, votre tolérance, si vous acceptez leurs sentiments contradictoires à votre égard et si vous savez leur montrer, grâce au feed-back, que vous les comprenez, vous parviendrez à établir avec eux de solides rapports d'affection.

Comment réunir les enfants issus de plusieurs mariages

Votre tâche ne se limite pas à vous faire accepter par vos beaux-enfants. Il vous faut aussi, par des efforts communs avec votre femme, votre ex-femme, et sans doute son nouveau mari, pouvoir réunir les enfants des deux foyers pour certaines occasions, telles que le week-end et les vacances. Ce n'est pas tâche facile, à cause notamment du sentiment de jalousie que les enfants éprouvent entre eux. Là encore, le succès de ces réunions dépend dans une large mesure de la maturité et de la sagesse des quatre adultes en cause. S'ils n'ont pas surmonté les anciennes querelles, les enfants auront beaucoup de mal à s'accorder. Mais si les quatre adultes concernés ont su les surmonter, et sont décidés à coopérer pour le bien de tous les enfants, on peut avoir au week-end les enfants issus des différents mariages réunis en une même famille, apprenant à s'aimer et à s'apprécier.

Nous avons abordé maints sujets depuis le début de ce chapitre sur le divorce. Je voudrais insister pour finir sur ce point capital : le divorce est pénible pour le père, pour la mère et pour les enfants quel que soit leur âge. Mais il ne faut pas qu'il soit un désastre psychologique. Suivant la façon dont vous et votre ex-femme prendrez les choses en main, vos enfants peuvent surmonter les blessures morales qu'il provoque et devenir des individus normaux, sains et heureux. Devenir le beau-père d'autres enfants est une tâche difficile qui nécessite du temps et de la patience, mais qui peut être très enrichissante et gratifiante sur le plan moral. Vrai père, père divorcé, beau-père, voilà des rôles auxquels la société nous prépare fort peu. C'est pourquoi j'ai écrit ce livre. J'espère qu'il aidera tous les pères.

Malheureusement, comme c'est le cas pour tout livre, c'est une conversation à sens unique où seul l'auteur parle. Le lecteur n'a jamais la possibilité de poser une question, de critiquer un point, de ne pas être d'accord, ou de dire : « Vous n'avez pas abordé ceci ! » Si vous souhaitez faire des commentaires, positifs ou négatifs, ou soulever des problèmes que vous estimez insuffisamment traités dans ce livre, écrivez-moi à :

Dr. Fitzhugh DODSON
C/O Nash Publishing Company
9255 Sunset Boulevard
LOS ANGELES — California 90069
U.S.A.

Je tiendrai compte de toutes vos questions et commentaires pour la prochaine édition de cet ouvrage ainsi que pour mon prochain livre.

Que vous soyez père, père divorcé ou beau-père, ou même les trois à la fois, j'espère que ce livre vous permettra de mieux comprendre vos enfants et de mieux goûter aux joies que doit vous apporter votre rôle de père.

APPENDICE A

Jouets et matériel de jeu appropriés aux différents âges

Pour les périodes suivantes :

I. LA PREMIÈRE ENFANCE
II. L'ÂGE DES PREMIERS PAS
III. LA PREMIÈRE ADOLESCENCE
IV. L'ÂGE PRÉSCOLAIRE
voir *Tout se joue avant six ans* du même auteur (Ed. Laffont), appendice A, pages 376 à 385.

V. LA MOYENNE ENFANCE (DE 6 A 10 ANS)

C'est à ce moment que votre enfant quitte la sécurité de la maison et de la famille pour s'aventurer dans un monde plus vaste. Il est lié maintenant à trois « mondes » ; celui de l'école, celui de ses camarades et celui de sa famille. Son identité s'exprime par son aptitude à maîtriser les activités spécifiques qu'on exige de lui à l'école, dans son groupe et à la maison. La tâche fondamentale est celle de la *maîtrise* par opposition à l'*inadaptation*. Si votre enfant est sûr de pouvoir réussir ce qu'on lui demande de faire, il aura le sens de la maîtrise. Sinon, il se sentira inadapté.

Quels jouets peuvent l'aider à acquérir cette maîtrise ? et lesquels attirent particulièrement les enfants de cet âge ?

Rappelez-vous d'abord que votre enfant a manifestement dépassé le stade des jouets qu'il adorait dans la période pré-scolaire. Il aime encore creuser le sable, faire des constructions avec des cubes, jouer avec des marionnettes, des voitures, des camions et des bateaux, des poupées et des maisons de poupée. Mais il est aussi tout prêt à s'intéresser à d'autres jouets et jeux pour lesquels il n'était pas mûr auparavant.

A JEUX

A ce stade, l'enfant adore jouer à des jeux avec vous, avec ses camarades ou avec toute la famille. Comme il est plus avancé intellectuellement, il peut aborder des jeux plus compliqués.

1. Un jeu de cartes,
2. Jeux de dames,
3. Echecs,
4. Diamino,
5. Dominos,
6. Mikado,
7. Monopoly,
8. Roulette,
9. Bridge pour les jeunes,
10. Bataille navale,
11. Jeu de croquet de salon,
12. Jeu de football magnétique (auquel on peut jouer en voyage).

B SPORTS

1. Jokari,

2 Football (cela demande beaucoup de temps et d'entraînement),
3 Bicyclette (les enfants peuvent apprendre dès 6 ou 7 ans),
4 Patins à roulette,
5 Corde à sauter,
6 Billes.
7 Toupies,
8 Gyroscope,
9 Basket-ball (commencez avec un ballon de hand-ball, plus facile à tenir).
10 Echasses.

C POUPÉES POUR GARÇONS ET FILLES

Ce titre peut vous faire sursauter. Les garçons à cet âge, ont toujours eu besoin de jouer à la poupée pour créer des jeux imaginaires, comme modèles de ce qu'ils seront plus tard et pour créer un univers imaginaire. Malheureusement, pendant des années, rien n'a été fait pour eux. Il y a maintenant Ken et d'autres poupées, avec tous leurs costumes.

1 Ken et Barbie (qui pourrait oublier ces deux poupées qui ont la faveur de tant de petites filles ? Une objection : la garde-robe de Barbie est ruineuse),
2 Big Jim,
3 Action Man.

D JEUX ET ACTIVITÉS MANUELLES

1 Maquettes. Ce n'est peut-être pas un jeu très récréatif mais les enfants à cet âge, surtout les garçons aiment assembler des modèles d'avions, des scènes préhistoriques, des voitures, des monstres... Certains se contentent de les assembler, les autres les collent, ce qui est plus sûr,
(Frog au 1/72. Air Fix. Heller Cadet.)

2 Pâte à modeler,
3 Papier mâché,
4 Tissage,
5 Travail du bois,
6 Travail du cuir,
7 Feutrine,
8 Gommettes,
9 Piquages,
10 Feutrine (jeux F. Nathan, jeux Mako).

E JEUX DE STIMULATION INTELLECTUELLE

1 Scrabble,
2 Ensembles mathématiques,
3 Jeu des sept familles,
4 Loto,
5 Ordinateur.

F JEUX SCIENTIFIQUES

1 Coffret de biologie (Laffont, Gégé, etc.),
2 Coffret de chimie (Laffont, Chimie 2000, etc.),
3 Coffret de géologie (Laffont, Gégé, etc.),
4 Microscope (assurez-vous que l'enfant est assez raisonnable pour le manipuler avec soin),
5 Livres d'expériences.

G JEUX MUSICAUX

Vers 8 ou 9 ans, l'enfant peut commencer à vouloir jouer d'un instrument et à prendre des leçons (plus tôt s'il est vraiment doué). Quels instruments choisir ?

1 Piano,
2 Flûte à bec,

3 Ukulélé,
4 Clarinette,
5 Flûte,
6 Xylophone,
7 Melodica (instrument unique, si facile à jouer que beaucoup de professeurs l'utilisent pour enseigner aux débutants les bases de l'harmonie, les accords, et la théorie musicale. On peut jouer une seule note ou plusieurs notes à la fois, les dièses et les bémols),
8 Harmonica.

H JEUX DIVERS

1 Trains électriques (pas avant 9 ou 10 ans),
2 Magnétophones à cassettes (votre enfant lui trouvera des centaines d'utilisations ; jouet très intéressant),
3 Coffret de prestidigitation,
4 Ecrous et vis,
5 Vrais outils : marteaux, tenailles, vilebrequins à main, scie passe-partout, rabot, tournevis, lime et râpe à bois, perceuse à main. Je vous suggère de fournir un établi où l'enfant pourra accrocher ses outils plutôt que de tout fourrer dans une boîte à outils.
6 Animaux qui se reproduisent facilement tels que souris blanches, hamsters, cochons d'Inde,
7 Voitures miniatures à roues ultra-rapides : Hot Wheels,
8 Voitures à batterie : Hot Wheels Sizzlers, Matchbox, Scorpion,
9 Motocyclettes à batterie : Scream'n Demons Matchbox,
10 Lego,
11 Fischer Teknik,
11 Déguisements,
12 Machine à imprimer.

VI. PRÉADOLESCENCE ET ADOLESCENCE

Je ne vous donnerai pas de liste pour différentes raisons : les préadolescents et les adolescents sont très individualistes et exclusifs dans leur choix. Il vous faudra donc connaître les goûts et répulsions de votre adolescent. Deuxièmement, quand un jeune atteint cet âge, il est extrêmement sensible à tout ce qui pourrait lui rappeler son enfance. Consultez-le donc avant de lui acheter un cadeau de Noël ou d'anniversaire et assurez-vous que vous êtes sur la même longueur d'onde que lui.

APPENDICE B

Jouets et jeux à bon marché qu'un père peut faire lui-même

A l'appendice A j'ai indiqué quels jouets acheter pour chaque étape du développement. Je voudrais vous rappeler maintenant que les jouets les plus appréciés sont ceux que vous ferez vous-même avec des matériaux à bon marché. Votre enfant les aimera bien plus que ceux qu'on achète dans les magasins, parce qu'un jouet est bien plus beau quand papa l'a fait. De plus aucun autre enfant ne peut avoir le même, c'est un jouet unique.

Pour confectionner ces jouets, on peut utiliser du carton, du bois, des vieilles bouteilles en plastique, des boîtes de conserve vides. J'insiste sur le fait que vous n'avez pas besoin d'être un artiste, ni d'avoir chez vous un atelier perfectionné. Il vous faut seulement un couteau spécial pour le carton, une scie, des clous, de la colle, et quelques pots de peinture.

Ces jouets sont destinés aux enfants d'âge préscolaire, à partir de trois ans. Beaucoup joueront avec jusqu'à l'âge de dix ans.

Avec du carton

Les cartons d'emballage sont une mine inépuisable, ils vous permettront de construire en particulier toutes sortes d'édifices, de toutes tailles. Avec des boîtes de petite dimension on peut construire des villes entières. Avec de grands cartons, des maisons « habitables ». Il suffit de pratiquer dans les côtés des portes et des fenêtres. Peindre l'ensemble d'une belle peinture acrylique ; appliquez un vernis acrylique qui fera ressortir les couleurs.

De la même façon, on peut faire une maison de poupée pour une petite fille. Il y a deux systèmes pour que la maison puisse s'ouvrir : le toit peut être un couvercle, ou bien un des côtés peut pivoter comme une porte, avec des charnières (faites avec du ruban adhésif d'emballage).

Pour les plus petits confectionnez des poupées de carton, ou plus exactement des figurines rigides : découpez des personnages dans des magazines, collez-les sur du carton et fixez-les sur un socle fait de tronçons de baguette de section rectangulaire. Poncez le bois avec du papier de verre pour éviter les échardes. De la même manière on peut constituer toute une ménagerie en découpant dans du carton des silhouettes d'animaux. N'hésitez pas à les faire de manière rudimentaire, en complétant les détails au marqueur, comme ceci :

Avec du bois

Tous les jouets en carton peuvent être confectionnés en contreplaqué. Ils seront plus solides. Demandez au marchand de bois de vous vendre au rabais des chutes de baguettes et de contreplaqué.

Le bois permet de plus de confectionner des bateaux qui peuvent flotter, au moyen de plusieurs épaisseurs de gros contreplaqué collées les unes sur les autres, comme ceci :

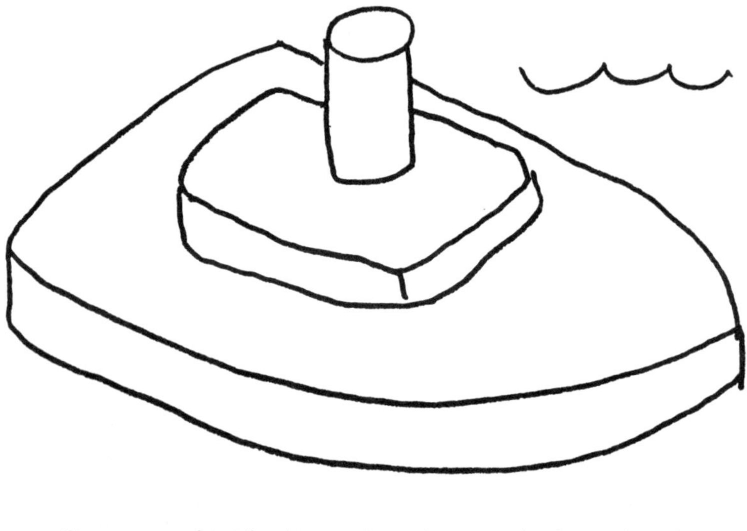

On peut aussi confectionner des voitures et des jouets à traîner, avec des blocs de bois, les roues étant faites avec de grosses baguettes de section ronde sciées en rondelles, percées d'un trou à la chignole et fixées sur un axe qui peut être une baguette ronde de plus petite section, comme ceci :

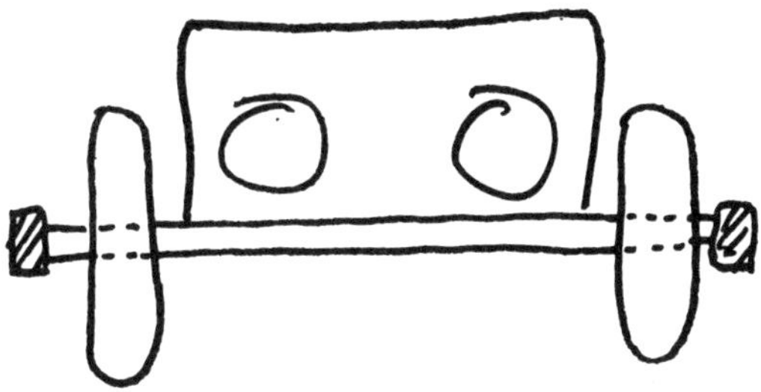

Le mobilier d'une maison de poupée pourra être facilement réalisé avec du contre-plaqué :

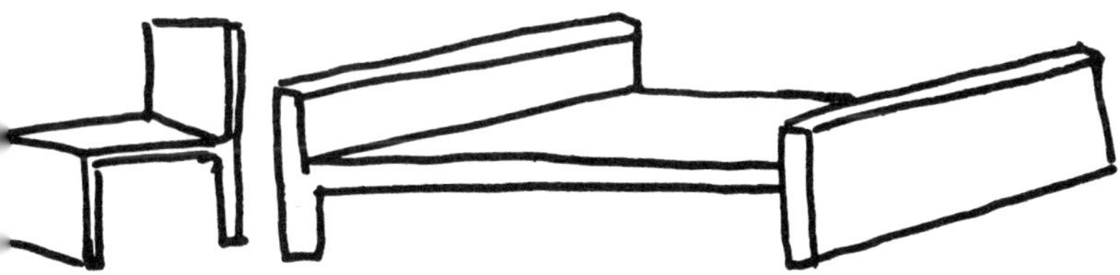

Une scie sauteuse ou une scie à découper permet de faire de magnifiques puzzles en contre-plaqué. Coller une image au préalable et découper ensuite pour obtenir des pièces aux contours variés.

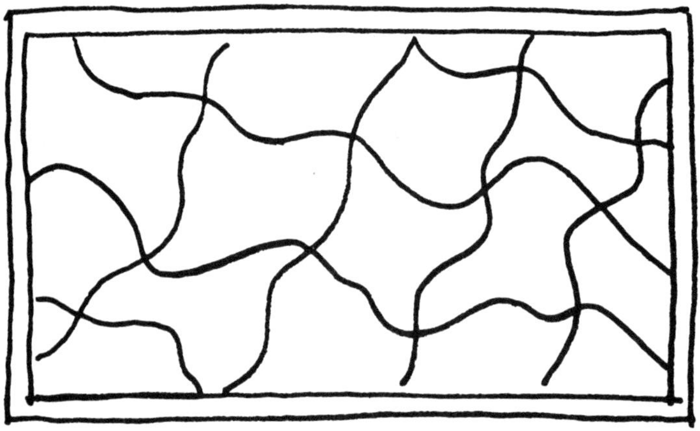

Pensez aussi que vous pouvez réaliser un théâtre de marionnettes en bois, ou avec la boîte d'emballage d'un réfrigérateur.

Si vous avez un jardin, faites de gros panneaux de signalisation que vous placerez au bord des allées, cela rendra plus attrayant le parcours à tricycle. Pensez à faire avec des planches une cabane qui pourra être aussi bien maison que forteresse ou navire.

Enfin, le bois peut servir de support à une infinité de tampons de formes abstraites, que vous découperez dans une vieille chambre à air d'auto (le garagiste vous en fera cadeau), et que vous collerez ensuite sur un bloc de bois. L'enfant aimera s'en servir pour imprimer sur du papier, à l'aide d'un tampon encreur du commerce.

APPENDICE B

Bouteilles de plastique et boîtes de conserves

Elles vous fourniront les parties cylindriques des édifices, etc. Eliminez les parties coupantes et peignez-les de couleurs vives.

Il ne s'agit là que de quelques suggestions. Essayez. Vous vous découvrirez des talents insoupçonnés en même temps que vous ravirez vos enfants.

APPENDICE C

Les livres d'enfants

Vous pouvez beaucoup aider à la stimulation intellectuelle de votre enfant (surtout pendant les années décisives de la période préscolaire) en l'emmenant dans une bibliothèque une fois par semaine, et en y choisissant les livres indiqués ci-dessous. Si vous faites suivre cette visite d'un arrêt chez le pâtissier pour y déguster un gâteau ou une glace, votre enfant attendra certainement ce jour avec impatience. (Rappelez-vous ce que nous avons dit au chapître 5 : tout comportement suivi d'une récompense se trouve renforcé.)

J'ai lu beaucoup de livres à mes enfants pendant la période préscolaire. Ils en ont tiré un grand enseignement et moi aussi ! Ils se sont non seulement enrichis de toute cette somme de connaissances mais ils ont aussi appris au cours de ces promenades jusqu'à la bibliothèque que j'aimais les livres et leur accordais toute ma considération, et ils ont appris à en faire autant.

Ne faites pourtant pas l'erreur de vous limiter aux livres de bibliothèque sous prétexte d'économie. Ce sont les mêmes parents qui n'achètent pas de livres par souci d'économie qui dépensent des sommes importantes pour acheter des jouets à Noël et tout au long de l'année. Inconsciemment ou non, les parents, en agissant ainsi, transmettent à l'enfant ce message :

« Les jouets ont beaucoup plus d'importance que les livres, puisque nous t'achetons des jouets et jamais de livres. » Or un enfant a besoin d'avoir des livres bien à lui.

S'il n'en a pas, il ne pourra pas leur accorder beaucoup de considération, il n'éprouvera jamais la grande joie de se constituer une bibliothèque qu'il enrichira d'année en année. Si seulement vous pouviez offrir à votre enfant cinq livres brochés par an, ce serait déjà très bien. Il aurait déjà quatre-vingt-cinq livres à sa sortie du lycée c'est-à-dire beaucoup plus que bien des enfants américains.

J'insiste pour que vous n'utilisiez pas aveuglément la liste que je vous propose ou toute autre liste. Avant d'acheter un livre ou avant de le sortir de la bibliothèque, parcourez-le. Le seul critère important est qu'il vous plaise. Si le livre vous « parle », il « parlera » aussi à votre enfant. S'il ne vous plaît pas, il est infiniment probable qu'il ne lui plaira pas non plus. Quand votre enfant grandira et aura un goût personnel (qui différera peut-être du vôtre) ce principe sera naturellement moins important.

Pour les périodes suivantes :

I. L'ÂGE DES PREMIERS PAS (de 1 à 2 ans à peu près)
II. LA PREMIÈRE ADOLESCENCE (de 2 à 3 ans)
III. LA PÉRIODE PRÉSCOLAIRE (de 3 à 6 ans)

voir la liste des livres dans *Tout se joue avant six ans*, du même auteur, (Ed. Laffont, appendice C, pages 393 à 413).

IV. LA PÉRIODE DE LA MOYENNE ENFANCE (de 6 à 11 ans).

Cette période correspond à peu près à celle de l'école primaire. Ne prenez pas au pied de la lettre le niveau d'âge indiqué pour un livre. C'est seulement une indication approximative de l'éditeur ou de moi-même en fonction « d'enfants moyens ». Mais il n'existe pas d'enfant moyen. Il faut qu'un enfant soit très motivé pour lire un livre traitant plutôt d'un sujet que d'un autre. Si le sujet le passionne, il se peut qu'il lise des livres très compliqués pour son âge.

Essayez surtout de *laisser votre enfant lire ce qui lui plaît.* Il améliorera ainsi sa capacité de lecture. Si vous choisissez un livre trop difficile pour lui, attendez un ou deux ans et essayez de nouveau.

Pendant les trois premières années d'école primaire, beaucoup d'enfants acquièrent non seulement le mécanisme de la lecture mais aussi l'aptitude à se sentir à l'aise devant un livre, ce qui leur permet de vraiment l'apprécier. La plupart des enfants ne se précipitent pas sur les livres avant la neuvième ou la huitième, n'attendez donc pas que votre enfant soit grand liseur dans les trois premières années d'école. C'est surtout vrai à cause de l'attrait irrésistible de la télévision sur les enfants de 6, 7 et 8 ans. Prenez patience : si vous persistez à emmener votre enfant à la bibliothèque et à la librairie comme je vous l'ai conseillé, la télévision le captivera moins et l'intérêt pour la lecture l'emportera. (Il n'y a cependant rien de mal à regarder la télévision. Malgré ses défauts évidents, elle a une grande valeur éducative.)

A LIVRES DOCUMENTAIRES

Ce sont souvent les mêmes que ceux indiqués pour les enfants de la période préscolaire. Votre enfant pourra, lorsqu'il saura lire, reprendre les livres que vous lui lisiez. Ce sont ses « vieux amis ».

Albums Alain Grée (Casterman)

Les insectes

Comment ? 40 questions de Petit Tom
Le livre-jeu des saisons

Connais-tu ? (Hatier Nature)
Les oiseaux ?
Les insectes ?
Mon pays ? (Hatier Jeunesse)
Toute une histoire (Hatier jeunesse)
Collection Amis-Amis (Hatier jeunesse)
Mon dictionnaire magique (F. Nathan)
Découvrons le monde (F. Nathan)
Notre Terre
Autos, Camions, Trains
Bateaux et sous-marins

Albums Jean Richard (F. Nathan)
Nos amis les lions
Nos amis les guépards
Nos amis les zèbres
Nos amis les éléphants
Nos amis les hippopotames
Nos amis les ours

Albums Coccinelle (F. Nathan)
Livres magnétiques (F. Nathan)
Les animaux
Les voitures
Ce qu'il faut connaître
Les voyages

Les enfants du monde (F. Nathan)
L'homme et... (F. Nathan)
Collection Questions-Réponses (F. Nathan)
Les animaux et leurs secrets
La nature et ses secrets
La mer et ses secrets
L'histoire et ses secrets

La science qui nous entoure
L'espace et sa conquête

Collection Pour comprendre (F. Nathan)
Collection Introduction à la Nature (F. Nathan)
Première documentation (F. Nathan)
Collection Dis, pourquoi ? (Hachette)
Ecole des Loisirs
Stop, on a besoin de vous (Ed. R.S.T.)
SOS pour la planète terre (Ed. R.S.T.)
Guides Nature Jeunesse (Hachette)
Le Grand Atlas des animaux (Hachette)
La vie privée des animaux (Hachette)
Collection 2000 (Hachette)

B LIVRES D'ACTIVITÉS ET D'EXPÉRIENCES (6 à 10 ans)

Série : En s'amusant (Ed. R.S.T. diffusion C.D.E. Sodis)
La magie en s'amusant
La couture en s'amusant
La cuisine en s'amusant
Les enfants font la cuisine
La peinture en s'amusant
La menuiserie en s'amusant

Collection : Voici comment (Ed. R.S.T.)
Je fais des jouets
Je fais la cuisine

Activités et Jeux de Sylvie
Collection « Comment jouer » (F. Nathan)
Collection « Dessinons » (F. Nathan)
Dessinons les autos
Dessinons tous les sports
Dessinons les animaux du zoo
Dessinons en toutes saisons

Dessinons des personnages
Amusons-nous à dessiner

Collection « Merveille » (F. Nathan)
Les joies du modelage
Comment faire un herbier
101 jeux astucieux
Comment faire des gadgets
La cuisine merveilleuse et amusante
Comment faire de merveilleux décors dans ma maison
Comment faire de merveilleux déguisements
Comment faire des merveilles
Comment faire de merveilleux cadeaux
Peindre c'est merveilleux
Le merveilleux magicien
Mon merveilleux musée

Albums-jeux Petits Patapons (jusqu'à 10 ans) (Hatier)
Volupli (à partir de 10 ans) (Hatier)
Mécanupli (Hatier)
Livres-jeux Casterman
Kinkajou-Gallimard
Laines et Tricotins
Cabanes des champs
Cerfs-volants
Le modelage

Activités (Casterman)
Temps libre (Hachette)
Poupées de Laine
Les trois coups
Expériences de chimie amusantes
Amis Animaux
L'atelier des quatres saisons

C CONTES ET ROMANS

Grands Albums (Delagrave)
Contes de Perrault (Delagrave)
Arago X-001 (Hatier Jeunesse)
Contes populaires (Hatier Jeunesse)
Capitaine Bonhomme (Hatier Jeunesse)
Grands Albums (Hatier)
Aventures et Voyages (Hatier)
Bibliothèque de l'amitié (Hatier)
Collection Mirages (F. Nathan)
Collection Concorde (F. Nathan)
Daniel et Valérie (F. Nathan)
Grands Albums illustrés (F. Nathan)
Contes et Légendes (F. Nathan)
Collection Western (F. Nathan)
Grands Albums Hachette
- *Série des Fanfan*
- *Série des Babar*
- *Collection Caroline*

Collection Le vert Paradis (Hachette)
Bibliothèque rose (Hachette)
Bibliothèque verte (Hachette)

V. PRÉADOLESCENCE ET ADOLESCENCE

J'ai décidé de n'inclure aucune liste de livres pour ces âges et cela pour plusieurs raisons. D'abord beaucoup des livres cités pour la moyenne enfance plairont encore aux jeunes de 11 à 12 ans. Mais la raison essentielle est que votre jeune n'est déjà plus un enfant et que ses goûts sont très individualisés. Adaptez-vous à ses préférences. Il aimera peut-être les livres sur la pêche, les motocyclettes, les biographies... Donnez-lui des livres qui en traitent, il sera très heureux.

Achat d'une encyclopédie.

Quand votre enfant atteindra le milieu de la moyenne enfance, si vous pouvez vous le permettre, c'est une bonne idée de lui offrir une encyclopédie. Je dis bien « si vos moyens vous le permettent » car c'est un investissement important. Choisissez-la avec soin. Renseignez-vous, consultez les différentes encyclopédies. Vérifiez si les rubriques sont clairement définies, s'il est facile de les trouver, si le texte est intéressant, précis. Consultez votre bibliothécaire et votre libraire.

Larousse des Jeunes. Encyclopédie.
Encyclopédie pour les jeunes (F. Nathan).
Le savoir pour tous (Dargaud).

Quand votre enfant aura grandi et dépassé le stade de l'encyclopédie pour les jeunes, il sera prêt à consulter une encyclopédie d'adultes. Vous avez le choix entre l'Encyclopédie Bordas, l'Encyclopédie Larousse, l'Encyclopédia Universalis et l'Histoire de l'Humanité (Laffont-Unesco).

Ne vous contentez pas de l'acheter et de la présenter « à froid » à votre enfant. Il faudra que vous lui expliquiez comment s'en servir. Choisissez un sujet que vous savez lui plaire et montrez-lui comment il peut se documenter. Apprenez-lui à utiliser l'index. Expliquez-lui comment trouver des références concordantes dans d'autres articles. Ainsi il agira peut-être différemment de tant d'étudiants qui se contentent de recopier un article en entier ou en partie, mécaniquement.

Magazines pour enfants

Il serait négligent de ma part de ne pas mentionner quelques magazines pour enfants. Les petits reçoivent peu de courrier et sont ravis d'être abonnés. Ils vous demanderont de lire leur magazine pendant les années préscolaires. Ils adoreront tous les jeux qu'ils proposent.

a) Age préscolaire
- *Pomme d'api*
- *Babar*
- *Nounours*
- *La maison de Toutou*
- *Okapi*

b) La moyenne enfance
- *Le journal de Mickey*
- *Spirou*
- *Lucky Lucke*
- *Formule 1*
- *Pif*
- *Le journal de Tintin*

APPENDICE D

Guide dans le choix des disques

Si vous allez chez le disquaire le plus proche de chez vous, vous trouverez probablement un assez grand nombre de disques. Il vous sera plus difficile de trouver de bons disques.

Vous trouverez surtout des disques qui semblent destinés aux enfants à cause de leur pochette attrayante. Ils sont généralement trop rapides, avec une orchestration excessive. Tout bon disque devrait servir à exercer la mémoire, développer l'attention, entraîner l'oreille, apprendre à penser, à enrichir le vocabulaire ou à instruire. Quand vous faites écouter un disque à votre enfant, posez-lui des questions pour être sûr qu'il a bien entendu et bien compris.

Pour les périodes suivantes :

I. TRÈS JEUNES ENFANTS (JUSQU'À 2 ANS)
II. ENFANTS D'ÂGE PRÉCOLAIRE (2 À 6 ANS)

voir *Tout se joue avant six ans*, du même auteur (Ed. Laffont), appendice D, pages 414 à 419.

III. MOYENNE ENFANCE

Un disque — un livre (Hatier)
- Chansons
- Contes

Disques Philips
- Aventures de l'Ours Colargol
- Aventures de Piccolo Saxo et Cie.
- Chansons enfantines
- Rondes et chansons de France
- Contes de Grimm
- Contes de Perrault

Contes et Histoires :
- *Le Petit prince*
- *Les contes du chat perché*
- *Le dernier des Mohicans*
- *Les trois Mousquetaires*
- *L'Ile au trésor*
- *Jésus*
- *Pinocchio*
- *Le merveilleux voyage de Nils Holgersson*
- *Fables de La Fontaine*
- *Lettres de mon Moulin*

La musique racontée aux enfants :
- *Bach*
- *Beethoven*
- *Berlioz*
- *Chopin*
- *Dukas*
- *Mozart*
- *Prokofiev*

Saint-Saëns
Schubert
Stravinsky
Tchaïkovsky
Vivaldi

Pastorale des Instruments de musique
Albums disques Casterman :

L'Age d'or
Cadet-Rama
Disques pour apprendre à compter

Livres disques F. Nathan

Pierre et le loup (S. Prokofiev)

IV. PRÉADOLESCENCE ET ADOLESCENCE

Pas plus que pour les livres, nous ne pouvons vous suggérer de disques, ou de bandes magnétiques. A ce moment votre adolescent a des goûts très personnels.

S'il aime le rock, il faudra que vous connaissiez ses groupes favoris quand vous voudrez lui offrir un disque. Il en sera de même s'il aime la folk-music ou la musique classique. Il se peut que son goût soit épouvantable. Rappelez-vous que les adolescents choisissent particulièrement la musique que les adultes détestent et la société accepte généralement que la révolte des adolescents se manifeste sous cette forme.

APPENDICE E

Liste des livres de base pour aider les pères à élever leurs enfants

Certains livres concernent tous les pères, car ils traitent de sujets universels. D'autres s'appliquent seulement à des situations particulières, par exemple aux pères divorcés.

1 *Les Années magiques,* Selma FRAIBERG (Presses Universitaires de France)
2 *Comment soigner et éduquer votre enfant,* Benjamin SPOCK (Laffont)
3 *Guide pratique des parents,* Dr. William E. HOMAN (Calmann-Lévy)
4 *Notre enfant,* Dr. Pierre MOZZICONACI, Dr. Alice DOUMIC-GIRARD (Grasset)
5 *Tout se joue avant six ans*, Dr. Fitzhugh DODSON (Laffont, coll. Réponses)
6 *L'enfant de 0 à 2 ans,* M. DAVID (Mosopé)
7 *L'enfant de 2 à 6 ans,* — —
8 *Guide des activités du tout-petit,* G. PAINTER (Calmann-Lévy)
9 *L'enfant, la croissance et la vie,* Dr. H. BOISSIÈRE (Hachette)

10 *Etre père,* M. DELAFORGE (Fleurus)
11 *Le développement de l'enfant,* Norman WILLIAMS (Fleurus)
12 *Deux douzaines de recettes pour « bien » élever ses enfants,* J. M. FAURE (Fleurus)
13 *Voulez-vous un enfant heureux ?* Dr. Serge MARLAUD (Flammarion)
14 *L'environnement de l'enfant,* A. DENNER, J. DANCE (Seuil)

B. LIVRES TRAITANT DES PROBLÈMES DE DISCIPLINE

1 *Entre parents et adolescents,* Dr. HAIM G. GINOTT (Laffont, coll. Réponses).
2 *400 difficultés et problèmes de l'enfant,* Alain RIDEAU (Marabout Service Education)
3 *L'éducation de vos enfants,* M. BAS (Encyclopédie Vie Pratique)
4 *Les bandes d'adolescents,* Ph. ROBERT, P. LASCOUMES (Ed. Ouvrières)
5 *Comprendre et éduquer un enfant difficile,* Dr. A. BERGE (Hachette)
6 *L'enfant agressif,* Fritz REDL et David WINEMAN (Fleurus)
7 *Jeunes sans dialogue,* Noël MAILLOUX (Fleurus)
8 *Le défi de l'enfant,* Rudolph DREIKURS (Laffont, coll. Réponses).
9 *Mon enfant sera bon élève,* L. PERNOUD (P. Horay)

C. LIVRES POUR AIDER LES PÈRES À COMPRENDRE LE MONDE DU POINT DE VUE DE L'ENFANT

1 *Libres enfants de Summerhill,* A. S. NEILL (Maspéro)

2 *Une société sans école,* I. ILLICH (Seuil)
3 *Les lycéens,* A. et P. LE GUENEL, Cl. BATIER, M. Ch. JEANNIOT (Cerf)
4 *Laissons-les peindre !* Cl. KOWALSKI (Spécial parents)
5 *A vous de jouer !* Théo LAUTWEIN, Maria SACK (Spécial parents)
6 *Notre enfant et ses loisirs,* Camille OLIVIER (Calmann-Lévy)
7 *L'enfant créateur,* G. GABEY, C. VIMENET (Calmann-Lévy)
8 *Le jeu chez l'enfant,* Ph. GUTTON (Larousse)

D. LIVRES POUR AIDER LES PÈRES À ÉLEVER LEURS ENFANTS

1 *Comment donner à vos enfants une intelligence supérieure,* S. et T. ENGELMANN (Laffont, coll. Réponses).
2. *Les difficultés de votre enfant.* Ecole des Parents (Marabout Service Education)
3 *S.O.S. Parents,* Ch. RIPAULT, S. LAMIRAL (Solar)
4 *Education stricte ou éducation libérale,* F. R. DONOVAN (Laffont, coll. Réponses)

E. GUIDES POUR LES ACTIVITÉS D'ÉVEIL

1 *Comment apprendre à parler à l'enfant,* L. LENTIN (O.C.D.L. Ed. E.S.F.)
2 *Lire.* M. LOBROT (O.C.D.L. Ed. E.S.F.)

F. POUR DES ACTIVITÉS COMMUNES AVEC L'ENFANT

1 *Jeux de cour et d'extérieur pour enfants de 6 à 10 ans,* Ferrette (Ed. A. Bonne)
2 *Apprenez vous-même à faire jouer les enfants,* Eyrolles (Ed. A. Bonne)
3 Kinkajou-Gallimard
4. *L'Education du bébé par le jeu,* Dr. Ira GORDON

G. *QUAND VOTRE ENFANT EST MALADE*

1 Cf. de GRAVELAINE, Dr. COHEN SOLAL (Laffont)
2 *Que faire en attendant le Docteur,* Dr. FOURNIER (Laffont)

H. *GUIDES D'ÉDUCATION SEXUELLE*

Livres que les parents liront ou feront lire à leurs enfants

1 *La merveilleuse histoire de la naissance racontée aux enfants,* Dr. L. GENDRON (Production de Paris N.O.E.)
2 *La vérité sur les bébés,* M. Cl. MONCHAUX (Magnard)
3 *Ainsi commence la vie,* J. POWER (Laffont)
4 *La vie sexuelle : 7/9 ans*
10/13 ans
14/16 ans
17/18 ans (Hachette)

Pour les parents

1 *L'éducation sexuelle de vos enfants,* Anne VALINEFF (Encyclopédie pratique)
2 *Cette éducation sexuelle qui vous fait peur* (coll. L. Pernoud). L'école des parents (Stock)
3 *L'éducation sexuelle en 10 leçons,* J.-P. AYMON (Hachette)
4 *Parents, éducation et sexualité,* J. ATGER (Le Centurion)

I. *POUR LES PARENTS D'ENFANTS HANDICAPÉS*

1 *La vie affective de l'adolescent inadapté,* R. DOWN (Dunod)
2 *Education impossible,* M. MANNONI (Seuil)
3 *L'enfant, sa maladie et les autres,* M. MANNONI (Seuil)
4 *Psychanalyse et pédiatrie* (F. Dolto) (Seuil)

5 *Psychopédagogie des débiles profonds,* D. Rouquès (Fleurus)
6 *Les étapes de la rééducation,* J. Guindon (Fleurus)
7 *Comment aider un enfant handicapé,* E. L. French et J. C. Scott (Laffont, coll. Réponses)
8 *Les handicapés moteurs et leurs problèmes,* J. Combeyre (Laffont, coll. Réponses)
9 *Pas d'autre langage qu'un cri,* R. d'Ambrosio (Fleurus).

J. SI VOUS AVEZ L'INTENTION D'ADOPTER UN ENFANT

Adopter un enfant, C. Olivier (Calmann Lévy)

K. POUR AIDER LES PÈRES À COMPRENDRE LE PROBLÈME DE LA DROGUE

1 *Drogues informations,* J. Lesage de La Haye (E.L.P. Editions)
2 *Dossier D... comme drogue,* A. Jaubert (Albin Michel)
3 *Qui sont les drogués ?* Dr. P. Bensoussan (Laffont, coll. Réponses)
4 *L'herbe bleue,*

L. POUR LES PÈRES SÉPARÉS OU DIVORCÉS

1 *Le divorce,* J. Libman (coll. Via Casterman).
2 *Les problèmes du divorce,* S. et J. Cornec (Laffont, coll. Réponses)

Je sais très bien que vous ne pourrez acheter tous ces livres. Choisissez en fonction de vos problèmes personnels.

Je ne peux terminer cette liste sans vous recommander le magazine mensuel : *Parents.*

NOTES BIBLIOGRAPHIQUES

Chapitre 6.

1 Theodore LIDZ, *The Person* (Basic Books, Inc, New York, 1968).

2 Arnold GESELL et Frances ILG, *Le jeune enfant dans la civilisation moderne* (P.U.F., 1943).

Chapitre 8.

1 B. M. ATKINSON and Whitney DARROW, *What Dr. Spock didn't tell us* (Simon & Schuster, Inc., New York, 1959).

2 Robert Paul SMITH, *Translations from the English* (Simon & Schuster, Inc., New York, 1958).

3 GESELL et ILG, *L'enfant de cinq à dix ans* (P.U.F.).

4 *Ibid.*

5 *Ibid.*

6 *Ibid.*

7 ATKINSON and DARROW, *What Dr. Spock didn't tell us.*

8 GESELL et ILG, *L'enfant de cinq à dix ans.*

9 ATKINSON and DARROW, *What Dr. Spock didn't tell us.*

10 GESELL et ILG, *L'enfant de cinq à dix ans.*

11 A. GESELL et ILG, and Louise AMES, *Youth* (Harper & Row, New York, 1956).

12 *Ibid.*

Chapitre 9.

1 Benjamin and Lilian FINE, *How to get the best education for your child* (Doubleday & Co, Garden City, N. Y. 1962).
2 Haim GINOTT, *Les relations entre parents et enfants* (Marabout).
3 Booth TARKINGTON, *Penrod, his complete story* (Doubleday & Co. Garden City, N. Y., 1970).
4 *Ibid.*
5 *Ibid.*

Chapitre 10.

1 PLAGEMAN, *This is goggle.*
2 GESELL, ILG & AMES, *Youth.*
3 *Ibid.*
4 *Ibid.*
5 *Ibid.*
6 *Ibid.*
7 *Ibid.*
8 JOHNSON, *How to live through Junior High School.*

Chapitre 11.

1 Anna FREUD, « Adolescence » in *The Psychoanalytic Study of the Child* (International University Press, New York, 1958).
2 LIDZ, *The Person.*
3 O. SPURGEON ENGLISH, *Fathers are parents too* (P. P. Putnam's Sons. New York, 1951).
4 Phyllis MCGINLEY, *The Love Letters of Phyllis McGinley* (The Viking Press, Inc. New York, 1954).
5 GESELL, ILG et AMES, *Youth.*
6 *Ibid.*
7 *Ibid.*

8 *Ibid.*
9 *Ibid.*
10 *Ibid.*

Chapitre 12.

1 Anita BELL, « *The Role of Parents* », in *Adolescents : Psychoanalytic Approach to Problems and Therapy,* edited by Sandor Lorand and Henry Schneer (Paul Hoeber, New York, 1961).
2 Donald LOURIA, *Overcoming Drugs* (McGraw-Hill, 1971).
3 *Ibid.*
4 Paul GOLDHILL, *A Parent's Guide to the Prevention and Control of Drug Abuse* (Henry Regnery Co. Chicago, 1971).

Chapitre 13.

1 GESELL, ILG et AMES, *Youth.*
2 *Ibid.*
3 *Ibid.*
4 Robert C. SORENSEN, *The Sorensen Repport : Adolescent Sexuality in Contemporary America* (World Publishing Company, New York, 1973).
5 *Ibid.*

Chapitre 14.

1 RUSSEL RAY, *Divorce : A Man's Private Hell* (Singles Register. March 6, 19, 1973).
2 J. Louise DESPERT, *Children of Divorce* (Doubleday & Co. Garden City, N. Y., 1953).
3 *Ibid.*
4 *Ibid.*
5 *Ibid.*

TABLE DES MATIERES

Le **Dr Fitzhugh Dodson,** de l'Université John Hopkins (Yale) de Californie, a plus de vingt ans d'expérience professionnelle en tant qu'éducateur et psychologue et il a traité des enfants de tous les âges et à tous les stades de développement. Avec sa femme — éducatrice préscolaire — il a ouvert la « Primera Preschool », où il a pu appliquer ses théories. Aujourd'hui, il exerce à Redondo Beach (Californie). Il fait appel à la fois à la psychothérapie individuelle et à la psychothérapie de groupe pour traiter enfants, adolescents ou adultes, orienter les jeunes, éduquer les parents et jouer le rôle de conseiller conjugal. Il consacre le reste de son temps à superviser les écoles de la « Primera » qui se sont multipliées depuis.

IMPRIMÉ EN ESPAGNE PAR LIBERDÚPLEX

pour le compte des
Nouvelles Éditions Marabout
D.L. Février 2008
ISBN : 978-2-501-05366-2
40.8558.5/02